# DE MARQUETTE
# À VERACRUZ

*du même auteur*
*chez le même éditeur*

AVENTURES D'UN GOURMAND VAGABOND
DALVA
EN MARGE (MÉMOIRES)
ENTRE CHIEN ET LOUP
EN ROUTE VERS L'OUEST
FAUX SOLEIL
JULIP
LA FEMME AUX LUCIOLES
LA ROUTE DU RETOUR
LETTRES À ESSENINE
LOINTAINS ET GHAZALS

*coédition Seuil Jeunesse / Christian Bourgois Éditeur*

LE GARÇON QUI S'ENFUIT

JIM HARRISON

# DE MARQUETTE À VERACRUZ

Traduit de l'anglais (États-Unis)
par Brice MATTHIEUSSENT

*Collection « Fictives »*
*dirigée par Brice MATTHIEUSSENT*

CHRISTIAN BOURGOIS ÉDITEUR

Titre original :
*True North*


ISBN 2-267-01731-8

Pour Judy Hottensen et Amy Hundley

*Père gémissait. J'ai déduit de la position du soleil matinal et des débris en mouvement à la surface de l'eau que nous dérivions lentement vers le sud, emportés par un courant inconnu. Père s'est tassé sur le siège arrière de la barque en bois et je me suis penché en avant pour le retenir par la chemise et l'empêcher de tomber par-dessus bord. Il avait les deux mains coupées à hauteur du poignet et on lui avait bandé les moignons très serré avec du ruban adhésif industriel. Ses avant-bras, d'habitude maigres et flétris, étaient maintenant gonflés et marbrés de couleurs affreuses. Lorsqu'ils nous avaient poussés dans l'estuaire, à marée descendante et avant l'aube, ils ne m'avaient donné qu'une seule rame. J'en ai clairement pris conscience au point du jour et j'en ai aussitôt perçu tout l'humour : j'étais équipé pour ramer de la main gauche en décrivant des cercles. Car le pouce de ma main droite manquait et la douleur s'atténuait quand je la levais au-dessus de ma tête. Dans la lueur du petit jour j'ai vu une tortue verte ou une caouane et j'ai pris mon pouce, que quelqu'un m'avait fourré dans la poche, pour le lancer vers la bête, mais la tortue soudain inquiète a plongé en se fourvoyant sur mes bonnes intentions. En milieu de matinée le rivage est apparu à l'horizon et j'ai aperçu la côte au sud de Veracruz. Le courant nous emportait vers Alvarado.*

*Après son dernier évanouissement, mon père a repris conscience. Il avait le visage trop tuméfié pour pouvoir parler clairement et maintenant, plutôt que de gémir, il bêlait. Du regard il a exprimé sa demande sans ambiguïté et je l'ai doucement poussé par-dessus bord. Il a mis beaucoup de temps avant de se noyer pour de bon. J'observais les écailles de poisson puantes et les fragments de viscères séchés au fond du bateau, puis je levais les yeux et il était toujours là à flotter dans le courant. Et puis, enfin, je me suis réjoui de le voir couler. Quelle étrange façon de dire au revoir à son père.*

# Première partie

# Les Années soixante

# 1

Je m'appelle David Burkett. Je suis en fait le quatrième d'une lignée de David Burkett qui remonte aux années 1860, quand mon arrière-grand-père émigra de Cornouailles, en Angleterre, vers la Péninsule Nord du Michigan qui constitue la frontière sud du lac Supérieur, cette vaste mer intérieure d'eau douce. Pareille transmission d'un même prénom n'a pas d'intérêt particulier, sinon pour montrer combien les pères souhaitent dominer l'existence de leurs fils dès leurs premiers instants. J'ai fait tout ce que je pouvais pour renier mon père, mais dans le chaos des événements de ma vie il m'est impossible de comprendre l'histoire sans la raconter.

Mon père était si odieux qu'il constituait un sujet de blagues notoire dans notre région, mais comme il était installé à Duluth depuis très longtemps, ces blagues avaient ranci, acquis une patine ancienne, et désormais elles n'étaient plus ressuscitées que par des hommes âgés, pour la plupart à la retraite, assis près de la jetée dans le jardin public tout proche du lac Supérieur, des hommes qui regardaient entrer dans le port et en sortir des bateaux à bord desquels ils n'étaient jamais montés.

Sans doute est-il étrange pour une victime du mal de voir ce mal annexé par le folklore local au lieu de continuer d'être une force vitale ; mais j'ai été une victime temporaire, quittant mes deux parents à l'âge de dix-huit ans, lorsque j'avais toute la force de ma colère, même si je dois reconnaître qu'à seize ans ma sœur Cynthia m'a battu aux points, d'un bon mois. L'amoureux de Cynthia l'a mise enceinte, un sang-mêlé finnois et indien chippewa, le fils de notre jardinier, élève de terminale alors qu'elle était en première, et joueur vedette de l'équipe de football du lycée de Marquette. À cette époque, en 1966, il était tout autant scandaleux qu'une fille du statut social de Cynthia tombe enceinte à cause d'un jeune Indien, qu'une fille d'une grande famille du Mississippi le soit à cause d'un Noir. Sur le plan animal, on aurait pu comparer Cynthia au carcajou, le quadrupède le plus teigneux et le plus irascible de toute l'Amérique du Nord, tandis que l'adolescent que j'étais évoquait davantage un opossum qui aurait rêvé d'être un ours. Comme il fallait s'y attendre, ce fut un délit monstrueux de mon père, un délit non puni par la justice, qui nous poussa à partir, mais il faut que je retourne en arrière jusqu'à ce triste événement.

Je suis trop impatient pour commencer par le début, et puis aucun dieu crédible ne semble savoir quand situer ce début. Je ne supporte pas le miroir installé dans les toilettes de mon chalet, j'y ai depuis longtemps dévissé l'unique ampoule électrique ; mais comme ces toilettes se trouvent au nord du chalet et qu'elles sont massivement ombragées par un bosquet de sapins, je ne me vois jamais que dans une forte pénombre. Je ne me déteste pas, mais j'ai la mâchoire suffisamment saillante pour me rappeler mon arrière-grand-père, mon grand-père et mon père. J'ai eu beaucoup de chance quand les traits délicats de ma mère ont modéré mon héritage paternel, moyennant quoi les plus vieux habitants de la Péninsule Nord du Michigan ne se détournaient pas aussitôt de moi, réduits au silence par le malaise et l'effroi. Presque tous les citoyens plus jeunes, disons ceux âgés de moins de quarante ans, ont oublié qui précisément nous étions et ce que nous avons fait.

Mais je ne vais pas me laisser piéger si aisément. Je n'avais pas tout à fait dix-huit ans lorsque, par une nuit de tempête et près de la tombe d'un vieil Indien à Presque Isle, j'ai déclaré mes intentions au lac Supérieur : je ne comptais pas me gâcher la vie à force de penser à moi, une activité qui semblait être la seule et unique préoccupation de mes camarades d'école et de tous les adultes que je connaissais, hormis Jesse, l'aide de mon père depuis la Seconde Guerre mondiale, Clarence et mon oncle Frederick, le frère de ma mère, qui habitait un lointain chalet dans le sud de l'Ohio, de l'autre côté de la rivière Ohio, face à l'est du Kentucky. Fred avait été prêtre épiscopalien à Chicago, mais il avait perdu tout intérêt pour sa vocation initiale alors même que ses excentricités délirantes faisaient perdre toute patience à ses paroissiens. Il survécut grâce à l'argent de sa famille et à une modeste pension que lui versait l'Église suite à son incontinence mentale. Fred me dit, alors que j'avais seize ans, que l'homme moderne à la croisée des chemins se contente de rester à la croisée des chemins. Tout ça est bien beau, mais Fred m'a surtout appris à naviguer à la rame sur les lacs et les rivières. Il m'a construit un bateau en deux semaines au cours d'un mois de juin torride en Ohio, il l'a porté puis amarré sur le plateau de son pick-up, après quoi nous sommes partis droit vers le nord jusqu'au lac Au Sable, à côté de Grand Marais, dans le Michigan, pour lancer le bateau à l'aube, briser une bouteille de bière Goebel's sur la proue, après quoi Fred s'est mélangé les pinceaux avec les noms dont nous aurions pu baptiser ce bateau. Il possédait un chien détestable, un mélange d'airedale et de bull terrier qu'il avait simplement nommé *Non*, si bien que j'ai suggéré de baptiser le bateau *Oui*, car le matin d'été où nous avons enfin ramé sur le lac, Fred a eu beaucoup de mal à écarter les crocs de Non enfoncés dans une rame et j'ai tenu à voir le bon côté de cette expérience. Fred a calmé son chien avant de déclarer que *Oui* serait « banal ». Fred imitait volontiers le comportement douteux des pauvres Blancs qui étaient ses voisins, mais c'était un fin lettré, son chalet débordait de livres. Il a brisé une autre bouteille de Goebel's contre le plat-bord et baptisé ma barque *Bateau*.

Ce fut alors qu'un huard mâle voleta près de nous avant de disparaître dans la brume à l'extrémité ouest du lac en poussant ce cri circulaire et plaintif, qu'après un long silence Fred compara au rire d'un saint dément face à la mort. Tout le cadre de référence de Fred était chrétien, même s'il considérait que cette religion avait « mal tourné » et, après trois bières, il se lançait dans une longue argumentation répétitive pour prouver que la religion en laquelle il avait mis sa foi avait fait plus de mal que de bien au monde. Ce dernier point constituait un sujet délicat qui le hantait quotidiennement, mais après un nombre considérable de bières et un petit roupillon il retirait ses blasphèmes, car à cette époque je pensais sérieusement au ministère divin et il ne voulait surtout pas m'en décourager. Comment aurais-je pu mieux renier à la fois mon père et mon nombrilisme typique du Middle West, qu'en adoptant une forme primitive du christianisme ? Bien sûr, mon père a tout ignoré de mes intentions jusqu'au jour où j'ai aussi refusé la tradition familiale de Yale pour m'inscrire plutôt à l'Université d'État du Michigan ; il a alors compris qu'il m'avait bel et bien perdu, même si en apparence ma décision ne lui a fait ni chaud ni froid.

En cette affaire les faits élémentaires ne suffisent pas. J'avais pris les rames et nous naviguions tout près de la rive, à travers les roseaux et les massifs de nénuphars, tandis que le chien grondait par intermittences sur la berge. Il faisait déjà chaud à huit heures du matin, mais une brise légère cantonnait les nuées de moustiques dans la forêt. Fred épluchait un œuf dur tiré de la glacière, avant de l'arroser de Tabasco. Je venais de lui poser une question théologique assez niaise sur Marie Madeleine et le pardon qu'elle pouvait espérer, en partie parce que j'étais encore vierge à seize ans et que j'imaginais Marie Madeleine en séductrice langoureuse, écartant les pans de sa robe et jetant des regards luxurieux à tous ceux qu'elle attirait et qui lui donnaient quelques pièces. Cette discussion en bateau a eu lieu il y a trente ans, mais je vois encore les fragments de coquille d'œuf flotter dans l'ombre sur l'eau du lac. Après avoir roulé toute la nuit vers le nord, Fred était fatigué, irritable.

« C'est vraiment ton problème, rétorqua-t-il. Tu ne peux pas avoir la religion sans la foi. Tu te sers simplement de ta religion pour décorer ton existence et te protéger de ton père. C'est comme ta mère qui prend l'avion pour aller dans les magasins chics de Chicago, acheter disons une petite babiole rose pastel pour Pâques et la résurrection du Seigneur. C'est pas mieux que ton père qui prend sa voiture pour aller de Marquette à Duluth et baiser une gamine de quinze ans. Ce que je veux dire, c'est que tu ne peux pas jouer avec le christianisme comme avec une boîte à outils qui te permettrait d'aller de l'avant. Pourquoi donc serais-tu meilleur que ton père ? En ce moment même, tu serais prêt à donner ta couille gauche pour passer une heure avec Marie Madeleine. »

Fred ne faisait pas grand cas de ma récente conversion religieuse où mon âme avait été *sauvée* dans l'église baptiste fondamentaliste, un événement qui avait offensé les sensibilités épiscopaliennes de ma famille, Fred inclus.

Alors le paysage a viré à une teinte rougeâtre, j'ai souqué ferme et touché le rivage dans un massif de roseaux et d'herbe à serpents. Le chien a décelé ma colère avant Fred et il s'est mis à aboyer furieusement. J'ai sauté de la barque et filé droit dans un bosquet d'ormes, où j'ai aussitôt trébuché trois fois, car mon corps essayait d'aller plus vite que mes jambes. Je crois que je criais « Je t'emmerde ! » et aujourd'hui encore j'entends ma voix adolescente brisée de sanglots secs. Deux semaines plus tôt, le jour où j'ai quitté Marquette pour partir en stop vers le sud, ma sœur Cynthia se tenait assise sur une couverture dans son coin préféré du jardin, à côté de son ancienne cabane de jeux. J'étais dans l'atelier situé à côté du garage où notre jardinier Clarence séjournait souvent et où il dormait sur un vieux canapé en cuir. Debout à côté du banc crasseux, je faisais bien attention à ne pas le toucher, car je portais mon costume du dimanche. Je devais me rendre à l'église baptiste tandis que mes parents s'habillaient pour le dernier service religieux épiscopalien. J'étais passé voir si Clarence comptait pêcher la truite cet après-midi-là. De nombreux Chippewas sont des hommes massifs, tout comme les Finnois, et Clarence appartenait à ces deux peuples. Un jour, je l'ai vu décharger un poêle à bois de deux cents kilos à partir de son pick-up Studebaker, pour le transporter jusqu'à ce même atelier.

Par un dimanche matin de juin, à travers la vitre sale située au-dessus du banc de travail, alors que nous parlions des endroits où nous pourrions pêcher dans la soirée et venions d'opter pour la Yellow Dog, nous avons vu mon père traverser le jardin et s'approcher de Cynthia en train de faire de la gymnastique dans un maillot de bains que le pharisien qui rôdait en moi jugeait beaucoup trop petit pour un dimanche matin. Mon père a sans doute prononcé une remarque particulièrement salace, car Cynthia a alors saisi un gros tuteur en bois qui soutenait un treillage de rosiers pour en assener un grand coup à Père, le frappant à la poitrine, à la hanche et au genou avant qu'il ne puisse battre en retraite vers la véranda de derrière où Jesse se tenait sur les marches. Père boitait, mais Jesse n'a pas levé le petit doigt pour l'aider. J'ai fait mine de rejoindre la porte de l'atelier, mais Clarence m'a alors saisi le bras pour m'en empêcher. Jesse a épousseté la jambe du pantalon de mon père à l'endroit où l'extrémité terreuse du tuteur l'avait souillée. Je me suis retourné vers Cynthia qui lisait maintenant une revue comme s'il ne s'était rien passé. Elle avait quatorze ans à l'époque, elle régnait sans partage sur son propre univers et elle fermait à clef la porte de sa chambre.

Je suis sorti de l'atelier par la porte de derrière, puis j'ai descendu l'allée jusqu'à la rue, où Jesse, maintenant debout près de la vieille Packard, attendait d'emmener mes parents à l'église. Je lui ai dit que je comptais partir pour l'Ohio en stop ou en bus Greyhound pendant que mes parents seraient à l'église. Dès qu'il y avait de l'eau dans le gaz avec ma famille, je fuguais pendant environ une semaine. Le vrai nom de Jesse était Jesus Tomás Sandoval, mais parce que les habitants de la région de Marquette ne pouvaient accepter la coutume mexicaine consistant à baptiser parfois un fils Jesus, tout le monde l'appelait Jesse, sauf mon père qui l'appelait Sandy, à cause d'une blague que personne ne m'a jamais expliquée. Il s'étaient connus durant la Seconde Guerre mondiale dans un camp d'entraînement proche de Houston, où Jesse s'était rendu à partir de Veracruz en découvrant qu'on pouvait obtenir la nationalité américaine à condition de se battre pour les États-Unis. Ils se battirent donc ensemble, à Corregidor je crois et aux Philippines sous les ordres de MacArthur, et mon père acheta très littéralement l'existence de Jesse, qui devint pour lui un fidèle domestique, secrétaire, bibliothécaire, valet, agent de voyages, etc. Jesse était efficace plutôt que servile, alors que mon père possédait une telle prestance naturelle qu'en le remarquant dans une banque ou un aéroport on se disait que c'était un homme qui savait ce qu'il faisait, toujours tiré à quatre épingles, consultant sa montre comme si sa vie en dépendait ; mais il s'agissait en fait d'une carapace sur laquelle la culture avait lentement peint toutes les caractéristiques d'un roitelet puritain, d'un mâle alpha blanc, alors qu'à l'intérieur on ne trouvait qu'un point d'interrogation putrescent, une tombe vivante imbibée d'alcool et saturée de désirs si erratiques qu'à sa seule vue presque tous les gens prenaient leurs jambes à leur cou.

J'ai seulement annoncé mes intentions à Jesse parce que je ne voulais pas que ma mère organise des recherches ni qu'elle s'installe dans son coin à la table du petit déjeuner, devant des piles de livres rassurants, depuis la théosophie jusqu'au dernier cri du double langage domestique.

Jesse restait fidèle à mon père et je ne me rappelle pas une seule critique adressée à quiconque, même si un jour où j'étais dans l'entresol j'ai entendu une conversation dans le bureau, transmise par un conduit de chauffage, et la voix brusque et tranchante de Jesse qui tentait de le raisonner.

Je comptais tout bonnement prendre la route, mais Jesse m'a fait remarquer que je portais mon costume du dimanche. Je me suis bien sûr trouvé idiot. Voir sa sœur battre son père avec un gros tuteur constitue une expérience certes inhabituelle. Je l'ai remercié en lui serrant la main pour lui dire au revoir, au cas où je ne l'aurais pas revu avant son propre départ en vacances. Chaque année, aussi loin que je me souvienne, Jesse partait chez lui en juillet et en décembre, rentrant à Veracruz où il avait une épouse et une fille. En fait, c'étaient moins des vacances qu'une compensation pour ses services ininterrompus. Jesse avait des parents qui cultivaient le café près de Jalapa au nord de la ville de Veracruz, mais dans la même province. Mon père se plaignait de ces départs, ou plutôt il s'en lamentait, car il se trouvait perdu sans Jesse et il n'aimait pas Clarence comme chauffeur parce qu'il conduisait trop lentement. Mon père avait accumulé une épaisse liasse de procès-verbaux pour conduite en état d'ivresse, et ni le prestige de la famille ni ses relations politiques ne réussirent à lui faire récupérer son permis au bout de douze constats. Mais ses jérémiades étaient absurdes, car mes parents passaient presque tout l'été dans un club huppé situé à une petite centaine de kilomètres au nord de Marquette, et décembre les voyait rejoindre la Floride.

C'est étrange, mais je n'ai jamais réussi à évoquer mon père autrement que par le seul mot de « Père », alors que mes amis d'enfance avaient de vrais « papas », et souvent des papas merveilleux, même si Fred m'a souvent rappelé qu'en les personnes de Clarence et de Jesse j'avais deux papas bien meilleurs que la plupart des géniteurs classiques. Les hasards biologiques de la parenté ne signifiaient rien pour lui, bien que dans mon cas sa propre sœur fût à moitié responsable de mon existence.

Retour au lac, que je n'ai pas réussi à retrouver malgré mon excellent sens de l'orientation dans les bois, surtout quand j'avais seize ans et que je ne perdais jamais de vue ma destination. Mais ce matin-là, j'avais pour l'essentiel foncé droit devant moi à travers les buissons, en proie à la rage et à l'humiliation. Car Fred venait de déclarer que, malgré mes croyances religieuses que je jugeais profondes, je ne valais pas mieux que mon père, que je méprisais et qui méritait mon mépris, et pas mieux que ma cinglée de mère, à propos de qui je commençais à me poser des questions. Par exemple, Cynthia et Père multipliaient les conversations peu amènes, voire acerbes, quand ma mère descendait à Chicago trois ou quatre jours par mois pour se faire soigner de ce qu'elle appelait sa « douleur fantôme ». Si mon père et moi croyions à la réalité de cette douleur, c'était sans doute parce qu'elle suggérait nos propres troubles mentaux. Cynthia, pourtant, me révéla que le médecin que notre mère consultait avait été l'un de ses amis quand elle étudiait à Stephens College et que lui-même était un pauvre jeune homme à l'Université du Missouri. Je ne pouvais accepter la réalité de cette ancienne liaison, mais je n'ai jamais demandé à Cynthia comment elle l'avait apprise. Cynthia s'étonnait simplement du fait que, lorsqu'on était mariée à Papa (elle l'appelait ainsi), on pût rechercher un réconfort extérieur. Un jeune homme est capable d'accepter les infidélités de son père, tandis que celles d'une mère engendrent une catégorie bien supérieure de souffrances, mais Cynthia ajouta alors qu'ils ne couchaient pas forcément ensemble. Elle déclara aussi que ma chétive imagination de jeune mâle transformait inévitablement en rapport sexuel toute relation entre un homme et une femme.

Ce dimanche matin où je suis retourné dans la maison pour me changer, en adressant un signe de tête à mes parents qui descendaient les marches pour se rendre à l'église, découvrant en même temps que mon père boitait toujours suite au coup de tuteur assené par sa fille, j'ai préparé un petit sac, puis je suis retourné dans le jardin pour dire au revoir à Cynthia, que son amie Laurie avait rejointe. Je ne parvenais tout bonnement pas à comprendre comment elle pouvait faire ce qu'elle venait de faire et ne pas se sentir bourrelée de remords. Mais pas le moindre remords en vue... En fait, les deux filles chantaient des chansons des Beatles, puis elles se sont moquées de moi parce que je rougissais toujours quand Laurie était en maillot de bain, un deux pièces couleur chair à peine moins audacieux qu'un bikini. Quand j'ai détourné les yeux vers les lilas, Cynthia m'a lancé :

« Ne fais pas cette tête-là. Tu n'as rien fait de mal. Papa devrait être enfermé dans un zoo. »

Et voilà tout ce que trouvait à dire une fille de quatorze ans qui s'efforçait de rendre son frère aussi dur à cuire qu'elle-même. Beaucoup plus tard, en licence de théologie à Chicago, alors que je suivais un cours sur les religions orientales, j'ai lu un philosophe japonais du douzième siècle qui disait : « Ne pas changer la réalité pour plaire au soi. » Cynthia, Clarence et Jesse étaient des experts en réalité, tandis que mère, père et moi-même tirions des plans délirants sur la comète tourmentée de l'aveuglement, et que Fred jouait les funambules entre ces deux mondes.

Vers midi j'ai gravi un flanc de colline abrupt en haut duquel j'ai enfin réussi à comprendre où je me trouvais. J'étais grimpé dans plusieurs arbres sur les basses terres, mais sans pouvoir monter assez haut pour apercevoir autre chose que les arbres environnants et puis je n'avais pas prêté assez attention à la position du soleil au début de mes déambulations colériques pour qu'il puisse maintenant m'aider. Je voyais désormais à des kilomètres au nord, jusqu'aux contours beiges et ondoyants des dunes qui bordaient le lac Supérieur, à d'innombrables et déprimants kilomètres de là. Mon anti-moustiques était resté dans la trousse de la barque et j'avais le visage tellement gonflé par les piqûres de moustiques, de taons et de mouches noires que mon champ visuel s'en trouvait rétréci de moitié. J'avais la bouche sèche comme la poussière et mon estomac grondait de faim. J'avais certes enduit mon visage et mes bras nus avec de la vase des marais qui contribuait à éloigner les insectes nuisibles. Mais les mouches noires s'étaient frayé un chemin dans mes jambes de pantalon. Le truc du cataplasme de vase, c'était Clarence qui me l'avait appris un soir que nous pêchions sur la Yellow Dog et que nous avions oublié notre anti-moustiques. Nous avions fait un feu qui fumait beaucoup, puis frit quelques truites. Clarence emportait partout avec lui du pain, du sel, une poêle en fer et un petit pot de graisse de bacon. Je ne saurais dire que Clarence était un sage, dans aucun des sens orthodoxes de ce terme. À une certaine époque c'était un bagarreur célèbre dans tous les bars de la Péninsule Nord, mais un jour sa femme a pris ses deux enfants sous le bras et elle est retournée chez ses parents près d'Ontonagon. Clarence a alors décidé de se suicider et il a sauté de la jetée après s'être noué à la jambe un gros bloc de ciment, mais une fois arrivé au fond du lac, alors qu'il commençait à manquer d'air, il a soudain pensé qu'il lui fallait tout simplement arrêter de boire, et non pas se suicider. Mon père, qui pariait souvent sur les combats les mieux organisés de Clarence avec ses amis tout aussi méprisables, a embauché Clarence quand j'avais environ cinq ans et peu après j'ai appris à pêcher. Près du feu qui fumait au bord de la Yellow Dog, j'ai entendu la seule histoire qui m'ait jamais permis d'établir un lien quelconque entre Clarence et la religion.

Un certain mois de janvier où il se battait pendant la guerre de Corée, plusieurs de ses amis venaient de perdre des doigts de pied à cause du gel et Clarence se mit à s'inquiéter pour les siens. Un jour, à l'aube, il retira les bottes d'un ami soldat en larmes et quelques doigts de pied vinrent avec, puis il abattit un « bridé » qui sortait d'une hutte en courant. Clarence ôta ses bottes, fendit le ventre du mort, puis glissa ses propres pieds dans les entrailles encore chaudes jusqu'à ce qu'elles refroidissent. Il perdit néanmoins le petit doigt de son pied gauche, qu'il conserva pour son sac *medecine*. Le problème c'était que les Chippewas sont censés manifester du respect envers les morts, si bien que des années plus tard Clarence se tracassait toujours à cause de la méthode peu orthodoxe grâce à laquelle il avait jadis sauvé ses doigts de pied. Il se sentait surtout tourmenté lorsqu'il venait d'abattre et de vider un chevreuil. Il me déclara que, puisqu'il était à moitié finnois, il pensait que c'était le Finnois en lui qui l'avait forcé à sauver ses orteils.

Je suis resté dix bonnes minutes assis près du feu avant de me dire que j'étais censé émettre un jugement. J'ai eu beaucoup de mal, mais j'ai enfin réussi à balbutier qu'il était, paraît-il, très difficile de marcher sans doigts de pied et que les dieux de Clarence savaient peut-être qu'il aurait énormément besoin de marcher dans un avenir proche. Car après la nuit où il s'était battu avec le nœud dans l'eau froide et noire, et failli se noyer, Clarence se mit à marcher pendant des heures dans la forêt dès qu'il sentait qu'il avait besoin de boire. Plus tard, lors d'un cours de théologie, j'ai évoqué les interrogations religieuses de Clarence, mais tous mes camarades les ont alors trouvées répugnantes.

Je me suis reposé une demi-heure sur la colline, puis Non, le clébard irascible de Fred, m'a rejoint et il s'est mis à gronder et à aboyer vers moi. La cantine de Fred était attachée au cou de l'animal et je m'en suis emparé après une brève bagarre, en pensant avec amusement que ce chien avait un caractère proche de celui de ma sœur. Une fois que j'ai bu un peu d'eau, j'ai compris ce que Fred voulait dire quand il parlait de l'échec de la religion. Il savait que j'avais adhéré à l'Église baptiste en partie pour damer le pion à mes parents. Mais il ignorait que j'avais lu le Nouveau Testament une bonne douzaine de fois, car ce n'était pas un livre qu'on lisait dans ma famille. Fred s'intéressait davantage aux conséquences socio-économiques à long terme du christianisme et il manquait de confiance sur des points aussi fondamentaux que la résurrection, à laquelle je croyais de manière irrationnelle parce que j'avais perdu la foi en la rationalité.

Sur tout le chemin du retour, derrière le chien et jusqu'au lac, je me suis senti pris de vertiges, allant jusqu'à m'amuser des ampoules qui me couvraient les pieds. Dès que je prenais un peu de retard, ce chien désagréable se mettait à aboyer et à m'attendre, s'arrêtant même à l'endroit où j'avais pissé dans la matinée, me jetant alors un regard lourd de sens. Peut-être ne suis-je qu'un animal en vêtements humains, pensai-je. Seulement un mois plus tôt, alors que Laurie dormait à la maison, Cynthia pour rire l'avait convaincue d'ouvrir la porte de ma chambre afin de me montrer son derrière. Je savais qu'elles avaient bu de la bière et fumé de l'herbe. C'était les années soixante, la marijuana avait envahi jusqu'aux régions les plus reculées d'Amérique. Assis à mon bureau, je lisais C.S. Lewis, la porte s'est soudain ouverte et j'ai vu le cul nu de Laurie pliée en deux. Et elle a aussitôt disparu. Je me suis quasiment évanoui comme une dame de l'époque victorienne. Lorsque j'ai récité mes longues prières du soir, je n'ai pas pu chasser l'image du derrière de Laurie. Presque tout mon être considérait ce derrière comme une chose satanique, mais quand j'en ai parlé à Fred pendant que nous construisions le bateau dans l'Ohio, il a éclaté de rire et dit qu'un derrière est parfois ravissant, mais jamais satanique. Je me posais déjà maintes questions sur mon pasteur baptiste qui m'avait stupéfié en désapprouvant les œuvres de C.S. Lewis, et celles de Mozart, lesquelles m'avaient tellement aidé à sortir de ma dépression.

Des années se sont écoulées avant que la dimension comique de ce jour lointain ne me frappe de plein fouet. Il était plus de cinq heures de l'après-midi quand le chien et moi avons atteint l'endroit de la rive où j'avais sauté du bateau. J'ai été très déçu de ne pas y voir Fred, mais je l'ai alors entendu brailler sur le ponton, près du site de lancement, à moins d'un kilomètre de là. Je lui ai adressé un signe de la main, le chien s'est élancé, puis j'ai pataugé dans le lac pour rincer mon corps couvert de vase craquelée, avant de remarquer que Fred avait laissé la barque derrière lui à mon intention.

Au camp, Fred a déclaré en blaguant que cette marche de huit heures m'avait sans doute fait le plus grand bien. Il m'a donné trois hot dogs et une boîte de haricots réchauffés, puis il a passé de l'eau oxygénée sur les ampoules de mes pieds. Rompant mon vœu de ne jamais ressembler à mon père, j'ai descendu une bouteille de bière. Je me suis endormi, puis réveillé en pleurs à minuit à cause d'un mauvais rêve. Fred a tisonné le feu de camp et préparé du café. J'étais gêné à cause de mes larmes et j'ai donc rejoint le ponton pour regarder le clair de lune scintiller sur l'eau étale. Dans mon rêve, Laurie était maigre, chauve, avec des yeux rouges, très malade de toute évidence (dix ans plus tard, quand je lui ai rendu visite à l'hôpital de Marquette où elle était en train de mourir d'un cancer du sein, elle était ainsi et je me suis rappelé ce rêve). J'ai retrouvé mon calme, après cette transe qui n'a pas duré plus de quelques minutes, puis j'ai rejoint le feu de camp, non sans me retourner pour constater que le chien qui m'avait suivi était toujours sur le ponton, les yeux tournés vers la lune, peut-être une métaphore des rapports de l'homme avec Dieu, du moins l'ai-je pensé à ce moment-là. J'en ai parlé à Fred, qui m'a rétorqué :

« Pas mal du tout. »

Puis je lui ai demandé si, à son avis, j'étais un pète-sec et il m'a répondu « sans doute », ce qui a détruit le peu d'assurance que j'avais réussi à retrouver. « Pète-sec » est le terme dont Cynthia m'avait traité le lendemain du jour où je lui avais reproché de pousser Laurie à la dépravation. Ce terme de « pète-sec » n'était pas employé dans la Péninsule Nord, mais Cynthia lisait beaucoup, surtout de longs romans anglais du dix-neuvième siècle, par George Eliot, Jane Austen et les sœurs Brontë, des livres qui ne m'intéressaient guère.

« J'en ai assez d'avoir un frère pète-sec, avait déclaré Cynthia. Tout ce que tu fais, c'est lire et te balader en désapprouvant le monde entier. »

J'avais été sincèrement peiné de découvrir qu'à quatorze ans Cynthia n'était plus vierge. Tout comme Laurie, d'ailleurs. Elles avaient choisi deux garçons, l'un d'eux étant le fils de Clarence, Donald, un athlète brillant mais dur à cuire, qui en public simulait une parfaite insensibilité, mais en privé – nous avions grandi ensemble – était un merveilleux compagnon.

Assis près du feu, j'essayais d'écouter Fred, qui versait du whisky dans son café, pérorait sur les traîtrises des gouvernants, la chicanerie des catholiques, l'indécrottable bêtise des protestants, mais je l'écoutais seulement d'une oreille distraite. Je tâchais de trouver le moyen de ne pas être un pète-sec, d'arrêter de penser à moi, de pénétrer dans la vraie vie, dont les dimensions et les caractéristiques m'échappaient entièrement. Je pensais sans cesse à une citation tirée du cauchemardesque et très éprouvant Livre des Révélations, à la fin du Nouveau Testament, et qui disait : « Je te désire soit brûlant soit froid, car si tu es tiède, je te répudierai. » Et un pète-sec, c'était forcément un tiède.

Presque trente ans plus tard, alors que je rassemble tous ces souvenirs, je redeviens cet humble pète-sec envahi d'hormones, passablement effrayé par la nuit, le chien de Fred, l'éclat de la lune sur le lac, le pouvoir du derrière de Laurie jaillissant dans l'encadrement de la porte, la folie des filles, le Livre des Révélations, mon père ivre et pervers, ma mère qui s'entourait d'un tel capitonnage qu'elle en devenait fantomatique, et parfois je priais agenouillé à même le plancher pour que la douleur aiguise ma lucidité. Aujourd'hui, j'ai apparemment épuisé toutes mes peurs, mais je suis capable de les recréer.

« Où es-tu ? me demanda Fred en me tirant de ma rêverie. Il existe un moyen sûr pour ne plus être un pète-sec. Découvre ce qui précisément cloche chez les membres de ta famille et évite d'imiter leur exemple. Ça ne veut pas dire qu'il ne faut rien faire. Ça ne veut pas dire se promener avec la tête dans le cul. »

J'ai aussitôt eu l'image d'un homme qui essayait de sortir sa propre tête hors de son cul. Fred était presque ivre, mais son état ne m'a pas empêché de le prendre au sérieux. Ç'a été la première nuit vraiment importante de ma vie. Malgré mes courbatures et les ampoules qui me couvraient les pieds, j'ai pressenti une possibilité de force, presque une mission consolatrice dont les chances de succès ou de victoire se nourrissaient du feu, du chien, de Fred mon semblable, de la nuit, de la lune brillante et des étoiles, et même de la chouette que nous entendions par intermittence. Aujourd'hui, tout cela me paraît vaguement absurde, mais tant de changements majeurs dans l'orientation de nos vies résultent de simples accidents, de purs hasards, d'une infime modification de trajectoire, et sur un plan plus négatif, la fille rencontrée à une réunion où tu ne voulais pas te rendre, mais qui a infecté ton existence au point que le tissu cicatriciel t'accompagne jusque dans ton vieil âge.

## 2

Nous nous sommes réveillés en milieu de matinée, après nous être couchés à l'aube, quand un Fred endormi a soudain basculé en arrière, après quoi je l'ai fait rouler jusqu'à son sac de couchage, sans oublier de lui mettre de l'anti-moustiques sur le visage.

« Ne crois rien de ce que j'ai dit la nuit dernière. » Puis il ajouta : « C'est quoi la dernière chose que j'ai dite la nuit dernière ?

— Tu as dit que je ne pourrais pas comprendre ce qui est bon avant d'avoir compris ce qui est mauvais. » J'avais très envie d'aller marcher, mais j'ai regardé avec désespoir mes pieds couverts d'ampoules.

« Oublie ça. C'est peut-être vrai, mais c'est dangereux. »

Selon certaines rumeurs que j'avais entendues, l'un des points qui avaient le plus déplu aux paroissiens de Fred avait été son intérêt excessif pour la culture noire, y compris une liaison avec une prostituée, qui décida sa femme à prendre le large après seulement trois ans de mariage. Fred m'avait dit un certain nombre de fois qu'il en avait marre du langage blanc et qu'il ne pouvait « plus opérer désormais à ce niveau du discours », une phrase que j'ai mis des années à comprendre.

Renonçant à nos conversations sérieuses, nous avons passé deux jours à ramer. Selon ma propre expérience, la force m'est venue d'abandons et de soustractions, plutôt que d'ajouts. Nous ramions simplement à tour de rôle dans ce nouveau bateau. Comme je n'avais pas de canne de lancer, je n'ai pas eu l'occasion de faire le malin devant Fred ainsi que pour moi-même – un talent particulier se transforme souvent en bagatelle malhonnête (Clarence se moquait régulièrement de mes longs lancers quand des courts s'imposaient – « Arrête de pêcher avec ta queue », me disait-il alors). Fred possédait une vieille canne à moulinet classique et nous avons fini par attraper quelques perches et brochets pour notre repas. Pendant les deux après-midi étouffants, nous sommes partis à pied sur les dunes immenses de Grand Sable et nous avons découvert que les insectes n'aimaient guère ce terrain sablonneux. Notre progression était difficile, mais il y avait des massifs ombragés de pois de senteur et d'églantines, ainsi que des fraises sauvages que nous avons mangées malgré le sable qui y était incrusté. Sur la crête des dunes, on pouvait s'asseoir et regarder simplement la clarté glacée du lac Supérieur, ou bien très loin vers l'horizon repérer les minéraliers. Ces énormes navires irritaient Fred, car c'étaient là les affaires auxquelles son père – et celui de ma mère – consacrait sa vie, au point que Fred prétendit que ma mère et lui-même avaient compté pour rien aux yeux de son géniteur à Lake Forest, juste au nord de Chicago. J'ai essayé de le taquiner à propos de ces minéraliers, en lui disant :

« Je croyais que nous devions affronter la réalité telle qu'elle est.

— Tu dois le faire. Moi je n'ai pas pu. »

Son visage a soudain arboré une rougeur qui n'était pas due au soleil et j'ai regretté mes paroles qui venaient de dissiper l'harmonie de cette journée, les dunes de sable et le lac Supérieur brusquement ternis par ce changement d'humeur.

« Ma sœur n'est plus vierge », annonçai-je comme en passant, pour tenter généreusement de détourner Fred de ses propres soucis vers les miens.

« Ça ne regarde qu'elle. Cynthia a quatorze ans, bientôt quinze. Et c'est le seul être humain honnête dans toute l'histoire de ta famille. »

Pour Fred, la jeune Cynthia était une héroïne très particulière. Très tôt déjà, disons à partir de l'âge de sept ans, Cynthia manifestait une causticité et une lucidité de langage que presque tout le monde sauf ses amis jugeait insupportables. Elle avait été encouragée dans ses lectures précoces par un professeur gay (un terme qu'on n'utilisait pas encore dans les années soixante) sorti de l'Université du Michigan et que mon père avait réussi à faire virer en le piégeant, un incident qui marqua le début, alors qu'elle avait douze ans, de sa campagne, parfaitement impitoyable, de vengeance contre Père.

« C'est normal que je m'inquiète pour ma sœur. Tu ne t'inquiétais donc pas de ma mère quand elle était jeune ? demandai-je piteusement.

— Pas vraiment. J'étais dans la situation contraire de la tienne. Elle avait deux ans de plus que moi et derrière son vernis de bonnes manières c'était une vraie peste. Elle s'est un peu adoucie après la mort de Richard. »

Je n'ai jamais connu Richard, le frère cadet de mon père, qui aurait donc été mon oncle. Les familles de mes deux parents faisaient partie du Club, au nord de la ville, un luxueux havre de paix réservé aux familles des nababs du Middle West et qui incluait soixante-dix mille arpents de lacs et de rivières proches du lac Supérieur. De nombreux membres venaient de Chicago et de Cleveland après avoir fait fortune dans le bois, les mines ou le transport de matières premières sur les Grands Lacs. Vers l'âge de dix ans, quand j'ai entendu certaines rumeurs selon lesquelles ma mère aurait d'abord été amoureuse du frère cadet de mon père, je ne leur ai pas accordé le moindre crédit. Le refus catégorique, manifesté par l'enfant, d'inclure le chaos dans l'existence de ses parents dresse une solide barrière de protection. À cet âge, les parents sont encore des dieux, même si chaque année ils rapetissent. Richard s'était soi-disant noyé, mais les gens qui évoquaient ce drame devant moi ne semblaient jamais tout à fait convaincus de leurs dires.

Lors de notre troisième soirée au camp, durant le solstice d'été, l'air chaud paraissait irradier une lueur jaune qui renforçait l'immobilité irréelle de l'atmosphère. Fred déclara que ses yeux et ses oreilles sentaient le baromètre chuter. Le soleil venait de plonger derrière les dunes au soir de son parcours le plus septentrional de l'année, mais soudain il a fait très sombre. Fred a aussitôt commencé à rassembler nos affaires éparpillées autour du camp. Nous avons alors entendu de profonds roulements de tonnerre et le vent qui soufflait à l'ouest, puis notre chien vigilant a trottiné jusqu'au ponton pour menacer l'orage imminent. Nous avions à peine fini de lever le camp et de nous installer dans le pick-up lorsque la première violente bourrasque est arrivée, faisant trembler notre véhicule sur ses roues. Le chien, qui détestait le fracas du tonnerre, s'est blotti par terre, recroquevillé autour de mes chevilles.

Nous avons trouvé un chalet de touristes un peu miteux, sur une colline dans le village de Grand Marais. Il y avait une kitchenette et deux chambres à peine plus vastes que des placards, ainsi que l'inévitable ornement de bois de cerf. Fred a regardé autour de lui d'un air ému, puis déclaré que ce chalet abritait « des souvenirs romantiques ». Mon côté pète-sec, cet élément fondamental mais – espérais-je – déclinant de ma personnalité, en a douté, car l'air dans le chalet sentait plutôt la bière, la crotte de souris et le poisson, et puis les murs frémissaient sous l'orage comme s'ils allaient s'effondrer d'un instant à l'autre. Fred est resté comme médusé dans la kitchenette, je voyais bien qu'il tâchait de se rappeler laquelle des chambres avait suscité ces souvenirs. Il a haussé les épaules lorsque le chien Non a fait son choix à la place de son maître, se vautrant parmi les oreillers et grondant pour des raisons seulement connues de lui.

Fred s'est servi un whisky et m'en a proposé un. J'ai secoué la tête négativement et pris une douche pour me préparer à l'inévitable virée à la taverne locale. Fred a déclaré qu'il aimait les tavernes à cause du « franc parler » qui y régnait et de l'admirable absence de piliers de bar épiscopaliens. Dès que Fred m'a remplacé sous la douche, j'ai goûté à son whisky avant de m'en servir un léger. Ma mère considérait que son frère souffrait d'un « problème d'alcool », mais une observation attentive m'a convaincu qu'il buvait en fait moins qu'elle. Pendant que nous construisions le bateau, il a bu deux bières avant le dîner, point final pour la soirée, et nous étions debout à l'aube pour travailler avant la pleine chaleur du jour, alors que les deux martinis quotidiens de ma mère atteignaient des proportions démesurées. Les deux bières de Fred le détendaient et le rendaient heureux, tandis que les deux martinis de ma mère n'avaient aucun effet visible, ni dans un sens ni dans l'autre, hormis une légère pacification de son esprit errant. Quand Père était là, il préparait leurs martinis dans un shaker en argent, qu'il secouait au-dessus de l'épaule comme s'il était en train de créer un chef-d'œuvre ou de sacrifier à un rituel qui garantissait la bonne marche d'une société parfaitement policée.

À la taverne le patron a appelé Fred « Prêcheur » à cause d'une familiarité ancienne, mais quand mon oncle m'a présenté, le patron est devenu un peu raide et distant. Après tout, quatre-vingts années seulement s'étaient écoulées depuis que ma famille avait fini de dévaster un demi million d'arpents de pins blancs dans la région. Au milieu des années soixante, on ne remettait pas en question la vertu de cette entreprise, des histoires ainsi que des chansons avaient métamorphosé en mythe la grandeur de cette destruction. Fred a commandé un whisky et, malgré mes seize ans, on m'a servi une bière, comme s'il était impensable pour le patron de ne pas sacrifier à ce rituel. Je faisais plus vieux que mon âge, je mesurais un mètre quatre-vingts et je devais me raser tous les matins, mais on m'avait servi cette bière à cause de mon nom et, à mesure que la soirée avançait, la nouvelle a circulé à travers la foule assez dense des clients, dont beaucoup, surtout des gens d'âge mûr ou plus vieux encore, se sont mis à regarder en direction de notre table où Fred payait des verres à deux femmes corpulentes âgées d'environ trente-cinq ans, dont l'une dévorait des frites arrosées d'une bonne louche de graisse, selon une coutume locale de la Péninsule Nord.

Un bûcheron et trappeur à la retraite, qui avait sans doute quatre-vingts ans bien sonnés et tenait une bonne cuite, s'est arrêté à notre table pour saluer Fred, mais il m'a ensuite regardé et dit pour blaguer :

« J'ai connu ton grand-père et ton arrière-grand-père, les plus gros enculés de voleurs que Dieu a jamais laissé vivre dans le coin. »

Un brusque silence est tombé sur les tables environnantes et j'ai seulement réussi à répondre :

« C'est sans doute vrai. »

Puis les discussions ont repris. Gêné d'être considéré comme un jeune potentat, je voulais partir, mais Fred me tenait de grands discours sur le langage, attirant mon attention sur la manière dont ceux qui nous entouraient parlaient du temps, du sport, de la pêche commerciale, de l'alcool, des moustiques et des mouches noires, de l'amour et de l'adultère. En comparaison, soutenait Fred, aucune des paroles de mon père n'était intimement reliée à ce qu'il pouvait ressentir ni à la réalité précise du monde qui l'entourait. Quant à ma mère, elle arrivait juste derrière lui. Leur langage était désabusé, ironique, pesant. Durant tout ce discours, les deux femmes assises à notre table jetaient des regards tantôt ahuris tantôt ennuyés, sans essayer le moins du monde de se cacher. Alors la tempête a éteint toutes les lumières de la taverne et les clients ont poussé une grande clameur. Le patron a allumé deux lanternes et Fred a profité de la pénombre pour embrasser sa voisine. L'autre femme avait pris la poudre d'escampette et je me suis levé pour partir, mais quand j'ai atteint la porte les lumières sont revenues et j'ai adressé un signe de tête à deux étudiantes installées près de la sortie, qui buvaient des sodas et observaient leurs aînés avec amusement.

« Pourquoi partir ? » me demanda la plus jolie des deux, qui portait un minuscule T-shirt moulant.

Incapable de trouver une réponse adéquate, j'ai haussé les épaules avant de sortir sous la pluie. J'avais l'intention de rester assis dans le pick-up, mais dès que j'ai touché la portière, Non a perdu la boule, décidé de ne pas me reconnaître et fait un boucan d'enfer. J'ai donc parcouru à pied, sous la pluie et dans le vent, les deux kilomètres qui me séparaient du chalet, en écoutant le rugissement du lac Supérieur plutôt que de ruminer de sombres pensées.

Au milieu de la nuit il y a eu des coups bruyants frappés à la porte, laquelle était coincée à cause de l'humidité et non fermée à clef. J'ai été lent à réagir et Fred a dû crier à ma fenêtre. Ouvrant la porte d'un coup sec, je l'ai découvert avec stupéfaction accompagné de l'étudiante au minuscule T-shirt. Le pète-sec qui était en moi a alors pensé que Fred, qui frisait la cinquantaine, ne pouvait vraiment pas revenir à la maison avec une fille aussi ravissante. Je suis donc resté figé comme un crétin en sous-vêtements, tandis qu'elle éclatait de rire en m'adressant un clin d'œil.

De retour dans ma chambre, je me suis dit que la nuit allait être longue et j'ai réellement prié afin qu'ils soient suffisamment ivres pour sombrer promptement dans le sommeil. Mais je n'ai pas eu cette chance. La mince cloison qui séparait nos deux chambres semblait amplifier plutôt qu'atténuer les bruits de leurs ébats. Je n'avais rien à lire, hormis le petit volume, relié en cuir, du Nouveau Testament (dans la version du roi James) que je trimballais dans ma poche depuis un an et demi, en fait depuis que j'avais trouvé « le salut ». J'ai feuilleté les Thessaloniciens et les Colossiens, mais rien de ce que saint Paul pouvait bien écrire ne réussissait à concurrencer le boucan sexuel de la chambre voisine. Je me retrouvais bel et bien dans l'inconfortable position du petit chrétien entendant un monde qu'il n'avait pas créé, où il n'avait nulle place et qu'il souhaitait désespérément maintenir loin de lui, pour éviter d'imaginer des conséquences aussi extrêmes et dramatiques que le mariage de ses propres parents. Mon copain Glenn, un gamin pauvre avec qui je pêchais souvent, avait entièrement recouvert les murs de sa chambre minuscule avec des Playmates du Mois tirées de *Playboy* et, lorsque nous nous installions à son bureau pour nouer nos mouches *Muddler Minnows, Adams* et *Fan-Winged Coachman*, je levais parfois les yeux vers les murs, en redoutant que tous ces tétons et ces derrières ne me rendent fou à lier, je sentais mon entrejambe s'agiter, mon visage rougir, puis je retournais lugubrement à mes mouches à truites.

La présente expérience était néanmoins sans égale et j'ai rangé mon Nouveau Testament, de peur que ce livre saint n'entende lui aussi les grognements, les bruits de succion, les gémissements, le cri de soprano « baise-moi plus fort », les aboiements du chien. J'ai éteint la lumière et discerné les fesses de Laurie sur le mur, dans la tache lumineuse créée par le lampadaire situé près de l'allée menant au chalet. Ma porte s'est alors ouverte et Fred a jeté le chien dans ma chambre avec un « pardon » énervé. Enfin, au bout d'une bonne heure, montre en main, j'ai entendu leurs ronflements alcoolisés et tant le chien que moi avons réussi à trouver le sommeil.

Je suis sorti du chalet très tôt pour faire une promenade avec Non. Le vent avait considérablement faibli en tournant à l'est et, malgré la fraîcheur de l'air, les vagues moutonnaient toujours sur le lac Supérieur. Le ciel paraissait lavé, d'un bleu lumineux, et l'aube a fait souffrir mon cœur fatigué. Non me guidait vers le bas de la colline, sur un sentier qui traversait les ormes et les cornouillers vers la plage, un chemin qu'il connaissait manifestement. Tous les étés, Fred passait régulièrement un mois dans le nord, il faisait une brève halte afin de nous voir, il montait jusqu'au Club pour une visite indispensable à son vieux père et à une tante vieille fille qui s'installaient dans leur pavillon en rondins dès que la neige le leur permettait, d'habitude début mai ; puis Fred battait en retraite dès que possible pour passer quelques semaines à Grand Marais, dans une cabane située près de Whitefish Point, à Canadian Soo, après quoi il remontait en voiture vers le nord pour contourner tout le lac Supérieur, traversant Wawa et Thunder Bay jusqu'à Duluth (une ville qu'il adorait), Houghton, revenir à Marquette pour nous voir, Cynthia et moi, faire une balade nocturne avec Cynthia près de la piste McCormick dans les Monts Huron, rentrer enfin à Marquette afin d'éviter Père et de déjeuner avec Mère, puis retourner dans l'Ohio pour le jour de la fête du travail.

Pour être franc, je l'admirais plus qu'aucun autre homme, avant même Jesse et Clarence. Fred était la brebis galleuse, si galleuse en fait que tout le monde avait renoncé à en parler. Il constituait à mes yeux une évidence dont, chaque été, j'anticipais la venue avec toute la joie dont j'étais capable. Lorsque j'ai eu dix ans, on m'a accordé la permission de quitter la monstruosité de notre vieille demeure pour accompagner Fred et Jesse lors de leurs promenades agrémentées d'un pique-nique, jusqu'à Presque Isle. Au cours des premières années, les deux hommes passaient à l'espagnol dès qu'ils ne voulaient pas que je comprenne leur discussion, mais dès l'âge de quatorze ans, j'ai eu l'autorisation de tout entendre. Par exemple, l'été dernier, Jesse s'était arrêté pour me regarder, avant de regarder Fred, et de déclarer que la richesse ressemblait à la poitrine d'une jolie femme, sauf qu'il n'y avait pas de femme derrière. Il fallait imaginer le reste soi-même. Fred pensait que les droits de succession auraient dû s'élever à quatre-vingt-quinze pour cent de l'héritage, alors que me revenaient sans cesse en mémoire mon expérience récemment acquise de baptiste et les paroles du prêcheur : « Les mains oisives sont l'outil privilégié de l'œuvre du diable » ou quelque maxime du même tonneau, dont mon père fournissait un exemple saisissant.

Je suis remonté jusqu'au chalet sur la colline au bout d'une heure ; debout dans le jardin, la chérie de Fred brossait ses cheveux mouillés.

« C'est beau, non ? fit-elle en montrant le paysage avec sa brosse. Tu aurais dû rester hier soir. Ma copine mourait d'envie de s'envoyer en l'air. »

J'ai bien sûr imaginé une fille s'envolant à travers les airs, puis j'ai réussi à me rappeler l'autre fille installée près de la porte de la taverne. Mon estomac a effectué un double saut périlleux quand j'ai pensé que j'avais bien failli perdre ma virginité. Elle m'a tendu la main qui ne tenait aucune brosse et j'ai senti une odeur de savon Ivory monter de son T-shirt et de ses seins qui se balançaient librement dessous. Après sa douche, elle semblait nimbée de vapeur chaude.

« T'as perdu ta langue ? » me taquina-t-elle.

J'ai secoué la tête, mais je n'avais pas réussi à articuler un seul mot. Fred m'a tiré de ce mauvais pas en nous appelant pour le petit déjeuner.

Elle se prénommait Robin. Son amie et elle, originaires de Livonia, près de Detroit, venaient de passer leur diplôme d'institutrice à Central Michigan, avant de filer vers le nord, en quête d'« aventures ». Elle a pris Fred dans ses bras en prononçant ces mots, puis laissé le chien lécher le jaune d'œuf et un petit morceau de bacon sur sa cuillère, avant d'utiliser cette même cuillère pour dévorer un bol de Cheerios. Fred et le chien semblaient ricaner. Robin a englouti son café, puis sorti de son sac un joint tout fripé, qu'elle a allumé avant d'en tirer une profonde bouffée, ses seins tout à coup secoués de soubresauts quand elle s'est mise à tousser. J'ai bien sûr refusé de tirer sur ce joint, mais Fred a haussé les épaules en l'acceptant.

« Je suis en vacances ! » s'écria Robin tout à trac.

Sentant ma gêne, Fred a poussé les clefs du pick-up vers moi sur la table. « Peux-tu repasser me prendre d'ici quelques jours ? Je te téléphonerai. »

# 3

Je traversais Munising et j'étais à mi-chemin de la maison quand j'ai retrouvé toute ma maîtrise de moi-même, mais je me suis avoué pour la première fois que cette maîtrise ne pouvait pas être bien significative si je mettais une bonne heure à la reconstituer tant bien que mal. Cette difficulté signifiait seulement que j'avais réussi à empêcher le monde de faire intrusion dans la cabine du pick-up. Il y avait un changement de quarts à l'usine de papeterie de Munising et des douzaines de voitures se garaient devant une taverne pour la bière matinale. Deux grumiers lourdement chargés stationnaient sur le parking et mes vitres baissées ont laissé entrer une puissante odeur d'écorce déchirée et de sève qui m'a rappelé Robin après sa douche. Dans l'enthousiasme propre à la marijuana elle m'avait serré dans ses bras pour me dire au revoir et, tandis que je gravissais la pente pour sortir de Munising en direction de Au Train, la pensée m'a traversé que j'étais plongé dans le fondamentalisme religieux depuis une bonne année déjà et que, durant toute cette période, je n'avais pas serré une seule fille entre mes bras. La dernière remontait au mois de juin précédent, quand la petite amie de mon copain Glenn, une grosse Finnoise de notre âge, m'avait serré dans ses bras près de notre feu de camp sur le cours intermédiaire de la rivière Escanaba, après que j'ai eu attrapé une truite brune d'au moins trois livres. Elle était beaucoup trop grosse à mon goût, mais j'avoue avoir été excité quand elle m'a étreint. Glenn et son amie partageaient un pack de bières qu'il avait volé à son père et je les raccompagnais chez eux dans ma Ford dernier modèle offerte par ma mère quand elle a acheté une Buick. À quinze ans et avec mon permis jeune, je n'avais pas le droit de conduire la nuit, mais mes parents étaient trop écervelés pour en avoir conscience. Bref, après la partie de pêche je conduisais depuis une heure pour rentrer à Marquette pendant que Glenn et sa copine s'envoyaient en l'air sur la banquette arrière et je mettais la radio très fort pour noyer les bruits très audibles de la pipe que ma passagère offrait à mon ami, un acte qui dépassait mon entendement. Plusieurs fois elle avait clamé haut et fort qu'elle ne voulait pas tomber « E ». Quand Glenn jouissait, il flanquait des coups de pied dans le siège du conducteur et je lui criais d'arrêter.

J'étais sur le point de bifurquer vers Harvey lorsque je me suis garé le long d'une plage déserte pour dormir pendant une heure. Je n'avais sans doute pas dormi plus de trois heures la nuit dernière et j'avais le vertige en regardant Marquette situé à une quinzaine de kilomètres à l'ouest, sur le rivage. Il m'aurait alors suffi de prendre mes jumelles sur le siège du passager pour apercevoir notre maison parmi les arbres de Ridge Street, au-dessus du port. La semaine précédant mon départ pour le sud, l'Ohio et la maison de Fred, j'ai demandé à mon prêcheur baptiste ce qu'avait voulu dire Jésus en déclarant : « Œuvrez à votre salut dans la peur et le tremblement », ce qui sous-entendait davantage une dimension individuelle qu'un effort collectif. Ce passage me semblait difficile et cruel. Mon prêcheur, qui suçotait toujours des pastilles sucrées au citron, s'en est envoyé une avant de répondre :

« Nous adorons ensemble, mais nous mourons seuls. Il nous faut donc travailler dur pour garder notre foi sur le bon chemin. »

Cette exégèse m'a paru lamentable, mais ce prêcheur était très préoccupé par les problèmes de son fils aîné fouteur de merde que, par la fenêtre du presbytère, nous voyions fumer une cigarette scandaleuse tout en lavant sa voiture. Il était grand, assez gros, et il vendait en douce de la bière et des capotes, une mauvaise publicité pour la religion de son père, même si selon le folklore du Nord du Midwest les fils de prêcheurs sont toujours des individus à problèmes. Et puis beaucoup trouvaient l'épouse du prêcheur trop séduisante pour être honnête. C'était une femme du Sud (du Missouri) et sa voix de velours nous paraissait scandaleusement sexuelle. Elle avait des seins plantureux et, lorsqu'elle levait son menton angélique pour se lancer dans un solo de *Jésus, mon doux Seigneur*, tout mon corps bourdonnait à l'unisson des accords les plus graves de l'orgue.

Quand j'ai été baptisé par immersion avec plusieurs autres garçons dans un grand réservoir métallique équipé de marches qui descendaient sous l'eau, elle avait aidé son mari et sa robe blanche mouillée était affolante. J'avais grandi en fréquentant l'église épiscopalienne de St. Paul, à trois rues seulement de notre maison, mais Jesse devait toujours y conduire mes parents, car mon père croyait dur comme fer à ce qu'il appelait « les traditions familiales ».

J'ai trouvé étrange d'arriver ainsi à Marquette en cette fin de matinée, car même si je m'étais seulement absenté durant un peu plus de deux semaines, la ville m'a semblé différente, peut-être plus séduisante et intéressante, surtout les vieilles maisons très bien entretenues du côté de la colline. En passant devant la bibliothèque Peter White, j'ai senti mon cœur se serrer, car cet homme offrait un contraste noble et saisissant avec mes propres ancêtres tellement douteux, tout comme les plus discrets Longyear. Sans oublier Mather qui tenait absolument à éduquer les bûcherons et les mineurs, une conception révolutionnaire parmi les barons du caoutchouc au dix-neuvième siècle.

En me garant dans l'allée située derrière notre maison, parce que je savais que ma mère ne supporterait pas la vue du pick-up déglingué de son frère devant la façade, je me suis arrêté près d'un massif de lilas en fleur et interrogé sur mon changement d'humeur. J'ai avoué en silence devant Dieu et Jésus que j'avais pris grand plaisir à mes bières interdites et que j'espérais coucher un jour avec une fille comme Robin, que je n'avais plus la moindre envie d'aller à l'église baptiste, que je désirais me glisser discrètement à l'étage jusqu'à ma chambre pour écouter mes disques de Mozart, de Sonny Terry et Brownie McGee, et de Joe Turner, offerts par Fred, et éviter mes parents, avant de me jurer que, si jamais Laurie m'exhibait de nouveau son postérieur, je me précipiterais dessus, tel le loup sauvage fondant sur le faon innocent. Bref, mon climat mental avait subi un changement aussi radical que le ciel de Grand Marais récemment bouleversé par la tempête. Je désirais me consacrer à une mission nouvelle : découvrir pourquoi ma famille s'était fourvoyée, ou plutôt découvrir si elle avait jamais eu des objectifs honorables, à commencer par ces portraits aux yeux globuleux et aux mâchoires saillantes qui trônaient dans le bureau de mon père.

Assis au volant du pick-up immobile face au dense massif de lilas, je ne ressentais pas la moindre trace d'ironie après cette épiphanie juvénile. J'ai supposé des années plus tard qu'un adolescent de seize ans est encore assez malléable pour que son parcours conserve une certaine élasticité. Il ne manifeste pas encore la rigidité de ces voies de chemin de fer sur lesquelles les adultes se déplacent. À seize ans, on peut encore faire des sauts de côté, retourner en arrière ou tout simplement s'envoler. Et cette expérience présentait toute la pureté et la simplicité que j'avais ressenties à douze ans, en aidant Clarence à creuser un trou destiné aux ordures d'une vieille dame riche, au fond de son jardin, dans notre rue. Une fois le travail terminé, elle nous a proposé de la limonade. Clarence a eu droit à cinq dollars, moi à un seul dollar. Comme nous mourions de faim, nous avons descendu la colline jusqu'à une gargote d'ouvriers où je n'avais pas le droit d'entrer. Car ma mère tenait à ce que je n'aie pas la moindre trace de cet accent finnois typique de la Péninsule Nord. Mon dollar paya un délicieux hamburger et un bol de soupe aux pommes de terre. Ce rapport, ainsi établi entre le travail et la nourriture quand on meurt de faim, a gravé un souvenir indélébile sur mon jeune esprit frivole. Ç'a été une expérience merveilleuse. À la maison, ma mère m'aurait servi une soupe Campbell à la tomate et un sandwich américain au fromage. Imitant Clarence, j'ai mis de la moutarde piquante sur mon hamburger et généreusement saupoudré de poivre noir ma soupe aux pommes de terre. En remontant la colline abrupte vers chez moi, je me suis senti viril pour la première fois. Quand je suis arrivé à la maison, ma mère a sifflé « Tu es infect » et je suis redevenu un gamin fragile. Il eût été parfaitement absurde de lui annoncer que je venais de gagner un dollar.

J'ai soudain été inquiet lorsque Clarence est sorti de l'atelier et que Jesse est descendu de son appartement situé à l'étage, aucun des deux hommes ne se lançant dans le moindre commentaire admiratif sur mon bateau flambant neuf. Clarence avait les yeux rouges et Jesse était sombre. J'ai senti mon cœur s'emballer, convaincu qu'un être cher venait de mourir, mais il s'agissait en fait d'une crise familiale aiguë, de ce qu'après plusieurs martinis mon père appelait volontiers « une mousson de merde ».

Mère était partie pour un tournoi de bridge, qui durait d'habitude toute la journée, mais sentant un rhume imminent, elle était rentrée à la maison de bonne heure pour découvrir Cynthia et Donald, le fils de Clarence, en train de faire l'amour sur la moquette du salon. Mère s'était évanouie, Cynthia n'avait pas appelé le médecin. Mon père, ma mère et Cynthia m'attendaient donc pour entamer une conférence familiale. Mon père avait été jusqu'à demander à la police de l'État de me rechercher à Grand Marais. Ma mère tenait à ce que Clarence fût renvoyé. Jesse m'a expliqué le drame pendant que Clarence me regardait d'un air implorant. Il travaillait pour ma famille depuis la fin de la Seconde Guerre mondiale. Son regard suppliant m'a peiné et, au lieu de me diriger vers la maison d'un pas hésitant, j'y suis entré à grands pas décidés. Cynthia était dans la cuisine, où elle préparait un broc de limonade en vue de la réunion imminente. Elle a roulé les yeux, souri, puis levé les pouces vers le plafond. Son sourire m'a légèrement irrité, mais j'ai aussitôt reconnu en mon for intérieur qu'elle était la reine des situations difficiles.

« S'ils virent Clarence, murmura-t-elle alors, on part tous les deux. »

J'ai acquiescé.

Mon père, assis à l'extrémité de la table de la salle à manger, avait le menton dans les mains, les coudes fermement posés sur la table, les yeux mi-clos comme s'il était perdu, presque définitivement, dans ses pensées. Cynthia et moi avions baptisé cette posture « Vieille Chouette Savante », et il l'adoptait durant les rares conférences familiales, des réunions qu'un thérapeute de Chicago avait recommandées à mon père qui, sentions-nous, aimait bien le drame qui les entourait. Assise près de lui, ma mère tripotait plusieurs mouchoirs, la tête inclinée, en essayant à tout prix de jouer la mère éplorée qui, dans un pays déchiré par la guerre, est à la recherche de ses enfants perdus.

« On m'a demandé d'interrompre une importante réunion du conseil d'administration à la banque, afin de régler cette affaire », commença mon père, mais sans l'indispensable conviction qui aurait pu nous piéger.

« Si vous virez Clarence, nous partons tous les deux, dit platement Cynthia.

— Cynthia ! » sanglota dignement notre mère avec une diction très Judy Garland qui nous prouva que le médecin l'avait mise sous calmants.

Mon père et elle se sont alors tournés vers Cynthia comme s'ils ne s'attendaient nullement à une telle annonce.

« Clarence n'est pas plus coupable du comportement de son fils, que tu ne l'es de celui de Cynthia », ajoutai-je astucieusement.

Cynthia m'a foudroyé d'un regard saturé de haine feinte avant de quitter la pièce d'un air furieux. Je me suis levé pour me faufiler entre mes parents, enlaçant chaque paire d'épaules avec commisération à cause du monstre qu'ils avaient pour fille. Ils se sont laissés aller contre moi et mon père a demandé :

« Ô Dieu, quand donc me suis-je fourvoyé ? » d'une voix de baryton très radiophonique.

Quant à moi, je débordais de fierté, convaincu que tout compromis était justifié, s'il permettait à Clarence de conserver son emploi. Cynthia est alors revenue avec le plateau de limonade et lorsque mon père a dit « Tu ne dois plus jamais revoir ce jeune homme », elle est partie d'un grand rire cristallin.

# 4

Deux autres années se sont écoulées avant que ma famille n'aboutît à une désintégration complète. Malheureusement, suite à ma prestation lors de la réunion de famille, mes parents ont oublié Cynthia pour se concentrer sur moi comme fils modèle potentiel, un revirement que Cynthia a trouvé très drôle.

J'ai constaté tout le bien-fondé de mes efforts en retournant aussitôt à l'atelier pour annoncer à Clarence qu'il n'y avait plus de problème le concernant. Il s'est laissé tomber sur le canapé et Jesse s'est appuyé contre le banc de travail, en salissant les coudes de sa chemise blanche toujours impeccable. À cet instant, Laurie est arrivée par l'allée de derrière, vêtue d'un nouveau bikini extrêmement minimal, elle a agité la main derrière la fenêtre, et Jesse a dit « Caramba », soulagé. Clarence a fait semblant de ne pas voir Laurie, il m'a serré la main en disant « Merci. Je sais que c'est grâce à toi ». Gêné, j'ai senti mes oreilles tinter, puis nous sommes enfin sortis pour examiner et admirer la barque. Jesse, originaire de la ville côtière de Veracruz et fin connaisseur des bateaux, a manifesté quelques réticences, qualifiant néanmoins ma barque de « plus qu'utilisable », une expression empruntée à mon père, tandis que Clarence la jugeait magnifique. En général, les vrais vieux « Yoopers » (les citoyens de la Péninsule Nord) comme Clarence ne s'embarrassent pas de détails. Presque toutes les productions locales témoignent d'une certaine précipitation due à la brièveté du beau temps et à la longueur d'un hiver qui dure souvent sept mois, accompagné de vents violents et glacés qui soufflent du lac Supérieur, quand la couche de neige atteint régulièrement six mètres, ce qui est beaucoup pour une ville qui se trouve au niveau de la mer. Certaines grosses maisons furent construites grâce à la main-d'œuvre étrangère. On m'a dit que les ouvriers qui avaient bâti notre maison avaient été choisis par mon arrière-grand-père dans le Sussex, en Angleterre. L'une des Longyear avait tellement aimé sa demeure qu'elle l'avait fait transporter, pierre par pierre, à partir de Marquette jusqu'à Brookline, dans le Massachusetts, à un coût exorbitant.

Jesse a dû répondre à l'appel d'une sonnette et une demi-heure plus tard, alors que Clarence discutait toujours de l'emplacement des dames de nage, mon père est arrivé pour nous dire au revoir. Ma mère et lui venaient de décider de monter au Club avec une semaine d'avance, sans doute afin d'éviter Cynthia, mais il a déclaré que Jesse désirait prendre ses vacances d'été plus tôt que prévu. Je m'étonnais en permanence de la propension au mensonge manifestée par mon père, alors même qu'il n'y avait aucun enjeu. Il a jeté un coup d'œil à Cynthia et Laurie allongées dans leur coin du jardin, puis haussé les épaules. Je suis poliment allé à la maison dire au revoir à ma mère qui, dans la brume des sédatifs, a à peine remarqué ma présence. Elle se démenait pour donner à la vieille Mme Plunkett des instructions compliquées afin de s'occuper de nous et de la maison en son absence. Elle a montré un rebord de fenêtre désert et dit :

« Arrosez les fleurs. »

Mme Plunkett était la tante célibataire de l'une des partenaires de Mère au bridge et elle était originaire d'Iron Mountain, où réside une vaste population italienne. Nous aimions beaucoup Mme Plunkett parce qu'elle était folle comme un lapin et qu'elle nous préparait des plats italiens, une délicieuse et stupéfiante cuisine qui contrastait avec la fade nourriture puritaine concoctée par ma mère. Mme Plunkett regardait la télévision, jouait au solitaire, savourait un gros rouge que Clarence lui fournissait régulièrement, et cuisinait. Ma mère ne permettait jamais à la pizza, au ketchup ou à l'ail de pénétrer sous son toit, mais tout devenait possible avec Mme Plunkett, y compris les denrées expédiées d'Iron Mountain par *United Parcel Service*. Une bonne journée avant le retour de mes parents, on ouvrait toutes les portes et les fenêtres de la maison, Cynthia et moi aidions Mme Plunkett en vaporisant un déodorant dans toutes les pièces afin d'en chasser l'odeur de ces mets et de ces condiments subversifs.

Clarence et moi avons emmené le bateau jusqu'à Dead Stream en vue de son lancement local. Il était trop tôt dans l'après-midi pour penser sérieusement à la pêche. Aussi loin au nord, il y a encore un peu de lumière à onze heures du soir et la dernière heure avant la nuit noire était toujours la meilleure pour la truite. Clarence a déclaré une chose remarquable sur la rame, une chose qui m'a marqué : il aimait bien ramer parce que ainsi on approche la vie à reculons. On distingue clairement le passé, on jette un coup d'œil rapide par-dessus l'épaule afin de voir l'avenir, surtout pour ne pas percuter un obstacle solide et dangereux. Le comportement d'autres individus a tellement façonné l'avenir qu'on ne peut pas le contrôler. Le plus qu'on puisse espérer, c'est d'être prêt et attentif. Ce ne sont pas les paroles exactes de Clarence. Comme de nombreux autochtones sang-mêlé que j'ai connus, Clarence parlait lentement et tirait ses images de ce qu'il avait sous la main : les oiseaux, l'eau, le temps, la forme des nuages, les arbres, le comportement comique des gens.

« Aujourd'hui par exemple, dit-il. À midi j'étais viré, plombé à mort par mon fiston qui venait de coller des ailes à sa queue. Il ne se bat pas comme je le faisais à son âge, mais il croit que le monde est plein de jolies filles à baiser, comme un cerf au milieu d'une douzaine de belles biches. Et puis à deux heures j'ai retrouvé mon boulot grâce à toi. »

Ce discours a pris une demi-heure, le temps de parcourir deux kilomètres à la rame, puis il a éclaté de rire à cause de son fils, car ce que nous ne pouvons pas contrôler est souvent comique. Nous avons eu la chance d'attraper deux belles truites brunes. Chaque fois que je rapportais des truites à la maison, Mme Plunkett, qui adorait la truite, serrait les mains l'une contre l'autre et levait les yeux au ciel comme pour prier. Elle mangeait une petite portion de spaghettis ou de lasagnes avant de s'intéresser à sa truite grillée. Elle cuisinait toutes sortes de spaghettis, qui jusque-là nous étaient restées inconnues.

En rentrant de ma balade en barque avec Clarence, j'ai accompagné Jesse et son unique valise à l'aéroport pour son vol de Chicago, où il avait un changement pour Mexico, avant un nouveau et bref vol jusqu'à Veracruz le lendemain matin. Quand je l'ai déposé devant l'aérogare, j'ai eu désespérément envie de partir avec lui, ce que je lui demandais depuis des années sans m'apercevoir que je me montrais indélicat. Tout simplement, il méritait de s'éloigner parfois de tous les membres de notre famille.

Un autre front nuageux est arrivé, apportant deux jours de temps froid et humide. Je les ai passés à la bibliothèque

Peter White, annulant une escapade consacrée à la pêche avec Glenn, car je n'avais pas très envie d'essayer de démarrer des feux avec du bois mouillé, ni de boire de la bière sous une tente glacée et moisie.

Bien sûr je ne savais pas par où commencer à la bibliothèque et Mme Mueller (l'assistante bibliothécaire que je connaissais vaguement) a d'abord cru que je m'intéressais à ma généalogie familiale. Quand je lui ai dit que je désirais savoir avec précision ce que mes ancêtres avaient fait dans la Péninsule Nord, elle m'a rétorqué en riant que cette enquête me prendrait deux bonnes années. Beaucoup d'informations dormaient sur des étagères fermées à clef dans le bureau de mon père, mais je ne désirais pas vraiment fureter un peu partout à la recherche de la bonne clef, de peur de découvrir davantage de pornographie que celle déjà trouvée quand j'avais une dizaine d'années. Je n'ai bien sûr pas non plus parlé à Mme Mueller de ma mission secrète consistant à découvrir les sources du mal. J'ai surtout lu de vieux textes sur l'industrie minière ou sur celle du bois au dix-neuvième siècle, et regardé la pluie par la fenêtre en imaginant mon père et ses amis de Cleveland et de Chicago, réunis au Club, assis autour de la cheminée du pavillon, en train de boire et de railler en termes virulents le projet de Grande Société défendu par Lyndon Johnson.

Mme Mueller était une femme rondelette, dotée de bras à la chair flasque, mais je me sentais néanmoins tout émoustillé quand elle venait déposer des livres ou des articles sur mon bureau, car son parfum capiteux ressemblait à celui de Laurie – laquelle passait beaucoup de temps à la maison en l'absence de mes parents –, un parfum qui paraissait jaillir de ses pores lorsqu'elle dansait avec Cynthia sur les morceaux des Beatles, tournoyant sur le plancher en chêne massif de la salle à manger. Pour faire plaisir à Mme Plunkett, je jouais un moment au gin rami avec elle tous les soirs, en m'installant de manière à pouvoir regarder Laurie danser, un spectacle pour moi très énervant mais dont je ne pouvais me dispenser.

La seconde matinée pluvieuse à la bibliothèque, je l'ai passée en compagnie de Mme Mueller dans une réserve. Elle essayait de trouver des documents sur une plainte en justice, déposée et finalement retirée par l'État du Michigan contre mon arrière-grand-père qui avait rasé douze mille arpents près d'Ontonagan, qui ne lui appartenaient pas. Le principal témoin de l'État avait disparu, avant de refaire surface des années plus tard à Chicago, où il travaillait comme contrôleur de tramway.

Je soutenais Mme Mueller qui, debout sur une étagère à environ un mètre du sol, fouillait dans un carton de fiches. Quand je l'ai aidée à descendre, elle a glissé dans mes bras et mes mains sont resté posées durant une fraction de seconde sur son ample poitrine flasque. Elle n'a fait aucun effort pour se dégager.

« Ce serait rigolo, mais c'est hors de question », dit-elle simplement.

Sa main est descendue et elle m'a pincé le pénis en riant. Comme il se doit, j'ai dit « Pardon », mais sans entendre ma voix.

« Ne t'excuse pas, c'est tout à fait normal », dit-elle en franchissant d'un pas vif la porte de la réserve.

Je trouve rétrospectivement que la quantité de désir sexuel qui obnubile un garçon de seize ans a quelque chose d'absurde. Car j'essayais de traquer le mal avec une queue très dure destinée à une grosse bibliothécaire mariée et mère de trois enfants, à mille lieues des filles que j'avais eu le loisir d'étudier en détail dans les pages du magazine *Seventeen* de Cynthia. Cette lubricité grotesque se situait tout entière au niveau d'une blague que j'avais surprise dans la bouche d'un des amis de mon père, sur un vieux bûcheron dont la petite amie était une bouteille de lait remplie de foie de porc. Le changement qui s'était produit en moi a fait que, contrairement à quelques semaines auparavant, je n'ai pas supplié Dieu pour qu'il me débarrasse de ma lubricité. Je n'avais pas renoncé à Dieu et à Jésus, mais seulement à cette idée selon laquelle la force divine réussirait à bannir mon désir.

La pluie a disparu du ciel et le troisième matin, de bonne heure, Mme Plunkett a frappé à la porte de ma chambre pour m'annoncer que mon oncle Fred était au téléphone et qu'il désirait me parler. J'ai enfilé un peignoir pour dissimuler mon érection habituelle et j'ai descendu l'escalier quatre à quatre. Au milieu des années soixante, personne n'avait encore pensé à installer le téléphone dans chaque chambre, même si Cynthia avait une ligne particulière dans sa propre chambre, qu'elle avait payée de sa poche et contre l'avis de mes parents.

« Viens me chercher. Je sors d'une grande cavalcade et je suis tout trempé, cria presque Fred.

— Qu'est-ce que ça veut dire ?

— Ça veut dire que je suis un cheval épuisé, physiquement surmené. Ou plutôt un poney. »

J'ai aussitôt préparé mon sac, mais quand Cynthia m'a surpris dans la cuisine, elle a décidé que Laurie et elle-même allaient venir avec moi. J'ai refusé, car je prenais le pick-up de Fred et le bateau, et au retour il n'y aurait pas de place pour nous tous dans la cabine. Après deux jours de pluie glacée et de travail en bibliothèque, je mourais d'envie de ramer sur le lac Au Sable, au moins pendant une heure ou deux.

Laurie, qui avait fait la grasse matinée, est entrée dans la cuisine en chemise de nuit et j'ai aussitôt changé de décision. Cynthia a accusé ce revirement avec son habituel petit rire de cinglée. Le frère aîné de Laurie, un soldat de l'armée de l'air dans le Mississippi, lui avait envoyé plusieurs disques de blues qu'elles avaient écoutés jusque très tard dans la nuit ; ainsi, lors de ma prière sur la grille glacée du chauffage central j'ai entendu la musique de gens qui auraient mérité de prier. Depuis mes récents états d'âme relatifs à la religion, j'avais cessé de prier pour le salut de mes parents, lequel me paraissait aussi improbable que si ma lubricité avait tout à trac pris la poudre d'escampette. J'ai réfléchi à tout ça ainsi qu'à quelques rêves troublants, accoudé au plateau de verre de la table du petit déjeuner où Laurie mangeait avec énergie ses flocons d'avoine et ses fruits, un plateau transparent à travers lequel j'apercevais ses jambes bronzées et sa main vagabonde quand elle se grattait l'entrecuisses. C'était une nageuse, une joueuse de tennis et une chef de ban hors pair, courtisée par nos meilleurs athlètes, mais tourmentée par ses taches de rousseur. D'habitude elle me traitait comme quantité négligeable, un élément du mobilier qu'il s'agissait seulement de contourner. Elle se rongeait constamment les ongles et avait de mauvais résultats scolaires, elle fumait de la marijuana dès qu'elle pouvait mettre la main dessus, même si cette herbe, connue sous le nom d'« Indiana Red », était de piètre qualité. Elle traversait des crises de dépression prolongées, et elle prenait les mêmes comprimés, des calmants, que le même médecin m'avait prescrits pour les mêmes raisons, sauf que moi je balançais les miens aux toilettes alors que Laurie les avalait, ce qui la faisait parfois marmonner de manière incohérente comme ma mère.

Cynthia est revenue à la cuisine pour avertir Laurie que je reluquais ses jambes. Laurie les a alors écartées en me tirant la langue. Je lui ai dit de ne pas s'inquiéter, que je n'essaierais jamais de la baiser, même sous la menace d'un flingue, une phrase si inattendue de ma part qu'elles en sont toutes deux restées bouche bée. J'ai alors été tenté de sortir de la cuisine tel John Wayne, mais en vérité j'étais beaucoup plus proche de Montgomery Clift.

Dans la Péninsule Nord il était nettement plus intéressant d'imiter John Wayne, mais je soupçonne que Montgomery Clift n'était pas ainsi parce qu'il souhaitait l'être. En tout cas, Marquette n'était pas le genre d'endroit où un jeune homme aimerait que ses camarades de classe apprennent qu'il a besoin de comprimés pour tenir le coup jusqu'au soir. Les cachets et autres médicaments, c'était bon pour les étudiants du Northern Michigan College (aujourd'hui une université), mais bon nombre d'entre eux venaient du sud Michigan, en dessous du détroit de Mackinac, et nous étions convaincus qu'on ne pouvait pas vivre à Detroit sans consommer des narcotiques.

Dehors, près de l'atelier et du pick-up, Clarence s'est inquiété de ce que j'emmenais Cynthia et Laurie, mais je lui ai répondu que nous serions de retour avant la nuit. Debout près du plateau du véhicule, caressant ma barque comme un chien, je me suis soudain senti dériver vers un état second où ma vue devenait plus intense et précise : tous les parterres de fleurs plantés par Clarence acquirent brusquement une définition surnaturelle et inquiétante. J'entendais les filles chanter par la fenêtre d'une chambre de l'étage et j'ai cru voir leurs notes s'écouler pour rejoindre les denses massifs de lilas. De la pointe de ma chaussure j'ai éraflé le sol et déterré un penny de 1903. Cette pièce de monnaie était incompréhensible. J'ai levé les yeux vers les nuages duveteux qui filaient dans le ciel et eu la sensation de voir trop loin dans l'espace. J'ai alors fait un effort pour m'arracher à ce sentiment d'étrangeté en regardant les filles qui quittaient l'abri grillagé de la véranda de derrière, mais elles ne m'ont pas vraiment aidé en se lançant dans des pas de danse semblables à ceux des groupes de musique noire. Une boule s'est formée dans ma gorge et j'ai ressenti le besoin urgent, désespéré, de retrouver le monde ordinaire. Clarence m'a tapoté l'épaule comme pour me réveiller. J'avais toujours peur quand j'ai tourné la clef de contact pour faire démarrer le moteur du pick-up. L'expression « perdre l'esprit » me hantait et je me suis demandé si, en quittant le volant pour m'allonger dans l'herbe et y plonger mon visage, je ne pourrais pas retrouver mon équilibre. Laurie était assise à côté de moi et Cynthia a dit :

« Comptons notre argent. »

Nous avions quatre-vingt-onze dollars à nous trois. Ces additions m'ont bien aidé.

Les filles ont chanté des airs des Beach Boys pendant les deux heures qu'a duré le voyage. J'ai été furieux en arrivant au chalet de Fred sur la colline, de voir que Donald nous y attendait déjà dans sa vieille Chevy bleue. Je m'étais fait avoir et j'ai lancé un sonore « Nom de Dieu, Cynthia ! » avant de sentir mon ventre se contracter, car je venais d'utiliser le nom du Seigneur en vain pour la première fois de ma vie. Cynthia et Donald sont partis ensemble, puis Laurie et moi on est restés là quelques minutes à regarder un groupe de corbeaux se quereller dans un arbre, ce qui m'a permis de penser à autre chose qu'à ma colère contre Cynthia. Laurie a dit qu'elle allait voir si l'eau du port dans le lac Supérieur était assez chaude pour qu'on pût s'y baigner, puis elle a descendu la colline.

J'ai frappé avant d'entrer dans le chalet de Fred, car je ne voulais surtout pas arriver par surprise, mais Robin n'y était pas. Un Fred sombre et épuisé était assis à la table, où il buvait du café en lisant un livre. Il régnait un grand désordre dans le chalet, quatre côtes de porc congelées attendaient dans une poêle sur la cuisinière, une impressionnante collection de bouteilles de bière et de vin dépassait d'un sac poubelle.

« Ne mélange jamais la drogue, l'alcool et les jeunes femmes, proféra Fred en une feinte imitation d'une parole de sage.

— Ça ne risque pas de m'arriver », rétorquai-je.

Je me suis servi une tasse de café en plissant le nez à cause des odeurs mêlées de bière, de sueur, de parfum, du cendrier débordant de mégots de marijuana. J'aurais dû me douter que ce n'était pas le moment, mais je suis resté debout pour déverser sur le pauvre Fred mon absence de tout progrès dans ma mission consistant à découvrir les racines du mal dans ma propre famille, ainsi que mes récents doutes religieux. Il est aussitôt apparu que, non seulement Fred écoutait d'une oreille distraite, mais que de toute évidence il ne se rappelait pas le rôle qu'il avait bien pu jouer dans la conception même de ma mission. Cette réaction, ou plutôt son absence de réaction, a eu sur moi le même effet émotionnel que, lorsque étant enfant, mon père me promettait de m'emmener faire de la voile, pêcher ou chasser et ne tenait jamais sa promesse.

Fred agitait un livre vers moi, une étude historique des Indiens noirs, qu'il lisait déjà dans l'Ohio à l'époque où nous construisions le bateau. Il s'est mis à parler de ce livre, mais la gêne m'échauffait l'esprit et je n'entendais quasiment rien de ses explications. Soudain, je me suis senti tout seul sur Terre alors que je croyais dur comme fer avoir un allié digne de confiance. Ensuite, je me suis mis progressivement à entendre de nouveau Fred évoquer les mariages entre autochtones et Noirs dans l'histoire du

Sud et j'ai brusquement pensé que Fred regrettait de ne pas être un Indien noir plutôt que ce qu'il était. Il a posé la tête dans ses bras sur la table et renversé son café, qu'il avait coupé avec du whisky. Aussitôt il s'est mis à ronfler.

Voilà une journée qui ne prenait vraiment pas bonne tournure, ai-je alors pensé. C'était le moment idéal pour aller ramer un peu, mais à mi-chemin de la colline vers le lac j'ai vu Laurie qui revenait. Elle pleurnichait sous prétexte que l'eau du port était trop froide pour y nager. Je lui ai alors dit de venir avec moi, car le lac Au Sable serait assez chaud et elle pourrait y nager pendant que je ramerais. Elle a soudain séché ses larmes et s'est mise à chanter joyeusement *In My Room* des Beach Boys comme si je n'étais pas là. Elle m'a aidé à mettre le bateau à l'eau, puis j'ai ramé sur près de deux kilomètres vers l'ouest du lac et un endroit où il y avait un cottage inoccupé ainsi qu'une belle plage. Elle est descendue de la barque, y a jeté son T-shirt, ses sandales, son short et son soutien-gorge, gardant seulement sa petite culotte. Elle se fichait que je la regarde, car elle était ravie de nager, et je ne me suis donc pas privé de regarder, stupéfait par la couleur rose de ses tétons sous le soleil brûlant.

Elle est partie à la nage droit vers les dunes situées de l'autre côté du lac, si bien que j'ai ramé dans la direction opposée pour ne pas lui donner l'impression que je lui filais le train. J'ai décrit un grand cercle et au bout d'une demi-heure elle a été de retour sur la plage et moi aussi. C'était trop vaseux près du rivage, elle s'est mise à agiter les mains pour chasser les insectes, avant de patauger afin de rejoindre un banc de sable où il n'y avait qu'une trentaine de centimètres d'eau. Elle tremblait quand je me suis approché et elle m'a dit « Viens te baigner ». J'ai ôté tous mes vêtements sauf mon slip, j'ai quitté la barque et je l'ai poussée vers le rivage. Je me suis assis dans l'eau à côté de

Laurie et j'ai entrepris de frotter son corps secoué de frissons, tout étonné de découvrir une charpente solide alors qu'elle semblait si frêle. Elle s'est assise à califourchon sur mes cuisses, face à moi, et m'a serré contre elle pour se réchauffer. J'étais couvert de sueur à cause de la rame mais j'ai pensé que c'était sans importance. Mes mains évitaient systématiquement ses seins et ses fesses, et elle s'est moquée de moi :

« Tu oublies le meilleur. »

J'ai donc glissé les mains dans sa culotte, senti ses fesses froides et musclées, puis j'ai fait courir mes pouces sur ses tétons roses. Elle s'est levée sans prévenir pour retirer sa culotte. Je me suis penché en avant pour planter un baiser goulu sur son pubis et elle a éclaté de rire avant de se réinstaller sur mes cuisses.

« On n'a pas de capote, alors va falloir que tu te retires », annonça-t-elle, très terre à terre.

Elle m'a guidé. D'abord je n'arrivais pas à entrer, et puis soudain je suis entré. J'ai alors ressenti une chaleur si étonnante qu'il m'a aussitôt fallu repousser Laurie, car j'ai tout de suite joui.

« Regarde, des milliers et des milliers de bébés », dit-elle en montrant mon sperme dans l'eau.

Elle m'a rincé le gland, a de nouveau introduit mon pénis en elle et cette fois ça a duré beaucoup plus longtemps avant que je ne bascule en arrière pour nous déconnecter. Je suis resté allongé là, à demi submergé, le cœur battant la chamade, tandis que regardant le lac elle a dit :

« J'ai faim. »

Dès que nous nous sommes rhabillés, j'ai ramé vers le pick-up pendant qu'elle somnolait. Elle s'est endormie pour de bon dans le pick-up et en ville, quand je lui ai acheté des hamburgers et en ai placé un sous ses narines, elle s'est vaguement réveillée, mais elle a quand même essayé de le manger avec son emballage. D'une voix pâteuse elle a reconnu que Mme Plunkett les avait obligées à arrêter de jouer leurs disques de blues du Mississippi à quatre heures du matin, après quoi elles avaient refait le plein d'énergie grâce à leurs dernières pilules amaigrissantes qui, selon moi, étaient de la Dexedrine.

Fred n'était plus au chalet et il n'y avait pas le moindre signe de Donald et Cynthia. Fred avait laissé un mot pour que je le retrouve à la taverne. J'ai installé Laurie dans mon lit, mais ensuite elle n'a pas voulu que je parte. Elle avait de nouveau les yeux pleins de larmes et je me suis allongé près d'elle en me demandant ce qu'on attendait de moi au juste. Il faisait très chaud dans le chalet, elle avait ôté tous ses vêtements, mais ses larmes me refroidissaient de manière radicale. Il me restait encore un petit quelque chose de ma récente exaltation due à la perte de ma virginité, mais les larmes de Laurie anéantissaient toute joie. Elle m'a serré si fort contre elle que j'ai failli en perdre le souffle, puis elle s'est endormie. Une petite demi-heure plus tard d'après ma montre, elle s'est réveillée et nous avons encore fait l'amour. Je me suis inquiété, car je n'étais pas sûr de m'être retiré assez vite. Elle s'est rendormie, mais moi, appuyé sur un coude, plongé dans de sombres ruminations, j'apprenais par cœur toutes les parties de son corps, convaincu que ma chance ne durerait pas et que j'allais trop vite retrouver mon état naturel de pète-sec solitaire.

Entendant Fred entrer dans le chalet, je me suis aussitôt habillé et glissé par la porte de ma chambre, mais mon oncle a réussi à entrevoir le corps de Laurie sur le lit. Il a écarquillé les yeux, mais par politesse n'a rien dit. Il a déballé son sac de courses et s'est mis à préparer le dîner. J'ai soudain pensé que nous allions être en retard et qu'il fallait prévenir Mme Plunkett. Fred a alors annoncé qu'il venait de « rallumer le sapin » avec quelques bières à la taverne, mais qu'il n'avait rien mangé depuis vingt-quatre heures. Il dégageait une odeur si âcre que je me suis écarté de la cuisinière, où il avait poussé les côtes de porc décongelées pour préparer autre chose. Laurie, quant à elle, semblait parfumée à l'eau fraîche du lac et ses cheveux sentaient le soleil.

J'ai demandé à Fred où était passée Robin. Elle avait filé avec un étudiant, la veille au soir très tard, avant que lui-même ne décide de se saouler. Il comptait rendre visite à ses parents au Club dès le lendemain, puis retourner dans l'Ohio et retrouver ses bouquins avec joie.

« On ne peut pas absorber une dose trop forte de réalité », dit-il.

Je lui ai proposé d'échanger ma Ford contre son pick-up, mais il m'a rétorqué que ce serait pour moi un marché de dupes et que nous pouvions simplement nous les prêter un moment. Jamais mes parents ne m'auraient permis d'acheter un pick-up, mais j'en avais besoin pour ma barque. Quand je me suis demandé à voix haute ce qui était arrivé au chien, Fred a frappé le sol du pied et crié « Non ! », avant de m'expliquer que le clebs avait pris Robin en grippe et creusé un tunnel sous le chalet pour y battre en retraite. Le chien est alors apparu derrière la porte grillagée et, quand je l'ai laissé entrer, il a filé vers la poubelle pour en extirper les côtes de porc. Fred a décidé de ne rien remarquer et dans la poêle il a mis sur les côtelettes un oignon haché et une conserve de haricots cuits, le genre de plat qu'un célibataire affamé concocte avec un air d'apothéose gastronomique. Comme ça n'avait pas l'air très appétissant, je suis allé faire une sieste dans ma chambre en me glissant doucement au lit dans l'espoir de ne pas réveiller Laurie.

Cynthia et Donald sont arrivés vers dix heures et

demie, juste avant la tombée de la nuit. Je ne les ai pas entendus entrer et Cynthia nous a surpris en train de faire l'amour. Elle est partie d'un grand rire cristallin et, à défaut d'un autre subterfuge plus adéquat, je me suis caché le visage sous un oreiller. Donald avait voulu présenter Cynthia à ses cousins, ils étaient donc partis en voiture vers la réserve chippewa proche de Brimley, vers l'est et Sault Sainte Marie. Donald devait rentrer chez lui pour travailler dès le lendemain matin et Laurie a rassemblé ses affaires afin de partir avec eux. Cynthia s'est assise sur les genoux de Fred pour lui parler de la réserve tout en fumant un joint. L'existence d'Indiens noirs a étonné Donald, et Fred lui a prêté son bouquin. Je les ai accompagnés jusqu'à la voiture de Donald en pensant que Laurie m'embrasserait peut-être avant de partir, mais elle ne l'a pas fait.

# 5

À seize ans, votre univers est minuscule et les événements conspirent volontiers à le rétrécir encore. Vous devinez parfois de plus vastes dimensions, mais cette perception se brouille pour un rien. Éros anime un autre monde, mais certes pas le monde élémentaire de l'extase masturbatoire. Laurie n'avait pas le charme simpliste d'une photo de magazine. En fait, j'ai trop vite tenu pour acquis qu'elle était aussi compliquée, peut-être aussi paumée, que moi. Naturellement, pendant l'acte d'amour vous n'êtes pas troublé par la réalité, une grâce que je trouvais également dans la pêche à la truite, mais l'amour et la pêche ne parviennent pas à dominer votre existence autant que vous le souhaiteriez.

Quand nous sommes arrivés à Marquette le lendemain en milieu de matinée, j'ai vécu ma première vraie querelle avec Fred. Un an plus tard, il s'expliquerait sur notre différend, mais sur le moment je n'en suis pas revenu. Pendant le trajet du retour, j'avais accepté à mi-mot de me rendre au Club avec lui pour sa visite annuelle de deux jours, mais Laurie a fini par l'emporter et je n'ai pas pu me résoudre à y aller. Fred gardait chez nous une tenue complète pour cette occasion et le voici bientôt dans ma chambre, habillé de pied en cap en costume d'été Haspel, cravate de représentant de commerce et chemise amidonnée, essayant de me faire changer d'avis. Moi aussi je m'étais endimanché, mais j'ai soudain été couvert de sueur à l'idée de côtoyer tous ces gens, y compris mes parents, que je n'avais pas la moindre envie de voir.

Fred est alors parti sur un coup de tête, laissant le chien à Cynthia qui, à son tour, me l'a confié. J'ai décidé d'aller me promener à Presque Isle avec le chien, mais ce corniaud a préféré rester auprès de Mme Plunkett qui hachait de l'ail dans la cuisine. J'ai téléphoné à Laurie qui m'a aussitôt répondu « Je peux pas parler en ce moment » avant de raccrocher. Le chien et Laurie m'ont donné le sentiment d'être abandonné.

Lors de ma balade vers Presque Isle (avec une grosse boule dans la gorge), j'ai cédé à une impulsion apparemment sans conséquence, mais qui devait prendre une grande importance dans ma vie future. J'ai bifurqué dans la rue où se trouvait la maison miteuse de Glenn, en pensant à la liste des chiens approuvés par ma mère, une liste qui n'incluait pas le labrador dont j'avais envie, mais seulement des espèces menues incapables d'aboyer, quand j'ai aperçu Glenn et son père qui chargeaient du matériel. Ils ont été surpris de me voir, car j'appelais toujours avant de passer, encore un signe absurde de cette bonne éducation qu'on m'avait inculquée de force. Il n'existait pas un seul crétin à qui je n'aurais donné du « monsieur ».

Le père de Glenn était un petit entrepreneur du bâtiment, spécialisé dans la maçonnerie. Ils partaient pour Iron Mountain afin d'aménager des trottoirs pendant environ un mois. Herb, le père de Glenn, se méfiait un peu de moi à cause du gouffre qui séparait nos milieux sociaux respectifs, mais il m'a annoncé en blaguant qu'il lui manquait un terrassier et que, si jamais j'avais besoin de travailler… Glenn étudiait les rivières où nous pourrions pêcher le soir. Je me suis retrouvé à lui dire que je donnerai ma réponse le lendemain matin de bonne heure, si ce n'était pas trop tard. Herb m'a fourni le numéro de téléphone du chalet pour touristes à Iron Mountain, puis ils sont partis.

J'ai poursuivi jusqu'à l'extrémité de Presque Isle avant de faire demi-tour vers l'ouest de la péninsule et de me diriger vers la maison, une marche de trois heures saturée d'évocations sentimentales de Laurie, le genre de bourbier émotionnel qui rend la country music tellement larmoyante. J'ai effectué un détour pour éviter de passer devant l'église baptiste, car j'avais sans nul doute sur la peau l'odeur du péché de fornication, et il ne s'agissait pas d'une mince affaire après une année consacrée au baptême, aux réunions de prières ainsi qu'à une lecture assidue et dévote de la Bible. Je me suis consolé en pensant que le fait de batifoler avec les filles ne semblait pas figurer en haut de la liste des interdictions promulguées par Jésus, et que, si saint Paul était sans aucun doute un homme de bien, il était sacrément casse-pieds. Ce genre de finasseries est typique des jeunes fondamentalistes qui cherchent une échappatoire afin de se comporter comme ils l'entendent. La vraie question éthique était la suivante : Laurie était-elle saine d'esprit, sans parler de moi ? Il existait une kyrielle d'expressions populaires évoquant la santé mentale – a-t-on les deux pieds sur Terre ? Sait-on nager dans le grand bain ? A-t-on les yeux en face des trous ? Tant Laurie que Cynthia, bien qu'âgées de quatorze ans, semblaient plus mûres que moi à tous égards, mais à force de les fréquenter j'avais maintenant quelques doutes. Toutes deux comptaient parmi les élèves les plus futées du lycée, ces adolescentes qui devaient leur popularité à leur seul caractère, les fils et les filles d'athlètes confirmés, gagnant bien leur vie, et très séduisants de surcroît. Les rejetons de ce qu'on appelait l'argent ancien se comptaient sur les doigts de la main ; deux de mes amis d'enfance avaient d'ailleurs été envoyés à Groton et à Kent. Mais Cynthia et moi piquions des crises mémorables à la seule mention que nos parents pourraient un jour nous envoyer en pension.

J'avoue que, tous les deux ou trois mois, j'avais des doutes sur mes convictions profondes, surtout depuis que j'étais « entré en religion ». J'ai même évoqué ce problème avec Cynthia, qui ne faisait rien pour dissimuler son anticléricalisme, mais qui dans le cas présent a posé son roman de Jane Austen pour en parler pendant dix bonnes minutes.

« Nous sommes bien sûr fichus. Comment pourrait-il en être autrement ? Nous descendons d'une longue lignée d'imbuvables criminels, des deux côtés de la famille. Papa est un pervers alcoolique et maman une camée aux médocs. »

J'ai vertueusement rétorqué que nous n'étions pas obligés de faire comme eux et elle est tombée d'accord avec moi, car elle n'avait pas la moindre intention de leur ressembler. Et puis, ajouta-t-elle, l'obstination faisait partie de notre tempérament, elle façonnait littéralement les membres de notre famille, elle nous aiderait à devenir ce que nous voulions devenir, avec un peu de chance nous réussirions à être meilleurs que nos parents « indignes ». Cette conversation avait seulement eu lieu un mois plus tôt et sur le coup j'avais été frappé par la force des idées de Cynthia, laquelle devait sans doute sa maturité à ses lectures, même si parfois son comportement était pour le moins fantasque. De toute évidence, Cynthia était la chef des « mauvaises filles », les esprits libres de son lycée, bien qu'elle fût en classe de seconde et que certaines de ses amies soient plus âgées, voire déjà en terminale.

Quand je suis entré dans le jardin de la maison, Laurie et Cynthia étaient assises sur la pelouse, prêtes pour aller à une fête et vêtues très succinctement. C'était l'époque de la minijupe. Laurie m'a à peine adressé un signe de tête, puis Donald est arrivé dans sa voiture avec Brad, qui à l'automne devait rejoindre l'Université d'État du Michigan pour y jouer au football. Laurie et Cynthia sont montées en voiture sans m'accorder un seul regard. Vingt-quatre heures plus tôt, dans l'atmosphère surchauffée du chalet, Laurie m'avait déclaré que j'étais « l'amour de sa vie », et me voilà maintenant en train de piétiner dans l'herbe tandis que sur la véranda de devant le chien Non aboie dans ma direction comme si j'étais un étranger.

Je suis rentré, j'ai préparé mon sac pour Iron Mountain, puis en compagnie de Mme Plunkett j'ai bu un verre d'un vin rouge appelé Cribari. Ce vin au goût de sirop était néanmoins plaisant. J'ai joué au double solitaire avec Mme Plunkett qui, pour des raisons que je n'ai pas approfondies, portait des gants blancs qui lui montaient jusqu'aux coudes. J'ai préféré ne pas boire un second verre de vin rouge, car je ne voulais pas tomber dans le piège familial de l'habitude anesthésiante. Ce soir-là, Mme Plunkett semblait aussi distraite que moi et elle a dû descendre une bonne demi-douzaine de verres en une heure avant de fondre en larmes et de m'annoncer que je ne devrais pas avoir Laurie pour petite amie, car il y avait une vague chance pour que nous soyons parents. Je n'y ai pas cru parce que je ne voulais pas y croire. Bien sûr, mon père était un notoire coureur de jupons, mais des années plus tôt quand j'avais interrogé Jesse sur une rumeur, il m'avait répondu que quatre-vingt-dix-neuf pour cent des rumeurs étaient dépourvues de fondement. Mes parents étaient à mes yeux d'un âge canonique, alors que c'étaient deux jeunes quadragénaires, mais la mère de Laurie avait eu son fils – engagé dans l'Air Force – à quinze ans, puis Laurie après son mariage, à vingt et un. Un nombre ahurissant de jeunes filles de la Péninsule Nord réussissaient à tomber enceintes avant le mariage et, quand le mariage était hors de question, elles gardaient leur bébé. Au milieu des années soixante et dans cette région, l'avortement n'était pas très populaire, et parce que presque toute cette Péninsule Nord est habitée par des Scandinaves et des Canadiens français, il n'y régnait pas l'opprobre social attaché aux grossesses illicites, que l'on constate dans de nombreuses régions du pays, par exemple dans la Bible Belt.

Je me suis couché de bonne heure, à dix heures, plutôt éméché, mais capable de repousser les ragots de Mme Plunkett. Le frère de Laurie arborait certes une ressemblance possible avec mon père, mais pas Laurie, dont la mère âgée de trente-cinq ans s'habillait comme Marilyn Monroe pour la fête de Nouvel An ; à un moment ou à un autre tous les mâles de la région se sentaient obligés de lui manifester leur désir viril. Le père de Laurie était un outsider, professeur à l'université, sans doute dispensé d'entendre la plupart des ragots locaux concernant son épouse, originaire de la ville voisine d'Ishpeming.

Avant de me coucher, j'ai rôdé aux alentours du bureau de mon père en envisageant un moment de fracturer les étagères vitrées ou encore les tiroirs, tous fermés à clef, du bureau, hormis le tiroir supérieur au contenu parfaitement anodin. Mes précédentes explorations m'avaient appris que mon père possédait de la pornographie, mais j'aimais bien ces photos de femmes nues à condition que n'y figurent pas les hommes qui les baisaient. Je savais que les classeurs contenaient des livres de comptes et des journaux personnels, à commencer par ceux de mon arrière-grand-père, et que je finirais bien par forcer les serrures pour en faire des photocopies, mais ce forfait pouvait attendre. Pour l'instant, je me sentais plutôt dans la peau d'un jeune imbécile pris de boisson que dans celle d'un homme au destin parfaitement tracé. Après tout, à force d'essayer de ne pas passer le plus clair de mon temps à penser à moi, j'étais devenu plus autonome. Et alors même que j'entamais mon projet consistant à mettre au jour le mal dans ma famille, mon propre comportement devenait sujet à caution. Même si faire l'amour avec Laurie n'était pas un péché mortel, mais simplement la résolution d'une nécessité biologique, quand deux jeunes gens se frottaient l'un contre l'autre, il fallait s'attendre à de sacrés problèmes.

Clarence et Jesse écoutaient une station de radio qui diffusait de la country music tout en savourant leur tasse de café du milieu de matinée dans l'atelier. Je n'ai jamais beaucoup aimé cette musique, mais il était impossible de ne pas être fasciné par Hank Williams chantant *Lovesick Blues*. Les garçons plus âgés que moi, qui avaient davantage de plomb dans la cervelle, fréquentaient les prostituées de Hurley, dans le Wisconsin, pour éviter les embrouilles locales. Mais pas moi.

Il était environ trois heures du matin quand, me réveillant d'un sommeil alourdi par l'alcool et par un rêve lubrique, j'ai découvert qu'une bouche me suçait le pénis et j'ai humé le parfum de Laurie mélangé à l'odeur tiède des lilas qui entrait par la fenêtre ouverte. Je me suis aussitôt senti en colère contre elle et j'ai fait quelques efforts aussi piètres que brefs pour repousser sa tête, mais je n'avais jamais fait l'expérience de cet acte physique audacieux. Ensuite, j'ai senti l'odeur de mon propre sperme dans son haleine quand elle m'a chuchoté que nous serions toujours « des amants secrets ».

À l'aube, peu après cinq heures, je me suis levé pour

rejoindre Iron Mountain, je me suis habillé rapidement avant de me retourner vers Laurie, allongée nue sur le ventre dans le fouillis des draps. Je lui ai fait l'amour rapidement et sans enlever mes vêtements de travail, et pas une seconde elle n'a manifesté qu'elle ne dormait pas. Jamais je n'ai eu autant l'impression de ne pas avoir les yeux en face des trous.

Je tenais à partir très tôt, avant que Fred ne revînt du Club et ne changeât d'avis sur l'échange temporaire de ma Ford et de son pick-up. De toute façon, il aurait été de mauvaise humeur. Ma mère « chaperonnait » toujours son « petit frère » dans l'enceinte du Club durant sa visite annuelle de deux jours, afin d'étouffer sur-le-champ toutes les querelles qu'il semait dans son sillage. Contrairement à Fred, j'avais déjà compris que la proportion de connards irrécupérables était la même dans toutes les classes sociales. Fred adorait taquiner le Républicain, mais de manière relativement subtile. Il m'a rapporté que, l'année passée, mon père et un groupe uniquement masculin s'étaient réunis devant une cheminée, dans le « chalet » de douze chambres de quelqu'un, chacun tenant un verre ballon de vieux cognac et parlant de Tom, Art, Kim et Bob. Ils avaient toujours recours à ces diminutifs pour désigner Thomas Dewey, Arthur Vandenberg (un ancien sénateur), Kim Sigler (un ancien gouverneur) et Robert Taft, originaire de l'Ohio. Au bout d'un nombre suffisant de verres, on passait aux anecdotes relatives aux bizarreries sexuelles de Kennedy et de Lyndon Johnson. Fred avait interrompu leur conversation avec un mensonge aussi absurde que disert sur la manière dont lui-même avait fait l'amour à Angie Dickinson, une fervente Épiscopalienne, dans son jardin de Beverly Hills, avant qu'ils ne se fassent vicieusement attaquer par ses paons domestiques.

J'ai pensé avec amusement qu'il eût été beaucoup plus simple de ne pas mettre les pieds au Club, mais Fred avait perdu presque tout son héritage après son divorce causé par sa liaison avec la Noire à Chicago, si bien que son train de vie dépendait notoirement de la générosité des membres de sa famille. Je sais que son incapacité à assurer entièrement son autonomie financière le mettait en rage.

Vers midi, j'avais localisé Glenn et son papa dans un chalet délabré, à côté de la Menominee River, à quelques kilomètres à l'ouest d'Iron Mountain. Cette rivière était grosse et lente, et nous avons mis ma barque à l'eau avant de l'amarrer au petit ponton décrépit. Nous nous sommes installés à la table de pique-nique pour trier nos mouches à truites et manger un sandwich aux chutes de jambon italien. Beaucoup de mineurs installés dans la région d'Iron Mountain sont d'origine italienne, des gens que mon père appelait les « salamis » (les Irlandais étaient les « bouseux » et, parce qu'il y avait très peu de Noirs dans la région hormis à la base aérienne de Sawyer, ces derniers n'avaient pas droit à ses sobriquets infamants).

Nous avons laissé Herb cuver sa bière sur une chaise longue, pour rejoindre Fence River en voiture, au nord-est d'Amasa et de Crystal Falls. D'habitude, le milieu de journée n'est pas le moment idéal pour la pêche à la truite, mais le temps était chaud, calme et nuageux. Les truites de rivière étant farouches, il est toujours recommandé de s'éloigner un peu des accès faciles. J'avais entendu parler de cette portion particulière de la Fence River grâce à John Voelkers, notre seule célébrité à Marquette, membre de la Cour Suprême du Michigan et auteur du roman *Anatomie d'un meurtre*. Jimmy Stewart, Lee Remick et Ben Gazzara ont joué les rôles principaux de l'adaptation cinématographique, mise en scène par Otto Preminger.

Poussé par la curiosité, je m'étais rendu à une réception du Club pour rencontrer ces vedettes avec mes parents et, lorsque j'ai serré la main adorable de Lee Remick, j'ai senti mes entrailles se liquéfier. Je savais que le juge Voelker n'aimait pas mon père, mais il s'est montré très aimable avec moi, allant jusqu'à me filer de nombreux tuyaux concernant la pêche à la truite.

Mon père possédait une grande abondance de matériel de pêche et de chasse flambant neuf car à peine utilisé, ainsi que de nombreuses tenues de marin même si notre sloop ne quittait presque jamais le port, sauf quand deux hommes jeunes étaient payés pour l'emmener jusqu'au Club, juste au nord de Big Bay. Il avait besoin de tout cet équipement pour ses sorties en compagnie d'un ami plein aux as, un ancien camarade de Yale, originaire de Duluth, dans le Minnesota, un certain Seward, décrit par Cynthia comme « un pervers de plus ». Au printemps, quand cet homme nous avait rendu visite, j'ai remarqué qu'il portait un intérêt tout particulier à Cynthia et à Laurie qui dansaient sur la musique de *Hullabaloo* diffusée par la télévision, en faisant semblant de se passionner pour cette émission. Mon père et lui idolâtraient littéralement les bons vins français qu'ils buvaient au dîner, après avoir descendu un nombre impressionnant de martini gin. Quand j'ai volé une bouteille de vin français, Glenn m'a dit :

« Y a pas assez de sucre dans cette merde. »

Nous avons attrapé une demi-douzaine de truites de rivière et vu un balbuzard. Je m'étais toujours demandé si je préférerais être un balbuzard ou un chien, mais le balbuzard l'emportait à chaque fois, car cet animal passait sa vie à chercher à manger du poisson. Durant une certaine période de sa vie, ma mère a cru à la réincarnation, mais elle était régulièrement déçue par mes choix. Le bon choix, selon elle, aurait été de revenir sur Terre en tant que roi d'Angleterre ou comte français. Mais moi, je tenais bon : je désirais être un balbuzard.

Ainsi ont commencé les deux meilleurs mois de mon existence telle que je l'avais vécue jusque-là, et peut-être aussi depuis. Le travail manuel, qui pour l'essentiel consistait à creuser et à construire des soutènements pour les trottoirs en ciment, m'affranchissait radicalement de mes problèmes et de mes abstractions. Moins de dix minutes après m'être mis au boulot en ce lundi matin, j'ai retrouvé le plaisir qui avait été le mien quand j'aidais Clarence à creuser le trou à ordures. Je gagnais quatre dollars de l'heure, une somme qui suffisait largement à payer ma part pour le chalet et la nourriture. Herbert, le père de Glenn, s'était mis à la colle avec une serveuse insolente d'un restaurant italien, *Ventana's*, et deux fois par semaine nous y faisions bombance plutôt que de manger au chalet. Nous commandions des spaghettis accompagnés d'énormes boulettes de viande et de saucisses, ou des spaghettis avec un steak quand nous étions en fonds. Mais le plus souvent, nous engloutissions un repas en vitesse au chalet pour consacrer toutes nos longues soirées d'été à la pêche à la truite. La dureté du travail m'a épuisé durant les deux premières semaines, mais ensuite j'ai été suffisamment en forme pour ne pas somnoler pendant la soirée de pêche, même si un soir où je roupillais à moitié sur la berge, je me suis réveillé en sursaut et j'ai découvert un lynx qui m'observait de l'autre côté de l'étroite rivière. Le samedi nous partions un peu plus loin jusqu'à Bruce's Crossing et nous pêchions dans la Middle Branch de l'Ontonagon. Je conduisais, car Glenn, imitant l'exemple de son père, buvait toujours de la bière quand il ne travaillait pas. Cette habitude lui a quasiment « tourneboulé l'existence », comme on dit dans la région, dès qu'il a atteint la trentaine.

Il était assez naïf, je suppose, de prendre autant de plaisir à cette évidence économique qui veut que le travail soit aussitôt synonyme de nourriture et d'un lit, mais je subvenais à mes besoins pour la première fois de ma vie et je pressentais aussi une réelle possibilité d'indépendance vis-à-vis de mes parents. J'adorais mon lit défoncé dans le chalet, le sol couvert de linoléum, la douche glacée, la nourriture qui me paraissait toujours délicieuse parce que je mourais littéralement de faim, l'excitation accompagnant la découverte de nouveaux plans d'eau où pêcher.

J'ai seulement vécu trois moments pénibles durant ces deux mois, qui m'ont fait l'effet de désagréments mineurs, même si l'un d'eux avait davantage d'importance que je ne le pensais. Au milieu de la deuxième semaine un jeune avocat du cabinet qui gérait nos affaires de famille est arrivé et j'ai été très gêné de lui parler tandis que les autres ouvriers regardaient à bonne distance. Bien sûr, c'étaient mes parents qui me l'avaient envoyé. Je lui ai dit que j'allais bien et il m'a demandé si j'avais besoin d'argent ou d'autre chose. Je lui ai répondu que non et je me suis remis à creuser, si bien qu'il est reparti au volant de sa rutilante MG. Les autres ouvriers, sauf Glenn et son père, ont cru que j'avais des ennuis.

Le deuxième désagrément a en fait été un mélange de bonnes et de mauvaises choses. Glenn et moi avons rencontré quelques lycéennes du coin en déjeunant dans une gargote à hamburgers. Nous leur avons proposé d'aller au cinéma le soir même, mais quand nous sommes passés prendre ma copine au petit bungalow de ses parents, son père, un mineur handicapé des jambes et habitant près de Republic, a fait grise mine lors des présentations, en fait dès qu'il a entendu mon nom. Debout devant leur porte d'entrée sur les parpaings qui tenaient lieu de perron, il m'a demandé de répéter mon nom et de lui dire d'où je venais. J'ai obtempéré en sentant la sueur me couvrir soudain tout le corps. Son épouse mal habillée se tenait juste derrière lui, les bras croisés sur la poitrine, et elle regardait avec amour sa fille qui baissait les yeux vers le sol.

« Je ne crois pas que vous ayez de bonnes intentions envers ma petite fille. Vous appartenez à une famille détestable. Ramenez-la directement à la maison après le film. »

Elle s'appelait Polly et, au lieu d'aller au cinéma, nous avons roulé, tous les quatre installés à l'avant du pick-up, puis nous avons fait une promenade à pied au crépuscule sur un chemin de campagne. J'étais tellement gêné qu'il me semblait que mon ventre avait rétréci. Polly, une fille simple et gaie, était aussi très intelligente. En fait, elle était aussi maligne que Cynthia, mais sans le vitriol. Quand elle a tenté d'excuser son père en expliquant qu'il avait tout le temps mal aux jambes, je lui ai rétorqué que son père avait parfaitement raison. J'ai ajouté que tout syndicaliste digne de ce nom aurait dû abattre mon grand-père ainsi que mon arrière-grand-père, après quoi elle a dit :

« Dans ce cas-là tu n'aurais pas existé. »

Nous avons ri tous les deux.

« Et pourquoi pas aussi ton père ? demanda-t-elle alors.

— Il n'a jamais rien fait en dehors de claquer du fric. Il n'y a aucune raison de le tuer. En tout cas je ne crois pas qu'il y en ait. »

Polly avait beaucoup de tact, je n'avais jamais rencontré quelqu'un d'aussi agréable et serein. Elle m'a embrassé sur la joue quand je l'ai déposée devant chez elle et nous nous sommes retrouvés les quatre jours suivants à la gargote à hamburgers pour y déjeuner, après quoi elle a dû partir pour Escanaba avec sa mère, car son grand-père venait d'avoir une attaque et ils n'avaient pas assez d'argent pour le garder à l'hôpital. Nous avons ensuite échangé quelques lettres avant de nous perdre un peu de vue, mais seulement durant un temps. Polly avait une beauté très spéciale et elle parlait bizarrement à cause de ses origines mi-finnoises et mi-italiennes. Je savais que mon père l'aurait méprisée, mais je ne l'adorais pas pour cette raison. Tout simplement, elle n'avait pas le moindre nœud névrotique, nul désespoir caché susceptible de la rendre à moitié folle.

Le troisième désagrément, auquel j'ai préféré ne pas croire, s'est produit quand Donald a emmené Laurie et Cynthia en voiture jusqu'au chalet pour me rendre visite un samedi matin du début août. J'étais irrité parce que je n'avais pas réussi à arracher Glenn à son sommeil afin de plier bagages et rejoindre les Porcupine Mountains pour deux jours de pêche et maintenant notre projet tombait à l'eau. Donald s'est montré fuyant, refusant de croiser mon regard. Furieux, je lui ai demandé de me rendre un service, de tirer Glenn du lit et de le jeter à l'eau. Il l'a fait tandis que Glenn hurlait « espèce de connard d'Indien ». J'ai trouvé l'épisode amusant, mais seulement un moment. Cynthia et Laurie m'ont rejoint à partir de l'autre côté de la cour, puis Cynthia m'a annoncé de but en blanc :

« Laurie a manqué deux fois ses règles depuis la fin juin. Nous serons sûres avant la rentrée scolaire, juste après la fête du travail.

— Comment savez-vous que c'est moi ? » demandai-je alors avec une cruauté volontaire.

Mon statut d'amant secret ne la dédouanait pas de tous les autres.

« Parce que tu es le seul type qu'elle baise qui est assez idiot pour ne pas mettre de préservatif », a sifflé Cynthia tandis que Laurie se détournait.

« Et elle est assez idiote pour ne pas prendre la pilule. »

Je suis monté derrière le volant du pick-up et je suis parti alors que Glenn poussait des cris de paon tout en poursuivant mon véhicule en sous-vêtements trempés. Je me suis absenté une demi-heure seulement, incapable de supporter ma propre cruauté imbécile. Tout bonnement, prendre la poudre d'escampette n'était pas très chrétien.

Quand je suis revenu au chalet, ils étaient assis dans le jardin à boire de la bière en fumant un joint. Je me suis approché du groupe, j'ai pris Laurie par la main et je l'ai entraînée vers la barque.

« La noie pas ! » a crié Donald, avant que Cynthia lui flanque une bonne gifle.

Nous avons ramé un long moment avant que je réussisse à parler et elle ne m'a pas aidé en restant assise sur le banc arrière, l'œil rouge et reniflant sans cesse, faisant soudain plus frêle et plus jeune que son âge, si bien que je me suis senti trompé par sa confiance antérieure, son aplomb, son imitation de l'assurance de Cynthia alors qu'elle ne possédait pas la solidité mentale de son amie.

« Je suis désolée, finit-elle par dire entre deux sanglots. Je veux dire, je ne suis pas vraiment sûre. »

Encore des sanglots.

Je n'arrivais pas à imaginer que j'avais pu engendrer un enfant. C'était à mes yeux hors de question, malgré l'évidence biologique. Une fois, lors d'une expérience privée, j'ai essayé de mettre un préservatif, que Glenn m'avait donné, mais le résultat m'a paru à la fois stupide et bizarre. Tout en ramant, je regardais à la dérobée le ventre de Laurie dans son short bleu pâle et j'ai soudain décidé qu'il était impossible que ce short bleu pût contenir un fragment vivant de moi-même. Saisissant au vol une idée saugrenue, je me suis senti sexuellement excité et j'ai suggéré de rejoindre la berge pour faire l'amour dans les bois.

« J'en ai pas envie. » Sa petite voix était encore assourdie, car Laurie se tenaït penchée au-dessus du plat-bord pour regarder son reflet sur l'eau sombre. La jambe ainsi allongée pour garder l'équilibre, elle était de nouveau ravissante. Ce refus m'a curieusement ramené vers les Évangiles. L'esprit est parfois friand de tels coq-à-l'âne.

« J'ai vraiment l'impression que tu n'es pas enceinte. » Rassurer une enfant perdue est assurément très chrétien. « Je me suis renseigné sur le sujet et il existe beaucoup de raisons pour lesquelles une fille peut rater ses règles.

— Deux fois. Je les ai ratées deux fois depuis Grand Marais.

— Y a plein de raisons pour qu'une fille puisse rater deux fois ses règles. Les filles qui ont des activités physiques, qui font de la gymnastique, ou bien qui courent le marathon, ratent souvent leurs règles, dis-je en me rappelant un article médical publié dans *Time*.

— Cet été, j'ai participé à trois tournois de tennis », répondit-elle avec espoir.

J'avais maintenant la tête toute palpitante et il m'a fallu soulager mes entrailles dans la nature, même si j'avais vaguement l'impression d'avoir réussi à me convaincre.

De retour au chalet, Laurie m'a embrassé pour me dire au revoir avant qu'ils ne repartent dans la voiture de Donald. Pendant que nous rassemblions nos affaires pour notre escapade, Glenn, qui avait appris toute l'histoire de la bouche de Donald, a déclaré qu'il pouvait trouver sans problème dix gars qui avaient baisé Laurie, moyennant quoi je ne devais certainement pas porter le chapeau tout seul. J'ai repoussé en silence cette idée répugnante. Contrairement à d'autres adolescents, je ne pouvais pas tenir rigueur à Laurie de son apparente promiscuité, car je la connaissais depuis que nous étions tout petits et je ne savais tout simplement pas si le terme tellement galvaudé d'« amour » s'appliquait, oui ou non, à notre cas. Je ne pouvais certes pas prendre les jambes à mon cou, car j'étais déjà à Iron Mountain. Il était hors de question de demander conseil à mon père ou au prêcheur baptiste, et Fred était reparti dans l'Ohio, et puis il était peut-être toujours en pétard contre moi. Clarence non plus ne constituait pas une alternative envisageable, en partie parce qu'il avait eu plusieurs enfants naturels à l'époque où il faisait les quatre cents coups, et puis certains de ses commentaires me prouvaient qu'il ne prenait pas très au sérieux les soucis de la bourgeoisie, grande, moyenne ou petite. Sa principale ambition dans la vie, c'était de faire bouillir la marmite. Un jour où je participais à un barbecue de poissons devant leur maison faite de bric et de broc dans la forêt, en fait une caravane un peu améliorée, je n'ai pas réussi à compter les enfants et autres petits-enfants, ni à déterminer qui appartenait à qui. Certains paraissaient davantage chippewa, d'autres plus finnois. Je gardais Jesse en réserve en m'interrogeant sur l'attitude mexicaine en rapport à ce sujet précis. Au fil des ans, il avait pris de plus en plus de responsabilités et plusieurs fois par mois il endossait un élégant costume bleu pour rendre visite au comptable, au courtier, à la banque et au cabinet juridique. Un jour, quand j'avais douze ans et que nous séjournions à Palm Beach chez un cousin de mon père durant les vacances de printemps, mon père a présenté Jesse comme un « crack » ou un « touche-à-tout de génie ». J'ai détesté cet endroit, hormis les deux jours où Jesse m'a emmené à Stuart pour pêcher au large. J'ai attrapé un espadon, qui m'a fait l'effet de la plus belle créature que j'aie jamais vue. En dehors de cet événement, j'ai suivi des bécasseaux sur la plage et remarqué qu'au fur et à mesure que je les suivais, ils s'envolaient au-dessus de l'eau pour finalement retourner à l'endroit de la plage où je les avais vus pour la première fois, après quoi je faisais s'envoler un nouveau groupe de bécasseaux.

Où que nous allions, Cynthia ne rencontrait jamais le moindre problème. Elle lisait et dansait. Un jour, à New York, nous étions descendus dans un hôtel chic depuis à peine une heure quand Cynthia a repéré une fille de son âge dans le hall, qui désirait aussi pratiquer des pas de danse. Je me suis alors dit que la danse apportait à Cynthia le même plaisir que celui que je trouvais dans le travail manuel ou la pêche. Peut-être que tout le monde se sent mieux dans un état d'épuisement physique.

Notre escapade a mal commencé à cause d'une pluie froide en provenance du lac Supérieur, et d'une panne de carburateur quand nous avons atteint Ontonagon. J'avais bêtement oublié mon argent dans ma valise restée au chalet. Écœuré, Glenn a alors déclaré que je ne connaissais pas la « valeur » de l'argent, avant de regretter ses paroles et de s'excuser. Il avait bien sûr raison. Cynthia et moi recevions cinquante dollars par semaine grâce à une petite fondation créée par ma défunte grand-mère maternelle. Elle avait détesté mon père, auquel elle n'accordait pas la moindre confiance, et elle n'avait pas la moindre intention de laisser le bureau de son gendre s'occuper de cet argent. Elle-même n'était guère aimable, mais elle avait un employé noir, Sam, qui travaillait dans la maison d'Evanston de la vieille dame et qui m'emmenait dans les musées de Chicago, ainsi qu'à la librairie Brentano's où je pouvais avoir tous les livres que je désirais. Il fallait aussi que je mange une pizza et un jour nous sommes entrés dans un restaurant noir et j'ai rencontré quelques amis et parents de Sam. En tout cas je gardais mon argent dans ma chambre, car j'avais les banques en horreur, et maintenant je n'avais pas un sou en poche.

Nous étions donc dans la merde jusqu'au cou. À une

station-service, nous avons bu des sodas et regardé la pluie tomber pendant qu'un mécanicien calculait qu'il nous faudrait dépenser environ cinquante dollars pour un carburateur récupéré à la casse, puis installé dans le moteur. À nous deux nous n'en avions que vingt-cinq et la station-service n'était pas du genre à faire crédit. J'avais le cerveau en compote à cause de tous mes problèmes avec Laurie, sinon j'aurais trouvé la solution plus vite. Mon père avait un cousin au troisième degré, un certain Sprague, un célibataire endurci qui vivait près d'Ontonagon et que nous voyions seulement aux rares enterrements à St. Paul, Evanston ou Lake Forest. Il était bourru, mais il me parlait à cause de notre intérêt commun pour la pêche. Selon ma mère, il portait toujours le même costume qu'il avait fait tailler sur mesure à Londres dans les années vingt. Il semblait détester tous les membres de la famille et, à en croire une blague qui circulait parmi nous, il se rendait seulement aux enterrements pour s'assurer qu'untel et untel étaient bien morts.

Je lui ai donc téléphoné et je lui ai passé le propriétaire de la station-service, qui m'a ensuite assuré que le pick-up serait prêt avant le dîner. Sprague nous a envoyé sa femme à tout faire, une énorme Finnoise, qui est arrivée au volant d'un break Ford de la fin des années quarante, aux portières recouvertes de bois. Cette voiture avait le bord des ailes tout rouillé et la femme conduisait à toute vitesse, écrasant la pédale des freins juste avant les stops, avant d'accélérer à fond pour repartir.

La maison de Sprague était vaste, décorée de pignons, et elle attendait depuis belle lurette une nouvelle couche de peinture. Il était plus frêle et émacié que jamais, ce qui grossissait encore sa mâchoire de Burkett. Il traînait des pieds en se déplaçant dans son bureau pour nous montrer sa vaste collection de couvertures, de poteries et d'armes indiennes du Sud-Ouest du pays, où il passait chaque hiver à proximité de Tucson.

Le poulet rôti du dîner a été excellent, mais la conversation assez pénible, car Sprague s'est mis à vitupérer contre le comportement « honteux » de notre famille durant les années mille huit cent quatre-vingt et quatre-vingt-dix dans les zones forestières.

« Ils ont ratiboisé vingt mille arpents qu'ils ne possédaient même pas, juste à l'ouest d'ici », dit-il en tendant le bras vers le mur.

J'ai rétorqué que j'avais effectué quelques recherches sur le sujet et mentionné un certain nombre de détails qui lui ont plu. Je n'avais pas touché à mon assiette et Nelmi, l'énorme Finnoise, a poussé l'assiette pleine vers Glenn qui, bien que mince, mangeait souvent comme quatre.

« Je suis pas loin de la sortie, annonça Sprague avant de me pincer le bras. Aucun membre de notre famille depuis le siècle dernier n'a jamais eu de muscles. Tu es en train de briser la règle.

— Je suis derrière la pelle depuis maintenant deux mois, expliquai-je, puis sans la moindre hésitation je lui ai confié mon projet de découverte des sources du mal dans notre famille.

— Mais tu es d'une naïveté consternante. Crois-tu pouvoir être honnête quand tu as leur sac d'avoine autour du cou ? J'ai été prof jusqu'à l'âge de quarante-cinq ans, avant de me consacrer exclusivement à l'oisiveté, vois-tu, la pêche, les voyages, mes collections, sans jamais cesser de me convaincre du caractère crapuleux de presque toutes les grandes fortunes. Aujourd'hui je crois que certaines sont plus crapuleuses que d'autres. Nous avons été des gens d'une cupidité insondable. Nous avons étouffé une centaine d'enfants là-bas à Keweenaw, je te prie de ne jamais l'oublier.

— Il n'y a plus de preuves dans un sens ou dans l'autre, ça s'est passé il y a trop longtemps, répondis-je. J'ai fait des recherches là-dessus, les journaux ont dit qu'il s'agissait simplement d'une panique.

— Conneries. Si tu veux creuser pour de bon, faut que tu creuses plus profond. C'était un massacre. Les salauds ont crié *Au feu !* dans une salle bondée. C'est de l'assassinat pur et simple. »

Et voilà. Nelmi a apporté une bouteille de cognac, un crayon et du papier. Sprague a servi un grand verre pour lui-même, puis deux petits destinés à Glenn et moi, après quoi il nous a dessiné une carte compliquée pour la pêche, incluant la combinaison d'un cadenas de portail, avant d'ajouter qu'il s'agissait seulement d'une centaine d'arpents où pêcher, non loin de l'endroit où une petite rivière se jetait dans le lac Supérieur, et qu'ensuite en amont de la rivière il y avait un bon étang de castors, juste derrière le chalet. Nous étions les bienvenus dans ce chalet, mais il n'y avait « strictement rien » là-bas. Il a également dit qu'il m'enverrait un carton plein de « documents ». À pas traînants, Sprague est ensuite sorti sur la véranda pour nous dire au revoir en regardant le ciel d'un œil méfiant et en remarquant que le vent venait de virer au sud.

« Ton père a seulement été bon à faire la guerre, le savais-tu ? Ensuite, il s'est contenté de dépenser et de dépenser encore. »

J'ai acquiescé, même si mon père ne parlait jamais de la Seconde Guerre mondiale et n'appartenait à aucune organisation d'anciens combattants ; mais Jesse m'avait confié que, s'il était resté dans l'armée, mon père serait devenu général. Je me suis trouvé incapable de le croire, mais j'ai ensuite pensé qu'à défaut de territoires immenses, grands comme des États, à dévorer, on pouvait seulement prospérer dans une guerre globale.

Le chalet de Sprague était ouvert à tous les vents, à la fois curieusement vide et immaculé. Mesurant environ sept mètres sur sept, il contenait une petite cheminée en pierre, un lit une place et une table avec une seule chaise. Sur cette table se trouvait un bristol dactylographié destiné aux intrus : « Il n'y a rien ici : inutile de chercher. » En effet, il n'y avait ni poêle, ni toilettes, ni pompe, ni aucune installation. Très vite Glenn a dit :

« Cet endroit me flanque les chocottes. »

Nous sommes donc partis pêcher pendant plusieurs heures avant de nous installer en bas, près de la plage. J'avais remarqué que le chalet était perché sur une colline et conçu de telle manière qu'on voyait seulement le lac Supérieur par la fenêtre de devant.

Le terrain, qui semblait vierge de toute présence humaine, était couvert d'énormes pins blancs et de feuillus qui ombrageaient le sol, si bien qu'il y avait peu d'arbres de moindre taille, sauf les aulnes qui poussaient autour de l'étang aux castors. Il était traversé par une petite rivière limpide et, lorsque nous en avons atteint l'embouchure, nous avons aussitôt reculé en apercevant un banc de « caboteurs », c'est-à-dire des truites de rivière qui fréquentent les lacs et ne sont guère communes. La main tremblante, nous avons monté nos cannes de lancer, avant de tirer à pile ou face pour savoir qui lancerait en premier. Glenn a gagné et ramené un poisson de deux livres, puis il nous est devenu évident que ces caboteurs n'étaient guère farouches, si bien que nous pouvions lancer tous les deux. Nous en avons pêché une douzaine avant la tombée de la nuit, les relâchant tous sauf deux que nous avons gardés pour un souper tardif et mangés avec un pack de bières que Glenn avait mis au frais dans le ruisseau. Les aurores boréales étaient stupéfiantes, des draps tourbillonnants et des cônes ondoyants de lueurs roses, vertes et bleues si intenses qu'elles émettaient un bruit métallique. Glenn a dit qu'il manquait juste un peu de chatte pour que ce soit la nuit la plus parfaite du monde. Dans l'enthousiasme général j'ai feint d'acquiescer, mais intérieurement j'étais soulagé de ne pas avoir pensé à Laurie depuis une demi-douzaine d'heures.

Le lendemain matin, le temps était frais et venteux, les eaux du lac Supérieur trop agitées pour les truites. Nous avons pêché avec succès dans l'étang aux castors, puis j'ai fait une promenade pour me débarrasser de mes courbatures dues à la nuit passée sur la plage. Derrière le chalet, dans un bosquet de sapins-ciguës, j'ai découvert avec stupéfaction une simple pierre tombale en partie recouverte de mousse. Ma curiosité l'a emporté sur mes réticences et j'ai gratté la mousse pour lire :

AMANDA SWENSON BURKETT
7 octobre 1913 – 12 juin 1937

Les adolescents de seize ans sont réfractaires à l'idée de la mort et j'ai eu la chair de poule. Je suis retourné pêcher, mais sans grande énergie, comme si tout le terrain était devenu un immense mausolée.

Il est presque terrifiant de penser qu'une panne de carburateur modifie parfois de manière radicale le cours d'une existence. Nous sommes rentrés à Iron Mountain le dimanche soir et j'ai écrit une lettre de remerciements à Sprague. Plein d'audace, je lui ai rappelé sa promesse de m'envoyer des documents relatifs à mes recherches. Je désirais l'interroger sur son chalet et sur cette pierre tombale, mais j'ai pensé que rien de tout ça ne me regardait. J'ai ajouté un certain nombre de commentaires gratuits sur la nature des méfaits parfois commis par les ancêtres. À seize ans, on a rarement la sagesse de remettre en cause son propre style pompeux. Et puis, il ne m'était pas encore venu à l'esprit que l'arrogance inhérente à ce projet énorme était tout bonnement une autre caractéristique familiale.

Un lundi matin, Herbert nous a réveillés à cinq heures. Il venait de perdre sa serveuse insolente et de retrouver sa jugeote. Et il paniquait à l'idée que nous étions très en retard dans notre travail et que, dans quelques semaines, la rentrée scolaire nous rendrait indisponibles. Nous nous sommes donc mis à travailler dix heures par jour, y compris le samedi, et ces nouveaux horaires compromettaient nos week-ends de pêche. Pendant la dernière semaine, nous avons même travaillé douze heures par jour. Les autres ouvriers étaient payés moitié plus pour les heures supplémentaires, mais Glenn et moi restions injustement au même tarif horaire. Glenn s'est violemment disputé avec son père, un soir où ils étaient pleins de bière. Glenn lui a décoché un coup de poing qui a rempli de larmes les yeux de Herbert. Lequel a alors projeté Glenn dans la cour à travers la porte grillagée. J'ai augmenté le volume de la radio qui diffusait la station publique de Marquette, jusqu'à ce que Brahms, certes pas mon musicien préféré, tonne dans tout le chalet.

Après douze heures de travail harassant et de trop copieuses assiettes trop vite englouties pour tenir le coup, je me sentais complètement anéanti. Voilà vraiment le revers de la médaille du travail physique, quand l'épuisement l'emporte sur le plaisir. L'idée de tout plaquer m'a bien sûr effleuré, mais je ne voulais pas rentrer à la maison avant le dernier moment. Je me suis mis à boire quantité de bière le soir comme Glenn et Herbert, et à dire autant de bêtises qu'eux sous l'influence de l'alcool. Et puis je n'avais pas ouvert la demi-douzaine de livres que j'avais promis de lire pour obtenir quelques points supplémentaires au lycée. Ma professeur d'anglais, Mme Schmidt, m'avait dit que j'étais son seul élève à ne pas la décevoir tout à fait. Je gardais mon sac soigneusement fermé pour ne pas voir les romans européens de Stendhal, Hamsun, Céline, Gogol, Dostoïevski et Alain-Fournier qu'elle désirait me faire lire. Bref, je me sentais d'une idiotie insondable.

Le vendredi soir précédant mon départ, j'ai rencontré par hasard Polly dans la rue. J'étais pas mal éméché après avoir éclusé tout un pack de bières après le boulot, et puis Herbert nous avait aussi offert quelques whiskies dans le box sombre du restaurant italien. Je suis donc parti avec Polly, tandis que Herb et Glenn me criaient qu'ils allaient rentrer au chalet sans moi.

Nous sommes allés au jardin municipal, mais j'étais trop saoul pour m'exprimer de manière intelligible, même si comme de juste je lui ai déclaré que je l'aimais. Compte tenu de mon état, elle a trouvé ça très drôle, ce qui a eu pour vertu de me mettre en rogne, mais seulement quelques instants, car j'ai soudain vomi. Polly m'a aidé à me laver à une fontaine publique, puis j'ai dormi environ une heure, assis dans l'herbe et adossé à un arbre. Elle était toujours là à mon réveil, si bien que je l'ai raccompagnée jusqu'à chez elle. Je ne m'étais jamais senti aussi stupide, un record que j'ai plusieurs fois battu au cours des semaines suivantes.

# 6

Laurie était enceinte. Je l'ai appris quelques minutes après avoir remonté l'allée au volant du pick-up, ce samedi-là. Pendant que je parlais avec Clarence et Jesse, qui m'ont dit que je ressemblais maintenant à un boxeur, Cynthia est sortie de la maison par la porte de derrière pour m'annoncer la nouvelle devant tout le monde. Je me suis senti vaguement nauséeux, puis, soudain, méprisable.

Mes parents accompagnés d'un avocat ont rencontré les parents de Laurie ce samedi après-midi et, le soir même, Laurie et sa mère sont parties en avion pour Chicago. Mon père n'a pas prononcé un seul mot, mais ma mère, debout dans la cuisine, un verre à la main, s'est déclarée absolument révoltée :

« Le fruit ne tombe jamais loin de l'arbre », dit-elle.

J'ai pensé que l'arbre faisait allusion à Père.

Laurie est revenue de Chicago une semaine plus tard et pas une seule fois elle n'a parlé de son avortement quand nous avons fait une promenade à pied jusqu'à Presque Isle. Deux ou trois fois elle a essayé de parler, mais en vain. Elle a fait semblant d'être très en colère contre moi sous prétexte que j'avais à moitié étranglé son petit ami Brent, de l'équipe de football, lors du premier cours de gymnastique, quand il m'avait provoqué. Parce que je ne savais absolument pas me battre, je l'avais flanqué par terre avant de lui faire une clef au cou.

J'arborais désormais une musculature impressionnante et l'assistant d'un entraîneur m'a suggéré de faire partie de l'équipe de football, car j'attrapais bien le ballon lors des exercices du cours de gymnastique ; mais parce que nous avions trop de bons ailiers, ils m'ont fait jouer en milieu de terrain, la position idéale pour qu'un jeune homme puisse assouvir sa colère. Au cours du cinquième match de la saison, sur un terrain gelé de Sault Sainte Marie, je me suis cassé la cheville gauche et l'on m'a posé un plâtre encombrant. En janvier, quand on m'a retiré ce plâtre, je me suis recassé la cheville en sortant de la bibliothèque Peter White sur un trottoir verglacé. J'ai alors passé un mois dans ma chambre, dans un état de dépression clinique, tandis que Cynthia me rapportait du lycée les devoirs à faire et les leçons à apprendre.

Je ne faisais pourtant pas la une de la chronique familiale. Une semaine avant Noël, alors que mon père séjournait à Duluth chez son copain de Yale, les deux hommes s'étaient fait arrêter pour « fréquentation » de mineures. Cette nouvelle n'est jamais parue dans le journal de Marquette et aucune crise familiale n'en est résultée, car ma mère a aussitôt pris l'avion pour Chicago afin de se placer sous la protection de son spécialiste des douleurs fantômes. Je dois dire que mon père a réglé l'affaire avec panache, et sans oublier sa distribution annuelle de cent rosbifs aux pauvres de la région pour qu'ils puissent avoir un Noël « correct ».

J'ai seulement appris de troisième main les poursuites judiciaires dont mon père a fait l'objet, mais en février il a rejoint pour six semaines une clinique pour alcooliques, dans la banlieue de Minneapolis, suite à une transaction passée avec le juge. J'ai toujours trouvé étrange dans la jurisprudence américaine, que la punition de certains délits soit atténuée quand le fautif est en état d'ivresse. Je suis également certain qu'une somme non négligeable a été discrètement versée aux parents des filles mineures. Cet hiver-là, Jesse a souvent conduit mon père à Duluth, même s'il a effectué deux aller et retour seul. Un soir, Mme Plunkett a quitté la table du dîner en larmes quand Cynthia a dit, à propos de notre père :

« On devrait mettre ce salaud en prison. »

Lorsqu'il est sorti de cette clinique pour alcooliques, il a passé presque tout l'hiver en Floride.

Après deux mois à Chicago, ma mère est revenue pour une semaine en mars afin de parler de mon père. J'ignore ce qu'elle s'attendait à nous entendre dire. Cynthia jetait sans cesse des coups d'œil au roman d'Alan Sillitoe qu'elle lisait. À défaut d'une meilleure réponse, j'ai hasardé qu'elle-même et Père devraient tenter six mois de thérapie conjugale avant de prendre une décision aussi grave que le divorce. Cynthia m'a lancé un regard stupéfait et j'ai compris qu'elle aussi avait lu Ann Landers dans le *Detroit Free Press* du jour. Ce même soir, Cynthia m'a dit qu'à son avis Mère était en beauté parce qu'elle avait une liaison à Chicago.

« À son âge ? m'étonnai-je.

— Elle a seulement quarante-trois ans, dit Cynthia, et comme d'habitude tu es à côté de la plaque. »

Quand on m'a enfin débarrassé du plâtre consécutif à ma seconde fracture grave de la cheville, je suis retourné à l'hôpital parce que les os ne s'étaient pas correctement ressoudés. Un chirurgien orthopédique devait décider le lendemain matin s'il fallait opérer ou non, avant de me mettre un troisième plâtre. C'était une soirée de mars étonnamment chaude et en ville quatre mètres cinquante de neige sale fondaient. Cynthia m'a apporté une portion de lasagnes de Mme Plunkett et un grand pichet de vin rouge. Elle avait récemment découvert l'endroit où mon père cachait la clef de sa cave à vins et nous nous étions offert quelques bonnes bouteilles.

« Lynch-Bages 1953 », annonça-t-elle en remplissant un verre à eau.

Il y avait des cartes de « prompts rétablissements » de mon père et de Laurie, celle de mon père portant le tampon de Key West, et quelques mots qui disaient « La pêche est formidable », ce dont j'ai aussitôt douté. Mon prêcheur de l'église baptiste est passé me voir lors de ses tournées pastorales de l'hôpital. Il m'a offert un exemplaire neuf de la Bible de Gédéon dans la version du Roi James. J'ai effectué les présentations, puis Cynthia s'est assise, la mine grave, comme si elle buvait littéralement les paroles du saint homme. Elle devait se rendre ensuite à une fête et sa minijupe montrait beaucoup de cuisse, sinon davantage. Le prêcheur s'était lancé dans une métaphore alambiquée du christianisme comme milice (« En avant soldats du Seigneur ») et comme concours athlétique (les plus rapides emportent la victoire). Cynthia a allumé une cigarette, un geste qui déjà à cette époque était très mal vu dans une chambre d'hôpital et j'ai cru discerner l'odeur du cannabis dans son Old Gold filtre. De toute évidence elle tapait sur les nerfs du pasteur et elle aurait agacé n'importe quel homme sauf son frère.

Tard ce soir-là, tandis que le clair de lune inondait ma chambre, je me suis levé et habillé, après avoir décidé de ne pas me faire opérer ni passer encore plusieurs mois dans le plâtre. J'étais en train de lire *Les Possédés* de Dostoïevski pour obtenir des points supplémentaires au cours de Mme Schmidt, et j'en étais arrivé au chapitre où Krylov mord l'oreille de Stavroguine dans la pièce obscure.

Entre autres choses, ce roman m'a montré combien ma quête de la source du mal dans ma propre famille était infantile. J'avais poursuivi mon projet en lisant des ouvrages de référence sur l'industrie minière et celle du bois, et en échangeant plusieurs lettres avec Sprague qui, fidèle à sa promesse, m'avait envoyé un carton de documents relatifs à sa branche de la famille. Ma dernière lettre étant restée sans réponse, je me demandais s'il n'était pas mort.

Je me suis assis à la fenêtre et j'ai regardé la lune pour m'assurer d'avoir pris la bonne décision en voulant quitter l'hôpital sans me faire opérer de la cheville. J'ai regardé si longtemps la lune que mon esprit s'est entièrement vidé, sourd désormais aux bruits des voitures et aux sons de l'hôpital (un bassin tombe dans le couloir, l'infirmier dit « merde ») ainsi qu'aux voix contradictoires de mon propre esprit. Néanmoins, dans un recoin éloigné de mon cerveau, j'ai compris que je vivais malgré moi le même genre de transe qui m'avait submergé dans l'allée derrière l'atelier, près des lilas, mais cette fois-ci j'ai eu moins peur de perdre la raison. Le temps s'est accéléré, je voyais la lune se déplacer dans le ciel. Tout était d'un réalisme cru, mais en même temps je trouvais apaisant de « perdre » ainsi la raison. Vers la fin de cette expérience, mon cerveau s'est rendu en plusieurs lieux, dont la falaise surplombant le lac Supérieur, d'où Richard, le frère de mon père, était tombé et avait trouvé la mort, le chalet « rien » de Sprague à l'ouest d'Ontonagon, et une merveilleuse partie de la Fence River où je m'étais endormi en pêchant. La différence, c'était que je voyais tout de manière beaucoup plus précise que lorsque j'avais été dans ces lieux. Je les avais enregistrés visuellement avec une clarté beaucoup plus grande que je n'avais cru possible et je jouissais de la liberté délicieuse de ne plus penser à moi, une liberté à laquelle j'avais tant aspiré. Lors des derniers instants de cette transe, je me suis transporté jusqu'à l'ombre située derrière l'oreille de Polly, puis vers l'arrière du genou de Laurie parsemé d'eau du lac comme d'autant de perles. J'ai soudain perdu la lune quand une infirmière passant par là m'a interrompu en me disant :

« Mais pourquoi n'êtes-vous pas au lit ?

— Parce que je suis assis ici », répondis-je, ce qu'elle a trouvé amusant.

Quelques minutes après son départ, je suis sorti discrètement de l'hôpital. Regardant ma montre, j'ai constaté que j'avais passé plusieurs heures dans cet état second, qu'il était presque six heures du matin et qu'en ville une gargote de ma connaissance serait ouverte. Je boitais un peu à cause de ma cheville et je faisais très attention à cause de la neige fondante et des flaques qui avaient regelé durant la nuit, si bien que certaines parties du trottoir ressemblaient davantage à des patinoires miniatures.

Clarence était là avec deux de ses copains trappeurs. Pendant l'hiver Clarence installait une ligne de pièges et, quand la lune était assez grosse dans le ciel, il pouvait vérifier sa ligne durant la nuit. Il m'a confié avoir besoin de cet argent supplémentaire pour nourrir ses petits-enfants et espérait que Donald décrocherait une bourse de footballeur pour ne pas être contraint de financer ses études. Clarence m'a fait signe de les rejoindre à leur table et j'ai été étonné par la quantité de boustifaille que ces hommes des bois réussissaient à engloutir, mais je me suis dit que tous ces crapahutages nocturnes en raquettes suffisaient à vous donner une faim de loup.

L'un des autres convives, nommé Bobber, était un Indien à la peau sombre et il arborait des balafres récemment cicatrisées sur tout le visage. Lisant de l'étonnement dans mon regard, il m'a expliqué avec humour qu'il avait eu un léger différend à cause d'une femme à Rapid River. Après avoir dévoré leur petit déjeuner, ces hommes se sont mis à piquer du nez sur leur chaise en attendant le début de leur journée de travail. Clarence somnolait volontiers, Cynthia et moi essayions souvent de le surprendre dans son sommeil, mais toujours sans succès. Jesse nous a rejoints, en manteau et costume bleu, tenant à la main un attaché-case en alligator, qu'il avait rapporté de Veracruz des années auparavant. Malgré sa peau foncée, tout le monde à Marquette semblait aimer Jesse à cause de son sourire généreux et de ses manières impeccables. On le considérait comme impitoyable en affaires, mais il se moquait apparemment de porter son costume bleu ou le veston blanc exigé par ma mère pour servir le thé ou s'occuper des invités lors des cocktails.

Après son café et ses beignets, Jesse m'a fait signe de le rejoindre dehors et, une fois dans la rue, il m'a demandé pourquoi je n'étais pas à l'hôpital. Clarence avait déjà déclaré « Je croyais qu'ils devaient te charcuter aujourd'hui », après que son ami Bobber eut expliqué l'origine de ses propres cicatrices. J'ai répondu à Jesse que j'avais besoin de souffler un peu et que je ne supportais pas l'idée d'un nouveau plâtre, après quoi il m'a souri, pris la main et annoncé que, la veille en fin de soirée, il avait reçu un coup de fil d'un avocat d'Ontonagon et que je venais d'hériter un chalet et des terres que me léguait le cousin Sprague.

Je suis resté un moment figé sur place, les oreilles bourdonnantes, avant de remonter la colline abrupte et Ridge Street jusqu'à notre maison, où j'ai pris le pick-up pour rejoindre Ontonagon et voir mon second foyer. J'étais maintenant propriétaire terrien et aussi bouleversé que le jour où j'avais perdu ma virginité. Je pouvais désormais échapper entièrement à ma famille et vivre avec cinquante dollars par semaine. J'avais dix-sept ans et j'étais libre comme l'air. Absurdement, je me suis mis à chanter l'hymne des droits civiques, « Ô Liberté », avec ma voix affreuse. Je roulais depuis une heure et j'étais à l'ouest de Champion quand j'ai remarqué les grosses congères le long de la route et j'ai pensé pour la première fois que je ne pourrais peut-être pas m'approcher du chalet. J'ai continué de rouler dans un blizzard de plus en plus violent qui m'entourait d'une blancheur presque uniforme quand je suis arrivé à Ontonagon. Les trois derniers kilomètres sur le chemin de campagne menant au portail de la propriété n'avaient pas été déblayés et d'immenses monticules de neige recouvraient la chaussée, amassés par le vent qui soufflait du lac Supérieur. Je suis resté assis derrière le volant à compter mon argent tandis que le moteur cliquetait et que le pick-up était malmené par la tempête glacée. J'avais assez d'argent pour acheter des raquettes ou peut-être louer les services d'un propriétaire de motoneige qui pourrait m'emmener jusqu'au chalet, même si cette dernière hypothèse était improbable, car les motoneiges sont conçus pour les terrains plats ; et quand je suis descendu du pick-up pour m'aventurer au-delà de la partie déblayée, j'ai aussitôt eu de la neige jusqu'à la taille. Et puis toute cette neige m'a fait très mal à ma mauvaise cheville, comme si l'on y enfonçait un clou. Malgré ma déception, mon cœur était toujours rempli d'allégresse lorsque je suis reparti vers la ville et que j'ai trouvé un motel. Il me faudrait peut-être attendre jusqu'à la fin avril ou le début mai pour revoir mon chalet, mais il n'en restait pas moins le mien.

Je suis resté un long moment dans ma chambre de motel à regarder le blizzard par la fenêtre, puis j'ai marché jusqu'à la maison de Sprague, laquelle était obscure et verrouillée. Je ne me rappelais pas le nom de famille de sa femme à tout faire, la prénommée Nelmi, pas plus que sur le trottoir de cette rue résidentielle et dans la neige aveuglante je ne comprenais pas pourquoi j'avais envie de la voir. Glacé jusqu'aux os et épuisé, j'ai rejoint ma chambre de motel, j'ai installé un fauteuil près de la fenêtre, puis je me suis endormi en regardant la blancheur effrayante du monde. Il s'agissait de toute évidence d'une toile vierge sur laquelle on pouvait peindre son existence si l'envie vous en prenait. Juste avant de sombrer, je me suis imaginé assis à la fenêtre du chalet et j'ai peint l'intérieur de ce qui serait mon chalet, y compris la fenêtre de devant d'où les seules choses visibles étaient le lac Supérieur et la ligne d'horizon, mais me tracassait cette idée de Fred selon laquelle en tant que chrétien putatif je devais apprendre à fonctionner dans le monde avant d'avoir le droit de m'en absenter. En guise de blague, Fred disait qu'on contrôlait l'univers lorsqu'on était assis sur le trône des toilettes, mais qu'il s'agissait là d'un royaume quelque peu limité.

À mon réveil en fin d'après-midi, il ne neigeait plus mais le vent soufflait encore plus fort si bien que la fenêtre vibrait et au loin le lac Supérieur semblait tout plissé. J'ai trouvé dans la commode l'inévitable Bible de Gédéon, qui m'a paru infiniment lourde. Il y avait dans le tiroir une unique feuille de papier à lettre à en-tête du motel, et un stylo-bille près du téléphone. J'ai écrit ceci :

1. Dieu a créé le cosmos il y a des milliards d'années, puis il est parti en laissant tout en plan.

2. Dieu ne contrôle sans doute pas notre activité génitale.

3. Jésus était le fils de Dieu, mais il a dit de manière énigmatique que c'était le cas de tout le monde.

4. On peut séparer les paroles de Jésus et le reste du

Nouveau Testament afin de constater que presque tout ce texte se compose d'additions rédigées pour la convenance de l'Église temporelle.

5. L'Église pousse apparemment les gens vers le mal. Selon Fred, c'est dans le but d'assurer le pouvoir de l'Église.

6. Fred dit aussi que, lorsqu'il voit prier en public un politicien qui a encore un peu plus écrasé les pauvres, il a envie de sortir un revolver.

7. Quand l'Église s'est mariée avec le pouvoir temporel, elle a perdu tout rapport avec Jésus.

8. Laurie refuse désormais de me parler. Je lui ai dit que j'ai acheté des préservatifs. Elle consulte un psychologue qui lui a conseillé de passer toute une année sans baiser avec personne. Cynthia a choisi de ne plus voir que Donald. Je prononce toujours mes prières, sans oublier mon souhait d'arrêter de penser à baiser avec Laurie, mais ça ne marche pas. C'est le plaisir le plus extrême que j'aie jamais connu, et maintenant il est parti. Il est plus facile d'écrire sur le sexe que sur Dieu et Jésus. L'été dernier, Glenn m'a montré un martin-pêcheur en demandant à voix haute :

« Qui a créé ça ? »

Sur le chemin du retour vers Crystal Falls, un geai a percuté le radiateur du pick-up. Je me suis aussitôt arrêté et l'oiseau était coincé dans le grillage, mais ses yeux papillonnaient encore. Puis ils se sont fermés pour de bon. Glenn a alors demandé :

« Pourquoi un truc pareil est-il arrivé ?

— Les oiseaux ne pigeront jamais rien aux voitures », répondis-je.

Le corps d'un oiseau est d'une légèreté incroyable. J'ai traversé un fossé, je me suis faufilé sous une clôture et j'ai creusé un petit trou à mains nues. Comme j'étais déjà agenouillé, j'ai prié :

« Seigneur, acceptez au ciel l'esprit de cet oiseau. »

J'ai posé une pierre sur la tombe de l'oiseau, en pensant que je tue d'adorables poissons pour les manger.

9. Pourquoi Dieu a-t-il permis d'exister à des gens maléfiques comme mes parents et pourquoi a-t-il créé leurs ancêtres ? Ou même moi ?

10. Je crois que je vais appeler Polly à Iron Mountain. Est-ce une bonne idée ?

Comme j'avais couvert les deux côtés de la feuille de papier, j'ai téléphoné à Polly. Elle était déprimée parce que son père était à l'hôpital des anciens combattants pour subir une autre opération des jambes, suite à son accident quand il était mineur. Ma famille avait créé cette société minière au dix-neuvième siècle. Nous en étions toujours de gros actionnaires, même si selon Jesse cette action ne valait plus grand-chose. Je ne l'ai jamais exprimé en ces termes, mais je pensais sincèrement que ma famille se serait mieux portée si elle avait perdu tout son argent.

J'ai demandé à Polly si je pouvais la rejoindre à Iron Mountain pour la voir. Elle m'a dit que j'étais dingue, car il faisait un temps de chien. J'ai eu la chance de pouvoir suivre une succession de chasse-neige, mais je roulais très lentement et je n'ai pas atteint Iron Mountain avant onze heures du soir. Je tétais une pinte de schnaps planquée par Glenn sous le siège du pick-up et j'ai mangé un sandwich au jambon. Quand Polly m'a rejoint à ma chambre, elle m'a dit avoir annoncé à sa mère où elle allait, et sa mère lui avait alors rétorqué :

« Mon père détestait ton papa parce qu'il était seulement mineur. Maintenant c'est exactement le contraire. »

Polly trouvait ça drôle, car elle était toujours de bonne

humeur. Beaucoup plus tard, j'ai appris que cet état où la victime est toujours heureuse s'appelle « hyperthymia ». Nous avons bavardé en nous caressant sur le lit et elle m'a dit qu'elle ne comptait pas « aller jusqu'au bout » et qu'elle ne l'avait jamais fait. Je lui ai demandé pourquoi en sortant fièrement un préservatif de mon portefeuille.

« C'est pas le problème, dit-elle. Simplement, je ne suis pas sûre de toi. »

De fait, elle avait une cousine à Marquette qui, au téléphone, l'avait informée des ragots touchant à l'avortement de Laurie et ensuite du « problème » de mon père à Duluth. J'ai alors eu la conviction muette qu'il serait bon de vivre à New York où, contrairement à ce qui se passait dans la Péninsule Nord, tout le monde ne serait pas au courant de vos secrets.

Elle a refusé de boire une gorgée de schnaps, si bien que j'ai fini la pinte de Glenn en deux gorgées. Je venais de lire ce roman très troublant intitulé *Les Frères Karamazov* et j'ai soudain pensé que j'étais les trois frères plus le demi-frère demeuré en une seule personne, alors que je désirais être Alyosha le plus jeune frère. Mon moral a plongé, mais elle m'a alors annoncé que nous pouvions quand même batifoler un peu et quelques minutes plus tard j'étais nu comme un ver, Polly ne portait plus que sa petite culotte, laquelle resterait en place, déclara-t-elle, jusqu'à ce qu'elle « ait la bague au doigt ». Je n'étais pas préparé à l'éclat de sa nudité. Elle était presque trop délectable ; comparée à Laurie, Polly était douce et plantureuse, dotée d'une poitrine assez opulente pour qu'elle s'en trouve gênée. Nous avons tout fait, sauf « aller jusqu'au bout » et j'ai reconnu de bonne grâce que c'était plus amusant ainsi. Pendant que je mordillais sa petite culotte je sentais trop ses dents et j'ai grimacé avant d'entendre un « Pardon » étouffé. Elle a soudain été prise de spasmes, elle s'est retournée au ralenti et j'ai brièvement redouté qu'elle n'ait une sorte de crise. J'ai dû lui masser le pied pour en chasser une crampe et la plénitude de son rire m'a ravi. Je n'avais jamais été plus heureux et, fait exceptionnel, je me suis mis à rire moi aussi.

Quand elle est partie, je suis resté un moment au seuil de la chambre en sous-vêtements pour laisser le vent glacé rafraîchir mon corps. Je lui ai dit que je l'aimais, elle m'a alors pincé la queue en me répondant :

« Tu aimes simplement jouir. »

Puis son rire a envahi le parking enneigé. Je suis resté là jusqu'à ce qu'elle soit partie au volant de sa vieille Plymouth, dont les roues tournoyaient avec un gémissement glacé.

Le lendemain matin, elle est passée me voir durant à peine un quart d'heure, sur le chemin de l'école. Elle portait une jupe plissée, ses jambes étaient glacées sous mes doigts, en contraste avec sa vulve qui évoquait un chauffage électrique miniature, mais en plus doux. J'ai frissonné quand sa main glacée s'est posée sur mon pénis et à la place elle s'est servie de sa bouche.

« Hier soir, dit-elle, c'était la première fois que je faisais ça et me voilà déjà en train de recommencer ce matin. »

Et elle a éclaté de rire.

Elle s'est ensuite demandé comment je faisais pour manquer autant l'école et je lui ai dit que les profs me passaient des savons, mais que j'avais toujours des A, si bien qu'ils me fichaient la paix. J'étais en première, Polly en terminale. Son proviseur lui a dit qu'elle pouvait être sûre de décrocher une bourse pour l'Université d'État du Michigan à East Lansing, ce qui lui permettrait d'avoir sa propre chambre, pension comprise. Comme d'habitude, les combats très réels des gens me mettaient mal à l'aise. Après son départ j'ai temporairement sombré dans de lugubres ruminations. Pourquoi diable m'amusais-je ainsi avec cette adorable jeune femme ? Mais j'ai décidé de l'épouser dans le quart d'heure suivant. Ce choix posait un problème spécifique, car j'avais déjà décidé de ne jamais avoir d'enfant. J'étais convaincu de devoir jouer un rôle crucial pour empêcher les gènes de ma famille de se répandre dans le monde. D'après les tests classiques j'étais un adolescent intelligent, mais assez étrangement mon père était sorti de Yale avec tous les honneurs possibles et ma mère elle aussi avait fait des études très brillantes, ce qui prouve tout simplement que l'intelligence est parfois un facteur douteux. Lorsque mon père montrait fièrement aux visiteurs son diplôme encadré sur le mur de son bureau, j'avais toujours envie de dire que « cet homme serait beaucoup plus heureux s'il était moins intelligent, et le monde en général ne s'en porterait que mieux ».

# 7

Mes parents sont revenus début avril de leurs lieux de vacances respectifs, tous deux bronzés et relativement en forme, mais le bronzage peut recouvrir une multitude de péchés. Mère avait été dans les Bermudes, Père à Palm Beach et Key West. Il avait bel et bien pêché au large, maintes photographies d'espadons, de tarpons et de raies étaient là pour le prouver. Jouant toujours le jeune détective, j'ai remarqué la présence insistante, sur ces images, de coudes, genoux, cuisses, dos, derrières couverts d'un maillot de bains, mais sans jamais voir le moindre visage. Je n'aurais pu reprocher à mon père son mauvais goût, mais j'espérais seulement qu'elle était vaguement adulte, même si je savais que l'âge du consentement varie d'un État à l'autre, le Mississippi détenant le record de l'âge le plus bas, avec quatorze ans.

Cynthia a pleuré à cause du départ de Mme Plunkett, mais elle a retrouvé tout son entrain au bout de quelques jours. Durant l'hiver et le printemps, quand je n'étais pas à l'école, je passais presque tout mon temps libre à la bibliothèque, même si ma mission avait légèrement tourné à l'aigre sous le poids des faits historiques, des cartes du comté et de la région. Deux fois par semaine après leur retour, mes parents se rendaient en voiture à Escanaba pour des raisons privées et consultaient auprès d'un conseiller conjugal. Je me suis permis un rayon d'espoir. Après tout, on ne peut pas s'empêcher d'aimer ses parents, même si cet amour semble surtout venir de la proximité et de la dépendance de la petite enfance. Cynthia avait pris l'habitude de passer beaucoup de temps chez la tante de Donald, en pleine forêt, au sud d'Au Train. Cynthia m'a confié qu'elle aimait aider cette femme, une pure Chippewa qui vivait avec deux petits-enfants en bas âge, dont la mère était morte d'alcoolisme. Cynthia n'avait pas le droit de mettre les pieds dans la maison de Clarence, car il avait peur pour son emploi.

Un soir, très tard, Cynthia m'a confié que Père avait tenté de la « tripoter » deux ou trois fois où il était très saoul. Je lui ai répondu que je m'en étais douté l'été dernier, quand je l'avais vue l'agresser avec un tuteur de jardin. Le souvenir de cette scène précise l'a beaucoup amusée. Je suis parfois atterré par sa violence. Je n'arrive tout bonnement pas à y croire. Lorsque j'en ai parlé à Fred, il m'a avoué s'en être lui-même étonné et avoir parlé de Cynthia à un psychiatre. Lequel lui a répondu qu'il était impossible d'énoncer un diagnostic correct à long terme, mais que sans doute une jeune femme sur dix mille possédait cette énergie et cette souplesse mentale. Pour des raisons évidentes il n'en avait jamais rencontré au cours de sa pratique, mais la littérature professionnelle évoquait parfois ce cas. Fred a ajouté qu'il n'y a vraiment aucune pathologie à étudier chez de tels individus forts et mentalement sains.

Nous correspondions de nouveau après notre altercation d'août dernier. Fred m'a fait miroiter la perspective de l'aider à apprendre à lire et à écrire à des enfants handicapés, un projet gouvernemental inélégamment intitulé « Rattrapage ». À cause de ma cheville claudicante, je ne pouvais pas envisager sérieusement de reprendre mon existence sereine de travailleur manuel. Et puis Glenn se retrouvait dans une impasse, ayant perdu son permis de conduire après deux contraventions pour conduite en état d'ivresse à seulement trois semaines d'intervalle. Les services sociaux ont décidé de le mettre derrière les barreaux pour le contraindre au régime sec. Deux années avaient passé depuis la première visite de Glenn chez nous. Il disait n'avoir guère apprécié la manière dont mes parents l'avaient regardé, même s'ils étaient restés polis. J'ai décidé de ne pas le contredire. En fait, pour mes parents les gens comme Glenn n'existaient tout simplement pas en tant qu'êtres humains.

Nous avions eu une querelle fin avril, le premier jour de la saison de la truite, d'habitude une période parfaitement heureuse. C'était une journée froide et pluvieuse, je pouvais seulement rester dix minutes à patauger dans la rivière, car ma douleur à la cheville devenait vite insupportable. Glenn m'a alors traité de « mauviette » sur un ton vraiment hostile. Je lui ai reproché d'avoir une pinte de schnaps dans son panier de pêche, car si jamais il se faisait pincer, il était bon pour retourner dans ce qu'il appelait le « zoo », c'est-à-dire en prison.

« Je t'emmerde, sale gosse de riche ! » s'écria-t-il alors en buvant une bonne gorgée de schnaps.

Il a descendu toute la pinte en une heure, puis il est tombé en avant dans la Middle Branch de l'Escanaba. Je me suis retrouvé avec de l'eau plein les cuissardes pour lui sauver la mise. Il s'est endormi dans le pick-up pendant que je le ramenais chez lui. Il frissonnait violemment dans son sommeil et, après que je me suis garé devant chez lui, il s'est débattu quand j'ai tenté de l'aider à entrer dans la maison : je me suis retrouvé avec la lèvre fendue. Glenn était mon seul ami intime. Tous les autres étaient de simples connaissances. Alors qu'il avait une dizaine d'années, sa mère était partie avec un conscrit de la base aérienne de Sawyer. Herbert, avec Glenn sous le bras, les avait pris en chasse tout du long jusqu'à une base du *Strategic Air Command* dans le Dakota du Nord, mais elle avait refusé de revenir avec lui.

Vers la mi-mai, alors que les cours de mon année de première touchaient à leur fin, mon esprit a commencé à faire des siennes. J'avais dix calepins à spirale bourrés de matériaux sur mon projet, sans même toucher au carton que Sprague m'avait envoyé. Mme Schmidt m'a fait lire *L'Étranger* de Camus et je ne suis pas sûr que ce roman m'ait beaucoup aidé, vu ma propension à me laisser engloutir par les personnages, au point d'étouffer. Je n'avais guère aimé *L'Attrape-cœur*, le héros me faisant l'effet d'être une poule mouillée, mais je restais bien sûr aveugle à l'insupportable ressemblance de ce personnage avec moi-même.

Début mai, une vague de chaleur précoce et inhabituelle nous est tombée dessus et mon moral a encore baissé d'un cran. Par exemple, après avoir marmonné mes prières du soir, j'allumais et j'éteignais cent fois ma lampe de chevet pour m'assurer que tout dans ma chambre était bien en place. Je crois, en tout cas, que telle était la raison de cette manie. L'étendue de mon échec dans ma seconde entreprise – ne plus penser à moi – me stupéfiait. J'ai envoyé une lettre plutôt incohérente à Fred, qui s'est trouvé assez inquiet pour me répondre aussitôt de tout arrêter et de ramer sur les lacs, chose que je n'avais pas encore faite ce printemps-là. Il m'a dit qu'il n'existait aucune solution politique à la cupidité maladive de ma famille, aujourd'hui comme jadis. Je lui faisais l'impression d'être un jeune Karl Marx sous acide lysergique. Je voyais bien qu'il ne blaguait pas complètement. Comment moi, à dix-sept ans, aurais-je pu identifier la nature de la cupidité, alors que les plus grands philosophes du monde n'en avaient jamais trouvé une définition ultime ? Peut-être devais-je acheter un enregistrement de *En grande pompe* et jouer ce disque vingt-quatre heures sur vingt-quatre ? Quand on a de vastes objectifs, il faut veiller au moindre détail. Bref, Fred n'a pas vraiment pris de gants avec moi.

Même mes parents, aussi étonnant que cela puisse paraître, ont remarqué mon état dépressif et ils ont insisté pour que je consulte un spécialiste, mais leurs conseils tendaient simplement à me faire prendre les pilules magiques qu'eux-mêmes absorbaient tous les jours. Selon Fred, la plupart des rentiers n'ont strictement rien à faire alors que presque tous les autres gens n'aiment pas ce qu'ils font pour gagner leur vie. De toute évidence, mon existence était devenue une impasse.

J'ai noté avec un plaisir légèrement sadique que mon père avait des problèmes financiers. La porte du bureau était toujours fermée et l'on entendait ses cris – « Achetez ! » ou bien « Vendez ! » - quand il parlait au téléphone. Entre-temps, ma mère avait engagé un détective privé pour suivre Cynthia après le lycée et, lors d'un dîner, elle lui a reproché de toujours fréquenter Donald, malgré l'interdiction familiale.

« Tu aurais pu économiser de l'argent en me posant directement la question », répondit ma sœur.

Mon père, qui avait déjà bu un certain nombre de martinis, a essayé de détendre l'atmosphère en déclarant que, Donald étant à moitié finnois et à moitié indien, on pouvait le qualifier de « findien ». Personne n'a ri, sauf lui. J'ai baissé les yeux vers mon poisson, bouilli au point de ressembler à du carton blanc. Tout comme Cynthia, j'avais perdu beaucoup trop de poids depuis le départ de Mme Plunkett. J'avais aussi renoncé à pêcher et à boire. C'était la mi-mai et je n'avais encore attrapé aucune truite arc-en-ciel ou de rivière, et mon expérience avec Glenn deux semaines plus tôt avait ôté tout charme à la boisson.

J'ai été curieusement sensible aux efforts ineptes entrepris par mes parents pour m'aider. À ma grande surprise, Jesse est venu me chercher à la sortie du lycée un vendredi, en disant qu'il avait besoin de me parler. Jesse ne se mêlait jamais des affaires d'autrui et j'ai vite compris que cette mission, décidée par mon père, lui pesait. Il a commencé par dire qu'à mon âge je devais aussi me préoccuper de danser, de boire quelques bières, de courir la gueuse. J'étudiais trop, les livres me « blessaient la tête », et mon expérience malheureuse avec Laurie ne devait pas me faire tirer un trait sur toutes les autres jeunes femmes. Pourquoi appréciais-je seulement la musique « de l'ancien temps » ? Pourquoi ne dansais-je jamais ? J'ai tenté de lui expliquer que je n'aimais pas le rock and roll, même si je ne lui ai pas parlé de ma théorie personnelle selon laquelle la musique moderne ainsi que la télévision constituaient le « soma » dont parlait Aldous Huxley dans son livre *Le Meilleur des mondes*. Mes camarades d'école consacraient des milliers d'heures à écouter du rock and roll et de toute évidence leur cerveau en souffrait. Jesse a dit que, de retour à la maison, il allait me prêter quelques disques de Veracruz et que peut-être je les aimerais. J'avais déjà entendu vaguement cette musique qui en été sortait par les fenêtres de son appartement situé au-dessus du garage. Jesse était si discret qu'il ne jouait jamais ses disques assez fort pour qu'on pût vraiment les entendre et l'on ressentait seulement la pulsation très légère des marimbas.

Nous avons partagé un agréable dîner à la *Mather Inn*, et Jesse m'a dit que je devais aussi me faire opérer de la cheville, car je ne pouvais pas passer toute ma vie à boiter comme un vieillard. Peut-être plus tard pendant l'été, lui répondis-je, car dès la fin des cours je voulais descendre dans l'Ohio afin d'aider Fred à apprendre à lire et à écrire à de pauvre gosses.

« Aider ces pauvres gosses te rendra encore plus malheureux », déclara-t-il avant d'aller téléphoner au comptoir.

Après le dîner, la nuit tombait et nous avons fait deux fois le tour du pâté de maisons en voiture, passant à chaque fois devant une fille séduisante mais assez massive qui, appuyée contre un lampadaire, lisait une revue.

« Elle te plaît ? me demanda Jesse. C'est un cadeau que je te fais. »

Je l'ai remercié, avant d'ajouter que j'avais déjà une petite amie à Iron Mountain.

« Une fille tout là-bas à Iron Mountain existe seulement dans ta tête », fit-il en haussant les épaules.

Quand nous sommes rentrés à la maison, j'ai trouvé un mot de Clarence disant qu'il viendrait me chercher pour pêcher à six heures du matin. J'ai écouté quelques disques de Veracruz prêtés par Jesse et j'avoue que cette musique m'a encore mis du baume au cœur. J'ai téléphoné à Polly pour savoir si je pouvais passer la voir et j'ai reçu un coup de couteau dans le ventre. Sa petite sœur avait trouvé certaines de mes lettres et elle les avait montrées à son père, toujours convalescent et qui le resterait, à vrai dire, jusqu'à la fin de ses jours. Polly ne pouvait donc pas me voir « là-haut », mais elle comptait commencer ses cours à l'Université du Michigan au tout début de l'été, afin d'être sûre de pouvoir travailler dans la cuisine de la cité universitaire. Je la verrai donc à East Lansing en juin. Point final.

Peut-être Clarence était-il moins sage que Jesse. C'est difficile à dire, car il n'était pas très loquace et, dans notre culture, quand on est intelligent, on a tout intérêt à dire quelque chose de malin ou au moins d'astucieux. J'avais envie de descendre pêcher au confluent de la Middle Branch de l'Escanaba et de la rivière principale, mais Clarence avait seulement quelques heures devant lui, car ma mère tenait à ce que notre pelouse ressemblât à un green de golf, et il devait la tondre avant que ma mère n'organise une réception en l'honneur de la fille d'une amie et de son bébé.

J'ai ramé pendant une heure sur la Deadstream, avant que Clarence n'ouvre la bouche.

« J'ai entendu dire que t'étais au trente-sixième en dessous.

— C'est la vérité.

— Je m'en doutais. Mais je parie qu'en pêchant tu vas oublier tes soucis. Ou en ramant. Le corps se porte mal quand il ne se fatigue pas. »

Aussi absurde que cela puisse paraître, c'est vrai. Au bout de deux heures, Clarence a dû rentrer pour tondre sa pelouse, mais je suis retourné sur le plan d'eau avec un sandwich et j'ai ramé jusqu'en milieu d'après-midi. Quand je suis rentré à la maison, j'ai appelé Laurie pour lui proposer d'aller au cinéma et elle m'a répondu « Pourquoi pas ? » Je ne l'avais pas beaucoup vue depuis que Cynthia passait presque tout son temps avec Donald. Nous sommes allés à la première séance, entre sept et neuf heures, pour voir *Pique-nique*, que contrairement à moi elle a bien aimé, mais je n'ai pas pipé mot.

Après le film, il est tombé une pluie tiède, à peine plus qu'une brève averse. Nous avons rejoint Presque Isle pour nous promener sur la rive ouest en surveillant la lueur jaune du soleil couchant derrière la barre des nuages sombres qui annonçaient un orage imminent. Elle avait rompu avec son ami footballeur, Brent, qui ne supportait pas l'abstinence de Laurie.

« J'espère que tu ne m'as pas appelée pour ça », ajouta-t-elle.

J'ai seulement répondu que je l'avais vue frapper des balles de tennis avec son entraîneur et que je désirais lui parler.

« Cette année, je vais pouvoir le battre », déclara-t-elle fièrement.

J'avais une boule dans la gorge et je me suis excusé pour ce qui s'était passé l'été précédant.

« Tu n'as pas fait exprès, dit-elle timidement. Je croyais naïvement que tous les garçons mettaient des préservatifs. »

Histoire de blaguer, j'ai répondu que maintenant j'en mettrais toujours un, mais que je n'avais pas encore eu l'occasion de le faire. Elle m'a entraîné vers un fourré.

« C'est trop mouillé pour ma jupe. Allonge-toi par terre. »

J'ai obtempéré, nous avons passé un bon moment à nous caresser et puis, bien sûr, j'ai tenté de mettre le préservatif à l'envers, il est tombé dans l'herbe et elle m'a aidé. Il y avait toujours une lueur jaunâtre dans le ciel, puis il s'est mis à pleuvoir à verse et il a fait beaucoup plus sombre. Quand j'ai chassé un moustique de sa hanche, elle m'a remercié. Ensuite, alors qu'elle était allongée sur moi malgré la pluie battante, elle a dit :

« C'est étrange le plaisir qu'on trouve à le faire quand on en a vraiment envie. »

Le tonnerre nous a bientôt empli les oreilles et je gardais la bouche ouverte pour y faire entrer des gouttes de pluie, car après tout cet exercice je mourais de soif. J'essayais bêtement de savoir si je m'y étais bien pris.

J'avais les mains posées sur ses genoux remontés vers son buste et j'ai soudain pensé : voici son genou, pas mon genou, et je ne suis pas le centre de l'univers. Elle est elle et je suis moi. Ça peut paraître complètement idiot, mais telle n'était pas mon impression, car jusque-là je m'étais considéré comme le moyeu d'une roue, et tous les autres comme de simples rayons émanant de ma position centrale. Allongé là, les yeux levés vers les éclairs, j'ai senti mon esprit chanceler sous le poids de mes pensées. J'ai glissé les mains autour du derrière mouillé de pluie de Laurie, comme si je tenais là une merveille – et il s'agissait bel et bien d'une merveille. Elle avait une minuscule lampe-stylo et elle a examiné le préservatif à la recherche du moindre défaut, en pouffant de rire. Nous avons encore fait l'amour. De retour sous le plafonnier du pick-up, Laurie était une radieuse enfant abandonnée. Nous étions aussi trempés que si nous avions nagé tout habillés.

Quand je suis rentré à la maison, mon père regardait du hockey, un match de qualification de la Stanley Cup. Il était un peu ivre, mais affable. Lorsque j'étais plus jeune, nous regardions les Detroit Lions ou les Green Bay Packers jouer au football, mais aucun de nous deux ne s'intéressait vraiment au match et nous arrêtions bientôt la télévision. Dans l'est de la Péninsule Nord, les hommes soutiennent les Lions, mais plus à l'ouest, vers la frontière du Wisconsin, ce sont des fans des Packers. Mon père envisageait le football comme une métaphore militaire, une sorte de guerre simulée. Je me suis assis sur un canapé et j'ai bu une bière. Il a regardé mes vêtements trempés, l'eau qui dégoulinait par terre, comme s'il attendait une explication de ma part, mais je ne lui en ai donné aucune. Il a dit qu'il avait appris avec tristesse les problèmes de mon ami Glenn. Sa voix semblait sincère, dépourvue de tout sous-entendu ironique, et je lui ai répondu que

Glenn était un picoleur kamikaze. Bien sûr, après avoir passé deux ans dans le Pacifique Sud au cours de la Seconde Guerre mondiale, le mot de « kamikaze » avait pour lui un sens bien spécial. Il s'est alors tourné vers moi pour me dire avec gravité :

« C'est parfois une maladie terrible. J'ai commencé à aimer l'alcool à quatorze ans. Mon frère Richard, en revanche, pouvait s'arrêter dès qu'il le voulait. »

Il a agité les mains vers un point invisible. Pendant un moment unique, j'ai ressenti de la compassion.

« J'espère que ce n'est pas un problème pour toi », ajouta-t-il.

Il me regardait et j'ai répondu que je ne le pensais pas. J'ai détourné les yeux pour fixer une étagère vitrée et fermée à clef, où ma mère conservait ses premières éditions de Robert Frost, comme si à Marquette quelqu'un aurait pu les lui voler. Je trouvais Frost ennuyeux, mais ma mère l'avait entendu lire plusieurs fois quand elle était à l'université et elle adorait ses poèmes. Elle a été déçue quand Frost a accepté de faire une lecture pour l'investiture de Kennedy.

« Il paraît que Robert Frost devenait mauvais quand il avait bu », hasardai-je.

Mon père a pris cet avis très au sérieux et il m'a répondu :

« Alors il était sans doute mauvais même quand il ne buvait pas. Je regrette toujours ce chien. »

Il faisait allusion à un incident qui remontait à plusieurs années. À cette époque-là, mon père possédait un bulldog agressif qu'il avait acheté à cause de son attachement sentimental pour Yale. Ce chien a grièvement mordu à la main l'une de mes camarades de classe, dont le père, un cantonnier du comté, est venu abattre le bulldog sur notre pelouse. Mon père s'est alors arrangé pour faire virer cet homme, dont la famille a quitté Marquette. J'ai ensuite appris qu'il avait payé les frais chirurgicaux de la fillette, mais quoi ? À ce moment précis, je désirais qu'il regrette une prise de bec avec Clarence, mais je me demandais si seulement il s'en souvenait. Quelques années plus tôt, alors que, l'œil rouge, il buvait dès le matin, il a engueulé Clarence parmi les fleurs du jardin. Clarence se tenait agenouillé au-dessus d'un massif de fleurs et mon père a tenté de lui décocher un coup de pied, mais Clarence lui a alors attrapé la cheville et l'a fait tomber de tout son long. J'ai assisté à la scène à partir de la fenêtre de ma chambre. Je me suis senti à la fois mal à l'aise et très content.

J'ai terminé ma bière et dit bonsoir. Mon père a souri.

« Dis à la jeune dame de se couper les ongles.

— Je te demande pardon ? » fis-je, mais il me montrait mes épaules.

Il y avait un peu de sang qui filtrait à travers le tissu de ma chemise sur mes deux épaules, à l'endroit où Laurie m'avait enfoncé ses ongles dans la peau. Je me suis senti trop gêné pour répondre. Il croit peut-être que je lui ressemble, ai-je alors pensé.

# 8

Même lorsqu'on est complètement sincère, il est difficile d'admettre sa propre lâcheté. À dix-sept ans, malgré ma jeunesse j'aimais me considérer comme un homme et pendant une seule soirée cette expérience a refait de moi un petit garçon. Quelques jours après mon engueulade avec Glenn, je suis parti en pick-up pour Ontonagon un après-midi afin de voir le terrain et le chalet que Sprague m'avait légués. Je me suis aussitôt inquiété, car la gravité de ma dépression rétrécissait mon champ visuel aux dimensions d'un simple tunnel et, tout en conduisant vers l'ouest sur la Route 28 en ce début du mois de mai, je me trouvais incapable d'apprécier les premiers verts pastels du printemps. J'avais l'impression de conduire à l'intérieur du genre de grosse canalisation qui draine les eaux usées. Par intermittences je n'arrivais presque plus à respirer ni à avaler normalement, comme si j'avais un morceau de charbon irrémédiablement coincé derrière le sternum.

Quand je suis arrivé près du chalet, il y avait encore des plaques de neige dans une forêt dénudée et sombre, qui manifestait de rares signes printaniers, car j'étais tout près des eaux glacées du lac Supérieur. J'ai ensuite déballé mes affaires en m'étonnant du froid qui régnait à l'intérieur du chalet. Dans ma hâte, j'avais emporté deux sandwiches au beurre de cacahuètes et à la *jelly*, que d'habitude je n'aimais pas, ainsi qu'une boîte de sardines et des gâteaux salés, mais j'avais oublié de prendre à boire. Comme je n'avais aucun récipient, je suis descendu à la plage avant de m'agenouiller pour boire directement dans le lac, lequel était lisse, gris ardoise au crépuscule et étrangement calme. Dans ma hâte, j'avais aussi oublié de prendre une lampe torche, si bien que j'ai promptement rassemblé des brindilles de pin et des petites branches pour faire un feu dans l'anfractuosité de rochers situés devant le chalet. J'ai aussi aménagé un endroit relativement plat, à côté du feu, pour y installer mon sac de couchage. J'avais également oublié de prendre un oreiller, mais je pouvais malgré tout me servir de mon sac en toile. Il était trop tard pour se mettre à pêcher, surtout sans lampe torche.

J'ai essayé de comprendre pourquoi quelqu'un avait laissé une pioche appuyée contre les marches du chalet. En arrivant, j'avais remarqué des traces de pneus sur la route : quelqu'un connaissait manifestement la combinaison du cadenas qui fermait le portail. Vaguement effrayé, j'ai repensé à ces ours noirs récemment sortis d'hibernation qui tuaient parfois, bien que rarement, des humains pour les dévorer, du moins à en croire Clarence qui m'avait raconté qu'un jour un Indien ivre endormi dans la nature près de Soo s'était fait dévorer par un ours. Légèrement gêné, j'ai néanmoins jeté sur mon épaule le pistolet Colt. 44 à canon long de mon arrière-grand-père. Mon père me l'avait offert en guise de décoration pour le manteau de la cheminée de ma chambre. Glenn avait réussi à trouver quelques balles grâce à son cousin et nous avions parfois tiré avec ce pistolet, à chaque fois découragés par le recul douloureux et le bruit assourdissant de cette arme.

C'était maintenant le crépuscule et j'ai allumé le feu non sans mal. Les branches tombées à terre étaient encore tout imprégnées de neige fondue, et je me suis alors rappelé avoir aperçu quelques souches de pin blanc sur une butte, à l'ouest de l'étang aux castors. J'ai pris la pioche pour attaquer ces souches et essayer de séparer quelques plaques de bois, mais quand j'ai fait le tour du chalet pour passer par derrière, j'ai remarqué qu'on avait creusé un petit trou d'une trentaine de centimètres de diamètre, à côté de la tombe de la jeune épouse de Sprague. Il y avait là un monticule de terre fraîchement retournée et je n'ai pas pu me retenir de creuser à mains nues jusqu'à trouver un modeste pot indien que j'avais déjà vu dans le bureau de Sprague. Ce pot contenait ses cendres et quelques minuscules fragments d'os que j'ai sentis entre mes doigts dans les ténèbres grandissantes. J'aurais dû m'en douter, ai-je alors pensé, non sans honte. J'ai aussitôt rebouché le trou avant de gravir la butte avec la pioche, et j'ai réussi à arracher quelques plaques de bois aux souches de pin ancestrales. Elles m'ont permis de faire un feu rugissant, qui devait venir à bout de l'humidité des branches. Mais il me faudrait utiliser mon bois avec parcimonie pour qu'il me dure toute la nuit, car il faisait désormais trop sombre pour en ramasser d'autre.

J'ai baissé les yeux vers mes mains salies par la terre de la tombe et je me suis enfin avoué pourquoi j'avais apporté ce pistolet. J'envisageais de me suicider. Soudain pris de vertige, je me suis assis sur mon sac de couchage. J'ai saisi le pistolet pour l'examiner à la lueur du feu. Il m'a semblé parfaitement irréel, mais il était chargé. Bizarrement, j'étais encore assez vaniteux pour refuser de voir mon corps défiguré si je me tuais d'une balle en pleine tête. Je préférais viser mon cœur qui battait la chamade. J'ai levé les yeux vers les nombreuses étoiles qui brillaient au-dessus du feu. Je connaissais mes constellations, mais à cette croisée des chemins de mon existence les étoiles ne signifiaient plus rien pour moi. J'ai massé ma cheville douloureuse en pensant qu'elle allait bientôt être affranchie de toute souffrance. J'ai ensuite été troublé par des images de suicide proposées par les bandes dessinées, accompagnées de cette légende comique : « Adieu, monde cruel ».

Souhaitais-je vraiment faire de la peine à mes parents ou simplement me soustraire à leur univers ? Depuis plusieurs semaines déjà, je doutais de la pureté de ma solitude : sans doute l'adorais-je simplement parce qu'il n'était guère difficile de se faire des amis parmi les habitants chaleureux de cette région septentrionale, même s'il était plus ardu de trouver des gens susceptibles de partager mes goûts. J'ai pensé à Clarence et à Jesse, à Cynthia, à Polly et à Laurie. Ainsi qu'à Fred. J'étais très proche de Fred sur le plan des affinités intellectuelles et dans moins d'un mois je devais le retrouver dans l'Ohio. J'ai ajouté au feu une plaque bien sèche de pin blanc à l'écorce grise et à la fibre morte, de couleur ocre. À quoi bon économiser sur le bois de chauffe quand on va se tirer une balle dans le cœur ? Puis je me suis levé. Car je n'allais certes pas me suicider en position assise. J'ai alors trébuché sur une pierre et me suis rattrapé de justesse tout près du feu. Je me suis brûlé le pouce et j'ai aussitôt su que je devais le tremper dans l'eau froide. Mais pourquoi prendre cette peine ? Regardant vers l'est, j'ai aperçu le sommet du croissant de la lune blanche qui commençait à sortir du lac Supérieur. Encore deux jours, et elle serait pleine. Ma brûlure au pouce me faisait un mal de chien, si bien que j'ai dévalé la pente pour aller le tremper dans la rivière. Depuis que j'avais dix ans, mes parents m'autorisaient à me promener sur la plage les soirs où la lune était assez grosse pour m'éclairer. Ma cinglée de mère croyait que l'étude de la nature était une bonne chose, même si les détails de cette étude lui échappaient complètement. À moitié levée, jetant un écheveau de lumière entre nous, cette lune était aussi blanche que la petite culotte de Polly.

J'ai soudain eu la chair de poule en entendant un bruissement près de mon feu de camp. J'ai pris le pistolet et remonté lentement la berge à quatre pattes pour découvrir un minuscule ourson d'un an, pesant peut-être vingt-cinq kilos, qui s'en allait avec mon sac en papier contenant mes sandwiches au beurre de cacahuètes et à la *jelly*. Par chance, la mince boîte de sardines a glissé hors du sac. Je suis resté là, interdit, sans savoir quoi faire, à regarder cette grosse lune illuminer le monde, le rivage devenant alors visible à gauche comme à droite. Si je me tuais, je ne pourrais évidemment pas amener Polly ici, et encore moins sa petite culotte blanche. Cet argument suffisait-il pour me garder en vie ? J'ai essayé de me rappeler où, dans la Bible, il était dit qu'on n'avait pas le droit d'attenter à sa propre vie. J'avais deux alliés, Polly et Jésus. Certes, je possédais un cœur de pierre et je ne pleurais jamais, mais tout à coup je me suis mis à sangloter comme un bébé affamé. J'ai eu envie de lancer le pistolet très loin dans le lac, au cas où j'aurais changé d'avis, mais un ours beaucoup plus gros ne risquait-il pas de rappliquer en quête de nourriture ? L'espace d'un instant, j'ai cru sentir la lune elle-même me faire signe de rejoindre la vie.

# 9

Quand j'ai quitté Marquette durant la première semaine de juin, il y avait presque une chanson dans mon cœur, mais pas tout à fait, un tribut à la nature mercurielle de mes émotions. Après la soirée détrempée avec Laurie et ma nuit suicidaire, j'ai renoncé au lieu mental où je séjournais, pour redescendre sur terre. J'ai pêché, ramé et étudié en vue d'examens qui ont été un jeu d'enfants. Je me suis mis à écouter une musique sombre, celle des disques de Veracruz prêtés par Jesse, ces rythmes distinctement caribéens qui vous entrent littéralement dans le corps ; ainsi, il suffit d'écouter cette musique en fin de soirée pour qu'elle s'intègre à vos rêves. Et puis, j'ai scandalisé Cynthia en achetant des disques d'Otis Redding et de Wilson Pickett, un véritable tonique pour l'âme en comparaison de ses lugubres morceaux des Beach Boys et des Beatles. Mes parents se chamaillaient souvent à cause de leurs visites communes au conseiller conjugal, que mon père décrivait comme « fatigantes », même s'il n'avait rien d'autre à faire que de se lamenter à cause de ses bévues boursières.

Le soir précédant mon départ, ils se sont querellés à cause de… la réincarnation. Sur ma demande, ma mère avait préparé un rôti braisé, l'un des rares plats qu'elle cuisinait bien, afin que je puisse me faire des sandwiches à la viande pour mon voyage. Ils procédaient à leurs préparatifs de départ pour passer l'été au Club dans le très vaste pavillon construit par mon grand-père et qui à mes yeux avait tout le charme d'une morgue. Je les observais avec attention tout en écoutant d'une oreille distraite leur querelle sur les existences passées et futures, dont la logique s'effilochait dans la brume habituelle des martinis. Comme toujours ma mère s'efforçait de maintenir un niveau « élevé » de conversation, tandis que mon père disait en blaguant que dans une vie passée il avait été un chien errant écrasé par un Ford Model A et que dans une vie future il deviendrait un crapaud ou un guppy. Pendant le dessert (pudding au tapioca) j'ai pensé que mon père n'avait jamais envisagé de se suicider. Sans raison aucune, il était profondément convaincu de la supériorité innée de sa lignée. Bref, le moment était bien choisi pour quitter la ville, et c'est ce que j'ai fait.

Le lendemain matin de bonne heure, j'ai partagé un dernier petit déjeuner avec Clarence et Jesse à la gargote qui nous servait vaguement de cantine. J'avais hâte de partir, mais Cynthia était plutôt une lève-tard et je savais qu'elle passait la nuit avec Donald chez les parents de ce dernier, près de Au Train, à une petite heure en voiture vers l'est. Jesse envisageait de ramener sa fille Vera avec lui quand il reviendrait en août après ses vacances. Il considérait l'anglais comme la langue du futur et il tenait à ce que sa fille apprît à le parler couramment. J'ai dit que j'aiderais Vera à l'apprendre avant sa rentrée scolaire, car ma nouvelle profession consistait à enseigner aux enfants. Jesse constituait l'unique exception aux préjugés fondamentalement racistes de ma mère. Elle l'adorait et, comme elle avait renoncé à exercer la moindre influence sur la caustique Cynthia, elle trouvait agréable la perspective d'avoir auprès d'elle une jeune fille à laquelle elle pourrait instiller les « vraies valeurs », quel que soit le sens de cette dernière expression. Il me semblait que mon père subissait un déclin rapide alors que celui de ma mère était plus progressif. Je me demandais souvent avec étonnement pourquoi elle n'avait pas renoncé à un mariage qui avait été arrangé comme un tour de force de bienséance sociale. Je savais aussi que, dès l'âge de dix ans, Cynthia conseillait à ma mère de prendre la poudre d'escampette. Je savais enfin qu'elle avait suffisamment d'argent de sa propre famille, si bien que la question était la suivante : Pourquoi ne met-elle pas les bouts ? Il m'a fallu des années pour commencer à comprendre dans quelles eaux boueuses de nombreux mariages barbotent.

Je me suis arrêté dans le village d'Au Train pour regarder la carte que Cynthia m'avait donnée, avant de poursuivre vers le sud jusqu'à une clairière dans la forêt et une maison de bric et de broc, en fait seulement une cabane. Un bâtard à l'air mauvais, couché sur une véranda ouverte, a grondé dès qu'il m'a vu, puis une grosse femme est arrivée à la porte grillagée criblée de trous bouchés avec des boules de coton pour empêcher les mouches d'entrer. Elle m'a dit que Donald et Cynthia étaient partis en voiture pour Bay Mills ce matin-là. Elle avait un visage rond, brun, luisant, une voix douce et mélodieuse. Je suis entré boire un verre de limonade et elle m'a parlé tout en sculptant un manche de canne dans une branche d'orme. Il y avait une pile de cannes près de sa table de travail et elle a insisté pour m'en donner une au manche laqué, en forme de tête de huard, mon oiseau préféré.

« Quand tu as marché jusqu'à la maison, j'ai vu que tu boitais », dit-elle en refusant mon argent, même si sur sa boîte à lettres une pancarte annonçait « Cannes à cinq dollars ».

« Vous habitez ici en hiver ? demandai-je en regardant les murs très minces, décorés de peaux de castors et de loutres et d'une unique dépouille de lynx.

— Non, je vais dans ma belle maison en Floride, sur l'océan », répondit-elle en riant.

Puis elle m'a tapoté la main en rougissant.

J'ai ressenti le désir de m'installer là pour être son garçon de courses ou son homme à tout faire. Quand j'ai rejoint mon pick-up, j'ai impulsivement glissé vingt dollars pour ma nouvelle canne dans sa boîte à lettres. Elle m'observait de la véranda et j'ai agité la main. J'ai pensé qu'elle avait cinquante-cinq ans bien sonnés, mais en partant je me suis dit que ce serait formidable d'avoir cette femme pour mère ou pour amante. Elle m'avait dit, avec un clin d'œil, que Cynthia était l'une des garces les plus délurées qu'elle eût jamais vues et que Donald avait beaucoup de chance de l'avoir pour petite amie.

Bay Mills ne se trouvait pas très loin en dehors de mon itinéraire, même si je désirais plus que tout rejoindre East Lansing pour retrouver Polly. Il y régnait la pauvreté typique des réserves indiennes, mais les habitants ne s'y comportaient pas en pauvres. Je n'étais pas aussi las que Fred de ce qu'il appelait le « mensonge blanc » où tout le monde étouffait en chemise blanche et s'occupait de ses petites affaires blanches dans un monde uniformément blanc. C'était en définitive un bel endroit sur le lac Supérieur et comme de juste j'ai eu envie d'y rester pour m'intégrer à cette communauté, sans doute une des raisons de l'amour de Cynthia pour Donald. Je les ai trouvés en train de frire un plein panier de perches illégales dans la maison de la grand-tante de Donald. Nous avons mangé ces poissons qui sont délicieux à la fin du printemps, une saison qui dans ces contrées situées très au nord inclut juin. C'était une journée agréable, le vent soufflait du sud et nous avons déjeuné dans le jardin sur une table de pique-nique. Cynthia avait son magnétophone portatif et les gamins indiens dansaient sur *Respect* d'Aretha Franklin. Contrairement aux gamins, j'ai trouvé presque effrayante la voix stridente d'Aretha. Un petit garçon a effectué quelques pas de danse indiens sur cette musique noire et ils ont tous supplié Cynthia de danser avec eux. Quand elle s'est exécutée, j'ai été étrangement fier d'elle, car elle avait apparemment trouvé une autre vie. Donald et elle s'aimaient à un point que je comprenais mal. J'ai dit à Cynthia que j'allais m'arrêter à East Lansing pour voir Polly ; elle m'a alors taquiné à cause de ma soirée avec Laurie, laquelle était partie pour un célèbre camp d'entraînement de tennis en Californie, peu après la soirée que nous avions passée ensemble. Il y a eu un moment de gêne quand j'ai compris que, selon l'éthique de Cynthia, on n'était pas censé avoir deux petites amies en même temps. Quand Donald l'a taquinée, elle a fait semblant de le gifler, puis il a dansé avec elle en la tenait à bout de bras au-dessus de sa tête et elle a fait semblant de faire le saut de l'ange à travers les airs. Encore plus que son père Clarence, Donald était massif, musclé et agile. Après son année de terminale, il était certain de décrocher une bourse d'athlète pour une université. Sur le stade il gagnait toujours à la fois le cent mètres et le concours de lancer du poids, une combinaison rare de force et de vitesse. Certains s'inquiétaient du fait que, métis, il sorte avec la fille la plus huppée de la ville, mais chaque communauté humaine possède son chœur grec classique, qui marmonne, bavarde, gémit en arrière-fond sonore.

J'ai passé un très mauvais moment avant de trouver la chambre de Polly à East Lansing. C'était la veille des examens, il y avait beaucoup de monde en ville et j'avais peu d'expérience des encombrements. Une voiture de police m'a arrêté après que j'ai pris une rue en sens interdit, mais le flic s'est montré sympathique dès qu'il a su que je venais de la Péninsule Nord et que j'étais un « péquenaud ». Il a admiré ma barque et je lui ai refilé quelques tuyaux sur les bons coins de pêche pour ses prochaines vacances. Il m'a également guidé jusqu'au bâtiment où habitait Polly, à quelques rues du campus. C'était un endroit décourageant, un vrai capharnaüm à cause des étudiants qui s'en allaient pour l'été, des bouteilles de bière et des ordures dans la cour, sur la véranda et dans tous les couloirs. Sa chambre minuscule ne fermait plus à clef, mais Polly n'était pas là. Bizarrement, c'était à la fois bien rangé et misérable.

J'ai roulé jusqu'au Kellogg Center et j'ai enfin réussi à lui parler sur l'aire de déchargement située derrière l'énorme cuisine. Elle travaillait douze heures d'affilée en vue du grand banquet de fin d'année scolaire et elle dégageait une odeur assez agréable de carotte, d'oignon et de céleri. Elle m'a interdit de la prendre dans mes bras parce qu'elle transpirait. Elle finirait sa journée dans huit heures, mais je voyais bien qu'elle serait trop fatiguée pour batifoler, car elle aurait seulement six heures de repos avant de participer à la préparation d'un autre banquet. J'ai alors commis l'erreur de lui annoncer que j'avais pas mal d'argent sur moi et que je voulais l'aider à louer une chambre plus grande et plus agréable. Elle souriait comme toujours, mais je voyais bien qu'elle était vexée. Comme je n'ai rien trouvé à ajouter, nous nous sommes embrassés avant de nous séparer. J'étais déçu et le monde m'a paru aussi irréel qu'une bande dessinée quand je suis parti au volant de mon pick-up. Cent cinquante kilomètres plus au sud, j'ai amèrement regretté de ne pas être resté. Nous avions pour la première fois l'occasion de passer la nuit ensemble et je me serais parfaitement contenté de simplement dormir à côté d'elle.

# 10

J'ai roulé toute la nuit pour arriver chez Fred dans l'Ohio aux premières lueurs du samedi matin. Comme je ne voulais pas le réveiller, je me suis garé au début de son long chemin plein d'ornières. La bruine semblait annoncer une pluie plus drue et j'ai étendu mon sac de couchage sous l'arrière du pick-up, je me suis enduit de crème anti-moustiques et j'ai dormi là quelques heures, me réveillant quand j'ai vu des jambes noires et nues jusqu'aux genoux, une paire de tennis, et que j'ai entendu une voix dire :

« Sors de là, mon gars. »

Elle s'appelait Riva et elle s'est décrite comme étant l'« assistante » de Fred dans le programme de « rattrapage », qu'elle prononçait « étripage » avec un clin d'œil. Nous sommes partis sur le chemin et j'ai soudain pensé que Fred avait enfin trouvé son Indienne noire. Originaire de Sapulpa, dans l'Oklahoma, elle était mi-choctaw mi-noire.

« Je n'ai pas rejoint la contre-culture, me dit-elle. Je suis la contre-culture. »

Elle était grande, mince et assez laide, mais elle réussissait à être sexy à cause de la grâce de ses gestes et de son humour décapant. Elle ne supportait pas le moindre instant de culpabilité blanche. Après mon premier jour d'enseignement, soldé par un échec cuisant, j'ai pathétiquement déclaré :

« Ils font tellement d'efforts. Je ne suis pas sûr de mériter de vivre sur la même planète qu'eux.

— Arrête tes conneries, explosa Riva. C'est ton ego pleurnicheur qui parle. Tu es ici pour qu'ils fassent cinq pour cent de progrès par mois en lecture et en écriture. Peut-être un peu plus, mais sans doute moins. Pourquoi parles-tu de toi en disant autant de conneries ? Tu as vraiment la tête dans le cul, mon gars. Tu es censé aider ces gosses, et tu n'y arriveras pas si tu as la tête dans ton cul de riche. »

La honte m'a incendié le visage tandis que Fred éclatait de rire. Nous préparions des hamburgers, ou plutôt Riva s'en occupait, car elle considérait que les plats préparés par Fred n'étaient même pas dignes du mépris. J'ai eu envie d'aller me cacher dans un fourré, mais j'aurais ainsi confirmé la piètre opinion qu'elle avait de moi. Fred, avec ses deux diplômes de l'Université de Chicago, plus son doctorat en théologie, jouait les directeurs d'études, mais Riva, son assistante, a bientôt pris la direction des opérations. Elle était étudiante en licence à l'Université de l'Ohio, à deux heures de voiture de là. Les deux autres professeurs, en dehors de moi, tous deux inscrits à l'Université de l'Ohio, étaient Ed, un Juif originaire de Pittsburgh, et Lila, une fille brillante, dodue et pâle, originaire de Columbus, dans l'Ohio, qui m'en voulait, car son petit ami aurait pu décrocher cet emploi sans le « népotisme » régnant, pour reprendre son expression. Je me suis senti si mal à l'aise que je n'ai rien répondu.

Tous les cinq, nous enseignions deux heures le matin et deux heures l'après-midi dans un ensemble de cabanes miteuses en préfabriqué, propriété du comté, où il n'y avait ni chauffage pour les matinées frisquettes ni climatisation pour les journées le plus souvent brûlantes. En plus de la préparation de nos repas, Riva faisait à déjeuner pour les trente-cinq gamins et nous l'aidions dans la mesure de nos incompétences respectives.

Fred et Riva ont réparti les gamins en cinq groupes de sept et je me suis occupé des plus grands, âgés de douze ans et considérés comme à peu près irrécupérables. Riva a supervisé le test de diagnostic du premier jour, un autre test devait avoir lieu à mi-chemin, et enfin un troisième test le dernier jour de la formation. (Lors du deuxième test, mes élèves ont montré le moins d'aptitudes et le moins de progrès accomplis, juste derrière ceux de Fred. Les gamins d'Ed étaient les meilleurs, ceux de Riva arrivaient seconds, puis ceux de Lila troisièmes.)

J'habitais la cabane de la pompe, non loin du chalet de Fred. Il avait passé à la chaux blanche les sols, murs et plafonds ; j'avais un lit de camp, une table de nuit, une lampe de chevet, et je partageais la même salle de bains que Riva et Fred, qui vivaient ensemble. J'aurais préféré me joindre à Lila et Ed dans leur petit chalet situé un peu plus loin sur la route, mais il n'y avait pas assez de place là-bas. Riva se montrait très bruyante quand ils faisaient l'amour, ce qui me dérangeait dans mon sommeil et mes lectures.

Vu que nous ne commencions pas les cours avant dix heures du matin, je me levais tôt pour pêcher le poisson-chat et la perche, et puis souvent je pêchais aussi le soir. Un jour j'ai emmené Ed avec moi, mais, n'aimant pas manger du poisson, il n'a pas compris l'intérêt de la chose. Lila, elle, m'a accompagné plusieurs fois et j'avoue que nous avons eu une petite liaison. C'était le milieu des années soixante, Lila avait un ami qui lui écrivait régulièrement de Haight-Ashbury. Lila avait le sentiment de tout rater, de rester sur la touche dans l'Amérique profonde, ce qui était certes le cas. Elle a reçu une lettre de rupture de son petit ami et elle s'est tournée vers moi pour se réconforter.

« Tout port convient dans la tempête », dit-elle.

Ce n'était certes pas un compliment, mais nous avons ainsi trompé notre solitude. Ed a fait semblant d'être jaloux, mais en réalité Lila et lui se disputaient tout le temps.

Ce n'était pas mon foyer qui me manquait, mais le Nord avec ses vastes forêts, ses rivières aux eaux glacées et ses truites. Au cours du premier mois, j'ai emmené trois fois Lila jusqu'à Athens pour aller au cinéma. Nous avons vu *Alfie, Blow Up* et *Qui a peur de Virginia Woolf ?* J'ai bien aimé les deux premiers films et détesté le troisième, qui me rappelait trop les querelles mesquines de mes parents. Fred pensait que Lila me menait par le bout du nez et que je jouais beaucoup trop les jeunes gentlemen pour avouer qu'elle adorait tailler des pipes. Je n'étais pas très sûr de ce que ça voulait dire. En tout cas, elle m'a très vite appris à lui lécher la chatte, une pratique à propos de laquelle les femmes ont des points de vue très divergents.

Fred s'est fâché en découvrant que j'avais apporté un carton plein de livres et de monographies sur les industries minières et forestières. Par une soirée étouffante, nous étions assis à la table de la cuisine quand Riva et lui se sont presque disputés à cause des failles de ma formation intellectuelle. Elle était en licence de sociologie et, lorsque je lui ai fièrement décrit mon projet, elle s'est mise à dresser à mon intention une liste de livres qui incluait Marcuse, Paul Goodman et Oscar Handlin. Fred, quant à lui, insistait pour que je lise Schopenhauer, Nietzsche et toute une bande de théologiens dont Niebuhr, que j'avais déjà essayé d'étudier, mais que je trouvais trop sec. Tous deux sont tombés d'accord pour dire que mon approche du mal et des maux socio-économiques était trop étroite et que j'allais me dévorer moi-même avant de commencer pour de bon. Riva se montrait impitoyable sur l'engagement théologique passé de Fred. Elle considérait la religion comme une impulsion merveilleusement primitive. Riva ne buvait pas, mais elle roulait des gros joints comme personne. Elle chantait volontiers des cantiques fondamentalistes comme « Lavé dans le sang de l'agneau » ou « Le Pouvoir du sang » (« ce pouvoir aux vertus mirifiques ») pour emmerder Fred. Je comprenais que, si je partais sur des bases trop étroites, je me casserais immanquablement la figure. Histoire de me taquiner, Riva m'a rappelé que j'étais inclus dans sa définition de l'espèce humaine, « des hommes et des femmes, pesant d'habitude entre cinquante et cent kilos, motivés pour l'essentiel par des ressentiments qui explosent dans les guerres, les divorces, les lynchages, les épouses battues, les assassinats gratuits et l'écrasement des pauvres parce que ce sont les plus faciles à écraser ».

Elle était cet être humain unique capable de rester lucide et pleine d'énergie tout en fumant de la marijuana. Un soir, elle s'est lancée dans une conférence, qui a peut-être duré une heure, sur le sort des Indiens de l'Oklahoma depuis Andrew Jackson ; Fred et moi nous sommes retrouvés en larmes. La conférence de Riva s'est poursuivie pour remonter dans le temps jusqu'à l'année précédente, quand quelques adolescents blancs en maraude ont abattu la seule vache laitière de sa famille.

Durant cette période j'étais très heureux de l'aide que Fred et Riva me fournissaient, mais aussi déçu, car je désirais rédiger une histoire familiale aussi brève que décapante et en finir une bonne fois pour toutes, me libérer afin d'entamer une existence moins obsessionnelle, même si je n'avais aucune idée de la forme qu'elle pourrait bien prendre.

Curieusement, ce sont mes élèves qui m'ont aidé à cesser de penser à moi-même pendant un moment. Riva avait très vite compris que presque tous ces gamins arrivaient affamés et que notre budget nous permettait seulement de leur servir à déjeuner. Cette carence bouleversait surtout Ed, lequel a appelé ses parents, qui ont alors envoyé de Pittsburgh plusieurs gros cartons remplis de ce pain juif appelé challah et qui contient des œufs. Nos gamins ont adoré ce supplément nutritif et, puisque j'avais autant besoin de ma paie – généreuse – que d'une guigne, je suis allé au supermarché pour y acheter du jambon local et des gros morceaux de fromage ; ainsi, chaque matin, quand les gamins arrivaient, il y avait un grand plateau couvert de pain, de jambon et de fromage. Ed a dit, en blaguant, qu'il ne parlerait pas du jambon à ses parents orthodoxes.

Ma classe se composait d'une jeune mulâtre terriblement maigre, de deux garçons latinos dont les parents étaient ouvriers agricoles, de deux garçons blancs et d'une fille blanche qui venait de l'autre côté du fleuve, de la Virginie Occidentale, et que j'avais du mal à comprendre, sans oublier une minuscule fillette aux jambes arquées à cause du rachitisme. Elle s'appelait Marli et, plus de trente ans après, je suis toujours en contact avec elle. Marli dirige actuellement une station de radio au Kansas. J'avoue que c'est l'enseignement qui m'a donné pour la première fois le sentiment d'une « communauté ». Chacun de mes élèves souffrait donc d'un handicap, que ce soit un problème d'audition, une évidente malnutrition qui les rendait trop petits pour leur âge, diverses autres maladies provoquées par la malnutrition, l'un des garçons originaires de la Virginie Occidentale bafouillait, et la fillette de la Virginie Occidentale était sexuellement précoce. J'ai fait appel à Riva pour régler ce dernier problème. Et j'ai entendu Riva lui expliquer ceci :

« Tu ne peux pas montrer ton cul aux garçons pour dix *cents.* »

Chez eux l'absence de toute plainte ou de toute geignardise m'a stupéfié, mais j'ai ensuite découvert qu'ils ne se plaignaient pas tout simplement parce qu'il n'y avait d'habitude personne pour les écouter. Soit ils restaient fiers et faisaient comme si de rien n'était, soit ils s'effondraient. C'étaient des stoïques timides et amicaux. Marli, qui à douze ans mesurait à peine un mètre vingt, a déclaré en blaguant que les garçons ne l'enquiquineraient jamais ; et quand je n'ai pas ri, elle m'a tapoté la main comme si c'était moi qui avais besoin de réconfort.

# 11

Je date toujours le commencement de la fin de ma famille au matin d'un 4 juillet quand j'ai occupé la deuxième base. Nous jouions au softball dans le jardin public à l'occasion d'un pique-nique auquel participaient tous les enfants. J'avais frappé une première balle assez molle, il y avait eu une embrouille, si bien que j'ai démarré vers la deuxième base et effectué une glissade que je n'aurais sans doute jamais tentée si je n'avais auparavant bu quelques bières. La deuxième base était marquée d'un poteau solidement fiché dans le sol pour éviter le vol. Ma mauvaise cheville s'est tout simplement écroulée, la chair s'est arrachée de l'os et mes tendons aussi. Une minute après, je me suis évanoui de douleur.

Ma mère est arrivée en fin d'après-midi et l'on m'a évacué dans un petit avion de l'hôpital jusqu'à Meigs Field, à Chicago, puis, le lendemain matin, on m'a conduit à un hôpital spécialisé dans la chirurgie orthopédique. J'étais sous démérol et je ne me rappelle pas grand-chose jusqu'au moment où je me suis réveillé dans une salle de réanimation. Ma mère était là, en compagnie du médecin censé soigner sa douleur fantôme. Il ressemblait assez à mon père, mais son visage était relativement lisse et, chaque fois que je l'ai vu au cours des jours suivants, il s'est toujours montré spirituel et souriant.

Trop tard à mon goût, j'ai pris l'avion jusqu'à Marquette avec ma mère, où je suis resté cloué au lit dans le bureau de mon père, ce qui m'évitait de monter l'escalier jusqu'à ma chambre. Cynthia, Clarence et mon père m'ont accueilli à la maison. Jesse était toujours en vacances à Veracruz et j'avais réussi à convaincre ma mère que Père et elle-même devaient retourner au Club. J'avais seulement envie de lire au calme et d'avoir Mme Plunkett à moi tout seul. Ma mère s'est mise à babiller pour raconter comment Cynthia et elle avaient décoré à neuf une chambre d'ami en vue de la visite imminente de la fille de Jesse, car l'appartement du garage était trop exigu et une jeune dame ne pouvait certes pas dormir dans la même chambre que son père. Cynthia a levé les yeux au ciel.

Le lendemain matin, ils étaient tous partis, mes parents vers le Club dans leurs vêtements d'été chics et guindés ; après leur départ, Donald est venu chercher Cynthia pour rendre visite à des parents sur Sugar Island, près de Sault Sainte Marie. Mme Mueller, la bibliothécaire, est passée dès que j'ai réclamé de nouveaux livres. Elle m'a mis en garde contre certains ouvrages « gauchistes » que je lui avais demandés, mais elle blaguait. Elle m'a tenu la main durant quelques minutes et, stupidement, j'ai eu une érection qu'elle a remarquée quand le drap s'est soudain soulevé, après quoi elle m'a lâché la main.

« Je suis flattée », dit-elle en se levant pour partir.

Je me sentais cotonneux à cause des calmants, mais sur le coup Mme Mueller a évoqué pour moi tout le mystère insaisissable de la sexualité. Comme je désirais étreindre sa vaste poitrine et son derrière rebondi ! Et mon cœur rempli de confusion battait plus vite. Des années plus tôt, Cynthia et moi éclations de rire quand le bulldog de mon père se jetait en écumant contre la clôture dès que certaine femelle quadrupède passait à proximité. Parfois la chienne rejoignait la clôture pour recevoir un ou deux coups de langue passionnés. Mon année d'études bibliques assidues m'avait permis de nommer les péchés, mais certes pas de les expliquer. Et pendant ce temps-là, nous autres les jeunes chrétiens souffrions, gémissions, palpitions et désirions tout comme les païens.

Fred m'a envoyé une lettre à la fois lugubre et comique. Il avait demandé à Riva de l'épouser, et elle lui avait répondu :

« Putain, t'es maboule ou quoi ? »

Il me disait aussi de lire Christopher Smart, William Blake, Walt Whitman, Henry Miller et *Howl* d'Allen Ginsberg afin de m'« élargir » l'esprit, et j'ai dûment ajouté ces auteurs à la liste de mes lectures. Fred a inclus une page de condoléances de la part des élèves, qui contenait ces deux phrases : « Vous n'auriez pas dû rejoindre la deuxième base en effectuant une glissade » et « Si tu m'envoies un billet de bus, je serai une bonne infirmière, Chaleureusement, Marli. »

Au bout de deux semaines dans le bureau, j'ai constaté avec surprise que je n'avais toujours pas la moindre envie de m'apitoyer sur mon sort. J'ai d'abord attribué ce phénomène aux calmants que je prenais à doses de plus en plus faibles. J'ai imaginé les conséquences des vis métalliques dans ma cheville, mais sans m'inquiéter outre mesure. En tout cas, me disais-je, elles ne m'empêcheraient certainement pas de pêcher. J'ai finalement attribué cette absence d'apitoiement sur moi-même au travail manuel de l'été précédant à Iron Mountain, mais encore plus à mon boulot d'enseignant dans l'Ohio. On quitte son foyer pour s'apercevoir que le monde ressemble singulièrement peu à ce foyer. Je me suis rappelé certain vendredi en fin d'après-midi à Iron Mountain, quand Herbert nous distribuait notre paie, et Clyde, un ouvrier âgé et un peu simplet, disait qu'il allait emmener sa femme et ses enfants camper et pêcher au lac Gogebic. Son épouse et ses quatre enfants sont arrivés dans une vieille De Soto pourrie, un petit garçon a tendu une bière bien froide à Clyde, lequel s'est alors écrié :

« On va faire la fête ! »

Glenn a dit avec mépris qu'il avait vu Clyde, sa femme et leurs quatre enfants dans un bateau de location, tous en train de pêcher des ouïes-bleues avec des cannes à un dollar. Herbert lui a alors dit de la boucler. Quant aux gamins de ma classe, ils étaient tous si courageusement dolents que rien, sinon ma mort, n'aurait pu égaler leur misère. Je me suis remis à écouter Mozart et Beethoven, car il est vraiment difficile d'écouter Otis Redding, Aretha Franklin ou Ray Charles quand on ne peut pas bouger.

Un matin de la fin juillet, je me morfondais à l'idée du retour de mes parents, prévu pour l'après-midi même. Ils revenaient du Club afin d'accueillir Jesse et sa fille Vera, qui devaient arriver le lendemain. Soucieux de mon intimité, j'avais convaincu Mme Plunkett de déplacer la télévision dans la cuisine pour ne plus avoir à entendre les hurlements des émissions de jeux. J'étais dans une légère brume codéinée quand Laurie s'est soudain matérialisée à la porte du bureau. Elle profitait d'une pause de trois jours dans son entraînement tennistique pour rentrer chez elle et elle cherchait Cynthia. J'ai trouvé le numéro de téléphone de la tante de Donald à Au Train et je le lui ai donné. Seulement vêtue d'une petite robe d'été, elle se penchait au-dessus du bureau pour parler à Cynthia et je me suis senti lugubrement excité. Elle a tourné la tête afin de me regarder tout en parlant et, de sa main libre, elle a levé sa robe au-dessus de la taille. J'ai tendu le bras vers mes béquilles, mais elle a alors raccroché pour me demander si j'avais un préservatif et je lui ai répondu que la boîte se trouvait en haut, dans le tiroir de mon bureau. J'ai mis le lit d'hôpital une place en position allongée. J'ai entendu Laurie bavarder avec Mme Plunkett à la cuisine, puis le bruit de ses pas qui montaient l'escalier. J'ai bien cru que ma queue allait se casser en deux. Quand elle est redescendue, elle m'a annoncé qu'elle venait de découvrir une liasse de billets de cinquante dollars dans le tiroir et qu'elle m'en facturait un. Elle a fait glisser les portes coulissantes du bureau, puis elle a tout retiré sauf son soutien-gorge et ses tennis. Elle avait les jambes et les bras bronzés, mais ses fesses, son ventre et son buste étaient blancs à cause de la tenue de tennis. Elle a fait bien attention à mon plâtre qui me montait jusqu'au genou et elle s'est installée sur moi à califourchon. Tout a été très vite terminé, mais elle a réussi à me refaire bander environ un quart d'heure plus tard, un exploit biologique réservé aux jeunes gens. Son corps était aussi dur que celui d'un garçon musclé et je me suis interrogé sur les effets à long terme de ses huit heures de tennis quotidiennes. Ensuite, nous nous sommes tous deux endormis, pour nous faire enfin réveiller par Cynthia ouvrant la porte et s'écriant : « Débauchés ! »

Jesse et Vera sont arrivés le lendemain matin, très fatigués après le vol de nuit entre Mexico et Chicago, puis le premier vol jusqu'à Marquette. Mon père, ma mère et Cynthia étaient réunis au salon pour accueillir Jesse et Vera, pendant que j'étais assis sur le canapé, mes béquilles à la main. Elle mesurait à peine un mètre soixante, avait une peau moins foncée que Jesse et des traits adorables bien qu'irréguliers, un front élevé et un nez presque romain. Elle portait une robe vert pâle, des bracelets de cheville blancs et des chaussures noires au cuir brillant. Elle a fait la révérence et s'est inclinée durant les présentations. Baissant les yeux vers moi qui étais effondré sur le canapé, elle m'a tendu la main en me disant :

« Señor. »

Elle avait douze ans, elle sentait vaguement la vanille et la cannelle. Parce qu'elle était de toute évidence très fatiguée, ma mère et Cynthia l'ont accompagnée jusqu'à sa chambre située à l'étage. Mon père et Jesse sont sortis sur la véranda de derrière pour parler sans que je puisse les entendre.

Mon esprit s'était mis à vagabonder quand Cynthia et mon père s'étaient retrouvés côte à côte. Elle avait beaucoup grandi l'année passée, au point de mesurer maintenant environ un mètre soixante-dix, et même si ses traits étaient beaucoup plus fins que ceux de notre géniteur, elle lui ressemblait de manière saisissante. Elle est son envers, ai-je pensé en humant l'odeur de cannelle laissée sur ma main par Vera qui, n'ai-je pu m'empêcher d'espérer, aurait une influence bénéfique sur notre famille.

Nous avons passé une soirée agréable, émaillée d'un seul accroc, et le lendemain matin Jesse a ramené Mère et Père au Club. Nous avons savouré un bon dîner, mon père grillant les steaks d'une main experte. Vera, qui avait dormi tout l'après-midi, est devenue très volubile à l'heure du dîner, s'exprimant dans un anglais des plus approximatifs et avec l'aide de Cynthia qui apprenait l'espagnol au lycée. J'ai montré à Vera un manuel que m'avait prêté Mme Mueller, spécialement conçu pour enseigner l'anglais aux Mexicains. Il contenait des expressions argotiques modernes, plutôt que d'assommantes phrases conventionnelles, et je trouvais plutôt malin de l'initier ainsi à une langue actuelle. J'ai soudain été mal à l'aise en feuilletant les pages de ce livre, car Vera s'appuyait contre mon épaule, mais je me suis dit qu'elle voulait seulement se montrer amicale.

Le moment désagréable s'est produit un peu plus tard dans la soirée. Cynthia a roulé quelques tapis pour que Vera et elle s'apprennent mutuellement des pas de danse sur le plancher en érable de la salle à manger. Toutes deux portaient un short et une chemise sans manche. Je lisais au lit dans le bureau et mon père regardait la télévision au salon tout en parcourant un livre. Il buvait son nombre habituel de pousse-café et au bout d'un moment j'ai remarqué qu'il ne tournait plus les pages de son livre. Je suis sorti du bureau sur mes béquilles pour aller chercher un verre d'eau glacée à la cuisine et j'ai alors remarqué que mon père avait poussé la télévision sur la table roulante afin de pouvoir regarder les filles qui dansaient toujours. La chaîne hi-fi diffusait des airs de Veracruz, Cynthia suivait attentivement les pas compliqués de samba que lui montrait Vera. Je me suis arrêté pour admirer la grâce sensuelle de Vera et la fluidité de ses gestes, comme si son corps contenait quelques os de moins que nous autres, les habitants du grand Nord. Mon père a éclaté de rire et m'a lancé :

« Quel joli petit derrière. »

J'ai trouvé sa remarque de mauvais goût. J'ai été soulagé quand Mère et lui sont repartis le lendemain matin.

# 12

Après coup, j'ai calculé qu'en ce mois d'août nous avions exactement eu vingt et une belles journées. Cynthia et moi assumions tour à tour les tâches éducatives, une heure tous les matins, Mme Plunkett nous préparait à déjeuner, puis les filles allaient à la plage et je retournais dans le bureau. Un jour, ma lecture de l'un des journaux de Sprague m'a mis en colère et je suis remonté dans ma chambre. Et puis, comme je mourais d'envie de prendre un peu d'exercice, je me suis mis à monter et à descendre l'escalier sur mes béquilles jusqu'à ce que je sue sang et eau et que ma colère soit passée. Un matin, après trois ou quatre jours de cette routine, Vera a insisté pour que j'aille à la plage. Nous étions au beau milieu de notre unique vague de chaleur estivale, si bien que l'entraînement de football de Donald avait désormais lieu en début de matinée. J'ai accepté et Donald m'a porté de la voiture jusqu'au bord de l'eau, à l'endroit où les filles avaient installé une couverture et leurs serviettes. Il est très difficile de marcher avec des béquilles dans le sable mou, mais se faire porter est vraiment gênant. Je pesais presque quatre-vingt-dix kilos, ce qui n'a guère empêché Donald de me transporter avec aisance. Le mini bikini de Vera était un peu émoustillant, mais le fait qu'elle ait seulement eu douze ans tenait d'habitude la lubricité à distance respectable. Son ventre était encore arrondi, ses seins avaient une forme légèrement conique, mais sinon elle avait déjà un corps de femme. Quand sur la plage d'autres garçons lançaient des regards trop appuyés ou bien s'aventuraient trop près, Donald leur adressait un regard lourd de menaces et ils arrêtaient aussitôt leur manège. Alors que Donald et Cynthia étaient partis se promener, Vera est sortie de l'eau et elle a secoué sa tête dégoulinante au-dessus de moi avant de s'asseoir carrément sur ma poitrine, un peu trop près de mon visage pour que je ne me sente pas gêné. J'ai alors pris la résolution d'attendre au moins encore quatre années, puis d'aller faire un tour à Veracruz pour voir ce qui serait possible.

Dans notre culture certaines attitudes sexuelles sont prohibées, même si depuis quelques années c'est de moins en moins le cas en ville. À Marquette et à cette époque, un garçon de terminale pouvait sortir avec une fille de première, mais ç'eût été pousser le bouchon un peu loin que de sortir avec une fille de seconde. Un jeune homme ayant terminé le lycée allait au-devant de graves ennuis juridiques en sortant avec une lycéenne, même si certaines élèves de ma classe de terminale pouvaient sans trop de risques prendre un petit ami en première année de fac. Quant à un épisode du genre Lolita, à Marquette il impliquait automatiquement la prison, mais le fait est que dans la campagne profonde on n'en avait jamais entendu parler.

À la fin de la première semaine j'étais stupidement et inconfortablement tombé amoureux de Vera, mais je me sentais maître de la situation, capable de maintenir mon sentiment au niveau platonique, disons à la hauteur des textes que j'avais lus sur Dante et Béatrice. J'étais le professeur et elle, le vaisseau sacré de mon savoir instillé. Elle apprenait vite et elle s'est bientôt mise à imiter les tournures de langage rythmées et joueuses de Cynthia. Je me débattais pour l'enfermer dans un cadre biblique susceptible de la tenir à l'écart des désirs soi-disant les plus bas. Le fantasme de la petite sœur m'a alors paru le plus adéquat, même si allongée sur sa serviette de plage, les genoux relevés et quelques poils dépassant du maillot de bain qui enfermait son pubis rebondi, elle anéantissait toutes les bonnes résolutions de mon esprit tourmenté.

Une fin d'après-midi où Vera somnolait sur le canapé, Cynthia m'a fait signe de la suivre sur la véranda de derrière. Elle m'a alors confié que de toute évidence Vera était en train de tomber amoureuse de moi et que je devais essayer de prendre un peu de recul. J'ai aussitôt accepté et cessé d'aller à la plage. Je suis devenu plus distant, je me suis montré soucieux à cause de la difficulté de mon projet. Le soir, sauf pour une partie de gin rami avec Mme Plunkett, je rejoignais le bureau et j'en fermais la porte pour atténuer la musique. Une fin d'après-midi où j'allais entrer dans ma chambre, j'ai entendu un camion de pompiers et j'ai rejoint la fenêtre du couloir. Vera est sortie de sa chambre, enveloppée dans une serviette, et s'est arrêtée près de moi. Quand le camion de pompiers est passé et qu'elle s'est éloignée, j'ai remarqué que la serviette ne couvrait pas ses fesses nues ; une fois arrivée à sa porte, Vera s'est retournée pour me sourire.

Ce soir-là, son père et elle nous ont montré quelques anciennes danses de Veracruz. Jesse, à la fois habile et austère, nous a mimé un pas qu'il appelait « danzon », un genre de danse où les partenaires se serrent de près et qu'on pratiquait deux soirs par semaine sur une place de Veracruz. Un peu plus tard, alors que nous prenions le frais sur la véranda de derrière et que Jesse était allé se coucher dans son appartement du garage, Cynthia et Donald sont partis se promener. Comme je ne voulais pas rester seul avec Vera, j'ai quitté la balancelle de la véranda avec l'aide de mes béquilles. Pour me dire bonsoir, Vera m'a embrassé en glissant sa langue le plus loin possible au fond de ma bouche. J'ai hésité une seconde de trop avant de la repousser. Mes oreilles tintaient violemment quand j'ai gravi l'escalier. Quelques minutes plus tard, elle a frappé à ma porte et je l'ai aussitôt fermée à clef.

Mes parents sont rentrés le mercredi soir d'avant le week-end de la fête du travail, presque une semaine entière avant la date habituelle de leur retour du Club. Jesse a aussitôt disparu après avoir pris leurs bagages pour les monter dans leur chambre. Mon père avait un œil au beurre noir et une lèvre tuméfiée ; ma mère avait les yeux rougis par les larmes. Elle est sortie sur la véranda de derrière avec un cocktail généreux, puis mon père l'y a suivie avec un verre encore plus corsé, mais pas avant de m'avoir adressé un sourire de cinglé en disant :

« Je lui ai damé le pion, à ce connard. »

Après quoi il a marqué une pause pour regarder Cynthia et Vera gravir l'escalier quatre à quatre, comme s'il assistait à un concours canin. J'ai rejoint le bureau, mais par une fenêtre ouverte j'ai entendu mes parents se disputer sur la véranda. Ils parlaient à voix basse, mais j'ai compris que leur différend venait du refus de ma mère de prêter de l'argent à son époux pour financer une « petite combine » sur le marché boursier. Il s'agissait sans doute d'un cas d'urgence, car ce jour-là Jesse portait son costume bleu et quand il était revenu de la ville, il faisait grise mine. Il n'avait pas changé de vêtements avant de prendre la voiture pour aller vers le nord et chercher mes parents.

J'ai mis un peu de musique à la radio afin de noyer ces voix âpres et criardes, les aboiements de mon père qui hurlait « espèce d'infecte salope ! » Puis j'ai entendu ma mère rentrer et monter à l'étage. Je me suis senti soudain piégé dans le bureau, mais je ne savais pas très bien par où m'enfuir quand mon père a rejoint le salon. J'ai entrouvert la porte du bureau et mon père, qui remplissait un verre à eau avec du cognac, ne m'a pas vu. Je me suis glissé jusqu'à la première marche de l'escalier, alors mon père m'a vivement tiré par le coude, mais c'était comme s'il ne pouvait pas me voir.

Incapable de dormir, j'ai redoublé d'efforts pour lire un énorme roman de Thomas Mann où je mélangeais les noms de tous les personnages. J'ai pris un cachet de codéine superflu et bu une gorgée d'une bouteille de schnaps que je gardais dans le tiroir du bureau. Vers deux heures du matin, j'ai entendu un cri vraiment perçant dans le couloir. Je me suis réveillé pour découvrir que j'étais toujours assis à mon bureau. Il y a eu un autre cri, j'ai saisi mes béquilles pour sortir dans le couloir, où Cynthia et ma mère étaient déjà, chacune devant la porte de sa chambre. Mon père est alors sorti en chancelant de la chambre de Vera, sa grosse queue à moitié en érection dépassant de son caleçon. J'ai cru y discerner du sang. J'ai vacillé sur mes béquilles et me suis assis par terre. Cynthia a filé dans sa chambre, elle a composé un numéro de téléphone et réclamé la police à grands cris. Ma mère l'a suivie pour tenter de lui arracher le combiné des mains. Mon père a rejoint sa chambre, d'où il est vite ressorti tout habillé avant de descendre l'escalier d'un pas lourd. Jesse, qui lui aussi avait entendu les cris, est arrivé dans la maison, seulement vêtu de son pantalon et il a monté l'escalier à toute vitesse. Mon père est sorti en courant par la porte de derrière et j'ai entendu la Buick de ma mère démarrer.

Une bonne heure est passée avant l'arrivée d'un policier, puis nous avons eu droit au chef de la police accompagné du directeur du cabinet juridique de notre famille. Nous étions restés assis au salon dans un silence absolu, seulement interrompu par Cynthia qui a dit plusieurs fois :

« Je vais le tuer. »

Vera, qui portait un peignoir de ma mère, était assise sur le canapé, le bras de Jesse posé sur ses épaules. Jesse a essayé de l'emmener à l'appartement du garage, mais Cynthia s'y est catégoriquement opposée. Assis à la table de la salle à manger avec ma mère, je lui tenais la main.

Quand le chef de la police et l'avocat sont arrivés, ils étaient très gênés. J'ai vite compris que les deux hommes voulaient donner du temps à mon père, voire le disculper entièrement. L'avocat s'est servi un verre et il a été décidé que les témoignages seraient enregistrés le lendemain matin. Cynthia s'est mise dans une colère noire. Jesse et Vera ont refusé de dire quoi que ce soit. Ma mère pleurait. Je tremblais. Cynthia pérorait. Je suis resté éveillé jusqu'à l'aube avec elle, quand Donald est arrivé. Elle est partie sans le moindre bagage.

Lorsque je me suis levé en milieu de matinée, groggy après mon sommeil codéiné – j'avais pris deux autres cachets –, Jesse et Vera étaient partis. Ma mère était assise à la table de la salle à manger, une valise à côté d'elle. Puis Clarence est entré, il a pris la valise et il a conduit ma mère à l'aéroport, d'où elle devait prendre le vol de midi pour Chicago. Clarence évitait mon regard. J'ai rejoint le canapé et je m'y suis endormi, car je ne voulais pas être à l'étage et risquer ainsi de ne pas entendre l'arrivée éventuelle de la police désireuse de recueillir mon témoignage. Mais aucun flic n'est jamais venu.

Je me suis réveillé avant l'heure du dîner et j'ai entendu Clarence tondre la pelouse qui n'avait pas besoin de l'être, après quoi il est venu me demander s'il devait appeler Mme Plunkett ; je lui ai dit que ce n'était pas nécessaire pour le moment. Je savais qu'elle devait passer le week-end de la fête du travail à Kenosha et je ne voulais surtout pas interrompre ses vacances. Nous sommes donc tous deux allés à la gargote, où j'ai commandé un hamburger et une soupe de pommes de terre. Lorsque Clarence m'a ensuite déposé devant la maison, j'ai eu le sentiment que cette maison avait brûlé de fond en comble, et nous tous avec. Mais non. Nous étions toujours là, où que soient partis les autres membres de ma famille, même si selon toute vraisemblance nous ne serions plus jamais réunis, ce qui était tant mieux.

# Deuxième partie

# Les Années soixante-dix

# 13

Laurie est morte juste avant l'aube, trois jours avant le solstice d'été. Je ne voulais pas être dans sa chambre, mais elle a tenu à ce que j'y reste. Elle a touché la main de sa fille âgée de trois ans, puis la mère de Laurie a emmené l'enfant hors de la chambre de l'hospice. Brent, le mari de Laurie, somnolait dans un fauteuil près de la fenêtre ; dehors, les lilas étaient flétris, recroquevillés, morts. Il n'avait bien sûr aucune envie de me voir là, mais Cynthia l'a emmené dans un bar voisin pour le sermonner pendant que je me promenais avec la fillette de trois ans, nommée Clemmie. Le cancer du sein de Laurie était virulent, agressif, comme souvent chez les jeunes femmes. Elle avait vingt-cinq ans et elle m'a dit qu'elle avait été au courant de sa maladie depuis plusieurs mois avant d'aller chez un médecin. Pourquoi ? lui ai-je alors demandé. Elle était déprimée à cause de son divorce, son mari ayant découvert qu'elle avait désiré avoir un enfant et non un époux.

La semaine précédant sa mort, quand elle avait encore toute sa tête, chacun de nous deux a évoqué sa vie entière, car je l'avais peu vue depuis presque dix ans. Nous parlions une heure ou deux, puis elle faisait un somme. J'embrassais sa tête chauve pour lui dire au revoir, sentant son crâne sous mes lèvres, en me souvenant que voilà très longtemps j'avais rêvé qu'elle se trouverait un jour dans cet état. Comment était-ce possible ? Notre âme est manifestement moins hermétique à l'inconscient. Et ce n'était pas la plus étrange des conclusions auxquelles j'avais abouti à l'âge de vingt-sept ans.

Elle a manifesté un calme incroyable durant la dernière semaine de sa vie, en partie bien sûr à cause de la morphine ajoutée à son goutte-à-goutte. Sa voix était si ténue que je devais m'asseoir tout près du lit. Elle me taquinait à cause de mes vêtements « bon marché », mon déguisement de personne normale. Elle délirait suffisamment pour suggérer qu'elle n'aurait jamais dû accepter cet avortement et qu'à la place nous aurions dû nous enfuir ensemble, même si j'avais seize ans à l'époque et elle quatorze.

« Ça se fait dans d'autres pays », ajouta-t-elle.

J'essayais de canaliser autant que possible ses discours sur « ce qui aurait pu être » en changeant de sujet dès que j'en avais l'occasion. J'évitais son mari en partant avant qu'il n'arrive après son travail, et en revenant en fin de soirée dès qu'elle m'appelait. De la sorte, j'évitais aussi ses parents, surtout son père qui avait déclaré « Elle aurait pu être championne de tennis », alors qu'en réalité Laurie avait cessé de s'entraîner à l'âge de vingt ans. Son footballeur, diplômé de l'université locale, était devenu un as de l'immobilier, un homme brusque sauf avec ses clients. Fred avait décrit ce genre d'individu comme appartenant à la catégorie, chaque jour plus nombreuse, des « nouveaux Américains ».

Quand l'index de Laurie s'est posé sur la main de sa fille et que sa mère a attiré l'enfant à elle, nous avons échangé un regard et j'ai vu le sens de la vue disparaître de ses yeux. Plutôt que d'une agonie il s'agissait d'un retrait progressif ; sous le drap son corps restait immobile, mais il régnait une aura de départ qui, malgré la chaleur de la pièce, m'a soudain donné une impression de froid. Au lieu d'appuyer sur le bouton pour appeler une infirmière, j'ai écouté un aspect du vide que je n'avais pas encore entendu, comme si sa disparition avait interrompu tous les autres bruits. Je suis certain que cette sensation n'a pas duré plus de quelques instants, mais le temps venait de s'effondrer sur lui-même. Quand tout a été terminé, il ne me restait rien sur quoi tirer la moindre conclusion. Mon incompréhension était absolue. Laurie avait été présente ici, puis elle avait disparu, et j'avais beau comprendre l'évidence biologique de la mort, le tout outrepassait monstrueusement la somme muette de ses parties.

J'ai marché pendant deux ou trois heures sans penser à rien, car j'avais épuisé toutes mes capacités en ce domaine. Je n'avais pas réveillé son mari avant de sortir de la chambre. Sur Presque Isle je suis passé devant le fourré où nous avions fait l'amour en cette lointaine soirée pluvieuse, puis j'ai rebroussé chemin vers la ville. J'ai retrouvé Clarence et Jesse à la gargote et, lorsque leurs yeux m'ont interrogé, je me suis contenté d'un simple signe de tête. J'ai pensé appeler Cynthia à partir du téléphone public, mais ça pouvait attendre. Allongées côte à côte sur le lit, elles avaient bavardé comme si l'inévitable était seulement digne d'être ignoré. Elles avaient même chanté quelques chansons, et puis Cynthia avait dû rentrer chez elle à Sugar Island, près de Sault Sainte Marie. Donald et elle avaient maintenant deux enfants, un garçon de huit ans et une fille de cinq. Il n'y avait absolument rien, dans leur petite maison de St. Mary's River, susceptible d'indiquer son passé, hormis une photo de Laurie et moi dans ma barque et une autre de Mère adolescente.

Clarence s'occupait toujours du jardin, même si je doutais de la réalité des chèques qu'il pouvait bien toucher. Je savais qu'il avait au moins soixante-cinq ans, même s'il ne les faisait pas. Après cette funeste soirée où la maison s'était brusquement vidée de tous ses occupants, sauf moi, Clarence avait continué d'y travailler comme s'il ne s'était rien passé, et il tondait la pelouse, jardinait, ratissait les feuilles mortes, pelletait la neige avant l'aube, réparait le réfrigérateur ou la chaudière, brisait la glace dans les gouttières. L'hiver de ma dernière année de lycée, j'ai été certain qu'il avait une liaison avec Mme Plunkett, qui occupait la chambre d'amis. En effet, une nuit de pleine lune, juste avant l'aube, j'avais vu cette femme par ma fenêtre, qui quittait l'atelier pour retourner vers la maison.

Six jours par semaine, Clarence arrivait vers cinq heures du matin et, quand il faisait froid, il allumait le feu dans le poêle à bois de l'atelier. Après ses huit heures de service à la maison, il partait en début d'après-midi pour la marina où il travaillait comme homme à tout faire pendant l'été et où il réparait les bateaux dans un grand hangar en hiver. Vers l'âge de dix ans, quand j'ai entrepris un effort difficile pour comprendre le monde, j'ai demandé à mon père comment Clarence pouvait bien travailler seize heures par jour.

« Il est le soutien de beaucoup de gens », répondit-il, comme si le travail de Clarence était parfaitement normal.

Ce fut le premier signe m'indiquant, longtemps avant le début de mon projet, que les prédateurs alpha de ma lignée familiale n'avaient aucun mépris pour les travailleurs ordinaires : ils les ignoraient tout bonnement.

Jesse avait un caractère entièrement différent. Je n'ai jamais compris, par exemple, comment il a bien pu revenir travailler pour mon père après le viol de sa fille, et un affreux incident qui remonte à cinq ans, durant les derniers mois de mon mariage avec Polly, a retiré une certaine chaleur à notre amitié, laquelle ne s'en est jamais remise complètement. Je venais d'entrer au séminaire d'Evanston à Seabury-Western cet automne-là, et vers la mi-octobre notre mariage allait de mal en pis. C'était de ma faute, car un mois après la cérémonie de l'an passé, quand j'ai passé mon diplôme de l'Université du Michigan et que Polly faisait une maîtrise en sciences de l'éducation, j'ai reconnu que je n'avais pas la moindre intention d'avoir des enfants. J'ai menti en expliquant qu'à cause d'un accident je souffrais d'une torsion d'un canal spermatique, ce qui était la vérité, mais sans révéler que ce défaut était aisément rectifiable – là se situait le mensonge. Polly a fait comme si de rien n'était pendant un certain temps, mais quand nous sommes partis vers le nord en voiture pour passer Noël avec ses parents, son père m'a déclaré tout de go qu'il attendait avec beaucoup d'impatience d'avoir des petits-enfants. Dans la partie de la cité universitaire réservée aux étudiants mariés, nous étions entourés de couples avec enfants et Polly les enviait douloureusement. Elle conservait sa bonne humeur afin de ne pas me vexer, mais quand nous nous sommes installés à Chicago l'été suivant nos examens respectifs, j'ai enfin avoué que ma stérilité était parfaitement soignable. Notre appartement était trop petit pour qu'on pût y faire ce genre de déclaration à voix haute. J'ai expliqué que, dans ma famille et depuis cent cinquante ans, les hommes ne constituaient pas le genre de lignée qu'on souhaitait perpétuer. Néanmoins, parce que Cynthia avait déjà donné deux fois la vie, Polly ne pouvait accepter mon refus.

Comme tant d'autres je suis plutôt sceptique sur le sujet des souvenirs refoulés, mais de toute évidence je n'ai aucun talent dans le domaine passablement douloureux de la psychologie. Je ne repense jamais volontairement à mes quatre années d'université. Autre exemple, quand j'ai les pieds humides à cause de la neige fondue en mars à Marquette, je suis tout naturellement ramené vers l'époque où j'essayais de me frayer un chemin sur les trottoirs surpeuplés du campus de l'Université du Michigan entre deux cours. Les beige, gris et vert pâles caractéristiques des murs intérieurs dans les bâtiments administratifs m'entraînent aussitôt vers ces mêmes couleurs institutionnelles à l'université et l'on se demande forcément quelles imaginations perverses ont bien pu concevoir une telle laideur en contraste avec la beauté du campus paysager, influencé par son justement célèbre département d'horticulture. La laideur visuelle se glissait dans mon âme, seulement bannie par un professeur extraordinaire dont je chérissais trois ou quatre livres découverts dans l'angoissant sépia de la bibliothèque. Et le désespoir pousse bien sûr à se réfugier dans sa propre sexualité. Un jour, je me suis accroupi devant le rayon inférieur de la bibliothèque et j'y ai ôté un livre, ce qui m'a donné une vision magnifique de l'autre côté du même rayon, où une étudiante était assise par terre, les jambes écartées sous une jupe plissée en laine, moyennant quoi je voyais sa vulve étroitement serrée dans le coton blanc de sa petite culotte. J'ai presque eu l'impression de toucher une clôture électrique. J'ai quitté la bibliothèque en toute hâte, séché mon cours suivant, pris ma voiture pour rentrer chez nous dans notre horrible appartement de l'énorme bâtisse réservée aux couples mariés. Installée à la table de la cuisine, Polly était plongée dans une dissertation et elle a refusé de faire l'amour jusqu'à ce que je fonde littéralement en larmes.

« Oh là là, mon gros bébé », dit-elle alors en se penchant sur la table, un manuel toujours ouvert devant les yeux.

Mauvaise cuisinière, elle répétait les mêmes recettes fastidieuses : foies de poulet grillés, bouchées à la viande ou poisson frit méconnaissable. Le langage des manuels de sociologie me donnait des hauts le cœur, seul le sexe me faisait du bien. Nous avons pris l'habitude de manger une pizza deux fois par semaine et de faire l'amour avant et après la pizza. Bref, je détestais l'université sans nuance tout en chérissant tous ces professeurs qui nous donnaient tant de leur vaste esprit. Deux d'entre eux, Weisinger et Jaffe, étaient des Juifs new-yorkais. Ils étaient venus jusqu'à notre région intérieure intellectuellement naufragée pour nous sauver la mise. Seuls ces hommes, la pizza et mes rapports sexuels avec Polly réussissaient à chasser ma déprime universitaire.

Début octobre, notre couple partait à vau-l'eau. Tout semblait avoir fait long feu. Au bout d'un seul mois d'études, je comprenais bien que les prêches dans une église épiscopale, ce n'était pas pour moi ; mais j'ai néanmoins décidé d'aller jusqu'au bout de l'année en cours, avec cette bravoure étrangement destructrice de l'habitant du Midwest qui ne réussit jamais à prendre la décision de trancher dans le vif pour changer radicalement son fusil d'épaule. Nous avons décidé de partir vers le nord au chalet que j'avais hérité de Sprague, et de tout mettre à plat. Avant notre mariage, j'y avais passé jusqu'à trois mois d'affilée dans un état de retrait ascétique très autosatisfait, mais lors de ses deux séjours Polly avait manifesté son honnêteté proverbiale en trouvant l'endroit « effrayant, terrifiant, répugnant ».

Elle ne voyait vraiment pas l'intérêt de cette grande pièce nue comme la main, et de la petite cabane que j'avais maladroitement construite à proximité pour y faire la cuisine. Elle trouvait très déplaisante la tombe de l'épouse de Sprague, convaincue qu'il fallait enterrer les morts avec d'autres membres de l'espèce humaine. Je l'avais initiée à la musique classique, mais quand elle a tenté d'apporter sa radio à piles, je lui ai déclaré que je n'autorisais pas la musique dans ce chalet ; elle a alors pris son poste de radio à l'arrière du pick-up pour le lancer sur le trottoir, où il a volé en éclats. Nous roulions vers le nord, au-delà de Milwaukee, quand elle a enfin dit quelque chose, après avoir vidé une demi boîte de Kleenex.

Loin au nord de Green Bay, j'ai bifurqué sur une route gravillonnée et nous avons fait une promenade à pied, qui n'a rien arrangé. Nous avions oublié les sandwiches préparés par mes soins et elle s'est mise à hurler :

« Il faut que j'aie un bébé, espèce de sale connard égoïste ! »

Puis elle s'est mise à courir sur le chemin et je n'ai pas pu la rattraper à cause de ma mauvaise cheville, qui ne serait jamais bonne à autre chose qu'à la marche.

Nous avons été temporairement sauvés par un splendide après-midi dès que nous sommes entrés dans le nord du Wisconsin et la Péninsule Nord. Les peupliers et les trembles avaient jauni tandis que les conifères restaient verts et que les bois de feuillus arboraient toutes les nuances du rouge et de l'or. Près de Bruce's Crossing nous étions presque sortis de notre dépression commune et j'ai lancé distraitement que nous devrions peut-être quitter Chicago, nous installer ici et acheter une ferme. Elle a éclaté de rire à l'idée de nous deux dans une ferme, puis elle a changé de position sur son siège et j'ai vu ses jambes sous la jupe. D'habitude ce spectacle m'excitait, mais cette fois je n'ai rien ressenti. Incapable de laisser en paix cette absence de désir, j'ai engagé la voiture sur un chemin de traverse et j'ai vainement tenté de faire l'amour à Polly. Pareil échec ne m'était jamais arrivé et je me sentais si frustré que mon regard est devenu humide. Polly était en proie à une confusion grandissante et nous sommes restés assis là, barbotant dans l'exact contraire émotionnel de cette merveilleuse journée de l'été indien sur notre terre natale.

Le pire restait à venir. Nous avons dîné tôt et rapidement, avant de repartir en voiture vers le chalet. J'avais acheté une bouteille de whisky, un geste inhabituel de ma part, car je buvais au grand maximum un verre par mois, après avoir connu quelques déboires avec l'alcool en première année de fac, comprenant in extremis que j'étais sur le point de tomber dans le piège familial.

Lorsque nous avons atteint le portail du chalet, ce n'était plus le portail que je connaissais. C'était un nouveau portail, plus large, en acier galvanisé, doté d'un lourd cadenas ; au-delà, le chemin avait été aménagé, aplani, et mon chêne préféré n'était plus là. Polly n'a rien dit, mais j'étais tellement stupéfié que j'ai failli vomir. J'ai escaladé ce portail et longé le chemin en trottinant au crépuscule. On avait arraché l'ancienne véranda du chalet pour en construire une nouvelle. À la place de ma cuisine rustique, il y avait un garage en préfabriqué qui abritait un gros générateur électrique. Des marches constituées d'anciennes traverses de chemin de fer descendaient vers le lac Supérieur. Derrière le chalet, la tombe avait disparu et l'on avait supprimé le barrage de castors pour vider l'étang.

Il faisait presque nuit quand je suis retourné vers la voiture. J'ai retrouvé Polly à mi-chemin et, quand j'ai trébuché avant de tomber, elle m'a aidé à me relever. Je suis allé en voiture jusqu'à la maison du vieux Finnois qui vérifiait l'état du chalet toutes les semaines et qui avait effectué des réparations pour Sprague. Son épouse m'a alors appris qu'il était au bar et demandé si je désirais récupérer mes affaires, signifiant par là mes ustensiles de cuisine, mon sac de couchage et mon carton de livres. J'ai tout mis dans le coffre de la voiture et nous sommes repartis vers le bar.

J'avais bien sûr déjà deviné ce qui s'était passé, mais je ne me sentais pas moins furieux pour autant. Tad et trois autres vieux Finnois jouaient à l'euchre. Il a levé les yeux et m'a dit d'une voix traînante :

« Ton papa l'a vendu en août. »

Incapable d'articuler davantage qu'un murmure à peine audible, j'ai dit :

« Il ne lui appartenait pas. »

J'ai passé une soirée grotesque au téléphone. Polly a fini par prendre une autre chambre au motel. J'ai presque vidé la bouteille de whisky, puis j'ai vomi sur tous mes vêtements quand j'ai essayé de dormir. J'ai essayé de joindre mon père qui était en Italie avec son copain Seward. Jesse n'était pas chez lui, mais il avait laissé le numéro d'un motel à Duluth, où le téléphone sonnait dans le vide. J'ai appelé ma mère à Evanston, qui n'était au courant de rien, mais qui m'a dit :

« Je suis vraiment désolée. »

J'ai appelé le principal banquier de mon père ainsi que le directeur du cabinet juridique de Marquette : ni l'un ni l'autre n'a reconnu être au courant d'une telle vente. Tous les papiers familiaux de quelque importance, y compris les miens, étaient réunis à la banque, donc parfaitement accessibles à mon père et à Jesse qui avait une procuration pour la plupart des opérations. J'ai enfin réussi à joindre Jesse vers minuit, alors que j'étais complètement ivre. Il m'a seulement dit qu'il n'avait pas réussi à me révéler la vérité en juillet dernier. J'ai aussitôt raccroché en pensant que ce délit avait été bien facile à commettre, car mon père était David Burkett III alors que mon nom officiel était simplement David Burkett.

Je me suis évanoui, j'ai vomi, failli m'étouffer, puis me suis endormi. À l'aube, Polly m'a aidé à me nettoyer. Elle a conduit presque tout le long du chemin jusqu'à Iron

Mountain, où je l'ai déposée chez ses parents avant de poursuivre vers Marquette. Ma gueule de bois et mes nerfs à vif étaient les moindres de mes inconforts. Lorsque nous nous sommes embrassés pour nous dire au revoir devant la maison de ses parents, j'ai su que c'était bel et bien notre dernier baiser. Elle m'aimait peut-être encore comme on aime un chien fou quand c'est le sien, mais le moment était vraiment venu pour elle de retirer ses billes. Au cours de ma troisième année de fac, alors que nous vivions déjà ensemble avant de nous marier, elle m'avait dévisagé dans une buvette après le cinéma, et demandé :

« Est-ce que tu te sentiras jamais heureux ?

— Naturellement, ma chérie », répondis-je.

Mais je commençais à comprendre que je ne me sentirais jamais « heureux », pour reprendre son expression, avant d'avoir terminé mon projet.

À Marquette, le président de la banque est resté distant, mais le directeur du cabinet juridique a passé une bonne heure avec moi pour envisager toutes les possibilités. Il lui semblait évident que le notaire était responsable, car il avait garanti à l'acheteur que le vendeur, mon père en l'occurrence, était l'unique propriétaire du bien. Si je voulais porter plainte, le notaire se retournerait de toute évidence contre mon père. L'acheteur serait remboursé de son argent et je récupérerais enfin mon chalet au bout de deux ou trois ans de procédures juridiques.

« Ces choses-là prennent du temps », dit-il.

Il a ajouté que, depuis un certain nombre d'années, mon père était pour lui « un sujet de déception » ; il faisait ainsi allusion à l'alcool, aux nombreuses accusations d'ordre sexuel, sans oublier le divorce de mes parents. En gardant toutes ces frasques présentes à l'esprit, plus la transaction de son voilier à Chicago à laquelle s'opposait une hypothèque des plus troublantes à Marquette, le

« bon » juge risquait de l'envoyer en prison pour plusieurs années. Le problème était bien sûr le suivant : en tant que fils, avais-je vraiment envie d'envoyer mon père en prison ? Désirais-je récupérer le chalet dans son état actuel ? Cet avocat représentait mon père, et non moi, mais il voulait dire à mon père que, si je ne récupérais pas l'argent de la vente, il courait le risque de se retrouver derrière les barreaux. Il y avait là une certaine hypocrisie de sa part, car je savais qu'un membre du même cabinet s'occupait des intérêts de Cynthia ainsi que des miens.

Je suis retourné à la maison pour réfléchir. Mme Plunkett était là et elle m'a préparé un déjeuner pendant lequel j'ai bu un grand verre de son vin infect. Par la fenêtre de la cuisine, j'ai aperçu Jesse qui se garait par-derrière. J'ai descendu un autre grand verre de vin, puis je suis allé le trouver. Clarence et lui parlaient dans la cour et je me suis mis à crier :

« Comment as-tu pu me faire une chose pareille ? »

J'ai continué de crier jusqu'à l'extinction de voix, puis je me suis allongé sur la pelouse et endormi. Comme il faisait assez frais, Clarence a étendu une couverture sur mon corps épuisé. Ce soir-là Jesse a tenté de me convaincre qu'il avait tout ignoré de la vente du chalet par mon père avant qu'elle ne fût signée, mais je n'y ai pas vraiment cru, même si tout le monde se contrefichait de ce que je pouvais bien croire. Je me suis alors rappelé certaine soirée, quand nous étions encore au lycée et que nous nous promenions en ville, et Cynthia avait dit en blaguant qu'elle savait que Jesse volait de l'argent à notre père. Cette découverte, qui plaisait à Cynthia, ne m'a guère scandalisé.

# 14

Aujourd'hui, cinq ans plus tard, je retourne vers cette gargote au matin de la mort de Laurie en juin 1975. Miné par le pouvoir de la mort, je venais de passer une nuit blanche. Tant Clarence que Jesse avaient beaucoup aimé Laurie. Je leur ai dit qu'elle était morte en paix et soudain j'ai posé la main sur celle de Jesse. Je désirais retrouver notre amitié d'avant la vente du chalet par mon père. Clarence m'a appris qu'il avait calfaté ma barque et qu'il l'avait peinte en bleu mat pour qu'elle soit encore plus invisible. Jesse, tout comme Laurie et Cynthia, m'a demandé pourquoi mon visage semblait battu par le vent. Je campais depuis le premier mai, surtout dans les comtés de Chippewa et de Mackinac, sur la piste des destructions commises par mes ancêtres. Dans les tribunaux je faisais semblant d'écrire un livre sur l'époque glorieuse de l'industrie forestière, ce qui rendait les employés très coopératifs. Ils me fournissaient alors les noms et les adresses des rares personnes âgées du cru qui se rappelaient encore les derniers jours de l'exploitation massive des forêts. Les vrais trésors se trouvaient dans les sociétés historiques locales où l'on pouvait consulter des photos d'époque, mais ces vieillards et leurs histoires étaient irremplaçables. J'avais besoin de récits individuels pour mettre un visage humain sur ce qui s'était passé. Les statistiques et les cartes seules ne convenaient qu'aux chercheurs talentueux.

Pour être franc, je souffrais d'instabilité chronique depuis mon divorce avec Polly. Peut-être que les événements de notre mariage laissaient présager sa fin. Je me suis ensuite considéré comme un parasite incrusté sur le corps du bonheur fondamental de Polly. Dans un mariage, la mélancolie et la dépression d'un partenaire l'emportent souvent sur le bonheur de l'autre. Depuis l'âge de douze ans, Polly économisait pour aller à l'université et malgré tout elle a dû contracter un emprunt. Mes grands-parents maternels avaient mis de côté de l'argent pour Cynthia et moi afin de couvrir les frais d'inscription et de nous donner cent dollars par semaine en guise d'argent de poche. Ce n'était pas grand-chose en réalité, mais assez, et beaucoup selon les critères de Polly. Elle se sentait mal à l'aise en présence de ce qu'elle qualifiait d'« argent facile ». J'avais toujours été la risée de la famille à cause de mon manque d'intérêt pour les dépenses somptuaires, moyennant quoi je n'étais pas la source directe du malaise de Polly.

Lors de notre modeste mariage à Iron Mountain, ma mère, Clarence, Jesse, Cynthia et Donald ainsi que leurs deux enfants en bas âge, étaient venus, mais mon père n'avait pas été invité. Ma mère, qui adorait Polly, lui a offert une bague décorée d'un diamant bleu de deux carats qu'elle avait héritée, plus un chèque de vingt-cinq mille dollars que Polly devait utiliser pour nous sortir de ce que ma mère appelait « les ornières du chemin ». Cette somme a rendu Polly extrêmement nerveuse, mais je lui ai expliqué que pour ma mère j'étais complètement inconscient de l'argent, ajoutant que la donatrice devait dépenser chaque année une somme équivalente en vêtements de luxe. Ce n'était bien sûr pas le point le plus douloureux de notre mariage, mais nous résolvions seulement ce problème en évitant d'en parler.

À l'Université du Michigan, l'année précédant notre mariage, on m'avait notifié que mon père avait dépensé tout le montant des bourses d'études qu'il devait gérer pour Cynthia et moi. Je ne m'en suis pas vraiment inquiété, en partie parce que je m'en doutais depuis longtemps, et puis cet argent absent avait aussi un bon côté, car il me distanciait davantage des péchés commis par mon père contre la famille. J'ai prévenu Cynthia au téléphone, mais elle a seulement éclaté de rire en disant comme d'habitude :

« J'emmerde ce sale connard ! »

Elle avait passé un examen d'équivalence et, bien qu'elle s'occupât de deux jeunes enfants, elle allait à l'université à Sault Sainte Marie (là-bas, ils appellent cette ville « Soo ») pour décrocher un diplôme d'enseignante en vue d'un boulot qu'on lui avait promis à la réserve de Bay Mills. L'aspect comique de leur fugue amoureuse, ç'avaient été les larmes de crocodile versées à Marquette à cause du départ inopiné du « grand » footballeur Donald. En terminale au lycée et après l'implosion de ma famille, j'entendais presque tous les jours parler de la perte de Donald comme si j'en étais en partie responsable.

Notre divorce a bouleversé ma mère. Polly a continué d'enseigner dans une école miséreuse du sud de Chicago. Ma mère et elle sont en fait devenues amies, aussi invraisemblable que cela puisse paraître. Ma mère a insisté pour que Polly garde le magot du mariage, que Polly tenait à me rendre. Mais rien n'aurait pu avoir moins de sens pour moi à cette époque. Quand Polly a épousé un professeur un an après notre divorce, ma mère a assisté à la cérémonie. Je devrais ajouter qu'un an après la séparation de ma mère et de mon père, elle avait pour l'essentiel repris le dessus grâce aux efforts d'un analyste. Elle a perdu l'habitude de mélanger l'alcool et les comprimés et, bien que toujours un peu fragile mentalement, elle est devenue agréablement humaine au lieu d'incarner la énième Judy Garland de la haute bourgeoisie. Elle s'est installée dans une vieille maison splendide d'Evanston avec une amie d'enfance, elle aussi divorcée. Toutes deux sont devenues ce que j'appelle des « guides cinq étoiles » dans les musées et les bibliothèques. Elle a été atterrée quand je l'ai taquinée à cause de son ami médecin, convaincue de nous avoir tous bernés avec sa douleur fantôme et son malheur bien compréhensible. Ce médecin était toujours l'ami de ma mère, mais, me dit-elle, elle n'avait aucune intention de se remarier. Au bout de deux ou trois ans, Cynthia et elle ont réussi à établir une relation mère-fille assez chaleureuse, surtout à cause des petits-enfants. J'étais devenu le seul problème qu'elles pouvaient partager. Au printemps, après ma séparation d'avec Polly, je suis entré dans ce qu'on qualifie de dépression clinique, alors que je considérais moi-même mon état comme une sorte de perplexité générale concernant l'espèce humaine.

Cynthia est arrivée, puis Fred, de l'Ohio, quand dans Clark Street j'ai agressé un conseiller municipal qui sortait d'un restaurant avec sa femme en la tenant par l'oreille pour la guider vers leur voiture. Je n'aurais sans doute pas dû m'en mêler, mais cette femme criait. J'ai reconnu m'être opposé à l'arrestation avec une certaine violence. Si la famille de ma mère n'avait pas été haut placée dans la région de Chicago, j'aurais eu de sérieux ennuis. Il m'a fallu passer six semaines en clinique psychiatrique, au nord de la ville. Cette mésaventure m'a tristement rappelé les petits arrangements de mon père avec la justice, mais une nuit à la prison du comté de Cook m'a plus que suffi. Je me suis fait tabasser sur le lieu de mon délit et mon visage tuméfié a favorablement impressionné le juge. Quand je suis sorti de clinique, nous sommes convenus que je devais laisser Fred me surveiller un moment en Ohio.

## 15

En fait, je suis assez injuste. Polly m'a ancré au sol et sans elle je flottais dans un éther désagréable. Parler d'instabilité relèverait ici de l'euphémisme le plus cru. Je suis par exemple resté assis à la table de la cuisine pendant deux jours et deux nuits, sans manger ni dormir. Je buvais de l'eau, je regardais par la fenêtre, je pissais, point final. C'était le mois de mars, toujours mon mois le plus problématique. J'étais censé rédiger une dissertation sur « les théologiens de la libération », mais depuis des semaines je restais bloqué sur la première phrase, quasiment paralysé par mes ruminations personnelles. Je me surprenais parfois à souhaiter être juif, noir ou indien, afin d'avoir une vraie raison de me plaindre, au lieu d'être né avec une cuillère en argent dans la bouche.

Lorsque Fred est venu me chercher en mai, Cynthia m'avait déjà proposé de venir habiter près de chez elle et Donald, mais je lui ai répondu que, si je vivais près de Chippewas miséreux, je risquais de me loger une balle dans la tête. J'ai dit ça pour blaguer, mais elle a aussitôt fondu en larmes et je lui ai alors assuré que je ne ferais jamais une chose pareille, au moins parce que cela la rendrait malheureuse. Mes cours de théologie m'éloignaient de la parole des Évangiles, mais je me rappelais que je ne devais pas blesser autrui.

Un événement étrange et prémonitoire s'est produit en fin d'après-midi, juste avant que Fred et moi ne quittions Chicago. Nous descendions les marches de la bibliothèque privée Newberry, dont Fred était membre depuis très longtemps et où nous venions de nous informer sur l'histoire des premiers autochtones dans la Péninsule Nord, quand nous avons fait la connaissance d'une jeune fille étonnante qui nous a abordés alors que nous cherchions un taxi. Grande et mince, elle portait une robe d'été très courte, aux imprimés jaune pâle. Elle tenait un plateau de petites boîtes d'allumettes et elle s'est présentée sous le nom de Vernice, « la petite marchande d'allumettes ». La situation était si bizarre que Fred et moi, nous en sommes restés muets de stupéfaction. Elle voulait cinq dollars par boîte d'allumettes et chacun de nous en a acheté deux. Je fumais rarement, mais je tenais maintenant une bonne occasion de commencer pour de bon. Nous devions retrouver ma mère et sa colocataire dans la salle Cape Cod de l'hôtel *Drake*, mais nous avions le temps de prendre un verre.

Je suis très lent dans ce genre de situations. En fait, je n'ai aucun talent pour l'improvisation au pied levé, mais j'ai alors ressenti une petite lueur de désir pour la première fois depuis ma rupture avec Polly, six mois plus tôt. Fred, quant à lui, se considérait comme un irrésistible séducteur, malgré son nez bulbeux et sa grosse bedaine. Nous sommes donc allés dans une taverne et j'ai bu mon premier martini depuis une éternité, tandis que Vernice commandait prudemment un thé glacé et que Fred s'en tenait au territoire sûr de la bière. Vernice a reconnu qu'elle s'appelait en réalité Sharon, mais elle écrivait sous le pseudonyme de Vernice, qui lui semblait avoir plus de panache. Son accent m'a rappelé celui de Marli, ma minuscule élève. Elle venait du sud de l'Indiana, mais parce qu'elle désirait devenir « poétesse urbaine », elle s'était installée à Chicago. Elle vendait ses allumettes de cinq à sept tous les soirs, quand les hommes venaient de boire un coup et se montraient soudain généreux. Elle changeait d'endroit régulièrement pour passer devant les meilleurs bureaux, les bars les plus chics, les hôtels qui accueillaient les conventions, et ces deux heures de travail par jour lui suffisaient largement pour se consacrer à la poésie le reste du temps.

Fred a eu l'impolitesse de lui demander si ces hommes ne lui faisaient pas des propositions malhonnêtes, et elle a répondu « des dizaines et des dizaines de fois ». Elle a éclaté de rire et nous a donné une carte avec son nom et son numéro de téléphone. Fred a semblé ravi, mais Vernice a précisé que le numéro de téléphone était celui du *Salty Dog*, un saloon. Nous sommes restés une bonne heure assis là pour écouter cette fille fascinante, puis le moment est venu de partir et Fred lui a alors proposé de dîner avec nous. Elle a répondu qu'elle aimerait bien, mais que c'était impossible. Fred, qui avait descendu de nombreuses bières, a alors cédé à la goujaterie en lui offrant cent dollars pour nous accompagner, mais elle a répondu assez froidement :

« Je gagne ma vie honnêtement, monsieur. »

Elle tenait à assister à la lecture d'un poète californien nommé Gary Snyder, l'un des préférés de Vernice, et pour tout l'or du monde elle ne l'aurait pas ratée. Fred, dépité, est parti aux toilettes. Vernice m'a alors tendu une autre carte où elle a ajouté son numéro de téléphone personnel. Lorsque je lui ai dit que je partais dès le lendemain, elle m'a rétorqué « Quand tu voudras », avant de m'embrasser sur la joue et de franchir la porte en laissant derrière elle son sillage fatal de parfum au lilas ainsi que le souvenir saisissant de ses yeux noisette et de ses cheveux vaporeux.

Lorsqu'elle s'était levée pour quitter le bar, j'ai remarqué le léger bruit émis par la peau nue derrière ses genoux, qui se détachait du siège en plastique rouge. Aussi irrationnel que cela puisse paraître, ce bruit m'a ramené vers une image de Vera se levant d'une chaise de jardin métallique, vêtue d'un simple bikini, tant d'années auparavant. J'étais resté immobile, bien décidé à détourner les yeux, avant de me retourner pour la regarder gravir les marches de la véranda. En ouvrant la porte grillagée, elle s'était vivement retournée pour m'adresser un signe de la main et, peut-être, pour voir si je la suivais des yeux.

Le dîner d'adieu avec ma mère s'est plutôt bien passé. J'ai détesté les effets du martini bu en compagnie de Vernice et j'ai donc siroté mon vin à petites gorgées, tandis que Fred continuait de boire à bride abattue. Il connaissait déjà l'amie divorcée de ma mère et il lui faisait comiquement les yeux doux. Elle lui a alors demandé avec aplomb pourquoi il faisait semblant de désirer lui faire l'amour, alors qu'il aurait sans doute un mal de chien à trouver sa queue pour pisser. Ma mère a éclaté de rire et Fred a rétorqué d'un air rêveur qu'il était certain de pouvoir faire le boulot le lendemain matin.

Après le dîner nous avons rejoint l'entrée principale du *Drake*, devant laquelle était garé un pick-up Chevrolet jaune tout neuf, le cadeau de ma mère pour me remonter le moral. Ce pick-up m'a aussitôt donné une envie irrésistible de retrouver ma barque et le Nord. J'ai vécu un inconfortable instant de lucidité en regardant les épaulettes du portier qui ouvrait la portière du véhicule. Bon Dieu, que faisais-je à cet instant et dans ce lieu précis ? Mon sentiment de déracinement était absolu. J'ai serré dans mes bras ma mère qui m'a paru toute frêle. Fred faisait un baise-main à l'amie divorcée de ma mère, ce qui amusait beaucoup un petit grouillot de l'hôtel. Levant les yeux vers le ciel nocturne au-dessus de la marquise de l'entrée, j'ai désiré contempler des étoiles que la lumière ambiante de Chicago oblitérait. Malgré la chaleur de la nuit, j'ai frissonné. Je me suis surpris à prier pour ma santé mentale.

# 16

Le voyage vers l'Ohio avec Fred a mal commencé. J'ai essayé de le réveiller à six heures du matin, pour partir de bonne heure et essayer d'éviter les embouteillages, mais rien à faire. Il étreignait le canapé, ronflait, grondait et gémissait dans ses rêves, son corps flasque tout entortillé dans les draps. La semaine précédente, j'avais donné presque tous mes vêtements mettables à un groupe de mendiants, si bien que j'avais désormais une seule valise Retrouvant par hasard une minuscule boucle d'oreille en agate appartenant à Polly, j'ai été surpris par la violence de mon émotion. Ce bijou m'a excité sexuellement et je me suis demandé pourquoi il pouvait bien me ramener vers la terre du désir, tout comme ma récente rencontre avec Vernice.

Je suis allé prendre mon petit déjeuner et j'ai rapporté à Fred une grande tasse de café et un bagel. Nous sommes enfin partis à dix heures du matin et Fred s'est bientôt endormi au lieu de m'aider à trouver le meilleur itinéraire pour sortir de cette ville. Avec sa vieille copine Riva, il avait récemment travaillé sur un autre programme destiné aux paysans pauvres, mais à le voir ainsi vautré sur son siège et bavant, on se demandait comment il aurait pu aider quiconque, et certainement pas moi. J'ai trouvé une station de radio qui diffusait de la country music pour tenter de le réveiller en douceur, mais il a dormi pendant trois heures jusqu'à Indianapolis, émergeant aux abords de la ville en déclarant tout à trac :

« Quelle belle journée ! »

Nous avons fait halte pour qu'il achète une bière bien froide, avant d'entamer une aimable querelle.

J'ai dit, comme en passant, que je souhaitais me débarrasser de mes problèmes personnels pour pouvoir reprendre mon projet. Fred m'a rétorqué que, de toute évidence, mon fameux projet constituait mon seul problème personnel et que, dans l'immédiat, il me serait sans doute très utile de monter à Duluth en voiture pour flanquer une balle dans le crâne de mon auguste père. Je n'ai pas su comment réagir, car j'avais déjà envisagé d'assassiner mon père un certain nombre de fois depuis la nuit où il avait violé Vera. Cette pulsion meurtrière m'avait même poussé à consulter une revue d'armes à feu, car je me souvenais que Herbert, le père de mon ami Glenn, possédait une carabine de calibre .223 avec laquelle, disait-il, il avait abattu des corneilles à une distance de quatre cents mètres. J'adorais les corneilles et l'idée d'en tuer une me dégoûtait, mais pas celle de tuer mon père.

Pendant que nous déjeunions dans un restoroute, Fred a décidé de m'aider en me faisant promettre de lire *Don Quichotte*. Une fois de plus, je n'ai rien trouvé à lui répondre, car en lisant ce roman pour un cours de licence à l'Université du Michigan, j'avais remarqué la similarité troublante avec mon propre projet, et je n'ai pas eu la moindre envie d'épiloguer sur ce sujet. Il n'y a rien de moins agréable pour un étudiant en licence que d'admettre sa propre absurdité prétentieuse. J'ai donc plaqué ce cours, quitte à ne pas avoir mon unité de valeur en anglais. Mon tuteur, Weisinger, l'homme le plus parfaitement sagace que j'aie jamais rencontré, m'a convaincu de renoncer à mon obsession pour Thoreau et Melville et d'alléger mon cerveau embrumé grâce à la lecture de Trollope, Tchékhov et Isaac Singer. Polly a été ravie de la différence que ces nouvelles lectures apportaient dans notre vie quotidienne, mais j'ai bientôt rechuté avec *Un Portrait de l'artiste en jeune homme* de James Joyce en découvrant que mes obsessions personnelles étaient identiques à celles de ces jeunes gens qui désirent devenir romanciers ou poètes.

Nous nous sommes arrêtés pour prendre de l'essence dans une bourgade de l'Indiana et la station-service se trouvait à côté des voies de chemin de fer dans un quartier extrêmement pauvre. Une fillette noire et potelée, affligée d'un bandage crasseux autour d'un pied nu, nous a regardés faire. Je lui tournais le dos, mais j'ai senti mon estomac gargouiller de sympathie, d'empathie ou de compassion. Je ne réussissais jamais à établir avec précision les différences entre ces trois émotions. J'entendais Fred discuter avec le pompiste tandis que je regardais un misérable champ de maïs à la lisière de la ville. Les épis, pâles et rabougris, n'arriveraient jamais à hauteur des genoux pour le 4 juillet. La fillette a fait le tour du pick-up pour rejoindre l'endroit où j'étais appuyé contre le capot.

« Je m'appelle Lena », dit-elle en faisant la révérence.

Les doigts de pied qui dépassaient du bandage étaient tout enflés et j'ai eu un haut-le-cœur. Incapable de réagir, j'ai appelé Fred. Cette gamine était la fille du pompiste et elle avait marché sur un clou qui dépassait d'une planche. Gêné, le pompiste nous a dit :

« Ça va aller pour elle. »

Fred a alors déclaré être un agent secret du FBI et il a tendu un billet de cinquante dollars au père en lui disant d'emmener tout de suite la gamine chez le médecin. Nous allions repasser dès le lendemain matin pour nous assurer de sa bonne foi. Le père a dit « Merci beaucoup », puis nous sommes repartis.

Nous avons roulé pendant une demi-heure sans parler, puis Fred s'est lancé dans ce que j'ai d'abord pris pour une attaque en bonne et due forme contre moi, avant de comprendre qu'il ne me visait absolument pas. Si les membres de la famille de mon père, dit-il, étaient évidemment des prédateurs prognathes qui violaient et saccageaient une grande partie de la Péninsule Nord, je ne connaissais qu'abstraitement les effets de leurs sévices. Je devais étudier de plus près l'espèce humaine, dont on ne rencontre qu'un ersatz au lycée de Marquette, à l'Université du Michigan ou dans ma faculté de théologie, qualifiée par Fred de « putain de cocktail chic pour happy few ». Je me suis piteusement défendu en disant que j'avais beaucoup lu et parlé à des bûcherons retraités ainsi qu'à quelques vieux mineurs. Il a descendu la fin de sa bière tiède et éclaté de rire. Je n'avais pas vraiment remarqué, dit-il, les effets à long terme des déprédations commises par ma famille. La petite « junte » des Burkett ainsi que les autres prédateurs de type alpha encourageaient les mineurs et les bûcherons à se considérer comme des mythes vivants, y compris les milliers de victimes d'accidents survenus dans les mines ou sur les sites forestiers. Puis la diatribe de Fred a pris une tournure légèrement irrationnelle et il a de nouveau évoqué le récit de l'assassinat de Fred Hampton, l'activiste noir, par la police de Chicago. J'ai bien tenté de le remettre sur les rails en déclarant que toute les familles riches de la Péninsule Nord n'avaient pas un tel passé maléfique. Regarde les Mather, Peter White, les Cohode et un grand nombre de Longyear, qui étaient de braves gens.

Mais Fred tenait désormais à divaguer à sa guise et il a

même voulu s'arrêter pour faire le plein de bières, mais j'ai refusé. Ma mère m'avait averti du fait que Fred souffrait d'un excès de sucre dans le sang et qu'il lui avait promis de ne plus « téter la cannette » toute la sainte journée.

« Je t'emmerde ! » s'est écrié Fred avant de s'endormir aussi sec en me laissant me débrouiller tout seul avec la circulation très dense à Cincinnati en fin d'après-midi. Je me sentais fatigué quand j'ai trouvé la Route 52 qui filait vers le sud-est le long de la rivière Ohio. La plupart des villes construites le long de cette rivière étaient sinistres, mais je les ai trouvées merveilleuses après les interminables kilomètres d'autoroute. Les rivières sont décidément féminines et je me suis bientôt mis à imaginer les beautés possibles du corps de Vernice ; j'ai alors connu ma première érection diurne depuis six mois et ma vision tunnel s'est élargie pour englober davantage de vie autour de moi que mon esprit n'en avait enfoui.

# 17

Rétrospectivement, il est facile de comprendre que Riva nous a sauvé la mise, à Fred et à moi. Le fil aisément perceptible de nos existences aboutit à un malentendu fondamental quand nous cédons à la tentation d'accorder le même poids aux années, aux mois et aux jours. Les instants les plus brefs ont parfois un pouvoir explosif qui anéantit le temps autour d'eux, y compris tout le passé qui les a précédés. Nous sommes arrivés chez Fred aux dernières lueurs du crépuscule. Riva avait préparé des jarrets de porc, des haricots au beurre et des navets en sachant que j'adorais sa cuisine du terroir. Alors qu'il nous restait environ une demi-heure de route, j'ai fait une halte pour que Fred puisse acheter un pack de bières. Il a aussi acheté une pinte de whisky et, lorsqu'il en a englouti la moitié, j'ai vraiment eu peur que le restant de la soirée ne sombre bientôt dans le chaos. Quant à moi, j'ai bu une seule bière, retenu par cette pensée que l'ivrognerie touchait les deux branches de ma famille.

Riva était en colère contre Fred. Il a donc picoré dans son assiette avant de rejoindre un coin de la pièce, finir sa pinte et aller se coucher. Elle m'a alors lancé un regard désolé, puis expliqué que le mois précédent Fred avait fait un coma presque diabétique avant de promettre à son médecin de se contenter de deux bières par jour à l'avenir. Face à son regard interrogateur, j'ai simplement levé les bras au ciel. Fred était certes parti pour Chicago afin de m'aider, mais aussi pour picoler loin de Riva et de ses reproches.

« J'en ai par-dessus la tête de cet abruti à la con ! » Elle a été chercher ses valises vides dans la cabane de la pompe blanchie à la chaux, où j'allais dormir. « Au fait, as-tu réussi à te sortir la tête du cul ? » Puis elle m'a frotté les épaules en riant.

Je lui ai répondu que j'avais remarqué quelques signes de vie en moi. J'ai évité d'évoquer mon projet, préférant lui dire que ma vision périphérique s'était agrandie alors que je sortais de Cincinnati sur la Route 52. Cette nouvelle l'a ravie et elle m'a aussitôt raconté une histoire atterrante : quand elle était en terminale au lycée, son petit ami, la vedette de l'équipe de basket, s'était saoulé avant de la sodomiser, si bien qu'elle avait ensuite dû subir plusieurs points de suture rectaux. Durant tout un mois elle avait alors dormi dans un placard et trois mois après le drame elle refusait toujours d'aller au lycée.

« Personne n'était au courant, sauf moi, le médecin et les infirmières. »

Le coupable n'a jamais été puni, à cause de son statut de sportif vedette. Et c'est seulement en année de licence à l'université qu'elle a réussi à sortir de nouveau avec un homme, « un petit gros, un Blanc qui plus est », précisa-t-elle en riant.

Riva s'est levée pour fouiller dans un tiroir et en sortir une lettre que j'y avais laissée lors de mon séjour durant les vacances de printemps de mon année de terminale. L'enveloppe portait le cachet de la poste de Key West et contenait une furieuse diatribe de mon père, écrite après qu'il avait appris que j'avais refusé d'intégrer Yale au profit de l'Université du Michigan. Il ne comprenait absolument pas que j'aie pu ainsi rompre avec la tradition familiale. Cette lettre était rédigée de la main peu sûre d'un alcoolique fou furieux. J'étais voué à l'« indignité ». Je me suis soudain retrouvé à raconter à Riva la nuit du viol de Vera par mon père, un récit dont je n'avais parlé ni à Polly ni à personne d'autre. Je n'ai laissé aucun détail de côté, incluant le départ de Jesse et Vera le lendemain matin, la fuite de mon père à Duluth, le départ de Cynthia avec Donald, et celui de ma mère pour Chicago. Je me suis soudain levé, des larmes plein les yeux, puis tourné vers le mur pour essayer de me maîtriser. Sur ce mur, Fred avait disposé plusieurs images prises en Alabama par Walker Evans durant la grande Dépression. Mon esprit me jouant un tour, j'ai imaginé y voir une photo de Vera et je me suis retourné vers Riva, que mon récit avait plongé dans ses pensées. Elle a mis un disque de Buddy Guy et, comme tout Blanc pas trop idiot mais malheureux, je lui ai envié son talent pour métamorphoser la terreur en musique.

M'efforçant d'orienter la conversation à l'écart de ma propre personne, j'ai demandé à Riva si elle comptait vraiment quitter Fred. Elle a baissé les yeux vers les valises posées par terre et flanqué un petit coup de pied dans la plus proche. Puis elle m'a répondu qu'elle vivait avec Fred depuis six ans et que les choses allaient de mal en pis. L'année passée, pour rester auprès de lui, elle avait refusé un bon emploi à Washington et maintenant elle regrettait sa décision. Elle se sentait néanmoins tenue d'achever leur session pédagogique estivale. Fred excellait à décrocher des bourses dans les agences gouvernementales. Il mettait en avant l'élégance de sa formation, son engagement spirituel. Elle s'est tournée vers moi.

« Fred m'a appris que ton paternel, il t'a piqué ton

pognon. » D'habitude Riva s'exprimait dans un anglais impeccable, sauf quand l'émotion la dominait.

« J'en ai rien à foutre. Son argent est pourri.

— Un jour, tu seras peut-être moins catégorique, dit-elle pour me taquiner.

— La famille de ma mère m'octroie cent dollars par semaine.

— Mon pauvre chéri, t'as rien pour vivre.

— J'ai assez pour ce que je fais. Je m'en tire très bien. Le jour où je serai vraiment sur la paille, je m'inscrirai en thèse. On est payé. » Je me suis soudain rappelé de compter l'argent dans ma valise. « Ce que j'ai l'intention de faire ne coûte pas grand-chose. »

Nous parlions toujours longtemps après minuit. Riva m'a dit que, pour mon projet, je ne devais pas suivre le chemin étroit de l'enquête classique. Si je ne partais pas d'une base suffisamment large, j'allais bientôt étouffer sous le poids de l'entreprise. Les bons anthropologues sociaux travaillaient sur une société pendant des années avant de tirer la moindre conclusion. Ces paroles m'ont semblé de bon conseil, mais elle m'a alors fait une suggestion qui m'a glacé les sangs :

« Tu devrais aller au Mexique pour tenter de dédommager cette jeune femme. Tu devrais essayer d'obtenir son pardon, non pas pour ton père, mais pour toi-même, car je vois bien que tu te sens mouillé dans toute cette affaire. Si tu n'arrives pas à y aller tout seul, tu peux peut-être convaincre ta sœur de t'accompagner là-bas. »

J'ai eu l'impression de gonfler et de me ratatiner en même temps. Il me fallait certes reconnaître que Riva avait raison, mais l'idée de faire ce qu'elle me conseillait de faire me donnait le sentiment d'être catapulté dans l'espace. J'étais encore beaucoup trop éthéré pour risquer ainsi ma santé mentale. Mon cerveau s'est mis à disjoncter.

Riva a allumé un joint, augmenté le volume de la musique et elle m'a invité à danser. J'avais du mal à faire mieux que piétiner sur place, puis je me suis fait à l'idée que j'avais de nouveau une femme entre les bras. Nous avions la même taille et j'ai vu son regard se noyer dans la musique jusqu'à ce que Riva échappe à son esprit. J'ai mis plus de temps qu'elle, mais j'y suis arrivé. Quand elle m'a senti bander, elle a éclaté de rire, collé ses hanches aux miennes avant de s'écarter en agitant l'index et de me dire :

« Demain, je vais te trouver une femme. »

Nous transpirions beaucoup et nous venions de nous rasseoir quand Fred a ouvert la porte de la chambre pour rejoindre très vite la cuisine, tel un jouet à ressort remonté à bloc. Il s'est agenouillé devant l'évier pour prendre une bouteille de tequila dans le placard inférieur et en boire une bonne rasade au goulot. Il s'est interrompu pour nous déclarer :

« J'arrive pas à dormir. »

Puis il a recommencé de téter tandis que Riva s'agenouillait près de lui afin de lui arracher des mains la bouteille de tequila. Il l'a poussée et elle a basculé en arrière. Je les ai rejoints et j'ai voulu le frapper, mais il m'a touché le premier : j'ai senti la bouteille me fendre la lèvre. Maintenant très en colère, je lui ai arraché la bouteille d'un geste si violent qu'elle m'a échappé pour traverser la fenêtre de devant et s'écraser bruyamment sur le ciment de la véranda de devant. Je me suis retourné, j'ai décoché un coup de poing vers Fred et, grâce au ciel, je l'ai raté. Il m'a dévisagé comme si j'étais méconnaissable, puis il a filé se réfugier dans la chambre. Il y avait beaucoup de sang sur ma chemise à cause de ma lèvre fendue. Riva a enveloppé un glaçon dans une feuille de papier toilette, puis elle l'a maintenu contre ma lèvre. De toute évidence, voilà un autre membre de ma famille bon pour la clinique.

Quand Riva s'est mise à chanter *Some Enchanted Evening*, j'ai éclaté de rire, charmé par la souplesse de son esprit. Le moment était sans doute mal choisi pour cette pensée, mais je me suis rappelé toute la causticité de mon père, qui semblait s'être transmise à Cynthia mais certes pas jusqu'à moi ; pourtant, à mieux y réfléchir, j'ai pensé que je la refoulais sans aucun doute. Ainsi, avant ma période religieuse commencée à quinze ans, je considérais l'existence comme étant fondamentalement comique.

Riva est allée chercher un drap dans la chambre à coucher, puis elle s'est déshabillée, gardant seulement son soutien-gorge et son slip. J'ai détourné les yeux en ressentant un violent creux à l'estomac. J'ai ajusté le drap sur le corps de Riva, puis je lui ai tapoté l'épaule.

« Parfois, une bonne chose se transforme en mauvaise chose », dit-elle, les yeux clos.

Puis elle s'est pelotonnée sur le canapé en faisant semblant de dormir.

Il n'était pas encore cinq heures du matin et je dormais depuis une heure quand Riva m'a secoué pour me réveiller. Fred gémissait et s'agitait dans son sommeil, mais elle n'arrivait absolument pas à lui faire reprendre conscience. Elle avait appelé le médecin de Fred, qui s'inquiétait à cause d'un possible coma diabétique ; ainsi, plutôt que d'attendre une ambulance, nous avons installé un matelas à l'arrière du pick-up avant de charger notre ami comme un très gros sac de patates. Riva craignait que, reprenant conscience, il ne se débattît violemment, si bien que je lui ai attaché les poignets avec du ruban adhésif, avant de lui ligoter pareillement les chevilles.

Le soleil se levait tout juste lorsque nous avons atteint le petit hôpital de Gallipolis, sur la berge du fleuve située dans l'Ohio. Un médecin, une infirmière et un aide-soignant nous attendaient : Fred a aussitôt été pris en charge. Le médecin a dit à Riva de l'appeler en milieu d'après-midi et nous sommes donc rentrés nous recoucher. Quand je me suis levé, vers dix heures, Riva avait fait ses bagages. Elle m'a préparé un petit déjeuner et annoncé qu'elle s'installait un peu plus loin dans la rue en attendant août et la fin de la session pédagogique, après quoi elle comptait quitter la ville. Son visage sombre fulminait et je n'ai rien dit. Elle portait une légère robe d'été et j'ai louché vers ses fesses lorsqu'elle s'est penchée en avant pour fermer une valise. Quand elle s'est retournée, je suis certain d'avoir rougi. Elle a soudain été amusée et elle m'a demandé depuis combien de temps je n'avais pas fait l'amour. Huit mois, lui ai-je répondu, depuis fin octobre et ma rupture avec Polly. Elle m'a rétorqué que son propre corps vivait dans la solitude depuis bien trop longtemps. Nous sommes tous deux restés immobiles et muets durant une bonne minute avant qu'elle n'annule la distance qui la séparait de ma chaise. Je lui ai embrassé les seins et elle a glissé un mamelon dans ma bouche comme pour me faire téter. Deux heures plus tard, nous étions paisiblement allongés sur le canapé et elle massait mon pénis douloureux avec une lotion à l'aloès.

« Parfois une bonne chose est seulement une bonne chose. Nous l'avons bien méritée », dit-elle.

J'étais en proie à cette étrange sensation bénie que j'avais déjà ressentie après avoir travaillé derrière la pelle à Iron Mountain. Il n'est peut-être pas socialement correct de dire que les femmes noires font mieux l'amour que les Blanches, mais Riva constituait ma modeste expérience personnelle. Elle a réchauffé le reste de jarret de porc et de haricots au beurre, pendant que j'appelais ma mère qui a suggéré Hazelden, dans le Minnesota. Elle s'occuperait des frais médicaux de son « petit frère ». Elle m'avait appris que Fred s'était montré plus que généreux avec sa première femme et qu'il donnait aussi une large part de son héritage aux nécessiteux et aux organismes de charité.

Tandis que le déjeuner réchauffait, Riva m'a expliqué comment l'alcool devient aisément une gourmandise culturelle, et comment sans effort et consommé avec excès il devient très vite une cachette culturelle. La plupart d'entre nous ne disposant d'aucun lieu réel où nous cacher, la gnôle remplit admirablement cet office. Riva éprouvait une sympathie naturelle pour les miséreux qui buvaient trop, mais pas pour les gens comme Fred. Elle n'avait jamais réussi à définir exactement la nature de ce qu'elle appelait « la peine de cœur de Fred », mais peut-être s'agissait-il simplement d'un problème d'accoutumance biochimique : il buvait parce qu'il avait déjà bu. J'ai dit à Riva que mon père se considérait comme un gentleman du Grand Nord pour qui trois martinis avant le dîner étaient presque une obligation, et plusieurs cognacs après le dîner servaient, comme il disait, d'« éteignoir ». Toutes ces doses lui suffisaient largement, mais au moins deux fois par mois il les dépassait pour se lancer dans de vraies beuveries.

Sans réfléchir j'ai copieusement arrosé mon assiette avec de la sauce piquante au vinaigre, avant de gémir de douleur quand la première bouchée a touché ma lèvre fendue, après quoi Riva lui a appliqué un autre glaçon. J'ai ouvert son peignoir pour jeter un coup d'œil à l'intérieur, elle s'est installée sur ma queue dolente, nous avons fini par casser la chaise avant d'atterrir cul par-dessus tête sur le linoléum et d'y finir ce que nous avions commencé. Puis elle a déclaré qu'étant elle-même âgée de quarante ans et moi de vingt-quatre, nous formions un couple parfait, mais que c'était la dernière fois.

Dès que nous sommes arrivés à l'hôpital, l'infirmière nous a appris que Fred avait repris conscience et qu'après une longue conversation avec le médecin il avait décidé qu'il voulait vivre. Fred avait discuté avec ma mère, mais refusé Hazelden, préférant une clinique associée à un hôpital de Columbus. Il y resterait enfermé de son plein gré durant un minimum de six semaines.

Quand nous sommes entrés dans la chambre de Fred, il avait une mine de déterré, mais il souriait.

« J'ai fait un rêve, provoqué par les calmants, où vous étiez en train de baiser, dit-il.

— Bien sûr, nous avons baisé », rétorqua Riva pour le taquiner pendant que je piquais une suée.

Il tenait un bloc-notes sur lequel il rédigeait ses adieux à son premier amour, la boisson. Il avait commencé à l'âge de dix ans, en picolant de temps à autre dans le garde-manger de ses parents.

« J'ai sans doute perdu le contrôle, dit-il. Alors que je devais t'aider », ajouta-t-il en me serrant le bras.

# 18

À l'aube je suis parti en voiture vers le nord en sentant mon corps et mon âme assez libérés pour que je puisse enfin entamer mon existence. Je savais cette allégresse vouée à s'estomper parfois, mais pour l'instant je la laissais avec joie m'emporter. Je m'étais exilé dans un mariage qui détruisait Polly et j'avais trahi mes idéaux en retournant vers la religion sous la forme d'une dévotion bancale et abstraite. Comme ce pauvre Jésus était fruste et miteux, comparé à la faculté de théologie où les intérêts égoïstes de l'intelligence humaine étouffaient la prière, où les abstractions de l'histoire de la théologie jouaient le rôle d'un extincteur braqué sur les flammes des Évangiles. J'avais envié mes camarades d'études dont la foi était profonde mais l'esprit manifestement assez ordonné pour séparer de manière étanche ces études formelles et leur foi.

J'ai été tenté de fermer les yeux en conduisant et de remercier Dieu pour les talents d'une petite femme noire beaucoup plus sage que tous mes professeurs sauf un, même si j'avais souvent pensé que l'institution avait régulièrement étranglé la sagesse putative de mes maîtres. Être étudiant alors que Robert Kennedy et Martin Luther King Jr. se faisaient assassiner, sans oublier la boucherie de Kent State, voilà qui rendait bien problématiques et abstraites ces études universitaires. Et puis, comme il est troublant de voir votre professeur fondre en larmes, le jour de son cours sur Chaucer, le lendemain de l'assassinat de Martin Luther King. Mon retour à la religion m'a seulement servi à me défendre contre la folie de cette époque, à éviter de me mettre à hurler comme la fillette sur la célèbre photographie de Kent State. Je me suis rappelé le jour où, alors que j'étais en première année à l'Université du Michigan, Cynthia m'avait appelé pour m'apprendre la mort au Vietnam de notre ancien livreur de journaux. C'était un pauvre gamin qui semblait toujours transi de froid en hiver, quand des vents glacés soufflaient du lac Supérieur. Il s'appelait Larry et Cynthia lui donnait un gros pourboire ainsi qu'un peu de nourriture. Il n'était pas très malin, mais au lycée c'était un bon coureur de fond. Je me suis rappelé l'avoir vu devant la salle de billard quand il était revenu chez lui en permission après son entraînement de Marine. Pour moi, il mettait un visage sur une guerre absurde. Je savais que, toute jeune, Cynthia avait eu un béguin grotesque pour ce garçon, trouvant héroïque la manière dont il hissait son gros sac de journaux vers le sommet de la colline enneigée.

J'ai ressenti une absurde bouffée de bonheur en entrant dans le Michigan juste au nord de Toledo, même si Riva me manquait déjà. Elle comptait rester deux jours de plus à l'hôpital afin d'aider Fred, avant de le conduire jusqu'à Columbus pour sa cure miracle. Il avait des amis susceptibles de lui rendre visite dans la région, surtout un disciple du zen nommé Claude qui avait arrêté de boire après avoir fait un vœu bien particulier dont j'ai oublié le nom. J'avais assisté à des discussions assez animées entre Claude et Fred, qui se demandaient si l'on pouvait arracher une religion à son sol natal pour l'adapter à l'étranger, qu'il s'agisse d'une des nombreuses formes du bouddhisme ou du christianisme. Les Allemands avaient tendance à germaniser le Christ, les Américains en faisaient un jovial pourvoyeur de félicité, et ainsi de suite à travers le monde entier. Mais quand les Espagnols, lors de la conquête du Mexique, tuaient tous ceux qui refusaient de devenir chrétiens, on pouvait se poser quelques questions. Fred contrait en se demandant ce qu'un seul et unique étudiant du zen pouvait bien faire à Columbus, dans l'Ohio. Claude s'est défendu en répliquant que sa pratique était davantage une « attitude » qu'une religion. Son père et son frère s'étaient suicidés, mais lui-même souhaitait s'affranchir de cette caractéristique familiale. Claude et Fred souffraient d'une migraine carabinée lorsqu'ils sont arrivés à cette conclusion évidente qu'en Amérique nous étions des colonialistes dotés d'une religion d'origine judaïque. Moyennant quoi nous ne pouvions guère adopter la religion d'une parmi les plus de cinq cents tribus d'Indiens américains. Au fait, la religion était-elle envisageable sans la foi ? Etc., etc.

Quel soulagement lorsqu'ils bifurquaient vers leurs vies amoureuses respectives, comme de vieux copains qui partageaient tout. Ces disputes remontaient à des années, mais Fred disait toujours que c'était Riva qui maintenait la cohésion de son existence, bien plus que sa religion, et je me demandais ce qu'il allait bien pouvoir faire après le départ de sa compagne. Je savais pour ma part que, si je ne voulais pas tomber de l'autre côté du monde, je devais modifier ma religion privée. Fred et moi avions tous deux été stupéfiés cet après-midi-là dans le bar de Chicago, quand Vernice a dit qu'en tant que poétesse elle avait découvert que c'était son propre récit qui lui tenait lieu de vérité.

En début de soirée, quand j'ai traversé l'immense pont de Mackinac pour pénétrer dans la Péninsule Nord, j'ai exulté de bonheur. Je suis arrivé à Soo juste avant la tombée de la nuit, mais j'ai raté le dernier ferry pour Sugar Island. Je suis entré dans un bar pour manger un hamburger et boire une bière, puis je me suis garé sur l'aire d'embarquement du ferry et j'ai dormi dans le pick-up. La nuit a été fraîche, mon sac de couchage était en sécurité à Marquette, si bien que je me suis réveillé plusieurs fois pour faire démarrer le pick-up et mettre le chauffage. Mon récent adultère avec Riva me tracassait, mais j'ai fini par laisser la culpabilité s'enfuir dans la nuit quand j'ai regardé un immense cargo portant un nom de Duluth et en route vers l'océan, traverser le lac vers l'est et l'estuaire du Saint-Laurent. La culpabilité ne pouvait pas rimer à grand-chose si un simple cargo réussissait à la dissiper.

# 19

Je comptais passer une seule nuit chez Donald et Cynthia, mais leur hospitalité s'est prolongée durant une semaine agréable, quand j'ai aidé Donald à creuser et à carreler leur fosse septique. De bonne heure chaque matin, nous pêchions la truite, le poisson blanc et la perche, puis nous passions la journée derrière la pelle. Nous avons aussi assemblé des coffrages et préparé quelques auges de ciment afin de construire de nouvelles marches pour la véranda. C'était épuisant, mais cet épuisement même avait quelque chose de merveilleux. Et puis j'étais charmé par la proximité de mon neveu et de ma nièce. Le garçon était aussi doux que Donald, la fille aussi impulsive et têtue que sa mère. J'ai vaguement regretté ma décision de ne jamais avoir d'enfant. Cynthia avait aussi trois chiens, des bâtards, afin de compenser leur absence durant toute notre enfance. Et puis il y avait une petite chienne de sept semaines, un croisement de labrador et de chien de traîneau, qui dormait avec moi sur le canapé du salon. La fillette avait baptisé cette petite chienne Carla et, le jour précédant mon départ, il a été décidé que cette jeune chienne serait pour moi. J'ai bien sûr refusé. Nous étions en train de dîner, Carla arborait un joli ruban autour du cou, tel un paquet cadeau.

« Tu es le couillon le plus solitaire de toute la planète. Tu as besoin d'un chien », déclara Cynthia sur un ton sans réplique.

Avant le repas, elle m'a montré une lettre qu'elle avait reçue d'un avocat de West Palm Beach, en Floride, lui demandant d'écrire un mot de soutien à notre père, qui serait bientôt présenté devant le juge. Poussée par la curiosité, elle avait appelé cet avocat qui lui a alors appris que mon père avait commis « une erreur parfaitement compréhensible » en séduisant une jeune Cubaine mineure. Interrogé, l'avocat a expliqué que pour un homme blanc il était impossible de déterminer l'âge d'une Cubaine à la peau basanée. Lorsque Cynthia a rétorqué qu'elle avait besoin du numéro de téléphone du procureur pour l'aider à étoffer son dossier d'accusation, l'avocat lui a raccroché au nez.

Nous étions debout près de la cuisinière pendant que ma sœur préparait le dîner, quand une vague de mélancolie nous a submergés. J'ai choisi ce moment pour lui annoncer que, selon Riva, nous devions absolument nous rendre au Mexique afin de nous excuser auprès de Vera. Cynthia m'a alors appris que Vera et elle s'écrivaient toujours et que nous avions là-bas un demi-frère aujourd'hui âgé de sept ans. J'ai d'abord été incapable d'assimiler cette nouvelle. Cynthia a ajouté qu'elle-même n'avait aucune raison de s'y rendre, mais que je devais y aller si ce voyage pouvait me faire du bien, à condition de bien y réfléchir avant. Elle m'a alors demandé si je désirais voir une photo du garçon, envoyée par Vera, et j'ai dit que non. J'ai demandé si notre père connaissait l'existence de cet enfant et elle m'a répondu que Jesse lui en avait peut-être parlé.

J'ai donc quitté Sugar Island et la communauté indienne de Bay Mills avec un chiot nommé Carla et en sachant que j'avais un demi-frère que je ne verrais sans doute jamais. La veille au soir j'avais appelé Riva pour savoir si elle avait une idée de ce que je devais faire ; elle m'a répondu que, compte tenu de la situation, il me faudrait sans doute « avoir un peu plus de couilles » avant d'aller au Mexique. Après que tout le monde a été se coucher, j'ai aussi appelé Vernice assez tard. Elle s'est montrée aimable au téléphone et je lui ai annoncé tout à trac que je l'invitais dans la Péninsule Nord pour prendre un peu de vacances.

« Quand ? demanda-t-elle alors.

— Dès que possible », dis-je en l'imaginant déjà allongée sur mon sac de couchage vert, tel un nénuphar à la surface d'un lac septentrional.

« Je crois au mot écrit, ajouta-t-elle alors. Écris-moi et dis-moi qui tu es vraiment. Si je ne m'étais pas sentie attirée par toi dans ce bar, je ne t'aurais jamais donné mon numéro de téléphone, mais il faut que tu te décrives en détail, sans oublier tes intentions dans la vie. L'autre jour, un homme séduisant m'a proposé de l'accompagner à Paris. J'ai toujours eu envie d'aller à Paris, j'ai sans doute lu davantage de livres sur Paris que la plupart des Parisiens, mais je crois plus aux gens qu'aux lieux, et puis j'ai appris à ne pas céder à tous mes caprices. Par exemple, quand j'ai rencontré cet homme pour la première fois sur Michigan Avenue, il portait une alliance, mais le lendemain, quand nous avons pris un verre ensemble, l'alliance avait disparu. Il a rougi quand je lui ai dit que Winnetka était un drôle d'endroit pour un appartement de célibataire. Alors, pas de mensonges, s'il te plaît. Fais comme si tu étais sur ton lit de mort, ce qui est notre cas à tous, et dis-moi la vérité. »

Je lui ai répondu que j'allais m'atteler à cette lettre,

mais que je doutais de trouver des arguments assez attirants pour lui faire prendre l'avion.

« Essaie quand même », m'encouragea-t-elle.

Fin de la conversation.

Interdit, je suis resté assis sur le canapé avec le chiot, la petite Carla, à côté de moi, pour réfléchir aux mystères inhérents à la gente féminine. Ce coup de fil aurait suffi à n'importe quel homme pour envisager sérieusement de se faire moine.

Je suis parti dans la matinée, après que Cynthia m'a préparé une assiette de gibier illégal en guise de petit déjeuner. Donald a essayé de me payer cent dollars pour mes travaux de la semaine, mais j'ai refusé. Je n'avais certes jamais vu Cynthia aussi heureuse. Elle m'a embrassé pour me dire au revoir avant de me tendre une couverture minuscule destinée à Carla.

Le chiot a pleuré un peu, mais je lui ai caressé le ventre tout en conduisant et elle s'est endormie. En roulant vers l'ouest et Marquette, je me suis senti rasséréné par le paysage vert et ondoyant qui se déployait à partir de la banlieue de Cincinnati, tout le long de la rivière Ohio, et qui occupait maintenant l'horizon tout entier. Je me suis demandé si je croyais toujours à la résurrection du Christ et, au bout de deux heures de ruminations, j'ai décidé que oui. Tout est possible sur une Terre qui crée d'aussi fabuleux paysages de forêts, de marais et de rivières. J'ai essayé de me rappeler le nom d'un philosophe allemand dont nous avions parlé à la fac de théologie et qui écrivait que le vrai miracle, c'était l'existence même du monde.

En traversant la bourgade de Harvey, non loin de Marquette, j'ai remarqué un restaurant spécialisé dans une kyrielle de plats de dinde, et qui demeurait associé à un bon souvenir relatif à mon père. Quand Cynthia et moi étions très jeunes, nous adorions les sandwiches à la dinde. Le samedi en fin de matinée, lorsque nous faisions tourner notre mère en bourrique, mon père nous emmenait dans ce restaurant et, l'œil glauque, il prenait un café en fumant des cigarettes pendant que nous mangions. Ensuite, si c'était l'été, nous allions à la plage à l'ouest de Harvey, vers Au Train, et mon père somnolait sur le sable pendant que nous jouions. Une fois, Cynthia, qui avait peut-être cinq ans et qui était sur son trente et un, est entrée dans l'eau jusqu'au cou et a refusé d'en sortir.

« Fais donc quelque chose ! » m'a dit mon père, excédé.

Mais je n'ai rien trouvé. Un autre matin, peu de temps après, elle a versé dans l'évier de la cuisine presque toutes les bouteilles d'alcool de mon père, il lui a flanqué une bonne fessée, après quoi elle a disparu ; vers l'heure du dîner, la police de Marquette et une bonne centaine de citoyens de la ville la recherchaient. Je connaissais sa cachette, mais je n'ai rien dit, car l'idée de verser tous ces alcools luxueux dans l'évier me ravissait. À une rue de notre maison vivait une femme propriétaire d'un berger allemand agressif et Cynthia se pelotonnait souvent dans la niche du molosse. Juste avant la tombée de la nuit, j'ai parlé de cette habitude à ma mère et le policier qui a été chercher Cynthia s'est fait mordre par le chien.

Quand je me suis garé derrière notre maison, j'avais une insupportable boule dans la gorge. Jesse a été assez aimable pour aller chercher mon matériel de camping dans ma chambre. Clarence et moi avons chargé la barque. Le lendemain, Jesse devait partir en avion pour la Floride afin d'apporter un certain nombre de livres et d'affaires à mon père enfermé en prison. Nous n'avons pas abordé ce problème, j'ai seulement dit que j'étais au courant et que j'espérais que ma mère ne l'était pas ; mais Jesse m'a alors rétorqué qu'elle avait payé pour l'avocat de mon père. Soudain philosophe, Clarence a déploré tous les dégâts souvent provoqués par la queue décérébrée d'un étourdi. Je savais que mon père possédait toujours d'immenses terrains entre Witch Lake et Amasa, et j'ai demandé à Jesse pourquoi il ne les vendait pas. Parce que, m'a alors répondu Jesse, mon père possédait tous ces terrains conjointement à son défunt frère Richard, et il ne supportait pas l'idée de vendre des terres que Richard avait tant aimées. Et puis, a-t-il ajouté avec gravité, la terre était la dernière chose qu'on vendait, un point de vue que j'ai trouvé plutôt cocasse au souvenir de mon chalet évaporé.

Je ressentais un mélange de perplexité et de sympathie envers ces deux hommes qui continuaient de prendre toutes les mesures indispensables à la perpétuation d'une famille qui avait disparu. Frank Lloyd Wright disait que les riches deviennent les gardiens de leurs biens matériels, mais il m'a alors semblé qu'ils déléguaient le plus souvent cette tâche à autrui. Fred disait volontiers que les gens qui n'avaient rien à faire ne possédaient rien, que la conséquence à long terme de la cupidité était le vide.

# 20

J'avoue qu'en quittant Marquette j'ai eu l'impression de fuir la scène d'un crime, même si le vrai décor de ces crimes successifs était la mémoire, si bien qu'on ne pouvait strictement plus rien y faire. Je ne pouvais certes pas écrire une lettre honnête à Vernice, car ma sincérité lui aurait sans doute flanqué une trouille bleue. J'envisageais donc de concocter à son intention une description précise de ma curiosité pour les dégâts occasionnés par ma famille à ce que Henry Schoolcraft, un explorateur du début du dix-neuvième siècle, avait décrit comme l'un des séjours terrestres les plus étonnants, mais aussi l'un des plus effrayants. Longfellow n'avait jamais visité la Péninsule Nord quand il écrivit *Hiawatha*. Il avait seulement consulté les ouvrages de Schoolcraft et les descriptions de Louis Agassiz. Ces détails intéresseraient peut-être Vernice, car ils étaient liés à la poésie, même si moi-même je n'appréciais guère Longfellow. Peter White et les fondateurs de Marquette croyaient traiter les autochtones avec beaucoup d'égards, au point de les laisser danser dans l'église épiscopale, mais ça ne les a pas empêchés d'éliminer ces mêmes autochtones pour ouvrir la voie au progrès impérial. Toute vertu a ses limites.

La vérité toute nue, c'était que, jeune homme âgé de

près de vingt-cinq ans, je connaissais un besoin irrépressible du sexe opposé et que je ne possédais certes pas la force de me dresser contre ce désir. Les vestiges de christianisme qui restaient en moi me permettaient seulement de renoncer à harceler une créature adorable et vulnérable comme Polly, déjà presque anéantie par mes obsessions mélancoliques. Vernice, quant à elle, ne courait pas les mêmes risques. Et puis, contrairement à mon père, je tenais à contrôler les dégâts que je causais.

Mon seul souci concernant Vernice, c'était que durant les deux heures de notre rencontre elle m'avait rappelé mes professeurs d'anglais, de même notre récente conversation téléphonique. Ces professeurs croyaient, semblait-il, qu'il suffisait d'ordonner les mots correctement pour que toutes autres considérations désagréables disparaissent comme par magie, un peu à l'image de ma propre conviction informulée selon laquelle il me suffirait d'équilibrer les choses dans ma tête pour que la réalité suive, alors qu'il n'existait aucune connexion visible entre ces deux univers.

En cette première nuit de juin dans le village de Grand Marais, je me suis installé dans un petit bungalow de touristes, le moins cher que j'ai pu trouver, et j'ai sorti mes cartes de la valise. Comme la table en pin noueux était trop petite, j'ai déplié plusieurs cartes à même le sol et je me suis agenouillé. Les plus anciennes, je devais les manipuler avec grand soin pour éviter qu'elles ne se déchirent et tombent en morceaux. Le terrain d'action de ma famille incluait presque toute la Péninsule Nord, mais j'ai décidé de me concentrer dans un premier temps sur la partie médiane de la péninsule plutôt que sur l'est ou sur l'ouest, car cette région m'évoquait de très nombreux souvenirs grisants, depuis les journées passées en barque avec

Fred jusqu'à mon dépucelage avec Laurie sur un banc de sable du lac Au Sable.

J'avais l'intention de marcher durant tout l'été, mais aussi de commencer doucement pour donner à ma mauvaise cheville le temps de se muscler. J'ai tracé une grille d'environ trente kilomètres de côté, délimitant ainsi une région qui incluait certains coins que je connaissais déjà grâce à mes lectures.

Il faisait encore jour à dix heures et demie quand je suis allé manger un sandwich à la taverne, car j'avais oublié de dîner. J'ai parlé à Mick, le colosse roux propriétaire de l'établissement, évoquant avec lui de bons lieux de pêche à la truite dans les environs. Je l'avais déjà rencontré, je savais qu'il avait bossé dans l'industrie du bois et qu'il connaissait comme sa poche certains endroits que j'avais besoin d'explorer. Pour des raisons de discrétion, j'avais décidé de me présenter comme un thésard, certain que mes ambitions étaient encore trop floues pour être partagées par autrui. D'ailleurs, chaque fois que j'en parlais, j'avais l'impression de décrire un rêve parfaitement vivace à mes yeux, mais sans aucun intérêt pour les autres. Fred constituait bien sûr une exception, mais certes pas un allié solide. Après mes démêlées avec la police de Chicago et ma thérapie forcée, je m'étais mis en rogne contre un psychiatre qui parlait de mes tendances « obsessionnelles et compulsives ». La dissimulation était donc inévitable. Quelques minutes après ma sortie d'hôpital, j'avais aussi jeté mon ordonnance de lithium. Quand un flic vous arrache une poignée de cheveux au point de vous mettre le crâne en sang, il est normal de résister. Le sens du secret vient donc naturellement aux espèces mammifères.

Je suis tombé d'accord avec Mick pour un lieu de pêche le lendemain soir, puis je suis sorti dans l'obscurité grandissante. Une grosse lune jaune montait à l'est, j'ai marché vers la plage du port, puis en direction de l'est et du chalet. Je me sentais tout excité à l'idée que mon apprentissage était enfin terminé et que je pouvais commencer l'œuvre de ma vie, un travail que selon mes dernières estimations je devais mettre dix années à achever. J'étais encore assez jeune à cette époque pour m'enivrer de grands mots.

J'ai poursuivi sur la plage au-delà de mon bungalow de touristes, vers l'estuaire de la rivière Sucker, trois ou quatre kilomètres plus loin. Pour des raisons que je ne comprenais pas très bien, le sillage de la lune sur l'eau du lac suivait ma progression. Je me suis dit que mon point de vue était unique sur Terre, mais cette idée m'a inquiété au lieu de me rassurer. Où que je me tienne et regarde, j'étais le seul être vivant à cet endroit précis. Les rares bruits du village ont diminué, j'ai surtout entendu le crissement de mes chaussures dans le sable humide, puis l'appel d'un huard devant moi en direction de l'estuaire. À gauche, très loin sur le lac Supérieur, les lumières d'un cargo se déplaçaient lentement vers l'ouest. J'ai entendu un coyote sur un promontoire boisé appelé Lonesome Point, puis un chien a répondu au coyote dans le village. Mon cœur s'est soudain arrêté quand j'ai levé un pluvier caché parmi les denses massifs d'herbes qui poussaient sur la plage. Une forte odeur de roses sauvages se mêlait à celle de l'eau froide.

Durant quelques minutes j'ai été troublé en me rappelant une évidence : si je pensais vraiment chercher les racines du mal dans ma famille, alors je devais inclure leur conception du christianisme, où ils voyaient une autre justification de leurs conquêtes, sans oublier le fait que mon grand-père quittant l'Angleterre au milieu des années 1880 avait également séjourné en Inde et en Afrique, avant de renoncer à ces territoires, jugés trop grouillants de prédateurs de son espèce. Les vieux journaux intimes sont souvent fascinants, mais le sien était presque intégralement consacré à ses réflexions sur des occasions d'affaires, à des comptes et à des notations grandiloquentes sur la confiance qu'il avait en son propre destin, entremêlées de versets de la Bible et de témoignages vibrants de sa foi en Dieu. De toute évidence il croyait, mais moi avais-je la foi ?

Par bonheur, la pensée émoustillante de Vernice et la présence de la lune ont chassé ce vieux salopard arrogant. Je désirais essayer de lui écrire le lendemain matin de bonne heure, avant de partir à la recherche d'un bon emplacement de camping. Il me faudrait également compter l'argent que j'avais dans mon sac, une corvée qui m'écœurait d'avance. Un mois plus tôt, un psychiatre de Chicago m'avait demandé ce que je détestais, en dehors de la police – réponse trop évidente, car j'avais encore la moitié gauche du visage couverte d'un énorme bleu – et sans réfléchir j'ai répondu « l'argent » ; mais lorsqu'il a tenté de trouver quelques indices de cette aversion dans mon passé, j'ai cessé de lui répondre.

Quand Jesse m'avait demandé comment je comptais me débrouiller avec cent dollars par semaine, il s'excusait tacitement d'avoir trompé ma confiance. Au cas où mon père aurait essayé de vendre des terres, une ordonnance de justice l'obligeait désormais à me restituer la somme correspondant au prix de vente de mon chalet. Cette procédure avait été mise au point par un notaire très gêné d'avoir confondu David III avec David tout court. Et lors d'un entretien privé alors que nous dînions au *Drake*, ma mère m'a gratifié de son sempiternel « Je serai toujours là pour toi », mais je m'en suis tiré en déclarant que j'envisageais de retourner à l'Université du Michigan pour faire un doctorat d'histoire, toucher ainsi un peu d'argent pour vivre, même simplement, tant que je serais inscrit en doctorat et même si je devais rester à l'université jusqu'à ma mort. Et puis je trouvais parfaitement répugnante cette évidence selon laquelle je méritais de vivre sans lever le petit doigt. Ainsi, j'en venais à considérer Clarence le bosseur comme saint Clarence, et Jesse ne lui arrivait pas à la cheville car en tant que messager il était lié aux magouilles financières de mon père et puis il n'avait pas réagi très clairement au viol de sa fille Vera. Je désirais vraiment être utile en cette vie, un objectif qu'on pouvait seulement atteindre par le travail, et non pas les bonnes intentions.

Aussitôt la lune a causé ma perte. Allongé sur le dos, je l'ai regardée durant une heure en essayant consciemment d'éviter l'une de mes transes délirantes. Je savais ce qu'était la lune, mais je ne savais pas pourquoi elle était là, pas davantage que je ne comprenais un oiseau ou un ours. Alors j'ai vu l'image effrayante du visage de ma mère comme une lune jaune. Cela se passait avant un bal costumé, leur gala du solstice d'été au Club ; ma mère se trouvait avec nous dans sa chambre et elle se maquillait pour métamorphoser son visage en une lune d'où jaillissaient d'étincelantes paillettes. Je sortais à peine du jardin d'enfants, Cynthia n'avait pas encore quatre ans. En larmes, ma sœur a tenté d'arracher ce masque lunaire. Mère l'a repoussée et la tête de Cynthia a heurté l'angle du lit. La bouche de mère, couverte d'un rouge à lèvres écarlate, a émergé de la lune jaune, ainsi qu'une odeur sucrée de gin. Ses seins plantureux pointaient à travers le mince tissu blanc de la robe. Quand Cynthia s'est mise à crier « Chier, chier, chier ! » Mère est sortie en courant, puis Père est entré déguisé en Cavalier Solitaire, mais cette transformation ne nous faisait pas peur, car nous connaissions bien le Cavalier Solitaire. Ça n'a pas empêché Cynthia de continuer à hurler « Chier ! » mon père m'a alors ordonné de m'« occuper d'elle », malgré la présence d'une gouvernante qui buvait elle aussi et mastiquait énergiquement des chewing-gums à la menthe pour dissimuler l'odeur de l'alcool.

Le « chalet » de grand-père était une vaste bâtisse d'au moins douze chambres, toutes équipées d'une cheminée ; un tapis roulant transportait le bois jusqu'à l'entresol et un petit homme muet alimentait en bois toutes ces chambres lorsque de nombreux invités arrivaient de Chicago. Cynthia m'a emmené dans une chambre d'où nous pouvions regarder la fête dans le jardin, où l'on avait dressé d'horribles tentes roses. Quand j'ai dit à Cynthia d'arrêter de dire « Chier », elle s'est mise à dire « Pisser ». Nous avons entendu notre mère passer d'une chambre à l'autre en lançant de sonores « Bonsoir, les enfants ! », mais nous n'avons pas répondu, car nous n'avions aucune envie de la voir. Nous avons joué à la bataille près de la fenêtre en entendant le genre de musique à la Glenn Miller, tandis que des centaines de gens déguisés dansaient et buvaient. La gouvernante nous a apporté des hamburgers et Cynthia a lancé les siens par la fenêtre vers les gens réunis sur la pelouse en contrebas.

« Mais qu'est-ce que c'est que ça ? » s'est alors écriée une femme.

Un peu plus tard, entendant des pas dans le couloir, nous nous sommes cachés dans un placard. Un homme déguisé en pionnier, vêtements de cuir et toque en raton laveur, a rapidement baisé sur le lit une femme déguisée en Little Bo Peep. Quand ils sont partis, j'étais bouleversé, mais Cynthia s'est mise à sauter de joie en applaudissant et en riant. Je crois que mon trouble venait du fait que cette femme était la mère d'un garçon que je connaissais et que le pionnier n'était pas son mari. Ce soir-là, Cynthia est venue dormir dans ma chambre et elle a verrouillé la porte à l'aide d'une des innombrables clefs qu'elle transportait partout sur elle dans un petit porte-monnaie rouge. Un matin, elle a mis un ver de terre dans le café de notre mère. Ma montre de gousset en or indiquait trois heures du matin quand nous avons entendu mère arriver d'un pas chancelant dans le couloir et tapoter à notre porte pour nous border dans notre lit, mais nous n'avons pas répondu.

Ce même été, à l'heure où l'on raconte des histoires, un étudiant payé pour s'acquitter de cette tâche nous a fait asseoir dans une pergola – nous étions peut-être deux douzaines d'enfants – et il nous a dit que nous avions tous un animal qui vivait à l'intérieur de notre corps et qui nous disait quoi faire. C'était cet animal qui nous contrôlait et nous dictait nos mauvaises actions. Il était difficile de se débarrasser de cet animal, voilà pourquoi nous devions obéir à nos parents et aller à l'église. Cette allégorie censée nous effrayer s'achevait sur l'histoire de l'animal d'un vilain petit garçon qui devenait tellement gros qu'il avait dévoré le sacripant.

Assis sur la plage dans ce clair de lune maternel, j'ai soudain compris que je ne m'étais jamais vraiment débarrassé de la croyance en l'existence de cet animal. Sans doute était-il toujours là, lové autour de ma colonne vertébrale. La démence n'est pas loin, ai-je pensé en écoutant les eaux tumultueuses de la rivière brasser les galets avant de se jeter dans la baie. Et puis je n'avais jamais posé à ma mère une demi-douzaine de questions cruciales qui m'avaient souvent tracassé, par exemple ce qui était vraiment arrivé à mon défunt oncle Richard, que, selon Fred, elle avait aimé à la folie. Je voulais aussi lui demander pourquoi, durant toute notre adolescence, elle avait simulé une faiblesse congénitale pour se dédouaner de toutes les bizarreries de son comportement. Pourquoi, aussi, puisqu'elle avait de l'argent à elle, ma mère n'avait pas quitté son mari après ma naissance, et celle de Cynthia, alors que de toute évidence notre père était désormais incapable de contrôler ses sordides caprices sexuels. Ce genre de choses, mais la moindre question d'ordre personnel la poussait à agiter la main devant le visage comme si elle tenait un éventail. Ignorait-elle donc que les médecins associaient sa fameuse douleur fantôme aux gens qui avaient perdu un membre et ressentaient néanmoins une souffrance dans cette région spécifique de l'absence ? À douze ans, un matin je l'ai vue par hasard debout et nue près de sa commode et j'ai trouvé qu'elle était la plus belle créature du monde. Pendant plusieurs jours je me suis surpris à bander par intermittences et j'avais l'impression que mon sexe coulait, tout en sachant très bien que ce désir était déplacé.

Fred m'a dit que la beauté de ma mère s'est mise à décliner dès qu'elle a décidé d'épouser mon père. Fred m'a aussi confié, un jour où il était très ivre, qu'il avait surpris ma mère et sa camarade de chambre à l'université, nues et en train de faire l'amour. Il m'a fait cette confidence alors que j'étais moi-même étudiant ; bien que scandalisé, je me suis un peu renseigné, pour apprendre que ce genre de pratique n'avait rien d'extraordinaire. Les humains sont incapables de découvrir le moindre comportement unique dans leur propre espèce.

Quand j'étais censé lire *Les Barons du caoutchouc* de Matthew Josephon pour un cours d'histoire, un ouvrage qui évoque le comportement capitaliste et prédateur au dix-neuvième siècle, j'ai laissé tomber ce cours car je ne voulais pas penser à d'autres descendants dans la même situation que moi. Nous tenons à ce que nos blessures soient aussi uniques que possible, mais assis là sur la plage j'ai commencé de comprendre la vanité de cet effort. Je me suis rappelé un livre intitulé *Père de la bombe atomique*. Peut-être désirais-je, assez absurdement, prendre le contrôle de ce passé qui peignait très évidemment le paysage de ma vie présente. Et puis je pressentais que, si je pouvais envisager et comprendre assez clairement ce passé, alors je pourrais enfin m'en débarrasser.

Au moment de quitter la plage de l'estuaire, j'ai découvert avec plaisir les aurores boréales, alors qu'il s'agissait seulement des premiers signes de l'aube. J'en avais fini avec toute pensée rationnelle et j'ai fixé la lune au point d'avoir l'illusion de pouvoir discerner son mouvement lent et régulier. La lune avait peu à peu cessé d'être ma mère et je m'en réjouissais, même si l'animal lové autour de ma colonne vertébrale se rappelait très bien le corps de ma mère. Mon esprit a alors réussi à remplacer le corps de ma mère par celui de Vernice. D'ailleurs, il y avait une ressemblance vaguement désagréable, que j'ai chassée de mes pensées. Le sexe dressé, j'ai roulé sur le ventre pour essayer de baiser le sable, une tentative que je ne conseillerais à personne. J'ai ensuite enfoncé mon visage dans le sable, légèrement humide à cause de la rosée, et j'ai imaginé la plus belle chatte de la planète sans me préoccuper du corps qui lui était associé. Puis j'ai somnolé et quand je me suis réveillé dans la pleine lumière matinale, il y avait un très rare pluvier chanteur tout près de mon œil gauche, qui manifestait sa curiosité envers cet intrus endormi sur son territoire.

# 21

Tout honteux, je me suis souvenu de Carla, que j'avais laissée dans le pick-up avant de rejoindre la taverne à pied, la veille au soir. Clarence et Jesse, après avoir admiré le chiot, lui avaient trouvé une petite niche où l'enfermer pendant que je dormais, puis ils m'avaient donné quelques conseils sur l'élevage des chiens, que je n'avais pas écoutés. Dès que j'ai ouvert la portière du pick-up, elle s'est jetée dans mes bras. Affamée, elle avait mordillé la sellerie du véhicule neuf, chié et pissé sur tous les sièges. Au lieu d'écrire ma lettre à Vernice, j'ai donné à Carla sa pâtée mêlée à du lait tiède, puis j'ai nettoyé l'intérieur du pick-up. Comme elle était toujours fâchée contre moi parce que je l'avais laissée seule toute la nuit, j'ai gardé Carla sur mes genoux pendant que je buvais mon café en examinant une carte locale. Je me sentais vaguement comateux après ma nuit passée sur la plage, mais j'avais davantage envie de me mettre au travail que de roupiller. J'ai préparé un petit sac à dos en y rangeant un calepin, des sardines, des biscuits salés, du fromage, de l'eau et un sac de croquettes pour Carla.

Une heure plus tard j'étais sur les Kingston Plains, une région que Fred m'avait montrée des années plus tôt. Ç'allait être le premier de cent vingt-trois jours complets passés sur le terrain, une preuve de ma folie plutôt que de mon bon sens. Le trait principal des Kingston Plains, c'étaient les milliers d'arpents couverts de souches de pin blanc, dont certaines très grandes, coupées à hauteur de la taille ou de la poitrine, sans doute durant l'hiver, quand il était plus facile de traîner les arbres sur des chemins couverts d'une neige qu'ils arrosaient d'eau afin de former de la glace pour que les chevaux puissent tirer plus aisément les lourds traîneaux. Ils avaient commencé par utiliser des bœufs, mais contrairement aux chevaux il fallait entièrement hisser en l'air ces bœufs pour les ferrer, alors que le cheval se ferre une jambe après l'autre.

J'avais parcouru moins de deux kilomètres parmi ces souches quand j'ai remarqué que Carla ne trottinait plus à mes côtés. Me retournant, je l'ai vue à une trentaine de mètres derrière moi, pelotonnée et endormie. Ça me convenait très bien, car ma mauvaise cheville me faisait déjà souffrir à cause de mes déambulations nocturnes sur la plage, et puis j'avais oublié au chalet ma bande et mon protège cheville. Je me suis donc assis contre la première souche venue et j'ai regardé dormir la petite Carla, levant peu à peu les yeux pour observer le paysage environnant.

Une voix très douce susurrait « imbécile » à mon oreille gauche. Je me suis rappelé un étudiant du cours de littérature américaine qui était revenu d'un été passé à Haight-Ashbury à San Francisco, le crâne rasé. Bon nombre d'entre nous, créatures plus orthodoxes, enviions ce jeune cinglé, ses chemises en batik et ses pantalons élimés. Et puis il attirait mêmc les étudiantes. L'année précédente, il avait constamment fumé de la drogue et bu comme un trou, mais désormais avec son crâne rasé il ne buvait ni ne fumait, et il était devenu végétarien. Un après-midi d'automne où je me promenait avec lui le long de la Red Cedar River, il m'a confié qu'il « avait des satoris rapides et massifs », le *satori* étant un terme zen qui signifiait un éveil à la nature profonde de l'être. Somnolant contre ma souche, je connaissais mon propre *satori* où une voix flûtée et féminine me murmurait « imbécile ». En dehors de mes connaissances très vagues et de la présence endormie de Carla, le paysage me restait incompréhensible.

J'ai sorti mon calepin, mais mon stylo-bille est resté absurdement figé au-dessus de la page blanche. Cet « imbécile » que j'entendais n'était pas méprisant, mais tout bonnement juste. J'avais effarouché un certain nombre de grues des sables sur le chemin de campagne que j'avais emprunté en pick-up pour rejoindre cette région, et maintenant l'une d'entre elles retournait vers son aire en émettant son étrange et bruyant croassement préhistorique. Carla a bondi sur ses pattes et rejoint mon giron pour s'y nicher. J'ai eu l'impression d'être un personnage parfaitement comique. J'avais fréquenté ce genre d'endroit des centaines de fois en allant pêcher, mais alors vous êtes concentré sur la rivière qui approche, sur la chance ou la malchance qui vous y attend, et beaucoup moins sur le paysage environnant.

J'ai pivoté pour avoir une vision de trois cent soixante degrés, en réprimant un début de colère à l'idée qu'ils avaient peut-être laissé quelques arbres à contempler pour les générations futures. Essayer d'imaginer ces arbres, revenait sans doute à demander à un Lakota contemporain d'imaginer un million de bisons. J'ai eu la sensation glaçante que ces souches grises étaient des fantômes d'arbres et je me suis promis de revenir ici la nuit, quand la lune serait pleine. Il y a une beauté de la désolation parce que c'est tout ce que nous avons, ai-je alors pensé, le pays privé de son identité première, la terre trop appauvrie pour retrouver sa splendeur passée.

Malgré ces pensées mélancoliques, j'ai été affranchi de

mon « moi » et il m'a semblé que ma tête n'avait jamais été aussi légère. J'ai roulé sur le côté au moment précis où la grue des sables a de nouveau poussé son cri sonore et Carla a enfoui son museau contre mon cou, l'arrière-train dressé en l'air, sa petite queue plaquée entre les pattes sous l'effet de la peur. Je ne me sentais pas moins idiot que cinq minutes plus tôt, mais je savais maintenant que l'étude viendrait sans doute à bout de ma bêtise. J'avais lu une bonne centaine de livres sur Dieu et je ne me rappelais pas une seule chose importante, mais le cœur de la nature et de la cupidité était infiniment plus accessible. Je me suis rappelé être un jour rentré de l'université à la maison pour entendre Clarence me demander ce que j'y étudiais ; quand j'ai répondu « l'anglais », il m'a dit :

« Je croyais que tout le monde connaissait l'anglais. »

J'ai cru bon d'ajouter que j'étudiais la littérature, même si j'ai préféré dire « les histoires » parce que Clarence était un grand conteur même s'il ne savait ni lire ni écrire. Étant un sang-mêlé, il connaissait des centaines d'histoires à la fois chippewas et finnoises, mais si longues qu'elles exaspéraient Jesse, dont les récits d'amour et de mort dans la province de Veracruz étaient souvent à la fois laconiques et très poétiques.

Bien sûr, au lycée puis à l'université j'avais suivi des cours sur de nombreux aspects des sciences naturelles, mais ils ne me permettaient pas d'aboutir à une interprétation globale de ce que je voyais autour de moi. Il m'était évident depuis longtemps que je désirais savoir trop de choses, peut-être davantage que quiconque n'en était capable, d'autant que ma conversion religieuse à quinze ans venait surtout d'un puissant désir de connaître Dieu. Un jour, sur le chemin de la maison alors que nous rentrions d'une partie de pêche, mon ami Glenn m'a dit :

« Les gens ne savent pas pourquoi ils baisent, simplement ils baisent. »

J'ai appris dans mon cours d'anthropologie que dans toutes les cultures les gens prient. Mais d'où vient donc ce désir de tout connaître ? Dans mon cas, il a commencé à proximité de notre maison, quand j'ai voulu savoir tout ce que mes ancêtres avaient fait dans la Péninsule Nord. Ce projet incluait, semblait-il, tous les malheurs causés par mon père à notre famille. Pour l'instant, je devais exclure tous les malheurs que ma famille avait infligés à la population de la Péninsule Nord, car une telle entreprise m'aurait alors propulsé au-delà des frontières de mon univers connu.

Ma réaction immédiate à ces pensées troublantes a consisté à remettre de la crème anti-moustiques, car ma sueur avait éliminé la couche précédente, si bien que toutes sortes d'insectes, dont les taons et les mouches noires, venaient chercher leur pitance sur mon épiderme. J'ai ressenti un élancement à la cheville en me relevant, mais Carla a décidé de continuer de dormir. Quand j'ai ouvert une boîte de sardines, le chiot a soudain paru intéressé. Nous avons partagé toute la conserve et j'ai lentement porté Carla jusqu'au pick-up. En chemin je me suis mis à compter les souches visibles jusqu'au moment où j'ai atteint le pick-up, puis j'ai écrit « 547 souches » dans mon calepin. Le monde venait de s'ouvrir pour moi de manière significative, bien qu'énigmatique.

J'ai atteint le chalet en milieu d'après-midi et chargé la barque sur le pick-up. Il faisait une vingtaine de degrés, un vent du sud repoussait vers le nord l'air plus froid du lac Supérieur. J'étais tenté de dormir, mais mon esprit était un tourbillon de réalité plutôt que de préoccupations personnelles. Peut-être réalisais-je enfin mon ambition juvénile consistant à ne pas consacrer tout mon temps à penser à moi-même. Sur le chemin du retour entre les Kingston Plains et le chalet, j'avais conçu une nouvelle espèce de prière où je n'essayais pas de me situer à l'écart de la condition humaine, une prière où je demandais seulement de comprendre le monde et, par voie de conséquence, ce qui m'arrivait. À cette supplique, j'ai ajouté une autre requête : ne pas me montrer trop gourmand en cette affaire, car je venais de m'apercevoir que le péché de cupidité ne se limitait pas au seul argent. À la fin de ma prière, alors que je m'engageais dans l'allée du chalet, j'ai sursauté en découvrant une adolescente qui marchait vers le village, vêtue d'un short extrêmement court. Mon modeste discours adressé au créateur de l'univers a donc été interrompu par un derrière en short bleu. Ainsi va la vie. L'adolescente s'est retournée avec un sourire, puis elle a rebroussé chemin pour caresser la tête de Carla, avant de repartir. Elle sentait le savon Ivory.

Sur la berge du lac Au Sable, Carla s'est inquiétée quand j'ai mis la barque à l'eau et que je suis allé nager. De toute évidence, elle ne comprenait pas ce qu'était un lac. Cynthia l'avait sans doute tenue à l'écart des eaux dangereuses de la rivière St. Mary. Je l'ai attrapée non sans mal et nous sommes partis tous deux en barque, Carla tapie sous mon banc. Au bout d'une demi-heure elle en a émergé pour se dresser, les pattes avant posées contre le plat-bord, et regarder les rames ainsi que l'eau qui filait le long de la coque. J'ai pensé qu'elle était sans doute aussi déboussolée que moi lors de mon premier voyage au centre de Chicago. D'habitude nous atterrissions à l'aéroport O'Hare, où l'on venait nous chercher pour nous emmener à Lake Forest, dans la maison de ma grand-mère paternelle ; mais alors que j'avais sept ans, nous avons pris un avion privé qui a atterri à Meigs Field, avant de traverser en voiture le cœur de la ville, un trajet qui m'a serré le ventre et mis une boule dans la gorge. Bien sûr, Cynthia a été ravie par ce spectacle.

De retour au chalet, j'ai pris une feuille de papier et j'ai commencé ma lettre à Vernice, en partie pour ne pas repenser à la jeune fille que je venais de croiser une ou deux heures plus tôt.

Chère Vernice,

Je sais que ma tentative est bien risquée, car nous avons seulement passé deux heures ensemble, mais je pense souvent à toi. Je ne sais pas par où commencer pour répondre à toutes les questions que tu m'as posées au téléphone, alors que j'étais chez ma sœur à Sugar Island, près de Sault Ste. Marie. Si je le voulais, il me faudrait écrire une autobiographie relativement banale. En tant que poétesse, tu dépends des vicissitudes de ta conscience, de ta connaissance de toi-même, des variations infinies de tes perceptions, alors que je m'occupe surtout de l'étude de l'histoire socio-économique de la Péninsule Nord. Ce détail ne t'intéressera peut-être pas, mais mon enquête est liée à un ancêtre venu d'Angleterre il y a quatre générations et apparemment il a toujours une grande influence sur ma vie. (J'ai du mal à étudier les cadavres dans le placard de ma famille, car celle-ci ne compte plus désormais que des cadavres.) Du côté de mon père on constate un comportement économique pour le moins douteux, alors que la famille de ma mère a joué un rôle non négligeable dans le commerce maritime sur les Grands Lacs, en particulier dans le transport de minerais de fer jusqu'à Cleveland, sans oublier les aciéries de Gary, en Indiana.

J'ai senti ton intérêt pour moi ainsi que le mien pour

toi, sinon tu n'aurais pas pris le risque de me donner ton numéro de téléphone. Si jamais tu as envie d'échapper à la canicule de Chicago, la région que j'habite est très belle. Peut-être aimeras-tu aussi le chiot que m'a offert ma sœur Cynthia. J'apprécie le blues et le jazz beaucoup plus que le rock and roll. Je ne cuisine pas bien, mais je peux pêcher des truites pour te les faire goûter. Je ne suis pas très au courant de ta profession, mais à l'Université du Michigan, j'aimais bien *Prélude* de Wordsworth, Walt Whitman et *Howl* d'Allen Ginsberg. Ma seule contribution réelle au monde de la poésie consiste à t'envoyer l'argent d'un billet d'avion.

Bien à toi,

David

Quel monceau d'âneries étriquées, *infra*-ordinaires ! Les cellules de mon cerveau conservaient jalousement le souvenir du bruit de ses cuisses se décollant du siège plastique dans le bar de Chicago. D'ailleurs, cette seule évocation a suffi pour me faire bander, alors que j'étais assis dans l'air surchauffé du chalet. Sur la pile des billets enfermés dans mon sac, j'ai pris trois cents dollars pour son voyage en avion et j'ai mis Carla dans sa niche, une décision qui l'a fit pleurer. J'ai atteint le bureau de poste quelques minutes avant la fermeture, j'ai envoyé ma lettre en recommandé, puis je suis allé manger un hamburger à la taverne. Je me suis alors dit que je pourrais économiser beaucoup d'argent si j'apprenais à cuisiner moi-même, au-delà des quelques recettes élémentaires, fritures de ci ou de ça, pratiquées dans la Péninsule Nord. Au restaurant, j'avais découvert avec déception que personne ne cuisinait aussi bien que Mme Plunkett. Et en dehors de mon appétit, toutes les femmes dans la rue ou dans les bars, entre les âges de quatorze et de soixante-dix ans, me semblaient désirables. L'adolescente qui s'était arrêtée pour caresser Carla jouait au billard en équipe avec trois amies, et une douzaine d'hommes s'alignaient contre le bar pour les reluquer tout en feignant de s'intéresser à autre chose. Ses amies l'appelaient Shirley et quand elle s'est penchée, exhibant son short bleu moulant et ses jambes bronzées, un jeune bûcheron s'est écrié :

« Dans le mille ! »

Elle s'est aussitôt retournée pour lui montrer son majeur dressé. À la fin de la partie, elle est venue me saluer et elle m'a demandé des nouvelles de Carla. Sentant mon palais se dessécher, j'ai eu du mal à avaler ma bouchée de hamburger. Elle m'a dit qu'elle travaillait le soir dans ce bar, mais qu'elle serait heureuse de faire un peu de baby-sitting pour Carla si je le souhaitais. Mick est remonté de l'entresol, les mains couvertes de cambouis après avoir réparé une pompe à liquide de refroidissement. Shirley est partie faire une autre partie de billard et Mick m'a dit que nous devions nous hâter d'aller pêcher, car un gros orage arrivait de l'ouest. Nous avons donc chargé notre matériel à bord de sa vieille Jeep brinquebalante, car, dit-il, la route était trop étroite et cahoteuse pour mon « joli pick-up ».

Cette Jeep présentait une caractéristique intéressante : un trou dans le plancher permettait d'admirer la route qui défilait sous vos pieds. Avant de rejoindre la rivière, nous avons roulé jusqu'à la jetée pour voir si l'orage était visible. Le lac Supérieur semblait assez calme, mais loin à l'ouest on distinguait une ligne noire ourlée et Mick a calculé que nous avions une heure et demie ou deux heures devant nous pour pêcher avant que « le temps se barre en couilles ».

Il n'y a pas plus apaisant que de pêcher la truite à la mouche. Toutes les autres considérations ainsi que les soucis se dissipent peu à peu ; d'ailleurs, même si vous le vouliez, vous ne pourriez pas les retenir. C'est peut-être parce qu'on est debout dans une rivière dont l'eau vous arrive aux cuisses, une eau qui file à la vitesse exacte mais variable de l'existence. On reconnaît aisément ce caractère éphémère, mortel, qui imprègne bientôt tout le paysage. S'il y a des insectes volants et que les truites les mangent, vous pêchez à la mouche sèche. S'il n'y a pas d'activité de surface, vous pêchez avec des leurres immergés qui imitent des alevins ou avec des nymphes qui imitent les larves d'insectes émergeant du lit de la rivière avant de dériver au fil du courant.

Nous étions engagés assez loin dans une petite gorge au berges abruptes d'argile et de sable, piquetées de cèdres. J'avais eu un moment d'hésitation en me demandant si je pourrais remonter cette berge malgré ma mauvaise cheville, mais il y avait en bas une succession de profonds bassins dus à des barrages de bois mort. Dans un coin agité, en contrebas d'un de ces barrages, j'ai aperçu des truites qui mangeaient et je n'ai pas résisté. L'air immobile était très chaud dans cette gorge, un nuage de moustiques m'entourait la tête. Au bout d'environ une heure j'ai entendu le vent loin au-dessus de moi et j'ai vu les branches s'agiter. Mick a remonté le courant vers moi, avec une jolie truite arc-en-ciel d'environ trois livres qui normalement aurait dû rejoindre le lac Supérieur en amont bien avant la fin juin. J'ai gardé deux truites de rivière, suffisamment pour dîner.

Durant le trajet d'une demi-heure en Jeep à travers bois et jusqu'à la rivière, j'ai énuméré le nom des arbres avec environ soixante-quinze pour cent de réussite, un pourcentage que les habitants de la région qualifient avec mépris de « bonne moyenne pour un citadin ». Je voulais demander à Jesse de m'expédier mes manuels de botanique, peu souvent feuilletés, que ma mère m'avait achetés alors que je fatiguais inlassablement la Bible. Malgré son déséquilibre évident, ma mère sentait souvent mes propres tangentes et elle essayait alors de les rectifier. Parmi toutes les variétés d'arbres, l'érable, le hêtre, le bouleau, le chêne, le sapin-ciguë étaient faciles, alors que les pins blanc, rouge ou gris, l'épicéa et le sapin me posaient davantage de problèmes, tout comme les buissons tels que le prunier à sucre, le cornouiller et l'amélanchier. Au moment d'enfiler mes cuissardes, j'ai pensé pour la première fois qu'il était quand même bizarre de choisir d'ignorer certains ingrédients de l'endroit où nous vivions.

Mick m'a porté sur les six ou sept derniers mètres et jusqu'en haut de la berge, quand ma cheville est devenue soudain molle. Le ciel était alors tout noir une heure avant le coucher du soleil et le vent grimpait à cinquante nœuds. À cause d'un arbre mort tombé en travers du chemin, nous nous sommes arrêtés, puis Mick a sorti une tronçonneuse de l'arrière de la Jeep pour découper le tronc et l'ôter de la chaussée. Quand nous avons débouché dans la clairière d'un marais, nous avons vu un éclair frapper un mélèze, lequel s'est aussitôt enflammé, et nous sommes restés assis là pour regarder les rideaux de pluie éteindre le feu.

Nous avions déjà parlé de mon intention de camper durant toute l'été, qu'il qualifiait de « connerie sans nom ». On campe pour le plaisir, dit-il, et si je tenais vraiment à accomplir mon travail, il me fallait quelque chose de mieux. Nous buvions alors au goulot d'une bouteille de schnaps qu'il avait tirée de sous son siège, et j'étais devenu plus volubile. Nous avons fait un détour de deux ou trois kilomètres, car il désirait me montrer un chalet de chasse aux murs couverts de toile goudronnée, propriété d'amis à lui habitant le sud de l'État, et où je pourrais loger à condition d'en refaire le toit et d'en renforcer les fondations. Je ne connaissais rien à ce genre de travaux, mais il m'a dit qu'il m'apprendrait. Deux ou trois gorgées de schnaps plus tard, je lui ai avoué mon intention de m'installer là pour de bon et il m'a rétorqué :

« Vas-y, fais-le, fonce. »

Sinon, le ressentiment aurait ma peau. Il parlait comme Riva.

# 22

J'ai alors vécu une nuit aussi étrange que la précédente. Après avoir donné à manger à Carla, je me suis endormi près d'elle sur le lit, pour être réveillé vers trois heures du matin par un grondement sonore et régulier que j'ai mis une bonne minute à reconnaître comme étant celui de lac Supérieur. Comme il faisait maintenant froid dans le chalet, j'ai allumé le chauffage électrique, avant de frire la truite de rivière et de réchauffer une boîte de haricots. Carla a adoré la peau brune et croustillante du poisson. Elle m'avait très clairement adopté comme une mère de substitution.

J'ai sorti mon calepin et relu avec plaisir mon unique notation sur le nombre de souches. Quel exploit ! Mais ce compte risquait fort d'atteindre bientôt plusieurs centaines de milliers d'arbres abattus. Je me sentais parfaitement normal sur le chapitre de la température mentale, disons comme un étudiant qui vient de passer son diplôme avec succès et d'achever sa première journée de travail rémunéré. Aucun détail ne s'imposait au détriment du paysage global et je faisais ce que j'étais censé faire. Dans un volume du journal de Sprague que j'avais emporté, j'ai lu que les premiers bûcherons, y compris mon arrière-grand-père, avaient créé des baux destinés à démembrer les terres des autochtones, des documents signés d'un « X » anonyme, puis intégrés au cadastre, afin de devenir propriétaires de ces terres à moindres frais. Puis j'ai survolé les commentaires scandalisés de Sprague. Je m'intéressais beaucoup plus aux événements proprement dits qu'à la colère d'un seul individu, du moins pour l'instant.

Je me suis endormi sur le petit bureau, puis réveillé après un cauchemar où Polly faisait l'amour avec un autre homme. Il y avait certes là de quoi me réveiller en sursaut, mais le souvenir du rêve m'a bientôt révélé que son partenaire n'était pas sans ressembler à une incarnation rajeunie de mon propre père, c'est-à-dire à un homme qui me ressemblait, mais qui malgré tout et sans l'ombre d'un doute était mon géniteur. J'ai aussitôt souhaité le voir mort dans sa cellule de prison en Floride.

J'ai sorti Carla pour lui faire faire pipi et m'affranchir de ce cauchemar. Un fort vent frais soufflait du nord-ouest et au clair de lune j'apercevais les vagues énormes qui explosaient contre la jetée ; je me suis alors demandé si ce village était un lugubre avant-poste ou bien un paradis. L'industrie du bois a pris fin durant la Première Guerre mondiale, puis la pêche intensive et les lamproies ont rayé de la carte l'industrie de la pêche à la truite de lac au début des années cinquante. Aujourd'hui, le village survivait grâce au tourisme et à l'exploitation forestière d'arbres de deuxième et troisième générations, qui alimentaient les usines de pâte à papier. Mais peut-être n'était-ce pas aussi catastrophique que je le pensais, car dans une économie extractive l'argent part toujours ailleurs.

J'ai alors vu mon père étranglé dans sa cellule par une racaille blanche ou un Noir en colère. Un jour, lors d'un de ses rares moments de sobriété, Fred m'avait dit que j'étais incapable de la moindre compassion pour mon père dans la mesure où j'étais incapable de compassion envers moi-même. Sa déclaration m'avait bien sûr mis en rogne. Que signifiaient donc son ivrognerie et son goût invétéré des gamines trop jeunes, parmi tous ses écarts de conduite et ses mauvaises habitudes ? Lors de ma lecture d'un assommant manuel de psychologie au ton pseudo scientifique, j'ai pensé qu'on pouvait bien tout expliquer, mais que le comportement ne changeait pas d'un iota. Père regrettait peut-être d'avoir violé Vera, mais quel sens pouvait bien avoir son regret aux yeux de Vera ? Qu'avait-il ressenti en vendant mon chalet, ou en s'accaparant l'argent de la fondation destiné à Cynthia et à moi ? Certes, il n'a pas frappé ma mère, mais il lui adressait souvent des paroles si glacées et injurieuses que Cynthia, jusqu'à l'âge de dix ans, se plaquait les mains contre les oreilles en hurlant, avant de décider d'éviter autant que possible la présence de notre père. Il s'en vexait d'ailleurs, car tous les habitants de Marquette qui ne le connaissaient pas bien le trouvaient poli, charmant, généreux. Après l'incident de Duluth, j'étais devant la porte grillagée de l'atelier quand j'ai entendu Clarence déclarer à Jesse que mon père serait prêt à baiser un tas de cailloux s'il y avait un serpent dedans.

Comment m'étais-je moi-même comporté envers Polly ? Mes geignements assourdis avaient constitué la bande-son monotone de notre mariage. Je l'avais ainsi chassée aussi sûrement qu'avec un gourdin. Même le jour de notre mariage, j'étais vaguement conscient de commettre une bourde monumentale. Selon moi, tant Cynthia que ma mère en avaient aussi eu conscience, tout en gardant bon espoir. Il était tout à fait possible qu'après ma séparation d'avec Polly, quand ma mère et elle avaient continué de se voir, ma mère lui ait dit :

« Il faut que tu pardonnes à mon fils. »

Mais pourquoi ? Parce qu'il essayait tellement de ne pas ressembler à son père qu'il n'avait pas la moindre idée de sa propre identité.

Riva m'avait troublé, car malgré son obstination presque pathologique et son solide bon sens, elle m'avait dit qu'il existait des fibres invisibles entre certaines personnes, qui dès lors ne pouvaient pas y faire grand-chose en dehors d'essayer de les contrôler. Elle avait dit ça après que je lui avais tout raconté sur Laurie. C'était pendant l'une de nos pauses entre deux rapports sexuels, quand elle m'a interrogé sur mes expériences précédentes. J'ai tout noté par écrit quand Jesse a décrit Laurie comme une « *plumita* » et des années plus tard j'ai demandé à une jeune Mexicaine licenciée de l'université ce que signifiait ce mot. Elle a eu un rire gêné avant de me répondre qu'il s'agissait d'une « petite plume rapide », une fille qui pouvait très bien venir d'une bonne famille, mais qui aimait « l'intimité », une fille pas forcément vénale, mais « disponible ». Quand j'en ai parlé à Riva, elle m'a répondu que les gens n'étaient pas obligés d'être amoureux pour se désirer fortement.

« Regarde nous deux », ajouta-t-elle alors.

Je tremblais sur la véranda en écoutant le rugissement implacable de ces vagues à l'hostilité si impersonnelle que j'ai serré Carla contre ma poitrine. Après tout, j'étais sa mère. Je m'efforçais de distinguer les premières lueurs de l'aube dans l'orient du ciel afin de pouvoir rejoindre mon chalet en toile goudronnée pour le nettoyer et dresser la liste des fournitures indispensables. Je sentais les battements de cœur de Carla contre le mien. J'étais sa mère, mais la nuit précédente je l'avais oubliée et la sellerie déchiquetée du pick-up m'avait puni. À un certain niveau, peut-être le même que pour moi, elle tentait de s'expliquer le monde. Par bonheur, elle ne connaissait rien aux idéaux paralysants qui avaient étouffé mon mariage avec Polly. Certains de ces idéaux m'empêchaient de voir que j'étais aussi égocentrique que mon père qui, alcoolique au dernier degré, considérait seulement l'existence par rapport à lui-même, y compris les prévisions météo.

En route vers le chalet, j'ai soudain arrêté le pick-up pour me demander à voix haute :

« Quand je me sermonne, qui au juste suis-je en train de sermonner ? »

Carla a regardé autour d'elle d'un air inquiet comme si je parlais à quelqu'un d'autre. La tête ailleurs, j'ai redémarré, en faisant plusieurs fois fausse route avant de trouver le chalet. J'ai pompé plusieurs seaux d'eau, que j'ai fait chauffer sur une cuisinière à propane afin de nettoyer l'endroit. J'ai empêché plusieurs fois Carla de manger des excréments de porc-épic. J'ai sursauté lorsque près du tas de bois un gros serpent noir a voulu piquer Carla qui aboyait et l'agressait. J'ai attrapé ce serpent et l'ai lancé dans la rivière. Soudain heureux d'être là, j'ai ensuite lavé quelques assiettes crasseuses. Ce chalet ne possédait pas la grâce de celui que Sprague m'avait légué, mais il était plus qu'utilisable pour mes modestes intentions. Il y avait trois lampes à kérosène pour éclairer mon calepin où je prenais mes notes, et aussi une lanterne Coleman qui me permettrait de rejoindre les toilettes en plein air, à la porte entaillée de l'habituelle quart de lune. Je comptais acheter deux lampes torches car je ne retrouvais jamais l'endroit où je les avait rangées. Il y avait un livre de cuisine dépenaillé, intitulé *Bouffer en camping*, qui incluait des recettes de plats reconstituants destinés aux chasseurs, le genre de plat où l'on mélange une boîte de haricots, une boîte de maïs et une autre de tomates pelées avec un oignon tranché et une livre de steak haché, un peu de sauce Worcestershire, un peu de Tabasco et une cuillère à thé de sel aillé.

Je voulais appeler Jesse pour qu'il m'envoie quelques livres de cuisine de ma mère et un livre de recettes italiennes que Mme Plunkett m'avait offert quand j'étais parti pour l'université. Sous une table basse à côté d'un bat-flanc, j'ai découvert une grosse pile de revues érotiques dénuées de toute sophistication ainsi que deux ou trois revues carrément pornographiques. L'une de ces dernières contenait de nombreuses photos d'hommes en train d'éjaculer sur des visages féminins levés et offerts. Il s'agissait apparemment d'un fantasme typiquement masculin. En feuilletant une demi-douzaine de ces revues, j'ai trouvé une seule femme vraiment séduisante et je me suis interrogé sur la spécialisation des goûts sexuels. J'ai ensuite fait le tour du chalet et constaté qu'il pouvait accueillir huit hôtes, sans tenir compte d'un petit grenier délabré. Mon père fréquentait volontiers un chalet beaucoup plus luxueux, au sud de Munising. Bien que possédant tout l'équipement nécessaire, il ne chassait pas vraiment le chevreuil. Je sais que ma mère soupçonnait fortement que ces parties de chasse servaient de prétexte à bien autre chose, surtout quand il retrouvait son vieux copain de Yale, Seward qui vivait à Duluth, un homme renfrogné qui transpirait les privilèges et la dépravation. Je suppose que certains hommes ont besoin de ces intermèdes pour faire valoir ce qu'ils considèrent comme leurs droits imprescriptibles.

J'ai entendu un aboiement aigu au loin et je suis sorti en courant du chalet. J'avais oublié Carla et voilà maintenant qu'elle jappait dans les bois, vers l'est. Je l'ai découverte dans un bosquet de peupliers, deux aiguilles de porc-épic plantées dans la truffe, son jeune agresseur à moitié grimpé dans un arbre tout proche. J'ai brisé les deux aiguilles à la base, car j'avais lu quelque part qu'elles étaient plus faciles à enlever quand on laissait l'air en sortir. Ces aiguilles n'étaient pas enfoncées trop profond dans le museau de Carla, mais elle s'est aussitôt mise à hurler et à essayer de me mordre. Je me suis alors allongé près d'elle pour la réconforter, puis j'ai piqué un petit roupillon en me disant que je devais me coucher à une heure précise si je voulais avoir devant moi une vraie journée de travail.

Au réveil, je ne savais plus dans quelle direction se trouvait le chalet, car j'avais couru vers les aboiements sans me poser davantage de questions. Pourtant, je faisais toujours attention à la direction que je prenais quand je pêchais la truite dans un lieu sauvage, car dans la Péninsule Nord on risquait toujours de se perdre corps et biens, même si cette mésaventure arrivait surtout pendant une saison de chasse au chevreuil particulièrement froide, en novembre, ou aux amateurs distraits de scooter des neiges qui tombaient en panne sèche.

Je n'avais pas peur en partant dans ce qui m'est bientôt apparu comme une mauvaise direction, mais je savais que je m'exposais à un éventuel inconfort. Mon blouson et ma boussole étaient restés au chalet, je n'avais qu'un canif et même pas d'allumettes. Et ma montre de gousset était aussi restée dans la poche de mon blouson. Quand le soleil est visible, on peut garder un cap à peu près sûr. C'était un milieu de matinée assez frais de juin, j'avais donc douze heures de jour devant moi à cette latitude. J'ai vainement exploré les environs à la recherche de fougères que j'aurais pu briser en accourant pour sauver Carla, sans en trouver la moindre. Le plus gros problème des gens qui se perdent dans la Péninsule Nord, c'est la densité du feuillage dans certaines zones. On se retrouve littéralement privé de tout point de vue, sauf celui du soleil, lequel, il faut s'en souvenir, se déplace dans le ciel.

Une heure plus tard, ma situation était des plus inconfortables. Mon anti-moustiques aussi était resté au chalet dans la poche de mon blouson. Comme Carla était fatiguée, je devais la porter. Elle ne pesait sans doute pas plus de dix kilos, mais ce n'était pas une partie de plaisir : peut-être avait-elle perçu mon inquiétude, mais le fait est qu'elle gigotait tant et plus. Je ne réussissais pas à nous extirper d'une région de basses terres marécageuses où les moustiques et les taons s'en donnaient à cœur joie. J'ai posé Carla par terre pour grimper à un arbre dans l'espoir d'un point de vue, et elle a fondu en larmes, convaincue que je voulais l'abandonner. Je n'ai pas réussi à monter assez haut pour voir au-dessus de la cime des arbres voisins. J'ai ensuite essayé de maintenir mon cap au nord, car je savais qu'une route de campagne s'y trouvait à moins de huit kilomètres. Au début, j'ai marché trop vite et je me suis bientôt retrouvé assoiffé, avec une cheville douloureuse.

J'ai enfin atteint une clairière d'une vingtaine d'arpents. J'étais tellement soulagé d'échapper à la densité claustrophobe des bois que j'en ai eu les larmes aux yeux et je me suis écroulé contre une souche. Carla aussi était soulagée et elle s'est très vite endormie. Au bout de quelques minutes, mon esprit inquiet ainsi que ma vision se sont éclaircis et j'ai découvert que j'étais assis à la lisière de la plus formidable collection de souches de pins blancs que j'avais jamais vue. Elles étaient tout simplement immenses, certaines si énormes que trois hommes se donnant la main n'auraient pu en faire le tour. Par le plus grand des hasards, je venais de découvrir un sanctuaire de souches. J'en ai compté trente. Le sol avait sans doute été parfait pour le pin blanc et l'on pouvait seulement les imaginer dressés à une soixantaine de mètres vers le ciel.

J'ai eu la chair de poule, la tristesse a envahi mon cœur et mon esprit.

Après une demi-heure de repos, je suis reparti avec Carla qui a consenti à marcher sur une cinquantaine de mètres seulement avant d'implorer le confort de mes bras. De l'autre côté de la clairière, un goulet semblait obliquer vers une direction plus occidentale. Je savais qu'aussi près du solstice le soleil se trouvait très au nord et ce goulet piquait vers un vallon encaissé qui devait finalement aboutir à un torrent ou à la rivière d'où j'étais parti. J'ai donc pivoté sur mes talons, puis je suis resté là pendant dix bonnes minutes, tout énervement et toute fatigue désormais dissipés, jusqu'à réussir à imaginer encore l'aspect révolu de cette partie de la forêt. Je ne saurais l'expliquer, mais ces souches massives me semblaient maintenant vivantes et elles m'assuraient que mon travail possédait un sens crucial. J'avais toujours mal à la cheville, mais cette douleur m'a paru aussi insignifiante qu'une piqûre de moustique.

À peine une centaine de mètres plus loin dans la légère pente du goulet, j'ai découvert une surprise étonnante. Là, devant moi, se dressait la plus grosse de toutes les souches de pin blanc, qui chevauchait le fond du goulet comme une araignée de dix tonnes, soutenue par des racines si massives que mes bras ne suffisaient pas à en faire le tour. J'avais posé Carla par terre et elle s'était sauvée de l'autre côté en reniflant le sol. Elle s'est soudain trouvée à l'intérieur de la souche et je baissais les yeux vers elle à travers une ouverture entre deux racines tordues. Un rayon de lumière tombait sur sa tête et elle me regardait d'un air grave. D'un pas mal assuré j'ai rejoint l'autre côté de l'énorme souche, où j'ai trouvé une ouverture assez grande pour me permettre d'y ramper et de rejoindre Carla. À l'intérieur il y avait assez de place pour que je m'assoie confortablement, et de lumière pour distinguer le sol, un mélange de sable frais et de gravier. Carla tremblait de peur, et je savais que c'était à cause des crottes laissées par terre sans doute par un lynx et des coyotes, sans oublier un gros morceau de matières fécales desséchées venant, selon toute vraisemblance, d'un ours. J'étais fasciné, la proie d'un sentiment similaire à celui éprouvé lors de mon baptême. J'ai alors pensé que je ne trouverais jamais une église mieux adaptée à moi-même à notre époque.

Ce goulet aboutissait bel et bien à la rivière, mais elle se situait à deux ou trois kilomètres de mon point de départ, et il m'a fallu ramper à moitié pour traverser un dense fourré d'aulnes, dans une boue qui me montait à mi-coudes et à mi-cuisses. L'essentiel pour moi, c'était de pouvoir entendre la rivière et j'ai connu la joie de me laisser glisser le long de la berge vers le courant comme si j'étais un cadavre. J'ai lâché Carla et nous avons flotté à la même vitesse, tandis que ma petite chienne buvait l'eau à grandes goulées. Moi-même je mourais presque de soif, mais j'ai attendu une bonne centaine de mètres avant de boire, pour m'assurer qu'il n'y avait pas un animal mort dans la rivière, qui aurait pu me faire attraper la giardiase, une maladie intestinale qui dure des mois.

# 23

Autour du week-end du 4 juillet, alors que le village était envahi de touristes, j'ai passé dix jours tapi dans ma tanière en continuant d'affiner ma grille d'étude dans des régions où les pins blancs avaient poussé en quantité. Je pouvais désormais marcher quatre heures par jour malgré ma mauvaise cheville et Carla elle aussi prenait rapidement des forces. J'ai aménagé la sangle et la poche d'un petit sac à dos pour la transporter à la manière d'un papoose quand elle serait fatiguée. J'avais été plus que sceptique au début, mais Cynthia avait eu raison : pour moi, Carla était une vraie compagne.

En milieu d'après-midi, quand la chaleur nous empêchait de marcher confortablement, nous prenions le pick-up pour rejoindre le lac Au Sable, nous baigner et ramer pendant deux heures avant de préparer le dîner. Jesse m'avait envoyé *La Joie de cuisiner*, le livre de ma mère, mais j'ai bientôt découvert qu'une quantité d'eau non négligeable devrait passer sous les ponts avant que la cuisine ne devienne pour moi une joie. Mon inaptitude me désolait et mon premier triomphe mitigé a été un plat élémentaire de gratin de pommes de terre. Mais le fond de ma tourte à la viande était brûlé, et le haut tout friable. Ma sauce de spaghettis était aigre. Mick m'a aidé quand il m'a livré des fournitures pour le toit, en me suggérant que le thermomètre de mon four était fichu. J'ai donc acheté un thermomètre de cuisson et découvert que mon four indiquait trente degrés de moins que la réalité. Le jour où nous nous sommes perdus avant d'avoir le plaisir de nous baigner et de nous laisser dériver au fil du courant, j'ai aussi découvert qu'une grosse conserve de sardines c'était beaucoup trop pour Carla. En effet, nous étions en route pour la ville où nous allions boire un coup lorsqu'elle m'a adressé un regard étrange avant que le contenu de ses intestins ne se répande sur le siège du pick-up. J'ai alors pris bonne note d'acheter des serviettes en papier.

Je me rendais quotidiennement à la poste et j'avais reçu une lettre de ma mère et une autre de Cynthia. Celle de ma mère contenait un billet de cent dollars et un post-scriptum disant : « Offre-toi un bon dîner. » Cette somme m'aurait permis de payer vingt repas à la taverne du village. Le soir, je m'en tenais à l'écart, de peur d'avoir une histoire avec une fille du cru et malgré toute la force de ma lubricité. Je tenais à travailler d'arrache-pied durant un bon mois avant de chercher à tout prix une diversion. J'entretenais encore quelques espoirs au sujet de Vernice, mais je pensais sans arrêt à Laurie qui, je le savais, était mariée, et à Riva, qui avait plaqué Fred. J'ai d'ailleurs reçu une lettre de Fred dans sa clinique de Columbus, dans l'Ohio, qui disait : « Riva m'a quitté à l'heure de mon plus grand besoin. Je ne dirai pas que je lui en veux. »

Et puis, le vendredi après le 4 juillet j'ai reçu une carte postale de Vernice : « Peut-être. Bises, Vernice. »

Lorsque j'ai humé l'odeur de cette carte postale dans le bureau de poste, un vieux chnoque m'a vu faire et il a éclaté de rire. Soit dit en passant, la carte postale ne sentait rien. Le cachet de la poste remontait à cinq jours et je me suis laissé aller à penser qu'elle était peut-être déjà en route vers le nord. Mon cœur s'est emballé, ma queue a frémi dans mon pantalon. Ma volonté a connu un passage à vide et je suis allé boire un verre dans la taverne surpeuplée. Il y avait là au moins une douzaine de femmes acceptables qui buvaient de la bière et disaient des choses aussi inimitables que :

« Faut que j'aille pisser. »

L'une d'elles, assise à côté de moi au bar, m'a dit :

« Offre-moi une bière, mon beau. »

Elle venait de Germfask et ses énormes seins ballottaient sous son débardeur. J'avais les oreilles brûlantes. J'étais un amateur de jambes et de fesses féminines, mais pour une fois le spectacle de cette poitrine plantureuse moulée dans le stretch m'a émoustillé. Par chance, son petit ami coupeur de bois est bientôt arrivé et mes pensées ont bifurqué vers Shirley qui jouait au billard avec un homme corpulent et plus âgé qu'elle, un écrivain vivant dans le sud de l'État, m'avait appris Mick. Un pêcheur professionnel de ma connaissance m'avait donné cinq truites de lac longues d'une trentaine de centimètres, c'est-à-dire trop petites pour être pêchées légalement, et je suis parti sans dépasser ma limite de deux bières et en me disant « Rien à foutre ».

Au-dehors, près de l'entrée de la taverne, deux filles dansaient. Elles n'avaient manifestement pas l'âge de boire dans un bar, je leur ai donné treize ou quatorze ans, mais elles étaient physiquement séduisantes. L'une d'elles était même belle. Elles portaient seulement un short et un débardeur dans la chaleur de cette fin d'après-midi et elles bougeaient avec grâce au rythme de la musique qui venait de la porte grillagée du bar. Lorsqu'elles m'ont souri toutes les deux, j'ai senti le sang se ruer vers mon visage et j'ai soudain pensé que c'était précisément ce genre de désir qui avait causé tant de problèmes à mon père, mais il n'acceptait pas le contrat social parce qu'il tenait à ne rien se refuser. L'autre question qui m'est venue à l'esprit est : pourquoi donc ne dansais-je jamais ?

J'ai commis l'erreur de partir tous les jours à l'aube et de passer ainsi trois jours d'affilée vers l'ouest, dans la région de la Big Two-Hearted River, à traîner ma barque pour pêcher dans plusieurs lacs durant l'après-midi. Hemingway ne m'intéressait pas beaucoup, même si pour mon père il constituait une véritable icône du vingtième siècle. Certaines de ses premières nouvelles étaient excellentes mais, comme je n'étais pas un ancien combattant, la guerre n'exerçait aucune fascination sur moi. Je préférais Willa Cather et Faulkner, deux écrivains que mon père considérait comme « manquant de punch ». Il avait effectué plusieurs voyages de pêche à Cuba avec Seward à la fin des années quarante et au début des années cinquante, et il avait plusieurs fois rencontré Hemingway, sans doute dans des bars. Je me suis ensuite douté que le principal objectif de ces virées était le tourisme sexuel, tellement populaire sous Batista.

Mon erreur a consisté à ne pas aller à la poste vérifier mon courrier, car je rentrais à Grand Marais après la fermeture du bureau. La troisième nuit, après deux heures du matin, Carla s'est mise à aboyer, ce qui n'avait rien d'exceptionnel car elle aboyait toujours quand elle entendait des coyotes ou lorsqu'elle sentait un ours, mais là il y avait des lumières qui balayaient les fenêtres du chalet et j'ai alors pensé au revolver que j'avais jeté pour être certain de ne pas l'utiliser contre moi-même.

C'était Vernice. Dire qu'elle était furieuse relève de l'euphémisme. Je suis resté là à la porte en sous-vêtements tandis qu'elle me demandait pourquoi je n'avais pas été la chercher au « putain d'aéroport de Marquette » comme promis. Un peu plus loin, Mick m'a adressé un signe de la main, en contre-jour dans la lueur de ses phares. J'avais une lampe torche à la main, j'ai vu le nuage de moustiques qui entourait la tête de Vernice. Quand j'ai tenté d'en chasser un de sa pommette, elle a sifflé :

« Ne me touche pas ! »

Elle est restée près de la porte grillagée à demi-ouverte tandis que j'allumais rapidement deux lampes. Comme les moustiques en profitaient pour entrer dans le chalet, j'ai été chercher sa valise bleue et Vernice a suffisamment avancé pour que je puisse refermer la porte. Elle a sursauté quand Carla s'est mise à lui lécher la cheville, mais elle s'est ensuite accroupie pour caresser la petite chienne qui a alors roulé sur le dos.

D'une voix basse et tendue, Vernice a déclaré vouloir reprendre l'avion pour Chicago dès le lendemain matin, ajoutant que, constatant mon absence à l'aéroport, elle avait aussitôt fait une réservation pour le premier vol. Elle avait ensuite pris un car de Marquette à Seney, puis donné vingt dollars à deux adolescents rencontrés à la *Seney Tavern* pour qu'ils l'emmènent à Grand Marais, où elle était arrivée à minuit au bar. Il lui a alors fallu attendre deux heures avant que Mick ne ferme, car certains clients du bar étaient ronds comme des queues de pelle. Elle avait cru que mon chalet se trouvait sur une plage, au lieu d'être « une vulgaire cabane paumée au fond des bois, putain ».

Je me suis excusé, j'ai expliqué que je n'avais pas pu relever mon courrier depuis plusieurs jours. J'ai mis de l'eau à chauffer pour qu'elle puisse faire un brin de toilette. Quand elle m'a annoncé que son avion de retour décollait à six heures et demie du matin à destination de Chicago, je lui ai dit qu'elle pourrait donc se reposer une heure avant que nous ne partions pour Marquette.

« Merde alors ! » a-t-elle hurlé, si fort que Carla est allée se planquer sous le lit.

Vernice s'est alors mise à quatre pattes pour essayer de faire sortir Carla de sous le lit à force de cajoleries et j'ai alors pensé que je n'aurais sans doute jamais le bonheur de toucher ces fesses qui pointaient en l'air sous une jupe souple en jean. Quand je lui ai demandé si elle avait faim, elle a acquiescé tout en calmant Carla. Je lui ai réchauffé un bol de mon chili que je trouvais plutôt réussi, mais lorsqu'elle s'est assise à table, elle a regardé son bol et déclaré :

« Le chili, ça ne se prépare pas avec des gros haricots, de la tomate en boîte et des hamburgers. »

Puis elle m'a examiné avec une telle attention tout en mangeant plusieurs biscuits salés, que j'ai regretté de ne pas avoir mis une chemise. Elle avait rassemblé en chignon l'unique tresse de ses cheveux. Alors elle a dit qu'elle se sentait trop fatiguée pour reprendre l'avion à l'aube et qu'après une bonne nuit de sommeil elle aviserait. Elle a installé mon sac de couchage sur un lit une place situé dans un angle de la pièce, elle a ôté tous ses vêtements sauf sa petite culotte, elle a brandi le majeur vers moi en souriant, et une minute après elle dormait à poings fermés. Debout sur ses pattes arrière, Carla grattait le sac de couchage pour tenter de s'y glisser à côté de Vernice. J'ai ressenti une jalousie enfantine, mais je l'ai aidée à s'y nicher.

# 24

Les huit jours que j'ai passés avec Vernice ont violemment malmené mon univers. En fait, les dégâts ont été irréversibles. Pourtant, l'effet qu'elle a eu sur moi n'était pas intentionnel, car Vernice n'avait rien d'une missionnaire. Ce n'était pas une personne très gentille, dans l'acception courante de ce terme, mais elle n'était pas désagréable non plus. Elle était tout simplement ce qu'elle était, à un degré que je n'ai rencontré chez personne, Riva et Clarence compris, mais peut-être à l'exception de Cynthia. Elle m'a ligoté avec des nœuds, dont elle a ensuite négligé de défaire les plus compliqués. À la fin de notre première journée partagée, j'ai eu une idée bizarre, digne de la science-fiction ; nous n'habitions sans doute pas sur la même planète, car comment expliquer autrement le gouffre qui séparait nos perceptions respectives du monde ? Son univers était une succession de considérations et de perceptions esthétiques. Elle connaissait assez bien le contenu de mon type d'univers, qu'elle avait rejeté en le jugeant insuffisant pour la maintenir en vie. Sur la centaine de poètes, romanciers, peintres et musiciens qu'elle a mentionnés durant ces huit jours, je n'avais entendu parler que de quatre ou cinq, et encore, seulement en passant. Elle a déclaré que j'étais un trapézoïde, alors qu'elle-même était un cercle vulnérable et inclusif. Elle a parié qu'à l'école je devais être excellent en géométrie, ce qui était la vérité. Je me suis défendu en lui rétorquant que j'avais aussi été très bon en histoire, mais pour Vernice l'histoire n'était qu'un élément parmi d'autres de ce qu'elle appelait « le Grand Mensonge ». Le premier jour, pendant que nous mangions des sandwiches au thon, elle a cité une phrase en français, avant de me la traduire :

« Tout ce que nous apprenons est faux. »

Voilà un début bien difficile à partir duquel entamer une liaison.

Je ne me suis pas endormi avant l'aube. Elle avait fumé des cigarettes et je sentais dans l'air obscur un restant d'odeur de tabac, mais aussi ce parfum presque indécelable que Polly laissait le soir dans la chambre quand elle se déshabillait. C'était tellement captivant qu'incapable de dormir, je me suis levé pour fumer une de ses cigarettes, ma première depuis qu'à l'université j'avais survécu à la grippe.

À un certain moment, elle s'est mise à gémir et Carla l'a imitée. J'ai pensé à ouvrir l'une des trois bouteilles de vin de mon père que Jesse avait ajoutées à mon barda quand il était allé chercher mon matériel de camping dans cette maison où je ne voulais plus mettre les pieds. À l'instant d'éteindre la cigarette, la maison ne m'a plus paru hantée. Pourquoi ? Peut-être l'avais-je déjà chassée de mon esprit, à force de marcher et de ramer. J'ai laissé le vin intact en me rappelant que, dans la taverne de Chicago, elle avait déclaré avoir passé toute une année universitaire en France et en Italie, si bien qu'elle aimait peut-être le vin. J'ai pris une bière dans le réfrigérateur Servel à propane et j'ai allumé une autre cigarette, tout en sermonnant mon pénis qui dressait fièrement la tête hors de mon caleçon :

« Ça se présente plutôt mal, fiston », lui dis-je.

Cette bière m'a permis de dormir, enveloppé dans une inconfortable couverture en laine.

À mon réveil le museau de Carla pointait derrière la vitre de la fenêtre voisine, tout près de mon visage, une vision improbable car de ce côté-ci du chalet le terrain descendait abruptement, mais c'était Vernice qui tenait Carla à bout de bras. Elle est rentrée et nous a aussitôt préparé une grosse omelette au fromage. Pour expliquer sa rapidité, elle a dit qu'elle avait travaillé pendant deux ans dans un médiocre restaurant français d'Evansville afin de financer en partie ses études universitaires. J'ai été très impressionné en la voyant replier l'omelette en trois sans se servir d'une spatule. Elle s'était mise à la cuisine de bonne heure, car ses deux parents travaillaient, son père comme modeste entrepreneur, sa mère comme secrétaire juridique. Elle avait trois frères aînés, un proviseur « nazi », un quartier-maître dans la Marine, et le benjamin travaillait avec son père. Il était ébéniste, il avait un problème d'alcool, mais c'était le préféré de Vernice. Son père était inscrit chez les Alcooliques Anonymes, sa mère faisait souvent des dépressions, et voilà aussi pourquoi elle avait appris à cuisiner de si bonne heure. Quand elle m'a posé des questions sur Cynthia, j'ai entre autres utilisé le mot « captieux », que Vernice a bien aimé. Mais je ne lui ai pas dit que c'était un mot d'abord employé par mon père à propos de Cynthia. Elle appréciait surtout la manière dont ma sœur s'était enfuie avec un métis à seize ans à peine, avant de finir l'université malgré tout.

Dès qu'elle m'a posé des questions plus précises sur mes parents, j'ai répondu que je lui parlerais d'eux plus tard, d'autant que nous devions nous mettre en route avant qu'il ne fasse trop chaud. Tandis que je préparais de l'eau, des sardines, des biscuits salés et du fromage, elle a dit en blaguant qu'à son réveil elle avait cru que je ronflais comme un sonneur pour attirer l'attention vers ma queue qui pointait. Je me suis détourné en rougissant, ce qu'elle a trouvé charmant. Alors que je vérifiais les sangles qui retenaient la barque sur le plateau du pick-up, elle a dit que lors de notre première rencontre près de la bibliothèque Newberry, je lui avais fait l'effet d'un gosse de riches, en partie à cause de l'accent de Fred qui, selon elle, était typique de North Shore Chicago. Je n'étais pas conscient de cette particularité, mais Vernice était poète. Elle a aussi ajouté que je lui avais donné l'impression d'être un « agréable pète-sec ».

« Je t'emmerde ! lui lançai-je alors que nous roulions sur le chemin.

— Moi aussi », rétorqua-t-elle.

Une boule s'est alors formée dans ma gorge. Depuis qu'elle n'évoquait plus son retour imminent à Chicago, j'avais laissé renaître un soupçon d'optimisme. Je lui avais aussi dit qu'elle pouvait très bien porter un short et non un jean à cause des insectes, tout simplement parce que je désirais avoir une bonne vue de ses jambes et de son derrière. Je me sentais vaguement honteux de ce stratagème, mais plus du tout après qu'elle a prononcé le mot redouté de « pète-sec ». Durant toute cette journée elle a employé des termes aussi rares que « épistémologie », « phylogénie » ou « oiseux », mais dans la même phrase elle n'hésitait jamais à me traiter sans vergogne de « sale petit con ». J'avais en permanence l'impression d'être pris au dépourvu.

J'ai changé d'idée, car en ce milieu de matinée il risquait de faire trop chaud pour se diriger vers l'intérieur des terres. J'ai décidé d'aller aux dunes de Grand Sable. Quand nous avons traversé Grand Marais, Vernice m'a demandé de m'arrêter à la poste pour récupérer sa lettre m'avertissant de son arrivée. Il y avait aussi un mot de Cynthia, que j'ai fourré dans ma poche pour le lire plus tard. Pendant ce temps-là, Vernice parlait du suicide de Cesare Pavese, puis elle a cité un poème de Valéry dès qu'elle a vu au grand jour le port splendide, et en arrivant à la sortie ouest de la ville elle est passée aux poètes Ponge et Corbière. J'ai mémorisé les noms de tous ces écrivains pour me renseigner sur leurs œuvres dans une bonne bibliothèque, à la fin de l'automne. Quand je me suis garé près des dunes, elle était lancée dans une grande tirade sur le San Francisco du milieu des années cinquante, qu'elle avait ratée car à cette époque elle avait seulement cinq ans.

Elle s'est éloignée avec Carla dans la partie la plus raide des dunes, après avoir crié :

« Putain, c'est beau ! »

Vexé, j'ai accepté de ne pas pouvoir les suivre et j'ai pris un chemin plus long et moins abrupt. Et puis ni Vernice ni Carla ne se sont retournées pour voir ce que je faisais. Elle avait des jambes fines, mais de toute évidence bien musclées malgré leur fragilité apparente. Je me suis rappelé avoir arrêté le tennis à treize ans, quand ma mère m'a promené sur tout le court en renvoyant avec une facilité déconcertante mes balles ridiculement faibles. Dans le cas de Vernice, ma seule consolation était ses fesses et ses jambes nues qui s'activaient dans le sable meuble. Après mon grand détour, je les ai retrouvées un quart d'heure plus tard sur un promontoire couvert d'herbes folles, d'où l'on voyait le lac Au Sable très loin en contrebas et, très loin au nord, le lac Supérieur qui baignait dans une lumière céruléenne.

Vernice a fondu en larmes devant la beauté du lieu,

tournée vers l'ouest et l'endroit où les dunes s'achevaient à une vingtaine de kilomètres, près d'un phare. Elle était en sueur et, quand je me suis assis près d'elle, elle s'est appuyée un moment contre moi. Mais dès que mon bras lui a enlacé les épaules, elle a bondi sur ses pieds pour filer si loin que j'ai dû crier en lui montrant un bosquet de verdure dans une vallée située à environ deux kilomètres en direction du lac Supérieur. Cette fois, Carla ne l'a pas suivie et elle a même été ravie de se nicher dans son sac à papoose.

Quand j'ai atteint ce bosquet, un arpent de trembles denses et de bouleaux blancs, Vernice s'est cachée. J'ai donc mis Carla à terre et la petite chienne a rapidement trouvé Vernice qui, appuyée contre un tronc de bouleau, mangeait d'une main des fraises sauvages tout en tenant un crâne de coyote dans l'autre. L'obstination avec laquelle les jeunes gens d'environ vingt-cinq ans peuvent faire durer une dispute est proprement ahurissante. Il était presque midi et nous devions continuer sur le même ton bien après minuit. En voici un exemple :

« Ton corps est si raide que tu risques de te casser. T'es tout crispé de partout.

— Moi ? Pourtant je tiens bon, mentis-je.

— Tu n'as jamais lu le *Tao Te King ?*

— Non, je ne crois pas.

— Si tu l'avais lu, tu t'en souviendrais. Le *Tao* dit que tu dois devenir souple et malléable. Je ne sais pas quelles sont tes obsessions, mais elles te rendent raide comme un passe-lacet.

— Et toi, tes obsessions t'assouplissent ? » J'ai donné une fraise sauvage à Carla, qu'elle a aussitôt recrachée d'un air offensé.

« La poésie n'est pas une obsession, mais une vocation.

C'est une rivière dans laquelle tu sautes dès qu'on t'y appelle et tu passes ta vie à flotter au gré du courant.

— Jusqu'à atteindre le paradis de la poésie ?

— Dans le mille, Émile.

— Et nous autres, alors ?

— Chacun fait ce qu'il a envie de faire. La poésie ne suppose aucune vertu. Je ne suis pas meilleure que ce groupe de corneilles, là-bas vers le lac.

— Ce sont des corbeaux. Ils suivent un ours qui se régale sans doute de pois des plages et de fraises sauvages.

— Ils sont dangereux ?

— Pas si tu les laisses tranquilles. Curieusement, ils sont moins agressifs que toi.

— Avec trois frères aînés, j'ai dû me bagarrer pour conserver mon territoire. Ils ont même essayé de me baiser.

— Tes frères ? Je n'ai jamais pensé à Cynthia sous cet angle.

— Tu as refoulé ton désir avec succès, et c'est ce que tu es censé faire. Dès notre prime jeunesse, nos parents étaient écœurés par la vie. Ils ne nous ont rien appris. Tu devrais lire quelques bouquins sur l'inceste. »

Alors, sans raison valable, sinon le désir d'une sympathie qui aurait pu aboutir à l'acte d'amour, je me suis lancé dans le récit abrégé de mon existence, mais sans oublier d'y inclure le pire. J'ai parlé durant toute une demi-heure et je suais sang et eau, bien que ce bosquet de verdure fût ombragé et frais. J'ai conclu sur les tenants et les aboutissants de mon projet actuel.

« Mais tu ne peux pas faire une chose pareille ! explosa-t-elle.

— Quoi ? » Sa véhémence me stupéfiait.

« Tu ne peux pas passer ta vie à écrire sur l'histoire d'une famille, alors que personne ne voudra jamais lire ça.

Tu ne peux pas passer tout ton temps en réaction à ta famille, surtout à ton père, parce que ça signifie que tu es toujours son petit garçon blessé. Tu prétends être fondamentalement chrétien, mais tu croupis dans l'Ancien Testament alors que tu devrais te plonger dans le Nouveau. "Il se leva et tua son père avec la mâchoire de l'âne", ce genre de merde. Quelle manière conne de se gâcher l'existence ! Tu crois que tu as plusieurs vies devant toi, ou quoi ? »

J'ai roulé sur le ventre pour observer les déambulations d'insectes minuscules.

« À quoi bon rester ici pour me mettre le nez dans ma merde comme une vraie salope que tu es ? demandai-je aux brins d'herbes vivantes, aux feuilles mortes marron, aux insectes.

— Nous sommes en quelque sorte attirés l'un vers l'autre. J'ai soif. »

Puis elle est partie à toute vitesse. J'ai installé Carla dans le sac de papoose en m'étonnant des exigences incroyables imposées à un homme par son désir. J'avais l'impression d'avoir le cerveau à vif. Étais-je vraiment un petit garçon blessé ? En partie, certes, mais la colère qui accompagnait cet aveu me donnait des migraines. L'heure des histoires au Club m'est revenue en mémoire. Peut-être que le minuscule animal maléfique lové autour de ma colonne vertébrale n'était autre que mon père.

Nous avons nagé près de la darse de mise à l'eau, puis j'ai ramé sur le lac et, afin de lui rappeler ce que nous rations, je lui ai montré le banc de sable où j'avais perdu ma virginité avec Laurie. Elle a été amusée, mais elle m'a alors raconté une histoire mélancolique sur la perte de sa propre virginité avec son premier amour, quand elle était en classe de seconde et lui en terminale. Elle a été follement amoureuse de ce garçon jusqu'à son entrée à l'université, quand il a brutalement épousé la meilleure amie de Vernice parce que la famille de cette fille avait un peu d'argent et qu'il pourrait bientôt devenir gérant d'une de leurs quincailleries. Après ce mariage, elle est rentrée chez elle et elle l'a séduit en s'assurant que son ancienne amie fût bien informée de leur liaison, mais sans aboutir à aucun changement notable. Aujourd'hui encore, elle regrettait d'avoir fait une chose aussi méprisable.

« C'est une histoire affreuse », dis-je en la regardant enlever son soutien-gorge et sa culotte mouillés, qu'elle a mis à sécher sur le plat-bord de la barque. « Bon Dieu, fis-je quand elle s'est penchée au-dessus de l'arrière du bateau pour s'éclabousser le visage avec de l'eau fraîche.

— Détends-toi, dit-elle. Ça te fait du bien de poireauter un peu. » Puis elle s'est retournée et elle a éclaté de rire en découvrant mon érection dans mon caleçon mouillé. « Est-ce pour moi ? » Du gros orteil elle m'a taquiné le sexe pendant que je ramais. Quelle incroyable joueuse, ai-je alors pensé.

Je suis resté assis au volant devant l'épicerie IGA pendant que Vernice y entrait en courant pour acheter un poulet à rôtir. J'étais sur le point d'ouvrir la lettre de Cynthia quand mon esprit m'a soudain ramené à l'image de Vernice penchée au-dessus de l'arrière de la barque. La lettre de Cynthia et la vision que j'avais à travers le pare-brise sont complètement sorties de mon esprit désormais obnubilé par la structure parfaite du vagin et par ce qu'un étudiant problématique en théologie avait appelé « le divin périnée ». En classe de CM2, quand j'avais effectué un voyage avec mes camarades jusqu'à une ferme de la région de Trenary, une fillette assez délurée avait émis ce commentaire sur les vaches :

« Elles sont terriblement exposées ! »

La métaphore bétaillère ne m'étant d'aucune utilité, j'ai donc lu la lettre de Cynthia et appris que Laurie souffrait d'un cancer du sein, mais ma sœur ajoutait qu'apparemment les médecins l'avaient « diagnostiqué assez tôt », un commentaire classique et vain. J'ai vivement rangé cette lettre quand Vernice est ressortie du magasin.

« Je ne me rappelle pas avoir déjà vu autant de laitues avariées, dit-elle. Merde alors, qu'est-ce qu'ils bouffent les gens d'ici ? C'est toi le spécialiste de la religion et je n'ai pas mis les pieds à l'église depuis le lycée, mais le message crucial du Nouveau Testament c'est le pardon. Toutes ces conneries sur les péchés des pères qui se transmettent aux enfants ne sont plus valables depuis belle lurette. Tu n'es pas Moïse. C'est pas toi qui as coupé tous les arbres de la Péninsule Nord, putain. Ta cupidité n'a pas fait mourir les mineurs dans des galeries dangereuses. Tu n'as pas violé cette jeune fille. Tu reconnais qu'elle était séduisante, mais tu ne lui as strictement rien fait. Crois-tu vraiment pouvoir régler leur compte aux morts ?

— Mon père n'est pas mort.

— Tu sais très bien que je parle de tes ancêtres. Ton père m'impressionne autant qu'une crotte de chien desséchée. Il ne fait plus de mal ni à ta mère ni à ta sœur, mais seulement à toi. »

Il faisait encore trop chaud dans le chalet pour rôtir le poulet et nous avons donc partagé un sandwich au thon. J'ai sorti les trois bouteilles de vin préparées par Jesse à mon intention. Je ne m'étais jamais beaucoup intéressé aux vins français, surtout parce que mon père les idolâtrait littéralement. Vernice est soudain devenue irritable, car ces bouteilles, qui dataient du début des années cinquante, valaient une fortune et je les avais rangées debout dans un placard du chalet surchauffé.

« Je pourrais vendre ces bouteilles à Chicago et m'offrir un mois agréable en France, dit-elle.

— Vas-y. Je suis sûr que c'est une bonne idée. » Mon commentaire n'a pas eu l'heur de lui plaire, malgré sa sincérité.

Elle est allée déballer ses affaires, ce qui m'a encouragé, mais quand elle a découvert la pile des revues porno dans le tiroir de la commode, elle m'a fusillé du regard.

« Trouvées dans le chalet, répondis-je avec un haussement d'épaules.

— Elles représentent les femmes comme des cibles et les hommes oublient qu'il y a une femme qui accompagne la cible. »

Elle s'est déshabillée, gardant seulement son soutien-gorge et sa petite culotte, elle s'est jetée sur son lit et une minute après elle dormait. Comme je ne voulais pas la regarder, je suis sorti sur la véranda branlante, j'ai mis de la crème anti-moustiques et je me suis endormi sur un fauteuil à bascule.

Je me suis réveillé en début de soirée, pour constater que la crème anti-moustiques n'avait pas fait son office. Assise à une table, toujours en soutien-gorge et petite culotte, Vernice griffonnait dans son journal en buvant un café.

« Ne parle pas. Je suis au beau milieu d'un poème. »

Je me suis servi une tasse de café, j'ai pris un morceau de savon et une serviette, puis je suis descendu à la rivière. Parmi les dunes Carla s'était roulée dans une charogne et, quand je l'ai savonnée, elle s'est trémoussée de joie. J'ai trouvé à la fois étrange et agréable d'être debout et nu dans l'eau fraîche d'une rivière tout en buvant une tasse de café brûlant. Je me suis savonné, puis accroché à une branche d'aulne qui surplombait un profond bassin, laissant mon corps tremper et se rincer dans le courant. Le soleil allait bientôt se coucher et Carla, assise sur la berge, projetait une longue ombre dentelée de chien.

Quand nous sommes remontés au chalet, Vernice préparait le poulet à rôtir. Cédant à une impulsion subite, je lui ai parlé du cancer du sein de Laurie, ajoutant que j'étais sûr qu'elle allait s'en tirer, car elle était jeune et elle saurait lutter contre la maladie. Vernice m'a rétorqué avec gravité que le contraire était hélas vrai : la jeunesse de Laurie donnerait davantage d'énergie à la maladie et ses chances de survie à long terme étaient moindres que si elle avait été plus âgée. La vérité m'a une fois encore pris au dépourvu, les larmes m'ont empli les yeux et j'ai vainement tenté de les cacher. Vernice a fait semblant de s'intéresser au plafond pour ne pas ajouter à ma gêne.

« Et merde. J'ai jamais eu l'occasion de goûter à ce genre de truc. » Elle a débouché la bouteille de Petrus et servi deux verres. « Ton père est peut-être le roi des cons, à moins que ce ne soit toi, mais je vous remercie. » Elle a pris en bouche une longue gorgée, qu'elle a gardée longtemps, puis elle a frissonné.

J'ai goûté le vin et reconnu qu'il était vraiment bon, ce qui a hérissé Vernice. Fred s'était montré très amusé quand j'avais choisi l'Université du Michigan à la place de Yale et maintenant je me colletais de nouveau avec mon refus d'un des nombreux signes d'appartenance à ma prétendue classe sociale. Histoire de me taquiner, Vernice m'a confié que beaucoup de filles ayant séjourné en France ou travaillé dans la restauration seraient ravies de baiser pour cette bouteille de vin.

« Sans blague ? » fis-je.

Alors elle s'est levée et déshabillée.

« Je ne veux pas que tu baises avec moi pour une bouteille de vin, dis-je faiblement.

— Tu as toujours été gentil, alors que j'ai joué le rôle d'une insupportable allumeuse », rétorqua-t-elle.

Tout a commencé ainsi. Elle sentait l'eau fraîche du lac et les coups de soleil, comme Laurie voilà si longtemps. La grande différence, c'était qu'elle n'a pas cessé de rire durant le restant de la soirée. L'atmosphère n'avait plus rien de mélancolique. Ses nombreux orgasmes n'avaient aucun rapport avec mes talents minimes. Dans les dernières lueurs du ciel qui entraient par les fenêtres, j'ai regardé ses yeux, qui n'étaient quasiment plus là. L'espace d'un instant, j'ai été stupéfié. Je me suis légèrement retiré, j'ai entendu nos peaux couvertes de sueur se séparer. Quand je me suis écarté, elle m'a presque « vu », mais dès que je suis revenu en elle, Vernice a de nouveau disparu en elle-même et je me suis convaincu que son « moi » m'incluait à cet instant précis, si bien que pour la première fois de ma vie pendant l'acte d'amour j'ai vécu une union parfaite avec ma partenaire. Dans ma poitrine et dans ma tête je me sentais au bord des larmes, mais je n'ai pas pleuré. J'étais ensorcelé, mon esprit a lentement cédé et, comme Vernice, je suis devenu absent au monde.

Nous avons dévoré notre poulet rôti à minuit. Elle avait farci le volatile avec du citron, du thym et de l'ail blanchi, avant de l'entourer de carottes, d'oignons et de quelques pommes de terre nouvelles. Elle a fermé les yeux en savourant son vin. De mon côté, j'ai pris une bière glacée, qui n'a provoqué aucun sarcasme chez Vernice. Cette qualité de plaisir culinaire était nouvelle pour moi, mais du point de vue gastronomique Vernice avait quelques longueurs d'avance sur Mme Plunkett. Les principes esthétiques mis en œuvre dans sa poésie s'appliquaient également devant les fourneaux. Et puis j'avais remarqué sa façon de bouger légèrement la tête pour cadrer au mieux le paysage à travers les petites vitres des fenêtres du chalet. J'ai commis la seule gaffe du dîner en suggérant que ses remarquables talents culinaires lui permettraient de choisir un bon mari. Elle s'est alors mise dans une colère noire et je n'ai trouvé aucun endroit où battre en retraite. Elle m'a dit qu'elle avait grandi en catholique et qu'elle était « une nonne entièrement dévouée à son art ». Se marier eût été un blasphème contre tout ce qu'elle désirait pour sa vie. J'ai essayé de botter en touche en lui rétorquant suavement qu'il était bien naturel pour moi de penser que, biologiquement, le genre d'acte amoureux que nous venions de partager pourrait mener un jour à une vie de couple. Elle a éclaté de rire avant de me rappeler l'une de mes récentes confidences : ma séparation avec Polly s'était produite à cause de mon refus d'avoir des enfants. J'ai reculé en déclarant qu'elle m'avait vidé de toute mon intelligence.

« Mais nous commençons à peine ! » dit-elle alors.

La nuit était tiède et nous sommes allés nous baigner après le dîner. Il y a eu un grand remue-ménage de feuilles malmenées de l'autre côté de la rivière et Carla est retournée aussi sec vers le chalet. Vernice s'est inquiétée et je lui ai expliqué qu'il s'agissait seulement d'un ours inoffensif, sans doute attiré par le fumet de l'ail qu'il humait pour la première fois. Lorsqu'elle m'a demandé comment je pouvais savoir s'il était vraiment inoffensif, j'ai répondu que le seul vaurien parmi cent mille ours noirs nous aurait déjà dévorés à l'heure qu'il était.

En l'absence du soleil nous tremblions dans l'eau froide et nous avons recommencé à faire l'amour, mais les moustiques nous ont chassés à l'intérieur. J'ai été déçu quand elle a refusé de dormir avec moi, mais elle m'a répondu qu'en aucun cas elle ne dormait avec quiconque pour une seule nuit. J'ai trouvé merveilleux de faire l'amour quand l'eau de la rivière venait de rafraîchir nos corps, mais au moment de sombrer dans le sommeil j'ai été troublé par des souvenirs douloureux de Laurie. Tout est lié, rien n'est isolé : étrange pensée pour un esprit géométrique.

# 25

Malgré la plénitude de tous ces plaisirs, nous avons été un peu lents et déprimés le lendemain matin, sans doute parce que nous partagions cette triste conviction que, malgré nos instincts humains les meilleurs, nous allions écarter cet épisode sans pitié afin de suivre nos trajectoires individuelles, ces destinées profondément enfouies en chacun de nous, cette solitude volontaire que l'éventualité, voire la probabilité, d'un amour réciproque n'aurait pu annuler. Les gens tombent peut-être amoureux malgré l'invention de telles barrières intérieures. Notre culture a peut-être commencé à nous apprendre subtilement que cette soumission absolue à l'ambition constitue notre plus haut espoir. Sans doute qu'à une certaine époque, davantage de gens étaient simplement eux-mêmes, mais sans doute que ni elle ni moi n'avions jamais essayé d'être simplement nous-mêmes. Enfin, nous étions peut-être le genre d'individus que la culture n'avait aucun mal à dénaturer. Enfants, nous étions assez fantasques pour souhaiter être un oiseau jusqu'au soir, et rien ne se perd plus aisément que le sens du jeu.

Un fort vent du sud soufflait en début de matinée. Debout à la fenêtre je regardais Vernice boire son café sur la berge de la rivière, les bourrasques malmenant sa chevelure, Carla collée contre sa jambe. Je savais que la force de ce vent du sud apporterait des orages et j'ai donc emballé un imperméable léger plus un poncho pour Vernice. Le petit déjeuner avait failli tourner au désastre quand j'ai sorti ma plus grande carte de la Péninsule Nord, couverte du tracé méticuleux de ma grille. Il y avait des zones ombrées et des post-it pour identifier toutes les activités forestières et minières de ma famille. Après l'avoir montrée à Vernice, je l'ai repliée et j'en ai sorti une autre, un agrandissement plus détaillé du centre de la Péninsule Nord, où nous nous trouvions, superposée à des cartes du comté établies par la police de l'État, afin de me donner une connaissance plus approfondie de cette région.

Elle m'a signifié sans aménité qu'elle n'avait aucun goût pour les cartes, puis, histoire d'enfoncer le clou, elle m'a sévèrement reproché d'être un anal compulsif ou bien un anal rétensif, je ne sais plus lequel de ces deux termes déprimants. Malgré ma fureur, j'ai réussi à me contrôler. Mon travail cartographique m'avait rendu très fier de moi. Alors, sans me demander la moindre permission, elle s'est mise à lire le plus récent de mes journaux intimes. Sur le moment, j'ai eu l'impression d'observer un professeur en train de lire une dissertation chère à mon cœur. Elle a poursuivi sans émettre le moindre commentaire durant un bon quart d'heure et, pour tromper ma nervosité, j'ai préparé le sac en vue de notre promenade.

« Bon, les témoignages et les détails que tu as réunis sont intéressants, mais tous tes commentaires personnels relèvent d'un affreux baratin historique vieux jeu. Tu émousses systématiquement tous tes coups de poing. Pourquoi cette timidité ? Tu tends des pièges à des morts pour les assassiner. À ce rythme-là, tu vas finir dans cinquante ans, juste avant de passer l'arme à gauche à ton tour. Je vais te donner une idée. Regarde bien. » Elle a tracé une ligne oblique traversant le centre de plusieurs grilles voisines, en partie fondées sur les *townships*, dont bon nombre étaient entièrement inoccupées. Son index suivait autant que possible les chemins de bûcherons. « Tout ce que tu as fait jusqu'ici, c'est tracer des méandres ou suivre des cercles vaguement concentriques. Tu ferais mieux de compter les souches, puis d'ajouter les membres amputés aux corps écrasés. Trente dollars par mois et un jour de congé pour "se saouler la gueule" dans la taverne la plus proche. Voilà un détail bien saignant. Merde alors, pourquoi parler de "femme de mauvaise vie" pour dire "une putain" ?

— Puis-je lire ta poésie ? » demandai-je avec acrimonie, mais en regrettant aussitôt ma question.

Elle s'est servi une autre tasse de café en réfléchissant à ma requête sous sa forme la plus noble plutôt que dans l'esprit de mesquinerie qui lui avait présidé.

« Non. Je suis curieuse de ton univers, mais tu n'es pas curieux du mien. »

Elle est sortie et j'ai fini mes préparatifs. Je n'ai pu m'empêcher de sourire en pensant à toutes les épreuves mentales que je venais de subir au cours des trente dernières heures. J'avançais en me dandinant comme un canard lourdaud sous le feu nourri de ses critiques acerbes. Elle était là, de l'autre côté de la fenêtre, la Reine de la Poésie, un véritable cadeau du ciel, et je l'observais en me demandant combien d'années j'allais mettre à digérer tout ce qu'elle venait de me dire. Au moins, je lui avais conseillé de porter aujourd'hui un pantalon long plutôt qu'un short.

J'ai refait à l'envers le chemin que j'avais emprunté lorsque je m'étais perdu, longeant une crête qui dominait le goulet, pour nous éviter le marécage inférieur. Comme les fourrés les plus épais l'inquiétaient, j'ai essayé de rester en hauteur, mais sans perdre mes repères. Elle a voulu porter Carla, afin de voir « quel effet ça faisait ». Au bout d'une heure de marche, quand j'ai réussi à voir ma grand-mère des souches au loin dans le goulet, je l'ai contournée afin de la garder pour la fin et nous sommes d'abord entrés dans cette clairière que je considérais comme un sanctuaire de souches splendides. Bien sûr je testais Vernice, mais une fois encore elle avait plusieurs longueurs d'avance sur moi. Cette clairière l'a affranchie de la claustrophobie dont elle venait de souffrir dans la forêt dense. Alors elle s'est mise à danser tandis que Carla aboyait dans son sac à papoose.

« C'est fabuleux ! Vends tout le contenu de la cave de ton père et achète ce terrain, il fait combien, quarante arpents ? Construis-toi un chalet ici. Tu m'as déjà raconté comment nous avons détruit la religion et la nature. Le moment est venu de sauver ton cul, petit gars. »

Elle s'est assise contre une souche, elle a ôté chaussures et chaussettes, puis elle s'est frotté les pieds dans l'herbe tendre. Je me suis assis près d'elle et je l'ai imitée. Je ne me rappelais pas avoir fait ça depuis l'enfance et la sensation était délicieuse, les touffes d'herbes frottant contre le cou-de-pied nu, les orteils crispés de plaisir. J'ai seulement été légèrement étonné quand, levant les yeux pour regarder le visage de Vernice, j'ai constaté qu'elle avait de nouveau disparu Dieu sait où. De toute évidence, la conception qu'elle se faisait de sa vocation de poète l'assimilait à ces religieux extatiques qu'étaient les stylites ou les derviches tourneurs du soufisme. La brise du sud était toujours assez forte pour éloigner les taons et les moustiques, si bien qu'elle a retiré sa chemise et son soutien-gorge pour se frotter les seins et le ventre contre l'herbe, après quoi le pantalon et la petite culotte ont volé à travers les airs. Je me suis mis à bander, mais quand je me suis allongé près d'elle, Vernice a secoué la tête en signe de refus.

« Je prends mon premier bain d'herbe », dit-elle.

Carla, qui a entendu le tonnerre en premier, a eu très peur ; quelques minutes plus tard, nous l'avons entendu à notre tour, dans toute cette violence inquiétante qui, aussi loin vers le nord, met souvent fin à une vague de chaleur. J'ai guidé Vernice vers ma mère des souches, dont la taille énorme l'a ravie. Nous avons rampé à l'intérieur, mouillés par les premières gouttes de pluie. Alors le ciel a semblé s'ouvrir en deux et, quand nous regardions par les interstices entre les racines, les rideaux de pluie effaçaient le monde. Vernice serrait Carla très fort dans ses bras, une Carla terrifiée par les coups de tonnerre. Par chance, l'obstacle constitué par cette souche avait permis la formation d'un monticule de terre qui nous permettait d'être relativement au sec, entre deux larges ruisseaux qui couraient dans le goulet et nous isolaient comme sur une île temporaire. Vernice a évoqué une tornade qu'elle avait vue chez sa grand-mère près de Springfield, dans le Missouri, puis elle s'est demandé à voix haute comment Carla pouvait bien interpréter le fracas du tonnerre. Au bout d'environ un quart d'heure, l'orage a un peu faibli, mais j'ai remarqué que nous avions la chance de ne pas nous trouver sur le chemin de gros nuages très noirs, situés à l'ouest et zébrés par intermittences de larges éclairs jaunes qui explosaient vers le sol. Je me suis pelotonné, la tête posée sur les cuisses de Vernice et j'ai commencé à lui lécher le ventre, mais elle m'a aussitôt averti :

« Arrête, tu ne vas tout de même pas baiser dans ton église ! »

Ma déception a légèrement diminué lorsque, du bout des lèvres, elle m'a remercié de lui avoir montré « un autre monde ». Nous avons ensuite discuté de notre identité d'Américains, mais on découvre maints univers différents aux États-Unis dès qu'on s'écarte des autoroutes et qu'on ne regarde pas la télévision.

# 26

Nous nous sommes encore disputés une seule fois, au cours de l'après-midi suivant. Vernice désirait travailler sur ce qu'elle appelait ses « trucs » et je devais me mettre au boulot sur la toiture, d'autant que Mick avait livré tout le matériel nécessaire, sauf un marteau. J'ai été surpris quand elle m'a annoncé qu'en tant que fille d'entrepreneur dans une petite ville, elle pouvait très bien me montrer comment m'y prendre. Elle avait travaillé avec son père et son plus jeune frère pendant deux ou trois étés, quand elle était au lycée, et elle avait construit le toit de plusieurs maisons. Cette activité expliquait sans doute l'aspect faussement musclé de son corps et je me suis alors rappelé comment un été passé derrière la pelle avait transformé mon propre corps. Elle m'a donné une liste de courses à faire à l'épicerie et je suis parti au village.

Il y avait une lettre de Cynthia et une autre de Fred. Cynthia disait que notre père « bien-aimé » venait de bénéficier d'une libération anticipée, de retourner à Key West et de transgresser l'une des clauses de sa remise en liberté sur parole (il n'avait pas le droit de fréquenter les bars), moyennant quoi il était retourné derrière les barreaux pour quatre-vingt-dix jours. Il lui faudrait donc chercher des pâtures plus vertes, pensait Cynthia, en dehors de l'État de Floride. La lettre de Fred était beaucoup plus inquiétante. Au bout d'un mois il avait « fait le mur du couvent », s'enfuyant de sa clinique pour alcooliques. Il en avait ras le bol de toutes ces thérapies diverses et variées, il voulait rentrer chez lui après avoir fait un petit détour dans le nord. Ensuite, grâce à l'influence de son ami de Columbus, il comptait rejoindre un monastère zen au Japon. Toutes ces nouvelles m'ont mis la tête à l'envers. Malgré ses dénégations, je soupçonnais qu'il picolait de nouveau.

Lorsque je suis retourné au chalet avec deux marteaux et mon sac de courses, Vernice s'est fâchée car j'avais acheté de la bière ordinaire au lieu de la bière brune qu'elle avait inscrite sur ma liste. Elle préparait un ragoût de bœuf belge qu'elle appelait une « carbonnade » et, bien que cette recette fût encore praticable, la bière brune l'aurait nettement améliorée. Durant tout son sermon, j'ai parfaitement imaginé la jeune fille remontant les bretelles à ses trois frères afin de remettre les pendules à l'heure.

Ce n'était qu'un début. En effet, elle avait profité de mon absence pour feuilleter à son aise toute la pile de mes journaux intimes, que j'avais entamés à seize ans. Ces journaux couvraient presque dix ans, mais pour elle il était évident qu'au lieu de progresser, je reculais à la manière d'un jeune Frantz Fanon. Je n'avais manifestement pas « assez de bouteille » pour m'attaquer à des sujets aussi lourds. Je multipliais les homélies maladroites, à moi seul destinées, comme si je n'étais pas tout à fait convaincu de mon entreprise. Je donnais l'impression d'écrire sur l'invasion du Mexique par Cortés. Le dernier atout abattu par Vernice, c'était que des milliers de personnes avaient sans doute connu tous ces faits, mais qu'ils voyaient le récit global très différemment de moi. Les arbres, les gisements de fer ou de cuivre n'étaient pas des gens. Pourquoi passais-je aussi rapidement sur l'anéantissement ou la déportation des populations autochtones, les Indiens ? Là encore, les détails concrets et les récits rapportés étaient intéressants, mais mon approche de ce matériau était celle d'un pasteur luthérien pas très finaud. Devinant qu'elle n'était qu'à la moitié de la liste de ses critiques, j'ai tourné les talons.

J'ai rempli ma promesse génétique en me saoulant à la taverne, avant de m'endormir sur la plage où quelques habitants du village faisaient une fête autour d'un feu de joie. J'ai tenté de faire l'amour à Shirley, mais j'avais beaucoup trop bu. Je suis entré dans le lac Supérieur tout habillé pour m'éclaircir les idées, mais sans succès. Quand je me suis réveillé dans le froid et l'humidité, c'était presque l'aube et j'avais désormais la tête suffisamment claire pour rentrer en pick-up au chalet. Carla s'est mise à aboyer comme une folle, mais Vernice a fait semblant de dormir.

Lorsque je me suis levé en milieu de matinée, elle était partie faire un tour avec Carla. Il y avait un billet sur le comptoir de la cuisine : « J'ai été trop dure avec toi. Pardon. » Ma gueule de bois carabinée m'a empêché de prendre ces mots au sérieux, mais j'ai réchauffé un peu de son ragoût de bœuf, puis je me suis mis au travail, déchirant la vieille toile goudronnée du toit, l'arrachant avec une pelle. Soudain, j'ai redescendu l'échelle à toute vitesse pour aller vomir. Les cuites exigent un certain entraînement, ai-je pensé en me lavant les dents. Comme je n'avais pas vraiment envie de remonter sur l'échelle, j'ai été barboter dans la rivière avant de faire une balade en territoire inconnu, dans une région laissée intacte par ma famille. Mais je n'ai pas vu la moindre différence, car les mêmes souches étaient là, coupées par les ancêtres d'une famille qui habitait juste à côté de chez nous à Marquette. J'ai alors imaginé le genre de querelles impitoyables qui avaient eu lieu entre nos arrière-grands-pères respectifs.

Au cours des cinq jours suivants, qui ont précédé notre départ pour l'aéroport de Marquette, nous avons passé d'excellents moments à ne rien faire. C'était l'idée de Vernice ; mais elle a fini par m'avouer qu'elle la tenait de ses parents : quand ils se retrouvaient le dos au mur à cause d'énormes problèmes qu'ils étaient incapables de résoudre, ils se réfugiaient dans les gestes les plus triviaux du train-train quotidien.

Nous avons terminé les travaux du toit dès le premier soir. Les jours suivants, je lui ai appris les rudiments de la pêche à la mouche et elle a adoré ça. Tous les matins de bonne heure, nous partions en voiture un peu plus loin vers le sud et une grille nouvelle de mon projet, sans jamais évoquer son éventuelle absurdité, puis, une fois la promenade terminée en milieu d'après-midi, nous ramions et pêchions. Nous avons continué à faire l'amour au moins deux fois par jour, mais avec davantage de légèreté et non plus comme si cet acte constituait la dernière réserve d'oxygène sur Terre. À mon insistance, elle m'a fourni une brève liste de lectures susceptibles de m'aider à comprendre ce qui la passionnait tant. Pendant notre dernière soirée, alors que Vernice était un peu éméchée à cause du vin, elle m'a confié qu'elle aurait peut-être un enfant un jour en dehors du mariage et je lui ai bêtement répondu que d'après mes lectures tous les enfants ont besoin d'un père. Elle n'a pas dit « Comme toi », mais nous sommes restés assis là en silence durant une bonne minute, avant d'éclater de rire. Elle a alors ajouté qu'on ne pourrait pas inventer un couple plus mal assorti que le nôtre. J'ai fait semblant d'être d'accord, mais je mentais.

J'ai soudain pensé que j'aimais beaucoup plus Vernice qu'au cours de nos premiers jours plus délirants. Puis j'ai pensé que, selon toute probabilité, je ne connaîtrai jamais une autre femme aussi complètement vivante et j'ai désiré m'accrocher à elle, même si je voyais bien qu'elle piaffait d'impatience à l'idée de partir.

Par le plus grand des hasards, Fred est arrivé le lendemain en fin de matinée, une heure seulement avant notre départ pour l'aéroport. Malgré son air frêle, il semblait très heureux. Quand Vernice est apparue derrière l'angle du chalet, Fred a d'abord fait semblant de voir un fantôme, puis il m'a regardé comme si je lui jouais un sacré tour, mais il ne s'est pas plaint lorsque Vernice l'a embrassé sur la joue.

« Votre neveu est un jeune homme formidable, sauf qu'il a tout le temps envie de baiser, dit-elle en blaguant.

— Quelle horreur. Il faut absolument que vous me rendiez visite au monastère. Un voyage gratuit pour Hawaii. »

Depuis sa dernière lettre, Fred avait donc changé de plans, pour décider d'étudier sous la houlette d'un roshi nommé Aitken à Hawaii. Sa décision s'expliquait par le trop grand éloignement du Japon. Il nous a avoué qu'il en avait sa claque de la religion, mais qu'il désirait connaître la pureté de la conscience avant de mourir. Toujours la mouche du coche, Vernice a alors répondu qu'à en croire ses lectures, de nombreux pratiquants du Zen avaient défendu la conquête japonaise durant la Seconde Guerre mondiale.

« Je n'attends rien de plus de toutes les religions que ce que j'attends des gens. La grandeur côtoyant les pires turpitudes. »

Vernice a sorti son calepin pour y noter cette maxime.

J'ai alors remarqué que Fred n'était pas tant devenu frêle, mais que son visage avait perdu du poids, sauf son nez toujours aussi bulbeux.

« Riva a dit qu'elle acceptait de vivre de nouveau avec moi si je me mettais au régime sec pendant un an, et ainsi de suite jusqu'à ce que mort s'ensuive. J'ai envisagé d'aller camper sur l'Everest, mais les autorisations étaient trop coûteuses.

— Veux-tu que je sorte une bière du frigo ? » J'étais bien sûr soucieux.

« Non, je ne quitte jamais une bouteille de whisky pleine, histoire de me rappeler mon passé. Je la boirai si jamais mon avion se met à descendre en chute libre. Ce genre de choses. À propos, as-tu achevé ton histoire de l'Amérique ?

— Pas tout à fait. »

J'ai soudain remarqué que je venais de troquer les sarcasmes féminins contre l'ironie masculine. Je restais debout là, le visage tourné vers la berge opposée de la rivière pour observer un bouleau à la forme étrange. J'avais trouvé une femme capable de supporter de bonne grâce ma personne, mais je ne lui suffisais pas. À cet instant précis, mon corps s'est refroidi de plusieurs degrés, comme si mon cerveau battait en retraite vers ma vie antérieure sous les yeux de Vernice. Je n'avais pas à chercher bien loin ce qui me manquait, car elle avait été parfaitement explicite sur ce point. Brusquement, la question de savoir si mon état présent était améliorable m'a figé sur place, jusqu'à ce que Vernice agite la main devant mon visage afin de me ramener sur Terre.

À mi-chemin de Marquette, j'avais une tremblote monstrueuse, l'estomac noué, une énorme boule dans la gorge et l'esprit obnubilé par une obsession : on ne sait jamais très bien de quel mal on souffre, jusqu'à ce que ce mal soit parti. Vernice révisait ma liste de lectures, tandis que les orteils de son pied gauche nu jouaient avec les boutons de la radio. Elle portait la légère robe d'été à fleurs de notre première rencontre et ce vêtement remontait sur ses cuisses au point que je devais coûte que coûte garder les yeux rivés à la route pour éviter une collision.

Nous étions partis de bonne heure, car Vernice désirait visiter la cave à vins de mon père. Je n'avais pas vraiment envie de parler au début de ce trajet de deux heures, mais je me sentais de mauvaise humeur parce qu'elle griffonnait dans son calepin plutôt que de me parler.

« Qu'écris-tu ?

— Maximes, aphorismes, images, spéculations sur la nature de la nature. Je regrette d'avoir laissé Carla avec Fred. Elle me manque déjà. »

Je ne trouvais rien d'approprié à dire. Lorsque nous avons bifurqué dans l'allée située derrière la maison, Clarence s'occupait des parterres de fleurs. Les pivoines étaient splendides.

« Putain, je m'attendais pas à un truc aussi classe. » Vernice est descendue avec souplesse et elle a serré la main de Clarence.

« Vous êtes une belle femme », dit Clarence de sa voix plate et neutre. L'espace d'un instant et comme tant d'autres, elle a été surprise par la sincérité de Clarence. Puis il nous a appris que Jesse était déjà reparti pour Veracruz.

Elle a été légèrement décontenancée par la maison, où elle a identifié certains meubles et quelques paysages américains très anciens que je n'avais pas remarqués. Et puis, jamais je n'aurais deviné l'emplacement de la clef de la cave à vins, si Cynthia ne m'avait pas montré l'endroit où elle l'avait découverte à l'âge de douze ans ; mais, ajouta-t-elle, ses petits amis se plaignaient de ce que le vin français n'était pas assez sucré. Cette clef était suspendue à un clou minuscule caché derrière le cadre du diplôme de Yale de mon père. *Magna cum laude*, bien évidemment.

Vernice a été impressionnée par la cave à vins au point que je m'en suis trouvé gêné. Il y avait là un certain nombre de caisses de cognac et de porto datant d'avant la Première Guerre mondiale et léguées par mon grand-père, ainsi que des bouteilles de vin de cette même époque, qui selon Vernice n'étaient peut-être plus bonnes. J'ai reconnu ne pas avoir mis les pieds ici depuis l'enfance. Une fois encore, son intérêt pour un domaine qui m'échappait complètement m'agaçait. J'ai ensuite proposé de lui faire expédier l'ensemble à Chicago, où elle pourrait le vendre, après quoi nous partagerions l'argent et elle réaliserait son rêve : aller passer un an en France.

« J'aurais sans doute de quoi passer plusieurs années en France. Mais ce n'est pas à toi de vendre cette cave, c'est celle de ton papa. »

Je lui ai rappelé ce que je lui avais déjà dit : mon père m'avait volé mon chalet proche d'Ontonagon, et puis presque tout l'argent de la donation destinée à Cynthia et à moi avait disparu, une somme que j'ai préféré ne pas préciser.

« Combien ? » demanda-t-elle en essuyant une étiquette avec une serviette en papier tirée de son sac.

« Aux dernières nouvelles, sur les trois millions de dollars initiaux il n'en reste que quelques centaines de milliers. Je devais partager cette somme avec Cynthia à l'âge de trente ans.

— Que comptais-tu en faire ? »

Remarquant le vif intérêt qu'elle venait de porter à deux bouteilles particulières, je les ai glissées dans son grand sac. Je n'ai pas répondu très clairement à sa question, car j'ignorais ce que je comptais faire de cet argent. Il y avait l'argent sale et l'argent propre, ou plutôt l'argent vraiment sale et l'argent relativement propre.

Enfin, je me suis décidé :

« Tout le monde a besoin de suffisamment d'argent, mais personne n'en a besoin de trop. »

Je n'avais jamais accordé beaucoup de crédit à mes théories sociales, que Fred qualifiait d'irréalistes et de gauchistes. En définitive je ne comprenais pas comment le gouvernement pouvait justifier historiquement la destruction de nombreux citoyens au profit de l'enrichissement de quelques-uns, mais de fait j'étais trop émotif pour espérer aborder avec une quelconque lucidité les sujets d'ordre économique.

Nous sommes montés à l'étage pour que je lui montre ma chambre. Elle a considéré ma bibliothèque d'un œil narquois, tandis que je préparais une pile de guides de nature, que je comptais rapporter au chalet. J'allais lui demander de m'envoyer un ouvrage majeur sur la nature de la nature, mais les mots qui sont alors sortis de ma bouche, plutôt timidement, constituaient une supplique pour faire l'amour une dernière fois. Elle a éclaté de rire en se jetant dans mes bras, puis elle a déclaré qu'elle ne voulait pas salir ses vêtements et que nous n'avions plus beaucoup de temps. Elle a néanmoins relevé sa robe avant de se pencher au-dessus de mon bureau. J'ai eu le sentiment, à la fois précis et joyeux, que mon bureau se trouvait ainsi consacré, mais au moment de jouir je suis comiquement tombé à la renverse et du niveau du sol j'ai levé les yeux vers ce que je considérais comme le plus joli derrière de tout le cosmos.

À l'aéroport elle a regardé au loin les douces collines vertes situées au nord de la piste d'envol et elle a dit :

« Tu vis dans un bel endroit et tu n'as pas l'air de t'en rendre compte. »

C'était sans doute la pique la plus cruelle, car face aux paysages de la Péninsule Nord, j'essayais souvent de les imaginer à travers les yeux de Schoolcraft ou d'Agassiz, c'est-à-dire avant le viol de ces terres.

À la porte d'embarquement, j'ai vu plusieurs hommes d'affaires regarder Vernice à la dérobée. Sans doute n'avait-elle pas la beauté des actrices ou des mannequins qu'on voit dans les magazines, mais elle attirait aussitôt l'attention des hommes comme des femmes. Elle débordait d'« élan vital », pour reprendre un des termes préférés du philosophe français Bergson. Quand elle m'a embrassé pour me dire au revoir avant de monter dans l'avion, elle m'a lancé :

« Eh bien, don Quichotte, j'espère que ton dieu est avec toi. Écris-moi quand tu veux et rappelle-toi que je déteste le téléphone. »

Point final. J'ai rejoint le pick-up et fondu en larmes. J'avais mon projet, ma chienne et la douteuse affection de Vernice.

Sur le chemin du retour je me suis arrêté pour manger un sandwich à la dinde, jetant un coup d'œil vers la table d'angle où je m'asseyais toujours avec mon père et Cynthia. Je me suis soudain rappelé qu'en classe de CE2 une petite rouquine nommée Martha, la fille d'un professeur d'université en visite, obnubilait mon existence. Ils venaient de Boston et elle me semblait très bizarre, mais j'étais à ses pieds et elle me guidait avec autorité dans toutes les activités scolaires. Quand j'allais jouer chez elle, sa mère qui « aimait la danse » portait un collant, fumait des cigarettes et jouait très fort des morceaux de musique classique. Un jour, j'ai volé une bague ornée d'un diamant dans la boîte à bijoux de ma mère afin d'en faire cadeau à Martha, mais ses parents nous l'ont rendue le soir même, quand au dîner ils l'ont découverte au doigt de leur fille.

Je me suis arrêté pour marcher sur la plage près d'Au Train, peu désireux de retrouver tout de suite Fred au chalet. L'attirance aussi précoce d'un être humain pour un autre être humain m'a stupéfié. Un petit garçon de huit ans tombe sous le charme d'une petite rouquine et, lorsqu'elle s'en va en juin, il est en larmes dans leur allée où les parents de sa chérie mettent leurs valises dans leur voiture. Les jours suivants, il continue de passer chaque matin devant leur maison de location comme si le départ de cette petite rouquine était une horrible erreur qui avait peut-être été rectifiée au cours de la nuit.

De toute évidence l'amour était aussi mystérieux que la prière. Bien sûr, je ne m'attendais pas à ressentir ce sentiment bouleversant d'abandon. Elle avait tourné la tête en agitant la main au moment de monter dans l'avion. Pourquoi répétais-je inlassablement cette scène dans ma mémoire s'il ne s'agissait pas d'amour ? Et puis toutes ces racines du désir parfaitement inexplicables… Aucun fil rouge visible ne reliait les quelques femmes qui m'avaient ainsi bouleversé – Laurie, Riva, Polly, Vernice. À l'exception de Polly qui avait essayé, les autres ne désiraient certes pas vivre avec moi. L'idée de découvrir pourquoi ne m'avait pas encore effleuré.

Quand je suis arrivé au chalet en fin d'après-midi, Fred m'a surpris en déclarant qu'il avait l'intention d'y passer seulement une nuit, avant de rejoindre Marquette et de se rendre au Club pour saluer sa famille et, là encore, y passer une seule nuit. Il avait besoin de rejoindre son Zendo avant de « se barrer en couilles », l'une de ses expressions préférées. Le fait de prendre des tranquillisants l'inquiétait. Il a ensuite reconnu qu'il avait parcouru tous mes journaux intimes durant mon absence. Les cartes détaillées le réjouissaient surtout, car elles accordaient un vernis de rationalité à mon entreprise, mais à la lecture de mes journaux cette impression avait fondu comme neige au soleil. Je ne me suis pas mis en rogne, car je venais de subir huit jours de critiques douloureusement explicites de mon mode d'existence, de mon tempérament et de mon travail ; Fred ne m'apportait donc aucun élément nouveau. Beaucoup plus scandaleuse était l'affreuse recette qu'il venait de concocter avec une boîte de haricots, une boîte de maïs, une boîte de tomates pelées et le reste du splendide ragoût préparé par Vernice la veille au soir. Il a fièrement déclaré qu'il avait ajouté une grande cuillère à soupe de romarin, une herbe dont toute utilisation excessive a des effets catastrophiques. J'ai fait le deuil de mon ragoût gâché, mais sans piper mot.

« Il faut que je me tire d'ici, la forêt me donne envie de picoler », dit-il.

J'ai alors compris qu'il était trop fragile pour supporter mes reproches gastronomiques.

Fred a déblatéré durant toute cette brève soirée, sur un mode qui m'a rappelé les divagations à la Judy Garland de ma mère au cours des mois précédant la désintégration de son mariage, juste après le viol de Vera par mon père. Je me suis dit que, pour lui, les tranquillisants valaient mieux qu'une succession de cuites monumentales, mais dans les deux cas les résultats étaient déplorables, confus, délirants et complètement égocentriques. Curieusement, il en était conscient et il m'a dit qu'il ne voulait rien boire d'autre que de l'eau.

La soirée a donc été mortellement ennuyeuse, jusqu'au moment où il s'est mis à gamberger sur la noyade de mon oncle Richard, ajoutant que ma mère et mon père en avaient seuls été témoins. Fred était certain qu'il s'agissait d'un accident, mais il soutenait avec autant d'assurance que mes parents n'avaient pas tout dit. Je lui ai alors répondu piteusement qu'à mon humble avis l'amour de deux frères pour la même femme menait droit au désastre, ajoutant que la mayonnaise aurait sans doute mal pris si au Jardin d'Éden il y avait eu deux Adam pour une seule Ève. Ma remarque a ravi Fred qui a rétorqué qu'un tel scénario aurait certainement bouleversé de fond en comble toute l'histoire de la théologie. Il a continué de ruminer cette hypothèse avec un plaisir non dissimulé, puis il m'a demandé si j'avais déjà remarqué la profonde religiosité de mon arrière-grand-père et de mon grand-père, une foi qui s'était nettement émoussée chez mon père. J'ai répondu par l'affirmative et dit que je ne voyais pas quelles conclusions je pouvais en tirer, sinon l'hypocrisie habituelle. Il a alors émis une remarque qui, malgré l'état cotonneux de son cerveau, devait à la fois me hanter et me faire avancer dans mon projet. Je devais remarquer, m'a-t-il dit, à travers mes lectures des journaux intimes, des monographies et des manuels, combien tous les grands prédateurs étaient théocratiques, et remarquer aussi que si l'on voulait violer la terre et les gens, qu'il s'agît des premiers Indiens ou des classes laborieuses qui ont suivi, il était crucial de penser que Dieu était de son côté.

« En Amérique, Jean Calvin fait partie de tous les conseils d'administration », ajouta-t-il.

Un huard a volé au-dessus de la rivière au clair de lune en émettant son cri plaintif. J'avais appris que, lorsque le huard mâle a passé un mois et demi au nid pour laisser la femelle se reposer, il devient cinglé. Je ne comptais pas en tirer la moindre conclusion quand j'en ai parlé à Fred, mais mon oncle s'est alors échauffé :

« Peut-être que la folie n'a aucune importance, elle continue de t'occuper. Que tout le monde aille se faire foutre, moi compris. Il faut aller de l'avant sans faiblir. Envoyer chier les importuns. Au diable les scrupules. » Il s'est levé, il a sorti de son sac la bouteille de whisky et il en a versé le contenu dans l'évier. « La nature, mal comprise, me donne envie de boire. Ça me dépasse. Quand j'étais à la clinique des alcoolos, il y avait un pommier en fleur devant ma fenêtre ; allongé sur mon lit, bourré de calmants, je contemplais toutes ces fleurs en sachant pertinemment que je n'avais pas la moindre notion de ce qui se passait sous mes yeux, en dehors de quelques souvenirs très flous de mes cours de biologie au lycée. Dans notre salle il y avait un architecte paysager complètement barré, qui m'a aidé à comprendre le fonctionnement des arbres, mais guère au-delà du niveau le plus simple. J'avais passé des années à étudier la nature religieuse de l'homme, mais je n'avais pas creusé très profond sur le chapitre des origines de la religion, disons quand on regarde un arbre et qu'on se demande : "Putain, mais c'est quoi ce truc-là ?" Maintenant il faut que je reprenne tout à partir de zéro. »

J'ai plus tard appris par ma mère que Fred avait mis un mois entier à rejoindre Hawaii, en partie à cause d'une rechute après un vol retardé à San Francisco et une petite virée en taxi, de bar en bar. Mais, le matin où il est parti du chalet, il s'est levé à l'aube afin d'observer les oiseaux avec mes jumelles. Lorsque je l'ai appelé pour le petit déjeuner, il m'a confié qu'il avait fait partie du Club Audubon à l'école primaire et qu'il aurait dû y rester.

« Soixante-dix-sept routes sillonnent la forêt et j'en ai seulement emprunté une demi-douzaine. »

Alors Carla s'est réveillée de son somme sur le tapis et elle a sauté sur les genoux de Fred. Ravi, il lui a fait manger des œufs brouillés à la petite cuillère.

« Il faut que tu apprennes à manger comme une jeune dame bien élevée. »

# 27

Dès le départ de Fred, je me suis plongé dans mon travail, une habitude qu'au fil des ans j'en suis venu à considérer comme tout sauf admirable. Dans mes périodes de dépression, je me souvenais de ces étranges philosophes en haillons que j'avais vus aux carrefours à Chicago, des hommes qui éructaient leurs convictions délirantes en sachant sans l'ombre d'un doute que jamais personne ne les comprendrait.

Je suis devenu l'ami, et parfois davantage, de Shirley, l'habituée de la taverne. Comme des millions d'autres mâles imbéciles, j'ai espéré découvrir une fille sans complications, mais ce n'était pas le cas, loin de là. Elle fuyait une situation intenable à Ann Arbor et elle jouait le rôle, pour elle satisfaisant, du pilier de bar, une mascarade que personne ne remettait en question, sinon elle-même en privé. Chacun de nous deux a en quelque sorte comblé une modeste lacune chez l'autre, même si j'ai souvent douté de la persistance de son intérêt pour moi sans son affection envers Carla.

Vers la mi-octobre j'ai achevé mes promenades de reconnaissance dans le milieu de la Péninsule Nord, sans me demander une seconde ce que j'allais faire durant l'hiver. Je devais quitter le chalet, car les propriétaires y viendraient pour essayer de repérer un grand cerf longtemps avant l'ouverture de la chasse, les cerfs étant des créatures liées à un territoire et à des habitudes. Quand le mâle est en rut, il perd d'ordinaire toute prudence. Carla et moi étions assis sur les marches de devant quand un mâle est passé tout près de nous, le museau à terre, à moins de trois mètres du chalet et dans un tel état d'excitation sexuelle qu'il a à peine fait attention à nous. À cause de sa taille, Carla s'est contentée de gronder très doucement.

Je désirais voir Laurie, dont l'état m'inquiétait, mais Cynthia m'avait écrit que Laurie, ainsi que son enfant et sa mère, habitaient désormais chez une tante à Minneapolis, où elles avaient accès à des spécialistes de la forme particulière de cancer du sein dont souffrait son amie. Elle avait aussi un mélanome dans le bas du dos et Cynthia reconnaissait que les perspectives à long terme n'étaient guère brillantes. Je me suis laissé aller à prier pour elle. Les jeunes gens de moins de trente ans manquent cruellement d'expérience face à la mort probable d'un ami ou d'un être aimé ayant leur âge.

Mes manuels de nature et la liste de livres établie par Vernice m'ont permis de supporter le chaos de mes émotions durant l'été et l'automne, sans oublier les bienfaits de la pêche et de la rame. Les guides sur les arbres, les fleurs sauvages et les oiseaux focalisent l'attention au point de vous arracher à vous-même pour vous concentrer sur le paysage. Voyant une fleur, vous dites « pâquerette » en votre for intérieur, mais vous découvrez alors l'existence de plus d'une centaine d'espèces de pâquerettes. Les bouleaux blancs sont légion, mais d'où vient donc le bouleau jaune ? Et à quoi ressemblait donc toute cette région avant l'ère glaciaire, il y a douze mille ans ? Les vastes enjeux de l'histoire humaine qui m'avaient toujours passionné ne rapetissaient pas exactement, mais très souvent ils se fondaient tout bonnement dans le paysage. En même temps, mon approche statistique de mes grilles de pins blancs était devenue moins intéressante que les récits humains accumulés et tirés des sociétés historiques de différents villages. Chaque village semblait obsédé par l'histoire de sa propre région, et infiniment moins intéressé par l'histoire d'un village éloigné d'une cinquantaine de kilomètres seulement. Je devais apprendre beaucoup plus tard que les géographes humains ont baptisé ce phénomène du terme de « géo-piété », qui s'applique aussi à des unités et à des allégeances plus vastes, ainsi les équipes de football du Michigan. Mais au niveau local, très peu de vieillards avec qui j'ai parlé m'ont paru s'intéresser à la moindre image globale.

« Mon grand-père a perdu une jambe, amputée juste sous le genou, sur le chemin de glisse des billes de bois, et il s'en est fabriqué une nouvelle, en bois. Il a repris le boulot à l'écurie des chevaux de trait, six mois après son accident. Il avait des bouches à nourrir. »

Surtout ce genre de témoignage, qui ne mettait jamais en question la moindre obligation de l'entreprise.

Contrairement aux miennes, les lettres de Vernice étaient dénuées de tout contenu émotionnel. Je lui envoyais d'absurdes petits comptes rendus de lecture, que j'avais un mal de chien à pondre. Yeats, Paddy Kavanaugh et William Carlos Williams étaient passionnants, mais j'avais beaucoup de problèmes avec Ezra Pound, Charles Olson et Robert Duncan. Vernice m'assurait que le langage de la poésie était lent à comprendre. Vers la mi-septembre je n'avais pas eu de ses nouvelles depuis plusieurs semaines et son téléphone interdit ne répondait pas. J'ai enfin reçu une carte postale de Londres où, avouait-elle, elle était en route pour la France en compagnie d'un

« poète connu », qui bénéficiait d'une bourse Guggenheim. Et voilà, débrouille-toi avec ça. Des oiseaux de même plumage, pensais-je, assis au volant du pick-up garé près de la poste, sous une pluie battante.

Quand il m'a fallu quitter mon logement, je me suis installé temporairement dans un chalet de touristes à Grand Marais. À court d'argent, j'ai remplacé un instituteur au pied levé pendant trois jours, mais j'ai trouvé ce travail harassant et convenant mal à mon tempérament. J'ai appelé ma mère et je lui ai demandé si je pouvais rentrer à Marquette pour y passer l'hiver. Elle m'a alors répondu :

« Mais bien sûr, c'est ta maison. Je ne veux plus entendre parler de cet endroit de merde. »

Puis elle a éclaté de rire. C'était étrangement agréable, car je ne me rappelais pas avoir entendu le moindre gros mot dans la bouche de ma mère. Coupant court à mes objections, elle m'a ensuite déclaré qu'elle allait faire revenir Mme Plunkett pour qu'elle s'occupe de moi. Quand je lui ai rétorqué que je pouvais très bien m'occuper de moi tout seul, elle m'a opposé que selon Cynthia j'étais efflanqué, mal habillé, et je devais considérer Mme Plunkett comme mon cadeau de Noël.

Cynthia était passée me voir quelques semaines plus tôt alors qu'elle allait rendre visite à Laurie à Minneapolis. Elle a dit que je ressemblais à un homme des bois. J'ai rétorqué que le magasin de vêtements le plus proche se trouvait à une centaine de kilomètres, moyennant quoi j'avais appris à ravauder mes vêtements tout seul.

Cynthia était seulement restée deux ou trois heures. Elle a pleuré à cause de Laurie, puis, après avoir entendu mes confidences, elle m'a dit que mon aventure avec Vernice était la meilleure chose qui pouvait m'arriver. Puis elle m'a demandé si je désirerais un jour rejoindre la communauté humaine.

Quand je suis arrivé à Marquette, Jesse et Clarence se sont déclarés heureux de me voir, mais tous deux m'ont interrogé sur mon état de santé. J'avais à peine atteint l'allée de la maison qu'une tempête de neige de la fin octobre s'est abattue sur la région et nous sommes restés assis dans l'atelier près du poêle à bois, en sirotant du whisky. Je leur ai annoncé que ma perte de poids s'expliquait par les centaines de kilomètres que j'avais parcourus à pied et par le fait que je me faisais moi-même la cuisine. Jesse m'a alors appris que ma mère m'avait fait don de la maison, tout en continuant à payer les factures. Elle l'avait négociée avec mon père, en échange de sa prise en charge des frais juridiques de son époux.

Carla leur a plu à tous les deux. Jesse m'a suivi dans la maison pour m'aider à y porter mon sac ainsi que mes cartons de journaux et de livres. J'ai dit d'une voix égale que j'espérais rendre un jour visite à Vera au Mexique afin de m'excuser pour mon père, et il a répondu :

« Rien n'est de ta faute. Tu ne peux pas t'excuser pour ton père. »

Comme je ne savais pas comment poursuivre cette conversation, je suis passé à autre chose, tout en me demandant pourquoi il continuait à travailler pour lui. Fred m'avait dit, sur le ton de l'avertissement, que les Latinos ont une excellente mémoire.

J'ai réussi à réunir quelques fonds supplémentaires en allant à East Lansing afin d'effectuer des travaux pour un professeur d'histoire désireux de retrouver les sources de certains récits folkloriques des bûcherons, et pour un anthropologue nommé Cleland sur les premiers camps autochtones dans l'ouest de la Péninsule Nord. Cet argent devait me permettre d'acheter des raquettes et ces skis de fond courts et larges dont j'aurai besoin en hiver, et puis de descendre dans des motels lors de mes pérégrinations, car je n'avais pas très envie de camper au cœur de l'hiver, quand la température chutait souvent en dessous de moins vingt degrés Celsius.

Mon père est arrivé juste avant Thanksgiving. J'avais passé la journée à la *Historical Society* de Marquette ainsi qu'à la bibliothèque Peter White pour revenir à la maison à la tombée de la nuit, vers cinq heures, et découvrir Jesse et Clarence en train d'aider un homme à charger tout le contenu de la cave à vins dans un gros camion. Jesse a levé les yeux au ciel et, quand je suis entré dans la maison, mon père finissait de mettre en cartons ce qu'il désirait garder de son bureau. Au téléphone ma mère m'avait dit que cet événement allait se produire, mais pas *quand* il risquait de se produire – et à ce moment-là j'aurais préféré ne pas être présent.

Mon père avait pris beaucoup de poids, mais ces kilos lui allaient bien. Il a rempli son verre à whisky et m'a demandé si je désirais moi aussi boire un coup. Après dix années passées sans le voir, je n'ai pas eu le courage de refuser. J'étais suffoqué par mon absence d'émotion. J'ai soudain pensé que j'étais plus grand que lui. Il m'a dit qu'il admirait beaucoup Carla, qu'il regrettait que nous n'ayons pas eu toute une meute de chiens et qu'il ne verrait sans doute pas ses petits-enfants, car Cynthia ne pardonnait rien. Mère lui avait appris que j'écrivais une histoire des industries forestière et minière dans la Péninsule Nord et il espérait que je ne me montrerais « pas trop dur envers la famille ». Il a ajouté que je ressemblais à un bûcheron au chômage, avant de se déclarer certain que je possédais des vêtements plus convenables. Je me suis trouvé incapable d'ouvrir la bouche jusqu'à ce qu'il se dise désolé d'apprendre la nouvelle de mon divorce, et je lui ai alors rétorqué que j'étais désolé pour le sien.

« Mon frère Richard était un type bien. Contrairement à moi. Presque tout ce que j'ai touché dans ma vie s'est transformé en merde, à l'exception de ta mère, de Cynthia et de toi. Je te félicite d'avoir survécu. »

Et voilà tout. Je savais qu'il désirait me serrer contre lui pour me dire au revoir, mais c'était hors de question. Je l'ai regardé s'engager dans l'allée et trébucher, mais Jesse lui a aussitôt saisi le coude.

Par chance je suis parti pour Chicago à Noël avec ma mère. Si je parle de chance, c'est parce que je ne désirais pas faire ce voyage. J'aimais la lumière terne et limpide de l'hiver, et la seule raison acceptable pour y aller eût été de rendre visite à Vernice, dont je n'avais pas de nouvelles depuis trois mois. Tout ce voyage s'est merveilleusement passé, à une seule exception près. Cynthia et Donald sont arrivés avec mon neveu et ma nièce : j'avais oublié ce que cette fête signifiait pour les enfants. Le seul bémol à ce séjour s'est produit un soir de bonne heure, quand prenant le café en compagnie de ma mère je lui ai annoncé que je comptais descendre au Mexique pour voir Vera, et elle a alors fondu en larmes. Elle a mis un certain temps à se calmer, et seulement quand Cynthia est entrée dans la cuisine avec ses enfants. Un peu plus tard, tandis que nous étions seuls, Cynthia m'a appris que le fils de Vera, notre demi-frère, s'était fait renverser par une voiture alors qu'il était à vélo, après quoi il avait été opéré. Mère avait payé tous les frais médicaux par l'intermédiaire de Jesse. Quand Cynthia m'a montré une photo de Vera et de son fils, la beauté de cette jeune femme m'a stupéfié. Son fils avait la mâchoire lourde de mon père ainsi qu'une expression assez redoutable pour un aussi jeune garçon.

La chance de ce voyage m'a touché quand j'ai rencontré le petit ami de la colocataire de ma mère. Il s'appelait Gerald Coughlin. Âgé d'environ quarante-cinq ans, il était originaire d'Irlande, même s'il habitait Chicago depuis l'immédiat après-guerre. Juste avant le dîner, ma mère me l'a présenté comme un « spécialiste de l'esprit », car elle avait en horreur les termes tels que psychiatre, psychologie, psychothérapie, psychanalyste. Fred m'avait expliqué que, dans le milieu où ils avaient grandi, tout le monde était censé avoir un esprit sain, même celles ou ceux qui se rongeaient les ongles jusqu'au sang. Lorsqu'un cousin s'est suicidé, la nouvelle qui a alors circulé dans la famille était qu'il venait de mourir de la grippe. D'emblée, Coughlin m'a pris au dépourvu en disant :

« Alors c'est donc vous le jeune homme qui a décidé de sauver le passé. Sacré boulot. »

Après avoir surmonté cette entrée en matière maladroite, nous avons découvert que nous partagions une obsession pour la pêche. Célibataire, il organisait chaque année sa pratique professionnelle de manière à pêcher la truite pendant tous les mois d'août et de septembre. Des années plus tôt il avait écumé de nombreuses rivières dans le nord du Michigan, mais sa passion était désormais la truite brune dans le Wyoming et le Montana. Il a été très impressionné lorsque je lui ai dit avoir attrapé une truite de rivière de trois livres en pêchant avec mon ami Mick sur un étang de castors l'été précédent. Notre conversation a bifurqué vers les pères qui apprenaient à pêcher à leurs fils, et j'ai dit que dans mon cas personnel mon père avait demandé à notre jardinier Clarence de m'emmener pêcher.

« C'est mieux que la plupart des pères », dit-il avant de

me confier que son propre père avait été pianiste de music hall à Sligo ; mais alors qu'il jouait à Belfast dans les années trente, quelques Orangistes mécontents des mélodies de son répertoire lui avaient fracassé les mains à coups de maillet. Ainsi, lorsqu'ils pêchaient ensemble, Coughlin devait fixer solidement les mains de son père sur la canne avec du ruban adhésif, et lui préparer ses mouches.

Ce coup d'œil dans un autre monde m'a rendu nauséeux et j'ai repoussé mon assiette. Coughlin s'est alors étonné de ma réaction et il a habilement dirigé la conversation dans une autre direction après avoir déclaré que la haine dévore l'âme avec toute l'énergie d'un chien affamé. J'ai été ravi en réussissant à citer un poème de Yeats, que Coughlin a récité entièrement. Nous étions assis à une extrémité d'une table bruyante, mais Donald nous a entendus et il a déclaré que *Ben Bulben* était la plus belle suite de mots qui eût jamais pénétré dans ses oreilles.

Au cours des deux jours suivants et avant mon départ, j'ai revu deux fois Coughlin. Nous nous sommes retrouvés dans un magasin de pêche situé à l'extérieur du Loop et nous avons déjeuné ensemble, puis il est venu dîner pour mon dernier soir en ville. Je ne doutais pas que mère se fût occupée du plan de table, mais je m'en fichais. L'important, c'était que j'absorbais une bonne dose d'oxygène dans une existence qui manquait singulièrement d'air frais. Tout mon séjour à Chicago m'avait agréablement troublé, en partie parce que je venais de découvrir les plaisirs de Noël, une liesse que je n'avais jamais vécue au cours de ma propre enfance.

Dans l'avion qui me ramenait à Marquette, quand mon voisin m'a demandé quel était mon métier, je lui ai répondu avec audace que j'étais historien spirituel et économique. Une telle esbroufe ne me ressemblait guère, mais je voulais qu'il s'engage en premier. J'ai constaté que j'avais deviné juste quand il m'a rétorqué que lui-même était banquier à Escanaba. Puis il m'a surpris en commandant trois boissons fortes d'affilée, avant de m'expliquer que son épouse devait venir le chercher à Marquette pour le long trajet en voiture jusqu'à chez eux. Il avait été capitaine de Marines au Vietnam et il avait « perdu » soixante-dix hommes sur les cent vingt qu'il commandait. Parler à quelqu'un qui avait réellement été là-bas, ai-je alors réfléchi, c'était très différent des abstractions banlieusardes, des fadaises débitées à longueur de journée, de l'interminable logorrhée des journaux et de la télévision.

Le plus souvent cet hiver-là, la neige était trop profonde pour que je puisse emmener Carla ; je l'ai donc confiée aux bons soins de Clarence qui la promènerait autour de deux ou trois pâtés de maisons. Elle aboyait tant et plus quand je montais dans mon pick-up, mais Clarence m'assurait qu'elle se calmait dès que j'avais franchi le portail de la propriété. Un après-midi de février, j'ai quitté ma route habituelle sans trop réfléchir, pour prendre un raccourci entre Saloga et Northland. Je pensais à un texte de Louis Agassiz que j'avais lu le matin même, un texte publié en 1850 et intitulé : « Le lac Supérieur : ses caractéristiques physiques, sa végétation, ses animaux, comparés à ceux d'autres régions similaires ». Agassiz avait correspondu avec Charles Darwin pour évoquer l'aspect unique de la Péninsule Nord. Ces échanges épistolaires me donnaient l'impression que mon projet, même modeste, s'inscrivait dans une tradition plus vaste de l'enquête. L'œil d'Agassiz était d'une concision et d'une lucidité époustouflantes.

La tempête annoncée est arrivée et j'ai commencé à douter de pouvoir rejoindre la Route 35 à partir de mon

« raccourci ». Après avoir roulé très lentement durant deux bonnes heures, je me suis finalement arrêté contre une congère infranchissable, à quatre ou cinq cents mètres seulement de la grand-route. Je suis resté assis au volant pendant une heure, j'ai vaguement discerné les lumières orange d'un chasse-neige qui passait et j'ai alors compris que je devais prendre mon mal en patience. Mon réservoir d'essence était seulement à moitié plein, c'était insuffisant pour garder le chauffage allumé toute la nuit, mais j'avais eu la bonne idée de prendre une trousse de secours et un sac de couchage afin de parer à ce genre d'éventualité. Cette trousse incluait deux boîtes de vingt bougies chacune. J'avais lu qu'une seule bougie émettait assez de chaleur dans un véhicule bloqué par la neige, pour empêcher son occupant de geler sur place. J'en ai donc allumé trois. Au bout d'une demi-heure il faisait assez chaud dans le pick-up pour que j'en éteigne une, puis une autre, gardant la dernière allumée dans un couvercle en fer-blanc posé sur le tableau de bord. J'ai écrit dans mon journal durant deux bonnes heures et j'ai mangé deux horribles barres « nutritives », achetées dans un magasin de camping. J'ai aussi rédigé une brève lettre destinée à Coughlin, avec qui je correspondais une fois par semaine depuis Noël.

Cher C.,

Je suis coincé pour la nuit par une congère dans un coin paumé. Il ne s'agit en aucun cas d'une tentative de suicide similaire à celle que j'ai évoquée il y a longtemps. J'ai décidé en toute confiance d'aller jusqu'au bout de cette chose qu'on appelle la vie, et j'ai renouvelé maintes et maintes fois cette décision. Je chauffe la cabine de mon pick-up avec des bougies et je serais ravi d'avoir sous la main une bonne bouteille de vin rouge, mais la plus proche se trouve à cent dix kilomètres et des milliards de tonnes de neige d'ici. Il y a trois jours j'ai brièvement fait l'amour avec une jeune bibliothécaire dans ses réserves et nous avons tous les deux été contents de nous. Cet acte était de toute évidence une affirmation de la vie contre les autopunitions coupables que vous avez décelées dans mon tempérament. Il est clair que je suis coincé dans un pick-up pour toute la nuit et par un blizzard glacé, mais je ne dramatise pas plus ma situation que si j'étais coincé dans un pick-up pour toute la nuit et par un blizzard glacé.

Bien à vous,
Jack London

Coughlin m'avait confié que, durant son enfance irlandaise, il avait lu tout Zane Grey et Jack London ; à cette époque, il ne parvenait pas à décider s'il voulait combattre les Indiens ou devenir chasseur et trappeur dans la forêt sauvage. Son métier actuel de psychanalyste à Chicago le mettait en contact avec d'autres contrées sauvages, des défis moins viscéraux mais tout aussi intimidants. Aujourd'hui il désirait simplement devenir un maître dans l'art de dénouer les nœuds humains.

Au printemps et au début de l'été, il est devenu évident que Laurie allait mourir bientôt. J'ai même eu droit à un regard assassin de son mari à l'enterrement. Quand j'ai descendu la colline pour aller acheter des vêtements chez Gertz, on m'a dit que je n'avais pas mis les pieds dans ce magasin depuis une décennie et que j'avais légèrement maigri. Après l'enterrement j'ai veillé avec Cynthia jusqu'à ce qu'elle s'endorme contre moi sur le canapé. Le mari irascible de Laurie avait insisté pour que la bière restât ouverte. Ainsi, lorsque les gens présents passaient devant, ils baissaient les yeux vers une jeune femme qui n'avait plus que la peau sur les os, vêtue d'une robe bleue qu'elle n'aurait jamais portée de son vivant. Malgré le grand soleil de juin qui traversait les vitraux, chacun avait l'impression de marcher dans l'atmosphère la plus sombre, la plus délétère qui fût. Une seule mouche circulait au-dessus de la bière, tel un oiseau minuscule. L'orgue vrombissait. Les fleurs se fanaient.

# Troisième partie

# Les Années quatre-vingt

## 28

Je suis dans ce bureau qui me rappelle un énorme nid de rats que j'ai aidé un biologiste à démanteler dans le désert du sud-ouest de la nation, l'hiver dernier. Treize cartons étiquetés, contenant des papiers, s'alignent le long du mur sud et environ un millier de livres sont emballés contre le mur nord, l'ensemble devant partir dans quelques jours et par camion à destination de Northern Michigan, aujourd'hui une université florissante, me débarrassant ainsi de tous les documents et ouvrages relatifs à mon projet de presque vingt ans, mon escarmouche avec cet inconnu qui par intermittences me paraissait si évident. Tout ce qui me restera, hormis les souvenirs, ce sont environ soixante-dix de mes journaux personnels et quelques-uns de ceux de Sprague, qui contiennent de nombreuses remarques d'ordre privé. J'ai surtout découvert qu'en cette affaire les certitudes ne sont pas de mise.

Je suis assis ici depuis la fin de la nuit, quand Cynthia m'a appelé de Chicago pour m'annoncer le décès de notre mère, suite à une embolie pulmonaire, plutôt un soulagement qu'autre chose, car elle souffrait d'une néphrose, une grave maladie des reins, qui nécessitait une dialyse quotidienne, et lorsque je lui ai rendu visite il y a une semaine elle n'envisageait plus de continuer à vivre ainsi.

Elle se montrait triviale et résignée, plutôt que malheureuse. N'ayant jamais été aussi gravement malade, je ne comprenais pas son humeur, cet état de suspens paisible qui masquait sans doute une grande activité mentale qu'elle ne voulait ou ne pouvait partager, même si Cynthia m'a confié qu'après avoir émergé d'un demi-coma de plusieurs jours, Mère avait confié à ma sœur qu'elle avait passé tout ce temps assise sur un gros rocher au plus fort de l'été, près de Huron Point River, et qu'elle avait de nouveau eu dix ans. Elle avait également admiré les aurores boréales les plus spectaculaires de son existence. J'ai aussitôt lu l'exemplaire de Kübler-Ross que Cynthia m'avait donné, où j'ai appris que cette proximité de la mort était souvent un état assez clément, sauf pour ceux qui survivaient au défunt.

Je referme la porte du bureau, mais dans la cuisine j'entends Mme Plunkett préparer le petit déjeuner en ce milieu de matinée pour Rachel, la fille de Polly, qui a treize ans et qui depuis trois jours occupe la chambre de Cynthia à cause d'une querelle avec sa mère. Hier soir, Rachel est restée dehors très tard avec son petit ami après la cérémonie liée au passage en terminale de ce garçon. Ne comprenant rien aux tenants et aux aboutissants de ces disputes entre la mère et la fille, je m'en suis soigneusement tenu à l'écart, même si treize ans me semble un âge bien précoce pour avoir un petit ami.

« Qu'elle aille se faire foutre ! Tu peux dire à cette petite salope que je ne compte pas lui prêter mon corsage préféré ! »

Rachel est aussi brusque au téléphone que l'était Cynthia. J'entends alors Mme Plunkett lui dire :

« Votre langage, ma jeune dame.

— Pardon », lance Rachel.

Polly vit en bas de la colline, quelques rues à l'ouest de

l'ancienne station des gardes-côtes. Le mois dernier, quand elle est revenue dans le Nord, je lui ai préparé un dîner spécial avec l'aide de Mme Plunkett et j'ai « lâché le morceau », comme on dit dans la région. Elle m'a répondu en riant que pour rien au monde elle n'accepterait de se remarier avec moi. J'ai été plus étonné que blessé. Nous sommes amants et elle me répète que je suis bien mieux loti en restant son petit ami. Peut-être. Sa fille Rachel excède mes capacités, mais j'ai contribué à l'éducation de son fils Kenneth, qui a neuf ans. Je veux dire par là que je l'emmène pêcher dès qu'il en manifeste l'envie, environ deux fois par semaine, je lui achète les choses dont il croit avoir besoin et qui outrepassent plus ou moins le modeste salaire d'institutrice de Polly, mon plus récent cadeau étant un luxueux vélo de course, qui nous inquiète Polly et moi, car elle craint que le penchant du fils pour la vitesse ne soit le même que celui du père, qui a trouvé la mort lors d'une randonnée à moto dans le Wisconsin. C'était à tous égards un bon mari et un bon professeur, mais le samedi dès qu'il faisait beau, ses amis et lui, tous des vétérans du Vietnam, enfourchaient leur moto et fonçaient à tombeau ouvert. Je n'essaie certes pas de remplacer le père défunt de Kenneth, mais j'ai ri sous cape quand Polly m'a annoncé qu'on l'avait renvoyé d'une réunion de scouts où il s'était bagarré avec un ami qui m'avait traité de « raté de la haute ».

J'avais téléphoné à Donald à Soo pour lui demander des conseils au sujet de Kenneth, mais Donald m'a seulement répondu :

« Débrouille-toi pour qu'il t'aime bien ; comme ça, quand il aura besoin de conseils, il viendra te voir. »

Cédant à une impulsion subite, je lui ai acheté une chienne ; mais les gamins étant occupés à découvrir Marquette et Polly donnant des cours durant tout l'été, cette chienne qui s'appelle Sally reste le plus souvent avec moi. C'est une labrador jaune, le genre de chienne que gamin j'aurais aimé avoir. Comme elle me causait plus de problèmes qu'autre chose, j'ai clôturé tout l'arrière du jardin, où elle a creusé de gros trous dans la pelouse et les parterres de fleurs, jadis immaculés, de Clarence. Celui-ci est mort il y a deux ans à l'âge d'environ soixante-dix ans, quand le câble de traction d'un voilier s'est rompu et que ce bateau l'a écrasé. Je dirige une petite entreprise d'aménagements paysagers, qui emploie à plein temps deux neveux de Clarence. L'hiver, ces neveux déblaient la neige dans les allées privées.

Jesse a pris sa retraite l'hiver dernier et il est retourné à Veracruz après avoir subi une légère attaque. Avant son départ, je lui ai demandé à quand remontait le dernier chèque qu'il avait touché de mon père. Il m'a répondu qu'il s'était toujours débrouillé seul dans la vie et qu'il avait récemment vendu trois petites maisons d'habitation qu'il possédait près de l'université, après les avoir achetées pour une bouchée de pain voilà maintes années. En avait-il fait un secret bien gardé, ou bien n'avais-je tout bonnement rien remarqué ? Il possédait aussi une station-service avec lave-voitures ainsi qu'une laverie automatique. J'ai commencé à douter de la validité de son prétendu exil, mais dans le cas de Jesse le viol de Vera par mon père avait entièrement corrompu mon objectivité.

Quelques jours avant son départ définitif, je l'ai interrogé sur la plantation de café qu'il avait achetée avec mon père quand j'étais en classe de troisième. Il m'a gratifié d'une réponse évasive et d'un sourire tout aussi vague, déclarant qu'il n'y avait jamais eu assez d'argent pour l'exploiter correctement. Je lui ai aussi demandé pourquoi il avait effectué des centaines d'aller et retour en voiture entre la maison et Duluth, au lieu de s'installer là-bas, et il m'a répondu que mon père détestait les regards indiscrets, et puis que lui-même était supposé garder un œil sur moi. Par exemple, mon père avait prédit que mon mariage avec Polly ne durerait pas, car j'étais alors trop inquiet et furieux pour qu'une femme accepte de vivre longtemps avec moi. Cette remarque m'a bien sûr mis en rogne, mais Jesse a alors éclaté de rire en ajoutant que ma réaction présente prouvait le bien-fondé de l'opinion paternelle. Cette douche froide m'a calmé, nous nous sommes assis pour prendre un verre et je lui ai encore demandé pourquoi, ce fameux soir, il n'avait pas abattu mon père. Cette vengeance immédiate l'aurait seulement anéanti, dit Jesse, et elle aurait blessé davantage Vera, sans parler de tous les autres. Il venait d'une famille extrêmement étendue, il jouait le rôle de *padrone* envers de nombreux frères et sœurs plus jeunes, ainsi que pour leurs enfants. Sa terre natale lui avait manqué, mais s'il était resté à Veracruz qu'aurait-il bien pu faire pour tous ces gens ? Et puis mon père lui accordait deux mois de congés annuels, qu'il passait chez lui. Je n'ai bien sûr pas cité le nombre incalculable de fois où mon père, ivre, avait parlé de son « arnaqueur basané ».

À ce point de notre échange, je me suis senti idiot en me demandant si j'avais un jour considéré cet homme autrement que comme un individu qui m'avait tiré d'affaire encore et encore. Nous sommes restés assis ensemble pendant des heures et je me suis excusé de ne jamais avoir eu assez de curiosité pour essayer de le comprendre. Il m'a rétorqué que très peu de gens prenaient la peine de comprendre autrui, même les frères et les sœurs, les maris et les épouses, bien que selon lui Cynthia et moi ayons fait du bon boulot sur ce chapitre. L'essentiel à ses yeux, c'était qu'en travaillant pour mon père aussi loin de chez lui, il avait affranchi sa famille du fardeau ancestral de la misère, et maintenant, quarante-cinq ans après, sa tâche était terminée.

Il s'est refermé quand je l'ai interrogé sur la Seconde Guerre mondiale et les années qui ont suivi, mais il a soudain levé les bras au ciel comme pour me signifier : bon, allez, je vais tout te raconter.

Mon père n'est pas entré dans l'armée avant 1941, à sa sortie de Yale. Il était le supérieur immédiat de Jesse et très vite Jesse a compris qu'il se trouvait devant un homme qui souhaitait mourir et qui avait besoin de quelqu'un pour surveiller ses arrières. Ils sont devenus d'improbables amis et, le soir avant que leur bateau ne quitte le port de San Francisco, ils ont pris une bonne cuite ensemble et mon père a confié à Jesse pourquoi il se fichait de mourir. L'été précédent, il s'était disputé avec son frère Richard à cause d'une femme, puis Richard s'était suicidé en sautant du haut d'une falaise, mais au mauvais endroit. Il y avait un seul bon endroit d'où sauter et Richard, qui le savait, avait volontairement sauté de la falaise vers l'eau du lac. Cette jeune femme plaisait bien à mon père, mais Richard l'avait aimée. Mon père savait depuis l'enfance qu'il ne serait jamais ce qu'on appelait « un type bien », mais il aimait néanmoins son frère et, parce qu'il avait causé la mort de ce dernier, la jeune dame – ma mère – et lui ont ensuite décidé que la seule chose qu'il leur restait à faire était de se marier.

J'aurais bien sûr pu deviner le plus clair de ce récit à condition de prêter davantage attention à certaines allusions de Fred, mais quand on déteste quelqu'un, les détails ne comptent plus.

Deux ans plus tôt, un avocat m'avait téléphoné de Grand Rapids, dans le Minnesota, pour m'informer que mon père avait été passé à tabac, qu'il risquait la prison et qu'il avait besoin de mon aide. J'étais dans mon chalet de

Grand Marais, mais Mme Plunkett m'avait retrouvé. J'ai appelé cet avocat pour savoir si je ne pouvais pas éviter ce voyage en envoyant un chèque, mais c'était impossible. Le juge local tenait à ce qu'un membre de la famille fût présent. Je suis donc parti à l'aube, arrivé à destination dans la soirée, et je me suis aussitôt rendu chez l'avocat. C'était comme d'habitude, sauf que cette fois-ci mon père s'était fait battre comme plâtre par un homme de son âge, environ soixante-cinq ans, le propriétaire d'une modeste scierie.

Mon père chassait la grouse dans la région en compagnie de « quelques huiles de Duluth », selon l'avocat, et il avait « fricoté » avec une gamine un peu trop jeune, la petite-fille du propriétaire de la scierie, dont les parents étaient divorcés. L'homme allait être accusé de violences aggravées avec préméditation, son séjour en prison coulerait son affaire. Mon père, de son côté, serait accusé de détournement de mineure, ce qui aurait un effet « consternant » pour un homme de son âge (notre famille avait effectué quelques opérations minières dans la région toute proche de Mesabi Iron Range). J'ai eu envie de quitter la pièce aussitôt après avoir appris à l'avocat que mon père n'en était pas à son premier détournement de mineure, loin de là. L'avocat m'a demandé de ne pas répéter cette information, de faire preuve d'un peu de « charité chrétienne » envers mon géniteur. Puis nous sommes allés en voiture jusqu'à l'hôpital où, dans une chambre individuelle, il sirotait du whisky en bavardant avec une infirmière malgré ses lèvres tuméfiées. Ses hématomes faciaux lui donnaient l'air d'une prune plissée.

« Bonjour, fils. Je suis très heureux que tu aies pu venir. Mes amis m'ont abandonné. »

Nous nous sommes retrouvés devant le juge à six heures du matin, afin d'éviter toute indiscrétion. Ce juge, qui avait l'âge de mon père, désirait manifestement se débarrasser au plus vite de ce problème. Le shérif, un colosse suédois, n'a pas ouvert la bouche. Le grand-père scieur de bois rentrait sa rage et bouillonnait intérieurement. Le juge a bel et bien félicité mon père sur ses brillants états de services dans l'armée et sous prétexte que notre famille avait créé de nombreux emplois dans la région. La mère, sémillante et sur son trente et un, a pleuré pendant tout le quart d'heure qu'a duré l'entretien. Mon père arborait sa luxueuse tenue de chasseur, une chemise en laine de lama et un pantalon au pli impeccable, comme s'il s'agissait seulement d'une regrettable erreur. La plainte, qui n'avait pas encore été enregistrée, a été tacitement annulée. J'ai dû verser deux mille dollars à l'avocat qui a aussi négocié un dédommagement de cinq mille dollars, que j'ai donné à la mère de la fille. J'ai donc accompli ma mission, une modeste plongée dans la banalité du mal.

Sur la route de Duluth et avant de s'endormir à cause des médicaments contre la douleur, il a marmonné que, malgré l'importance de prochains rendez-vous, il ne pourrait guère se montrer en public avant que son visage n'ait perdu sa teinte violacée. Il a tripoté le bouton de la radio pour essayer de trouver des nouvelles. Il avait toujours été un drogué des informations et l'émission du journaliste Walter Cronkite, qui précédait immédiatement notre dîner, était une demi-heure sacrée pendant laquelle personne n'avait le droit de parler, sauf durant les publicités. Tant Fred que Coughlin ont déclaré n'avoir jamais rencontré un être humain aussi peu intéressé que moi par l'actualité. Il s'agit là, j'imagine, d'une réaction élémentaire à l'obsession de mon père, avec cet élargissement possible et naturel selon lequel les nouvelles du chaos politique et de la corruption économique venaient forcément de la classe de ses pairs. J'étais assez observateur pour remarquer que la plupart des hauts fonctionnaires du Département d'État, des représentants des partis et des patrons des grosses entreprises semblent provenir du même moule douteux, et peu importait qu'ils parlent d'opposants politiques, de la guerre ou de la croissance économique.

J'ai coupé vers l'est plutôt que de continuer à suivre une ligne droite vers Duluth, incapable de tirer la moindre conclusion du fait que Judy Garland ainsi que Bob Dylan étaient nés dans la région de Grand Rapids et de Hibbing. Je suis passé devant un parc à thème illustrant les activités d'une mine de fer, et qui n'accueillait pas grand monde en cette fin d'automne. Toutes les machines antédiluviennes, énormes et absurdes, s'étageaient sur le versant de la colline. J'ai ralenti près d'une station-service pour regarder une femme toute fluette, la cigarette aux lèvres, gravir l'échelle qui menait à la cabine d'un camion pouvant transporter trois cents tonnes de minerais de fer. J'avais entendu dire que les pneus gigantesques de ces engins coûtaient quarante mille dollars pièce et ce spectacle m'a paru si étrange que l'enfant en moi a soudain désiré conduire ce camion sur une route de campagne.

Quand j'ai enfin atteint la Route 61 qui filait vers le sud le long du lac Supérieur en direction de Duluth, mon père s'est mis à soupirer et à geindre dans son sommeil, son visage contrastant de manière saisissante avec la splendeur du paysage en cette mi-octobre, les trembles jaunes, les bois de feuillus rouges et la mer bleue qui s'étendait à l'est jusqu'à l'infini. Carla, qui était morte à l'âge de douze ans, avait toujours été une formidable compagne de voyage et elle aurait dû occuper sa place habituelle, sur la banquette à côté de moi, au lieu de ce vieux pervers.

Je me suis alors rappelé sans plaisir aucun ce péquenaud d'avocat m'exhortant à la compassion chrétienne. Coughlin m'avait appris que mon père souffrait de nympholepsie, une forme aiguë de pédophilie. Son cerveau était obsédé par les jeunes femmes âgées de treize à quinze ans, ce qui ne pose aucun problème à condition d'avoir soi-même cet âge. L'étiologie de cette maladie est tout sauf certaine, et la meilleure description de sa nature se trouve dans *Lolita* de Nabokov, un roman dont j'ignore si mon père l'a lu. Elle provient peut-être d'une période absente dans le développement d'un jeune homme et certains professionnels ont suggéré qu'il s'agit en partie du désir mammifère de « couvrir » des jeunes femmes avant que d'autres mâles ne s'en emparent. Un certain pourcentage d'hommes, heureusement faible, ne peuvent accepter le « non » de la culture lorsqu'il s'applique à ce type de jeune femme, tout comme d'autres ne peuvent s'empêcher de commettre des meurtres, de voler ou tout simplement de rouer de coups leurs semblables. Coughlin a même évoqué une hypothèse génétique, quoiqu'elle semble peu crédible. Bien sûr, il ne suffit pas que le malade commence à comprendre son état pour que son comportement s'en trouve modifié. Poussé par la curiosité, j'avais autrefois été à la pêche aux réponses pour expliquer le comportement de Richard Nixon, et malgré la bonne centaine d'explications plus ou moins convaincantes, j'avais toujours l'impression d'être confronté à un monstre isolé, mystérieux.

Si j'ai couché sur le papier ce petit incident désagréable, c'est seulement parce que j'ai appris une chose nouvelle sur la nature de mon père quand nous sommes arrivés chez lui : une gigantesque maison de cocher, située à côté de la demeure victorienne de Seward, sur une colline à couper le souffle. Je l'ai aidé à porter ses bagages à l'intérieur, mais avant de descendre du pick-up il m'a tendu son fusil Parker de calibre .20, car il avait décidé qu'il ne chasserait plus jamais. Coughlin était venu deux fois dans le nord pour chasser la grouse, et je possédais seulement un vieux fusil Fox Sterlingworth tout déglingué, acheté dans une station-service de Seney. Les grouses étaient délicieuses à manger et Coughlin croyait que je tirerais peut-être profit de promenades en plein air, sans observation critique du paysage. Mon père s'est réjoui du plaisir évident que j'ai manifesté lorsqu'il m'a donné son fusil.

L'intérieur de la maison de cocher était désagréablement immaculé ; un living-room de deux étages donnait sur le port de Duluth, très loin en contrebas. La cuisine et la chambre de mon père se trouvaient derrière, avec une salle à manger attenante située à gauche et un bureau en partie délimité par des paravents chinois sur la droite. Au-dessus de sa table de travail trônait une photo de Cynthia et moi debout et boudeurs devant notre maison, un portrait que notre mère n'aimait pas et qu'elle avait mis de côté. Il y avait au moins une douzaine de photos de nous enfants, ses photos de mariage avec Mère, une photo de Mère dans son redoutable déguisement lunaire au Club, enfin une photo récente de Cynthia et de ses enfants où, de toute évidence, Donald avait été éliminé du cadrage. Il y avait aussi une photo de Richard le jour de sa remise de diplôme à Groton.

Ce que j'ai appris au cours de ces quelques minutes d'affabilité contrainte, c'était que mon père se considérait comme la victime, insultée et blessée, à croire que sa propre famille s'était comportée comme un pape collectif qui l'aurait excommunié sans motif valable. Il parlait de ses errements comme d'une simple « marotte ». J'ai senti vaciller mon équilibre mental. Il était aisé de voir que pour lui ses victimes n'étaient pas vraiment des gens ni des êtres humains, exactement comme les bûcherons ou les mineurs qui avaient travaillé pour son père et son grand-père n'avaient pas été vraiment des hommes, ou alors, dans le cas contraire, il était parfaitement raisonnable de les considérer comme quantité négligeable. Il convenait de les considérer ainsi. Il était juste de les considérer ainsi. Quand je suis monté dans mon pick-up après avoir à contrecœur serré mon père contre moi, j'ai pensé que tout comme les Européens nous autres Américains avions développé une aristocratie dont le prestige de chacun de ses membres dépendait du temps passé à ignorer le restant de la race humaine, grâce à l'argent.

# 29

Debout dans le bureau en milieu de journée, je savoure mon sandwich Plunkett préféré, provolone vieux et mortadelle entre les deux moitiés d'un petit pain rond. Dans un jour et demi je partirai pour Chicago afin d'assister à la messe de souvenir de ma mère, apportant ses cendres avec moi pour répandre ces fragments d'os et de vertèbres près de Huron River Point, dans le paysage rêvé par elle lors de son demi-coma. J'ai toujours regretté que Laurie n'ait pas été incinérée. J'ai lu quelque part que les caveaux en ciment qui enferment les cercueils, construits selon la même technique que les fosses septiques, fuient souvent, si bien que les cercueils flottent dans l'obscurité. Je ne me suis jamais demandé sérieusement pourquoi tant d'individus résistent à l'idée de l'incinération. Quiconque a observé l'évolution d'une charogne animale dans les bois pendant quelques jours, a remarqué l'inquiétante rapidité de notre décomposition future. Dans l'une de ses lettres, guère intéressantes, sur le bouddhisme zen, Fred m'écrit que « les cendres ne redeviennent jamais bois ».

Une fois mère incinérée, je me la rappellerai telle qu'elle était vraiment ; mais mon imagination parfois fébrile me fera voir la dépouille de Laurie dans son caveau, dix ans après sa mort. L'incinération libère ceux qui restent, mais au moment précis où je prenais ma décision sur ce sujet, j'ai aussi reconnu qu'il paraissait naturel que Clarence ait été enterré dans un cercueil en pin tout simple, sans le moindre caveau mais dans un cimetière chippewa. Au mois de novembre suivant, j'avais assisté à un Souper Fantôme organisé pour Clarence, avec Donald et Cynthia ainsi qu'une centaine de parents et amis. Il y avait plusieurs dindes rôties et une grosse marmite d'un ragoût de maïs et de gibier, délicieux par ce froid après-midi limpide. Devant la vieille cabane de Clarence on avait fait un grand feu de joie et chacun lâchait une pincée de tabac dans le feu afin de libérer l'âme de ses bien-aimés passés de vie à trépas. Sans que le désir lié à la douleur ne les retienne ici-bas, ils pouvaient alors partir vers un autre monde. Il était facile de libérer ce cher Clarence en laissant tomber ces brins de tabac parmi les flammes, mais quand je l'ai fait en évoquant les innombrables images que je conservais de Laurie, j'ai fondu en larmes. Bien sûr beaucoup de gens pleuraient et, lorsque je me suis éloigné d'une centaine de mètres pour rejoindre mon pick-up et m'appuyer contre le capot, j'ai entendu un groupe de vieilles femmes gémir et psalmodier une mélodie funèbre anishinabe. Au bout de quelques minutes j'ai revu une image de Laurie à Presque Isle, quand je l'avais aidée à monter sur un gros bloc de roc et qu'elle s'était dressée tout en haut dans sa robe d'été jaune au-dessus de ses jambes bronzées, regardant vers l'ouest dans le crépuscule tiède. C'est ainsi qu'aujourd'hui je la vois le plus souvent et voilà pourquoi le Souper Fantôme constitue pour moi l'expérience unique d'une religion efficace. Néanmoins, lorsque je suis énervé, épuisé, de mauvaise humeur ou en colère, Laurie réintègre le caveau et son eau croupie.

Je sens que ma mère restera entière dans mon imagination. Je ne la verrai pas ivre et en larmes à l'endroit du jardin où elle était tombée après une dispute avec mon père. Caché avec Cynthia dans le bosquet de lilas le long de l'allée, je lançais des coups d'œil à la dérobée pendant que ma sœur examinait sa collection de clefs qu'elle avait sorties de son petit porte-monnaie rouge. Tous les enfants du monde se sont sans doute cachés pour échapper au regard de leurs parents. Après avoir quitté son « chien fou » de mari, ma mère nous a confié qu'elle pouvait seulement se concentrer peu à peu sur ses enfants et qu'elle sentait la panique l'envahir à l'idée qu'il était peut-être trop tard pour leur être d'un quelconque service. Je lui ai rétorqué que tel n'avait pas été le cas, tout en sachant que je mentais ; mais on peut se demander dans quelle mesure les parents peuvent changer le comportement de leurs enfants une fois que ces derniers ont atteint l'adolescence. Lorsque Coughlin a appris à connaître Cynthia, il a déclaré qu'elle avait réussi à utiliser pour son propre bien l'incroyable force de volonté de sa famille. Ma sœur, quant à elle, s'inquiétait de la main de fer avec laquelle je dirigeais mon existence depuis l'âge de seize ans, car le plus clair de mes décisions s'expliquait par une opposition à quelque chose, par une réaction contre un élément incompréhensible, plutôt que par une adhésion à quelque force vitale. Mon père avait fermé toutes les fenêtres donnant sur le monde et je passais désormais ma vie à me battre pour les ouvrir. Le problème était de savoir si j'aurais dû prendre une massue pour briser les vitres, sauter dehors et incendier la maison, ce que métaphoriquement Cynthia avait réussi à faire. Quant à ma mère, elle aussi avait réussi à s'évader, mais sur le tard, si bien qu'un soir à Chicago, alors qu'elle semblait incapable de surmonter la déception de m'avoir trahi, je lui ai répondu par cette question :

« Que pouvais-tu bien faire alors que tu essayais de sauver ta propre vie, et que les chances de réussite semblaient plutôt minces ? »

Laurie était morte depuis environ un an et j'étais quasiment devenu un ermite. Mère désirait me voir entamer un rapport « professionnel » avec Coughlin, une hypothèse désormais peu plausible car nous devenions progressivement amis, surtout après avoir pêché ensemble durant trois semaines dans le Wyoming et le Montana au mois de septembre précédent. Coughlin pensait que ce serait difficile et fort peu orthodoxe, mais il a accepté d'essayer. J'ai résisté, car je préférais de beaucoup l'idée de l'amitié à celle du confessionnal humain. Cet hiver-là, j'ai soupçonné que ma mère se servait de Mme Plunkett comme d'une sorte d'espionne, mais quand j'ai enfin découvert que telle était la vérité tandis que nous buvions trop de vin en jouant au solitaire, je me suis dit :

« Personne n'en a rien à foutre. »

L'inquiétude de ma mère était parfaitement fondée et bien intentionnée, alors pourquoi se mettre martel en tête sous prétexte que Mme Plunkett envoyait des rapports quotidiens ? Le compromis trouvé au printemps a été le suivant : j'accepterais d'écrire une lettre par semaine à Coughlin pour lui parler de mon état mental, mais à ce moment-là l'orage était presque terminé. L'idée même du terme de « dépression » m'a toujours semblé une absurdité psychologique, et puis au moment précis où vous reconnaissez cet état où tout l'oxygène a quitté votre vie, ce même oxygène recommence d'y entrer.

Mon effondrement a débuté en novembre, quand j'ai reçu une enveloppe en papier contenant le premier recueil de poèmes de Vernice, mais sans adresse de retour ni lettre ni même la moindre dédicace, simplement ce livre publié par une maison d'éditions universitaire, avec la photo sépia d'une souche d'arbre sur la couverture, pas une souche gigantesque, une simple souche ordinaire. J'ai aussitôt dévoré ce livre, en y cherchant un signe destiné à moi-même, mais en vain. Au dos du livre figurait la louange d'un homme que j'ai pris pour le poète célèbre et l'amant de Vernice, qui disait que grâce à ce volume Vernice comptait désormais parmi « les jeunes poètes les plus prometteurs de sa génération ». Son poème sur la souche ouvrait le recueil et j'ai tout de suite reconnu son caractère fascinant et élégant. Une jeune fille manifestement solitaire déambule parmi les forêts septentrionales et découvre une souche immense qui se dresse en travers d'un goulet ; elle y pénètre à quatre pattes, s'assoit à l'intérieur et rêve le monde à neuf.

J'avais été banni de son œuvre, mais une fois ma colère dissipée, j'ai conclu qu'il s'agissait là d'une décision esthétique dont elle avait bien sûr le privilège. Elle ne pouvait quand même pas écrire qu'il y avait aussi sous cette souche un amant qui essayait de la baiser. Ce qui néanmoins m'agaçait au plus haut point, c'était qu'elle devait son succès à un autre homme. J'étais tout bonnement jaloux. Je n'avais aucun moyen de réagir, ce qui ne m'a pas empêché d'envoyer une lettre aux bons soins de la maison d'éditions universitaire ; mais pendant tout cet hiver-là je n'ai pas reçu la moindre réponse. Était-elle avec cet homme parce qu'il était meilleur amant, meilleur compagnon ou, tout simplement, un homme meilleur que moi ? M'avait-elle envoyé ce livre comme on donne un coup de couteau ou comme un auteur expédie ses services de presse à des dizaines de personnes ?

J'ai essayé de me consoler avec cette pensée que Vernice s'était mise à la colle avec cet homme simplement parce qu'il lui permettait de réaliser ses ambitions, mais je savais très bien que ce n'était pas aussi simple. Les gens agissent rarement pour une seule raison. Nos motifs sont multiples, maladroits et confus. Dans le cas de Vernice, elle avait courtisé et séduit un homme capable de l'aider, et cet homme n'était pas moi.

Ma conclusion était tout sauf sensée, mais à ce moment-là j'ai commencé à croire que je ne pourrais jamais réaliser mon projet tout seul, avec pour seule aide ma montagne de livres et de monographies, et quelques entretiens avec un nombre de plus en plus restreint de vieux bûcherons pour seule perspective. Mon compagnon de pêche, le propriétaire de la taverne à Grand Marais, dans le Michigan, m'avait aidé en dehors de tout contexte livresque, tout comme la lucidité blessante de Vernice, sans parler des questions perspicaces de Cynthia et de son cadeau de Carla. Mon problème c'était que je mettais un temps fou à tirer profit de ce qu'on me donnait gratuitement. Et maintenant, si je voulais bien l'écouter, j'avais Coughlin pour m'aider à diriger ma vie. Au mois de septembre précédent, alors que nous campions sur la rivière Yellowstone, près de Big Timber, dans le Montana, Coughlin m'avait dit qu'il était parfaitement raisonnable de s'isoler de la communauté humaine afin d'accomplir le travail que je m'étais fixé pour objectif, mais à la condition expresse de connaître la communauté humaine. Il était hors de question d'adopter la posture du chien inexpérimenté (il a eu la bonté de ne pas parler de « chiot ») qui regarde le monde entre les planches de la grange.

Cet hiver-là les mots m'ont lâché. Je devrais plutôt dire que c'est le vocabulaire spécialisé qui m'a lâché. Dans un traité je suis tombé sur cette phrase : « En 1923 l'État du Michigan s'est rendu compte qu'il avait sur les bras dix millions d'arpents couverts de souches. » J'ai lancé ce livre contre le mur opposé du bureau et Carla, qui dormait, s'est mise à aboyer violemment. Merde alors, que pouvait bien signifier cette phrase ? « L'Ouest a dû tenir compte de la disparition de soixante-quinze millions de bisons », constituerait une autre version de la même catastrophe. Durant des mois après cet incident, toute érudition m'a fait l'effet d'une version faussée, hypocrite, de la réalité de l'histoire. Les mots tombaient comme des étrons aux cabinets. Je pouvais lire les œuvres d'écologistes avant l'heure comme Ernest Thompson Seton, James Oliver Curwood, Thoreau, Sigurd Olson ou Aldo Leopold, mais le moindre texte drapé dans le voile de l'érudition me semblait d'une insupportable fatuité. Il n'avait pas la moindre vie. Il était aussi mort que les sardines dans leur boîte.

Je me suis senti complètement engourdi pendant quelques semaines de janvier, quand je réussissais seulement à mettre mes raquettes pour explorer plusieurs portions des comtés de Dickinson et de Baraga, avec la conviction obstinée d'être le dernier des imbéciles. J'ai écrit à Coughlin pour lui parler de mon écœurement et j'ai poursuivi mes sorties diurnes en raquettes jusqu'à ce que le paysage hivernal absorbe tout mon poison. Début février, mon univers s'était considérablement allégé, car je passais toutes mes journées à « voir » plutôt qu'à lire ou à ruminer intérieurement, cette dernière activité se résumant pour l'essentiel au ressassement machinal de conclusions très contestables. Toutes ces scories se dissipaient aisément dans le paysage, car le caractère frauduleux de mon labeur m'avait épuisé.

J'ai savouré un dégel de trois jours au début du mois de février et, lorsque le froid est revenu, j'ai pu emmener Carla en promenade. Elle adorait courir sur la croûte de neige durcie au lieu de patauger dans la poudreuse profonde, moyennant quoi je l'avais longtemps laissée à la maison aux bons soins de Clarence. Pour interrompre mon entreprise d'épuisement physique, je m'arrêtais dans les villages et les hameaux, où il m'était facile de trouver quelqu'un qui avait conservé une collection des photographies de ce qu'ils appelaient tous « le bon vieux temps », c'est-à-dire la première époque des industries minière et forestière. Parce que je croulais littéralement sous le poids des informations glanées dans mes fameux ouvrages de référence, je trouvais merveilleux de regarder simplement ces photographies et de mettre des visages sur mes abstractions. Un appareil photo montré à des hommes qui travaillent focalise souvent les absurdités touchantes de la fierté. Quand Cynthia avait une dizaine d'années, elle se promenait à Marquette les soirs d'été avec un Brownie et elle photographiait les gens avec leurs chiens. Les propriétaires de ces chiens étaient ravis de poser en compagnie de leur animal favori. Même mon père était fasciné par la collection de ces images réunies par Cynthia.

Un vendredi de la mi-février, j'ai eu un coup de chance qui a duré vingt-quatre heures et qui m'a aidé à changer radicalement de direction. Je suis rentré chez moi à la tombée de la nuit après avoir passé une journée limpide et éblouissante avec Carla à explorer la piste McCormack, les raquettes aux pieds, une vaste région de boisement ancien, à l'ouest de Champion. Pour me reposer, je m'étais allongé avec Carla dans un bosquet de sapins, observant un rouge-queue entrer dans son nid et en sortir. En dehors des corbeaux et des mésanges à tête noire, le rouge-queue est le seul oiseau capable de survivre à l'hiver dans cette région. Il tapisse l'intérieur de son nid avec un coussin de poils d'animaux et de plumes de grouses, pour en faire le cocon le plus chaud possible. Je me trouvais à quelques pas seulement de cet oiseau, qui avait décidé de ne pas s'inquiéter de notre présence. Carla l'a observé durant quelques minutes avant de se pelotonner dans la neige pour dormir. Je me suis étonné des milliers et des milliers d'années indispensables pour que cet oiseau acquière ce comportement de survie, puis je me suis bien sûr demandé quel comportement de survie j'avais moi-même mis au point au cours de ma brève existence. J'ai bientôt abandonné cette question absurde en souriant de son intérêt pour le moins contestable.

Quand j'ai descendu la longue colline vers le pick-up, Carla s'est mise à gronder et à aboyer à cause d'un petit groupe d'hommes debout près de leurs véhicules. Tandis que je dévalais la colline enneigée sur mes raquettes, ils se sont tournés dans ma direction. J'ai vite appris qu'ils définissaient un parcours en vue d'une course qui devait avoir lieu le lendemain, samedi matin. L'un d'eux était un jeune avocat du cabinet qui gérait les affaires de ma famille. Il s'est déclaré surpris de ne pas avoir eu de mes nouvelles, et j'ai alors avoué que j'ouvrais seulement le dimanche le courrier administratif qui m'était adressé. Mon père vendait enfin quelques terres et l'ordonnance de justice l'obligeait à me rembourser le montant de la vente de mon chalet. Cette somme s'élevait à un peu plus de cent mille dollars. Incapable de trouver une réponse adéquate, je me suis baissé pour caresser Carla. Un autre homme nous a alors rejoints pour me dire qu'à la vitesse à laquelle j'avais dégringolé cette colline sous ses yeux, je désirerais sans doute participer à la course de raquettes de quinze kilomètres, qui devait avoir lieu le lendemain matin. Pareille idée m'aurait normalement rebuté, mais j'ai accepté.

Quand je suis rentré à la maison, Mme Plunkett assise dans la cuisine buvait du vin rouge sans rien préparer et je me suis rappelé que je l'avais invitée au restaurant pour son anniversaire. Deux lettres m'attendaient, l'une de Coughlin, l'autre de Fred à Hawaii. Fred avait pris l'habitude de m'envoyer des messages cryptiques une fois par semaine, la plupart vraiment agaçants. Celui-ci ne faisait pas exception à la règle : il contenait une citation d'un poète chinois disant que nous devons nous trouver là où l'eau est peu profonde. J'ai mis de côté la lettre de Coughlin, préférant prendre d'abord une douche et boire un verre de vin, mais son contenu était troublant. Il y déclarait que je paraissais aussi sec qu'un quignon de pain vieux de cent jours et que je devrais sans doute trancher dans le vif pour sortir de ma « fosse septique », une expression qui m'a bien sûr rappelé ma pauvre Laurie défunte. Peut-être était-ce d'ailleurs son intention. Il m'a suggéré de partir pour le Mexique et d'y retrouver Vera afin de lui présenter mes excuses, une idée qui formait désormais une sorte de kyste dans mon esprit, un kyste dont il était temps de me soulager. Une autre option consistait à partir à la recherche de Vernice en Europe, ou ailleurs, pour voir si, oui ou non, elle tenait encore à moi, car un « non » clair et définitif valait mieux que mes sempiternelles tergiversations. Idéalement, je devais accomplir ces deux missions, car de toute évidence j'étais en train de m'étouffer tout seul. Il ajoutait que d'habitude il ne donnait aucun conseil direct à ses patients, mais que notre rapport était toutefois d'une autre nature. Il touchait là un point douloureux, car Mère avait tenté de lui offrir un « véhicule de pêcheur », un 4×4, et il avait refusé ce cadeau, reprochant alors à Mère non pas sa générosité, mais sa tentative d'intrusion en une affaire qui ne la regardait nullement.

La seule tenue correcte que je possédais, c'étaient les vêtements que j'avais portés à l'enterrement de Laurie, des vêtements restés dans ma penderie depuis lors, et j'ai alors découvert que j'avais encore maigri. Il est difficile de garder son lard quand on passe six heures par jour à crapahuter sur des raquettes. Tout en m'habillant, j'ai repoussé –

une fois n'est pas coutume – une pensée désagréable : combien j'aurais préféré récupérer mon chalet et le terrain attenant plutôt que de toucher ces cent mille dollars. Je ne savais pas, à ce moment-là, quelle bonne décision c'était. Une humeur se résume parfois à une flaque de boue à enjamber.

Nous avons passé un bon moment au « club de souper », un terme qui dans le grand Nord désigne souvent les meilleurs restaurants. Mme Plunkett a mangé une énorme côte de bœuf saignante, ce qui paraissait un peu bizarre pour une digne septuagénaire, puis elle m'a reproché d'avoir pris un cabillaud vapeur. Elle tenait coûte que coûte à me mettre un peu de « gras » sur les os. Je lui ai rétorqué que les vrais cinglés sont souvent des maigres, ce qui ne l'a pas fait rire du tout.

Notre dîner a d'abord été un peu tendu, car la serveuse qui s'occupait de nous était l'une de mes anciennes camarades de lycée, Susie. Je ne l'ai pas reconnue aussitôt, car lorsque j'essayais de corriger ses atroces fautes de grammaire en classe de troisième, elle était très grosse, alors que maintenant elle était simplement rondelette. Quand elle m'a demandé ce que je faisais, je lui ai répondu que j'écrivais une histoire de la Péninsule Nord.

« Tout le tintouin depuis la nuit des temps ? » s'étonna-t-elle alors.

Sa propre exclamation l'a fait rire, puis nous avons bavardé quelques minutes et elle m'a dit qu'elle incarnait le « cas normal » pour notre classe : divorcée avec deux enfants et deux boulots sur les bras. Je n'ai pas pu m'empêcher de regarder son joli derrière dans son uniforme vert pâle et amidonné de serveuse. Mme Plunkett n'en a pas perdu une miette et, lorsque Susie s'est éloignée pour servir une autre table, elle m'a dit :

« Cette jeune femme est prête à te tomber dans les bras. »

J'ai déposé Mme Plunkett à la maison avant d'aller chercher Susie au restaurant. Elle m'a demandé si je voulais bien m'arrêter à un bowling où avait lieu une fête. J'étais déjà excité, mais j'ai réussi à dissimuler mon manque d'enthousiasme. Au bowling, il y avait au moins une douzaine de mes anciens camarades de classe, mais aucun avec qui j'entretenais un véritable rapport amical, sauf Glenn qui était lugubre et à peine cohérent. Il y a eu un silence général quand Glenn a hurlé :

« Ce gros bonnet vient s'encanailler et il en a après la chatte de Susie ! »

Clyde, dont je me souvenais comme d'un excellent plaqueur dans l'équipe de football, a alors dit à Glenn de la boucler. Malgré son état, je me suis assis près de lui, j'ai pris une bière et il est devenu plus chaleureux en évoquant nos parties de pêche et notre camp d'été à Iron Mountain. Il était désolé à cause de Polly et il m'a confié avoir perdu deux épouses qui croyaient pouvoir le sevrer de sa gnôle. Bien sûr je ne savais pas jouer au bowling et nous sommes partis après que j'ai eu serré la main de tous mes anciens camarades. Dans la voiture, Susie a dit :

« Ils n'allaient pas te laisser être quelqu'un comme tout le monde. »

Je savais déjà qu'à Marquette on me prenait souvent pour un cinglé, bien que beaucoup moins dangereux que mon père. Avant de descendre du pick-up devant la maison de Susie, elle m'a demandé si j'avais envie de lui faire l'amour et je lui ai répondu que j'y pensais moi aussi. J'avais remarqué que notre bref passage au bowling avait eu pour but d'éveiller la jalousie d'un des hommes présents là-bas et d'accroître son intérêt pour elle.

Je ne suis pas rentré à la maison avant trois heures du matin et, quand je me suis garé dans l'allée hivernale, j'étais vraiment heureux. La lumière s'est allumée dans l'appartement de Jesse, au-dessus du garage, et je lui ai adressé un signe de la main.

J'ai gagné la course de quinze kilomètres en raquettes, même si je me suis présenté sur la ligne de départ avec près de dix minutes de retard. Il y avait une douzaine d'autres concurrents, mais de toute évidence j'étais le seul à avoir pratiqué les raquettes au cours des trois derniers mois. J'ai dépassé le jeune avocat surpris, en sprintant à un kilomètre et demi de la ligne d'arrivée. Cette émotion m'était entièrement nouvelle, car de ma vie je ne me rappelais pas avoir remporté la moindre course. D'une certaine manière, j'ai gagné par défaut, car tout au long de cette course je me suis senti submergé par une succession d'intuitions étranges et je n'ai pas vraiment eu conscience de participer à une compétition. J'ai eu l'impression d'être trois individus au lieu d'un seul, comme j'aurais dû l'être. Tout avait commencé dans un rêve, réactivé par l'effort physique. Et puis des images me sont passées devant les yeux : la destruction de Dieu, de la nature et de l'amour était une tradition prospère. Dans mon rêve, nous les mangions – Dieu, la nature et l'amour – avant de les chier sous une forme desséchée. Toutes ces visions étaient brouillées par la texture du rêve et leur sens m'échappait en partie. Aux trois quarts de la course, alors que j'étais trempé de sueur, le monde m'a semblé s'ouvrir de nouveau, comme en ce jour lointain, avec Fred, quand après avoir quitté Cincinnati nous roulions le long de la rivière Ohio. Durant un long moment j'ai eu l'impression que mes raquettes ne touchaient pas le sol. Je savais que certains athlètes sentaient parfois qu'ils entraient dans « la zone » et je vivais sans doute la même expérience qu'eux.

J'ai seulement repris conscience de ma situation en atteignant la longueur de fil rose qui tenait lieu de ligne d'arrivée. Il y avait là un petit groupe d'épouses et d'amis des concurrents ; ils ont applaudi et un homme âgé m'a tendu une cannette de bière glacée, la meilleure de ma vie. Mon esprit vacillait, j'essayais de me concentrer sur mes récentes visions tout en serrant des mains à la ronde. Comment le fait d'inviter Mme Plunkett à dîner pour son anniversaire, une fête dans un bowling, ma partie de jambes en l'air avec Susie, puis une course en raquettes avaient-ils pu aboutir à cette expérience troublante ? Le côté comique de la chose m'enchantait.

Lorsque j'ai rejoint mon pick-up pour m'essuyer le visage avec des serviettes en papier, j'ai retrouvé une perception éveillée de ce rêve où ma première incarnation, la plus basse, était un affreux gosse hurlant qui essayait d'arracher l'animal rivé à sa colonne vertébrale et qui voulait tuer son père. La deuxième incarnation, celle du milieu, portait des lunettes de soudeur et était un crétin pleurnichard qui lisait et écrivait tout le temps avec une passion simulée et un air de gentillesse feinte. La troisième personne était une version plus réduite de la deuxième, aux traits trop effacés ou indistincts, comme sur un tableau inachevé. L'esprit de cette troisième personne grouillait d'images de Polly, de Vernice et de Cynthia, et elle se rappelait certains paysages splendides, remontant parfois à la prime jeunesse, des paysages que je n'avais pas remarqués en les voyant. Néanmoins, je ne savais absolument pas quoi faire de toutes ces visions. Comment, par exemple, pouvait-on dévorer Dieu, la nature ou l'amour, avant de les chier ?

Le jeune avocat, qui s'appelait Ted, m'a soudain tapoté

l'épaule et j'ai à peine réussi à le reconnaître. Comme je n'étais pas certain de désirer me retrouver seul, je l'ai invité à la maison avec son épouse. Mme Plunkett, toute guillerette malgré sa gueule de bois, nous a préparé à déjeuner. Ted a déclaré qu'il gardait toujours un œil sur les documents juridiques liés à Cynthia et à moi-même ; à l'en croire, puisque mon père était coupable de détournement de fonds ou d'un délit similaire, lui-même pourrait demander à un tribunal d'opérer une saisie sur la vente ultérieure de tout bien jusqu'à ce que l'affaire fût close. L'épouse de Ted lui a reproché de parler affaires un dimanche. J'ai renoncé à cette éventualité, car je me voyais mal au tribunal avec mon père. Je préférais cent fois me passer de cet argent plutôt que de me causer de nouveaux torts.

# 30

Un lundi matin, j'ai convaincu Mme Plunkett de téléphoner à la maison d'éditions universitaire de Vernice et de se présenter comme une tante malade désireuse de contacter sa nièce. Vernice et son poète habitaient Aix-en-Provence, où il était professeur invité à l'université.

J'ai sorti mon atlas mondial et découvert des lieux qui ne se situaient pas vraiment à l'endroit où je les imaginais. Ma mère passait deux mois à Tucson et j'ai envisagé d'aller la voir, mais Veracruz au Mexique se trouvait très à l'est et au sud, presque à la verticale de Houston. Je me suis aussi rappelé les larmes de ma mère quand j'avais envisagé de partir là-bas pour demander pardon à Vera. La France était une autre affaire, mais je pourrais toujours trouver un avion à partir de Mexico. Pour la première fois, je me suis senti absurdement piégé dans la Péninsule Nord. Lorsque mes parents avaient voulu que Cynthia et moi participions à leur voyage en Europe organisé par un cousin de Lake Forest, nous leur avions opposé un refus catégorique, surtout parce qu'ils désiraient nous voir les accompagner. J'ai décidé de ne pas m'attarder sur ce refus, car il me rappelait douloureusement le sermon cuisant de Vernice me reprochant de vivre en réaction à mon père. J'avais commencé de bonne heure.

J'ai petit-déjeuné avec Clarence et Jesse avant de me rendre à l'agence de voyages. J'avais préféré ne pas annoncer à Jesse que je comptais rendre visite à sa fille, car je ne voulais à aucun prix qu'on m'en dissuade. Je leur ai dit que j'allais faire un tour à l'agence de voyages pour découvrir la France et rendre visite à une femme ; cette idée les a ravis, car ils avaient brièvement rencontré Vernice. Clarence avait passé presque toute la nuit de pleine lune à surveiller sa ligne de pêche et je l'ai regardé engloutir trois côtes de porc avec des œufs et des pommes de terre, avant de s'endormir à moitié. J'ai alors eu une intuition au sujet de la gloutonnerie. S'il y avait à table six affamés et si un seul de ces affamés dévorait les six côtes de porc, alors on pouvait parler de gloutonnerie. Mais si Clarence mangeait trois côtes de porc à lui tout seul, c'était seulement de la faim. Je ne voulais surtout pas penser au nombre de bouches que Jesse ou lui-même avaient à nourrir. Enfant, je restais toujours perplexe quand mes camarades d'école me demandaient ce que faisait mon père comme métier. Ma mère m'a dit de leur répondre « investisseur ». Ce terme me paraissant plutôt obscur, je me suis comme d'habitude adressé à Jesse pour avoir de plus amples explications. Célèbre joueur de poker lors des parties locales du mardi soir, il m'a expliqué la chose en ces termes :

« Un investissement, c'est comme une carte sur laquelle tu paries en espérant que cette carte va te permettre de rafler la mise. »

J'ai été déçu : mon père ne faisait donc que ça ?

À l'agence de voyages, j'ai dû écouter un homme âgé, qui, paraît-il, était gay – « une pedzouille », comme on disait alors dans la région –, se remémorer les voyages « ici ou là » de ma famille. Au lieu de l'écouter, j'ai regardé les affiches de tourisme et fini par refuser ses propositions luxueuses, car cet homme pensait que je désirais voyager sur le même pied que mes parents. Ensuite, je me suis senti complètement idiot. Clarence disait toujours : « Ça paie d'écouter. »

Mais je n'avais pas encore appris cette leçon. Je n'avais pas pensé au problème du passeport ; pourtant, je me rappelais en avoir fait faire un à Chicago avec Polly, quand nous envisagions de nous rendre en Terre Sainte avec un groupe d'étudiants en théologie, un voyage annulé à cause de notre divorce.

Je me sentais en proie à un léger vertige, mais toujours sûr de mon projet. Il y a eu un vague dégel et, quand j'ai emmené Carla jusqu'à la plage, elle a trouvé un poisson à moitié pourri et gelé parmi les monceaux de glace et je n'ai pas réussi à le lui arracher. Je suppose que, chez les chiens, la gloutonnerie est un mécanisme de survie. J'allais aussi devoir lui donner un bain, car après avoir arraché quelques bouchées à la malheureuse poiscaille, Carla s'est roulée sur sa chair putrescente. Quand je l'en ai chassée, elle a pris une attitude me signifiant : vas-y, prends-le, il est à toi. Comme elle dormait à l'extrémité du lit, il fallait absolument que je m'occupe de cette puanteur.

J'ai appelé Coughlin pendant son heure de déjeuner pour lui annoncer que je partais en voyage au Mexique et en France, mais sans lui parler de mes rêves déroutants. La semaine précédente, je lui en avais déjà décrit un, où je tombais d'une falaise à Presque Isle avec tous mes journaux dans mes bras. Je finissais presque mort, mais mes journaux étaient intacts. C'était d'une évidence dépourvue de tout charme, comme cet autre rêve où je souffrais de trois blocages de la colonne vertébrale, qui empêchaient je ne sais quoi de circuler librement. Nous avons parlé quelques minutes de notre projet de remorquer une barque ou de la fixer sur le toit du camping-car pour l'emmener dans le Montana à la fin de l'été prochain et pêcher sur de longues portions de la Yellowstone et du Missouri supérieur. Il avait découvert que ce n'était pas très raisonnable à cause des eaux turbulentes et nous sommes tombés d'accord pour acheter conjointement une barge Mackenzie.

Puis il m'a posé une question à laquelle je ne m'attendais pas. Que pensais-je de tous ces gens qui, dans le mouvement écologiste naissant, examinaient eux aussi le passé de la déforestation et de l'exploitation minière dans la Péninsule Nord ? L'un de ces groupes venait de gagner un procès contre une compagnie minière qui rejetait des millions de tonnes de minerais de taconite dans le lac Supérieur. Je lui ai répondu que j'avais eu quelques échanges de lettres avec des membres de telles organisations et que leurs activités ne me dérangeaient pas. Je n'avais absolument pas le sentiment qu'ils braconnaient sur mon territoire, car à la différence de la plupart d'entre eux c'étaient mes propres parents qui s'étaient rendus coupables de ces forfaits. Ce sujet touchait donc ma fibre intime. J'essayais de maîtriser la mégalomanie qui caractérisait ma famille et de limiter mon enquête.

« Qu'arrive-t-il ensuite ? L'histoire a lieu dans ton esprit. La vie est au-dehors. »

Je lui ai répondu qu'il parlait à un homme qui venait de participer à une fête dans un bowling, de coucher avec une serveuse, de remporter une course en raquettes et qui allait donner un bain à son chien. Coughlin a trouvé ma liste excellente.

Pendant que je baignais Carla, Riva a appelé et ma chienne en a profité pour sauter hors de la baignoire et se cacher sous le lit, une stratégie que je jugeais très intelligente pour tout jeune mammifère confronté à une réalité désagréable. Tous les gamins ont un jour levé les yeux vers ces ressorts alignés côte à côte, tous ont contemplé les chaussures de leur poursuivant. Riva m'a dit qu'elle avait égaré l'adresse de Fred, mais après lui avoir parlé pendant quelques minutes j'ai compris qu'il s'agissait d'un simple prétexte. Elle m'a confié qu'elle était rentrée chez elle depuis deux semaines, avant de rencontrer par hasard son premier amour qui s'était montré violent avec elle au lycée. Comme il semblait avoir changé du tout au tout, elle a couché avec lui avant de se retrouver complètement perdue. Je n'arrivais pas à en croire mes oreilles : elle me demandait bel et bien conseil. Assis à mon bureau, je regardais Carla qui m'observait de sous le lit. Je ne parvenais pas à demander à Riva comment s'était passée sa soirée, mais je soupçonnais un fiasco. Nous avons parlé de l'instabilité occasionnelle du comportement humain. Je lui ai annoncé que je partais pour le Mexique voir Vera et elle m'a rétorqué que je me sentais merdeux parce que « je désirais toujours le cul de cette fille ». Il y avait belle lurette que j'en étais conscient, mais je lui ai dit :

« Je ne l'ai pas fait avec elle. Ce qu'on ne fait pas est parfois crucial. »

Elle a éclaté de rire en tombant d'accord avec moi, avant de me remercier de l'avoir écoutée. Elle travaillait à Washington, mais elle allait peut-être décrocher un emploi à Memphis qui lui faisait très envie. Quand je m'en suis étonné, elle m'a répondu qu'il y avait toujours davantage d'oxygène sur la scène du crime. Washington était trop métronomique à son goût. Les hommes étaient tous « des connards bureaucratiques ». Je me suis soudain rappelé un vers que j'avais lu dans le livre d'un des poètes préférés de Vernice, l'inscrutable Rilke : « Le cœur apprend seulement à battre dans l'arène frénétique des affaires courantes. » Cette citation a plu à Riva, mais elle m'a alors demandé ce que je fichais encore dans les bois.

Carla a refusé de sortir de sous le lit et je lui ai donc servi son dîner à l'étage. Comme la sœur de Susie s'occupait de ses enfants, elle est venue à la maison passer l'heure de battement entre ses deux boulots, dactylo et serveuse. Elle s'est montrée un peu nerveuse et elle m'a confié que, dans son enfance, toutes ses amies croyaient que notre maison était hantée à cause des turpitudes de mes ancêtres. Elle a néanmoins eu la politesse de ne pas évoquer les ragots concernant mon père.

Carla n'a pas voulu de Susie dans ma chambre. Elle a grondé si fort quand nous nous sommes assis sur le lit que j'ai enfermé ma chienne dans la chambre et nous sommes allés dans celle de Cynthia. Tout en se déshabillant, Susie m'a alors demandé d'ouvrir l'œil pour lui trouver un bon mari. Elle était lasse de bosser soixante-dix heures par semaine à cause de ses deux emplois. Cette requête a réussi à refroidir mes ardeurs et j'ai soudain été frappé par cette idée qu'en moins d'une heure deux femmes me demandaient de les aider, sans compter Carla qui était toujours furieuse contre moi. Dès qu'on sort au grand jour, l'humanité vous tombe dessus. Pour Susie j'ai aussitôt pensé au neveu de Clarence, revenu chez lui après un séjour à Detroit où il avait appris à devenir un mécanicien Chevrolet hors pair.

« Faut-il qu'il soit blanc comme neige ? demandai-je.

— Qui ? » Elle était nue. Allongée sur le dos, elle faisait monter et descendre son index le long de ma colonne vertébrale.

« Ce mari que je suis censé te trouver.

— Il est indien, noir, ou quoi d'autre ?

— Je crois que son père était en partie noir, il venait de Sawyer, et la mère est surtout indienne, avec un peu de sang finnois. » Sawyer est la base de l'aviation militaire dans la région.

« Ça ne s'annonce pas trop mal. Il est mignon ?

— Pas à mes yeux, mais sans doute que tu le trouveras mignon. Il jouait de la trompette et au basket. Environ un mètre quatre-vingts, une dentition impeccable. Faudra que tu vérifies sa queue toi-même. Je sais qu'il est à l'affût. »

Son rire m'a revigoré. Nous entendions Carla japper dans l'autre chambre.

J'ai passé une soirée étrangement révélatrice après le départ de Susie. C'était le soir de congé de Mme Plunkett, qui en profitait pour participer à un championnat senior de bowling. Elle était très fière de la boule de bowling dorée que je lui avais achetée pour Noël, même si elle reconnaissait que mon cadeau n'avait guère amélioré son score. Mais toutes les « filles » de son équipe l'enviaient. Pendant que je réchauffais quelques boulettes de viande en sauce, je me suis étonné que des dames septuagénaires continuaient à se prendre pour des « filles ». Mais c'était bien ce qu'elles étaient. En décembre, j'avais participé à un dîner de gibier avec Clarence.

« Nous autres les garçons, annonça-t-il, nous allons préparer un peu de viande de chevreuil, des perdrix et des canards. »

Puis j'ai passé quelques minutes dans le bureau pour feuilleter le bon millier de pages de notes que j'avais dactylographiées sur ma vieille Olivetti manuelle en vue de mon projet. Je les avais abandonnées au cours de l'hiver précédent au profit d'une simple « vision » des faits. Debout avec Carla au sommet des montagnes artificielles de déchets industriels à Republic, j'avais une vue imprenable. Ma chienne a détesté cette expérience, car là-haut il n'y avait aucune odeur animale.

Je comprenais désormais très bien toute l'absurdité de ce millier de pages, seulement justifiées par une sorte d'enquête préliminaire. Je me suis rappelé que, dans ma jeunesse, j'avais plaqué les scouts parce que je détestais apprendre à faire des nœuds et à défiler. En hiver, nous arpentions le gymnase à dix de front. Une fois, j'ai même tenu le drapeau américain. Marcher au pas cadencé était gênant, tout comme le fait de chanter en groupe quand ma mère m'a contraint à rejoindre le chœur de l'église épiscopalienne, ou encore à l'école quand nous devions chanter « Bien le bonjour à Broadway ».

Tout ça était beaucoup trop mécanique. Exactement comme mes mille pages de faits avérés, une masse incroyable de détails techniques, saupoudrée des anecdotes des vieux bûcherons et mineurs. Il y avait le jargon des géomètres, les *townships* et les grilles des comtés, les graphiques de production, les cartes ombrées d'espèces végétales, les latitudes et les longitudes, les colonnes de chiffres comptabilisant les millions de mètres linéaires de planches dévolues à chaque famille d'exploitants.

De retour à la cuisine j'ai dû me préparer une nouvelle casserole de nouilles, car la première s'était transformée en bouillie. Cette fois j'ai surveillé la cuisson et elles ont été parfaites.

J'ai pensé que mon projet relevait peut-être d'un problème spirituel, tout en refusant d'arriver à des conclusions trop hâtives qui auraient risqué de réduire à néant des années de travail. Tous ces chiffres accumulés n'étaient pas tant des mensonges que des culs-de-sac pour rendre compte de l'histoire de ma famille, sans parler de celle d'autres familles dominantes. D'emblée, ma bataille contre mon père, et par conséquent ma bataille contre mon grand-père et mon arrière-grand-père, s'articulait à travers un langage qui n'était pas le bon. Leur langage de conquête était celui de la guerre. Et mon vocabulaire, le langage de mon projet tel que je l'avais mené jusqu'ici, se plaçait au même niveau de discours, en une sorte de contagion désespérée. J'ai soudain été sûr que Vernice n'avait pas voulu me dire autre chose. J'utilisais le langage de l'ennemi. La cupidité était un problème spirituel qui avait peu à peu dominé toutes les réalités économiques de la région. La rhétorique belliciste du langage de conquête adopté par mon grand-père entraînait naturellement Dieu dans ses tribulations financières.

J'ai arrêté de manger mes spaghettis pour rejoindre le bureau et retrouver un passage de ses écrits : « Avec l'aide de Dieu, je vais damer le pion à Felch pour avoir la jouissance de ces trente mille arpents au sud de la rivière Ford. » Son échec dans ce cas précis l'a seulement poussé à une religiosité accrue. Un mois plus tard, il a gagné contre le même Felch en graissant la patte de géomètres corrompus censés travailler pour l'État du Michigan. Quand on gagnait le droit d'exploiter les arbres sur un terrain aussi minime qu'une section, soit six cent quarante arpents, on essayait forcément d'exploiter les sections contiguës sans que ce vol ne fût aussitôt démasqué. Le délit spirituel consistait de toute évidence à impliquer Dieu dans cette violence prédatrice, comme s'Il coopérait directement à votre transe théocratique. Et selon les termes de mon rêve horrible, leur comportement métamorphosait bien sûr Dieu en une simple merde humaine. Tout cela manquait de la subtilité de mes spaghettis aux boulettes de viande, et de mon verre de vin rouge. J'ai pris bonne note de vérifier le journal de Sprague relatif à son voyage de 1920 en France, où il comparait de nombreux paysages d'après la Première Guerre mondiale, ce carnage impitoyable du monde naturel, aux exploitations forestières des environs d'Ontonogan, où le paysage avait littéralement été « vidé » de sa beauté première.

Il avait aussi comparé une région de France, je crois qu'il s'agissait du Bois de Belleau, aux souvenirs de son propre père relatifs au grand incendie de Peshtigo, où mille deux cents personnes avaient trouvé la mort près de la frontière entre le Michigan et le Wisconsin. On ne pouvait vraiment pas parler d'un incendie de forêt, car toute cette région avait déjà été quasiment rasée par l'industrie forestière. Ce qui a alors brûlé avec une intensité inconcevable, c'étaient les cimes des arbres abattus et les détritus des exploitants. Les rivières locales se sont mises à bouillir autour des malheureux qui s'y jetaient et un train bondé de fuyards a pris feu. Dans une quincaillerie locale, des caisses de clous ont fondu avant de se solidifier, tandis que des oiseaux en flammes sillonnaient le ciel. Les os de nombreux habitants furent réduits à de simples tas de cendres.

Parfois, en lisant le journal de Sprague, je repensais aux principes esthétiques de Vernice qui autorisaient l'hyperbole si elle était bien tournée. En contraste avec mes notes et ma prose, et certainement avec les journaux et les livres comptables de mes grand-père et arrière-grand-père, les journaux de Sprague reflétaient son intérêt pour la peinture et sa collection d'art. Par choix personnel, il s'était manifestement placé dans une catégorie différente de tous les autres membres de sa famille étendue et j'ai conclu que c'était en partie notre similitude qui l'avait poussé à me léguer son chalet.

Je me suis servi un autre verre de vin rouge et mon cerveau est devenu légèrement douloureux quand j'ai pensé que les gens comme Sprague, moi-même et Vernice ne méritaient pas la compassion que l'on accorde généralement à autrui. Nous nous mettons volontairement de côté. Qu'en était-il de Riva ou de Susie, de ce point de vue ? Comment pouvais-je prendre Susie pour une « serveuse » ? Et comment qualifier Riva, dont l'obsession consistait à aider les pauvres ? Susie et Riva étaient entraînées dans leur existence, les yeux et le cœur grand ouverts. Sprague jetait un regard glacé sur tout et sur tous, hormis sa défunte épouse, tandis que Vernice déclarait volontiers que la poésie était sa vocation, ainsi que l'essence de l'acte du langage ; son obsession pour les espiègleries intrinsèques aux mots dominait sa vie.

Dans un journal de Sprague j'ai lu avec étonnement une citation de Dostoïevski : « Deux plus deux, c'est le début de la mort. » À l'Université du Michigan, mon professeur de littérature européenne, Adrian Jaffe, nous avait cité cette même phrase avant de nous demander d'en rédiger un commentaire d'une page. Jaffe, qui s'exprimait en périodes oratoires pleines de subtilités et d'allusions, nous intimidait tous. Quelques étudiants de son cours, dont moi, se sont retrouvés dans un café pour discuter de cette phrase mystérieuse, jusqu'à ce que nous ayons tous la migraine. Jaffe a mis à la poubelle toutes nos explications écrites, sans émettre le moindre commentaire. Pour moi, cette citation est devenue ce que Fred dans une lettre récente avait appelé un *koan* zen. Lorsque j'ai lu une note sur « les dix millions de planches d'un mètre linéaire (qui correspondent à une superficie immense) en provenance du comté de Baraga », je me suis heurté au même mur.

J'ai mis un blouson et emmené Carla faire une promenade de fin de soirée. Il n'y avait pas de vent et il faisait près de zéro, d'énormes flocons de neige tombaient doucement et, quand j'ai levé les yeux pour les regarder jaillir hors du néant sous un lampadaire, Carla aussi a levé la tête. Sur les trottoirs, la neige formait une pellicule glacée d'un centimètre d'épaisseur et, sans plus m'inquiéter de ma cheville, je prenais mon élan et glissais sur une dizaine de mètres. Comme d'habitude Carla courait devant moi pour affronter des dangers imaginaires. Nous sommes descendus jusqu'au port et avons regardé en silence les montagnes de glace qui s'entassaient contre le brise-lames. Le port tout entier était enseveli sous une couche de glace qui commencerait seulement à se fragmenter en avril, quand de la ville on entendrait les craquements de la glace sur le lac Supérieur, tels de gigantesques coups de canon. À deux rues de là, les lumières du quartier d'affaires étaient à peine visibles à cause de cette neige qui tombait dru, et les contours de ces vieux bâtiments en brique et en pierre étaient brouillés, sauf le granite de la banque Cohodas. C'était un spectacle magnifique et, pour une fois, je me suis senti attaché à mon lieu de naissance, comme si je reconnaissais que certaines parmi les œuvres des hommes étaient justifiées. J'ai imaginé sans mal la population tel un chœur grec commentant ses propres faits et gestes ainsi que les actes soi-disant atterrants de certains citoyens, comme ceux de mon père et peut-être les miens. J'ai aperçu notre maison sur la colline, mais je me suis vivement détourné pour suivre une allée menant à un hangar à bateaux. Nous y gardions notre voilier, qui ne sortait presque jamais sur le lac. Dans le carré de lumière jaune d'une fenêtre, j'ai aperçu Clarence qui rangeait ses outils. J'ai ouvert la porte du hangar et Carla a aussitôt reculé, repoussée par l'odeur de vernis. Clarence, qui achevait sa journée de travail de seize heures, a été content de me voir.

Il était minuit et nous avons décidé d'aller boire un verre dans un bar d'ouvriers où Clarence était certain que Carla serait bien accueillie. Après mon départ, Clarence l'emmènerait là pour manger un cheeseburger. À l'en croire, à cause de la brièveté de leur existence les chiens avaient droit à un anniversaire tous les deux mois. Nous sommes allés au bar dans sa vieille DeSoto qui semblait flotter comme un bateau à travers les rues enneigées. À la taverne Clarence a commandé un ginger ale pour lui et un cheeseburger pour Carla qui bavait par terre. J'ai pris un petit verre de whisky bon marché qui m'a rappelé le sirop pour la toux de mon enfance. Clarence m'a conseillé d'avoir un bouquet de fleurs à la main quand je retrouverais Vernice.

« Tu ne devrais pas laisser ton père te voler le plaisir d'avoir des enfants », dit-il.

J'ai senti mon ventre se crisper, mais je n'ai rien répondu. Ce jour-là, Jesse lui avait dit que, selon un médecin de Duluth, mon père devrait être enfermé pendant une année entière. Selon ce même médecin, mon père manifestait certains signes qui lui accordaient quinze ans de plus que son âge réel. Clarence a ajouté que mon père était sorti de l'université « en pleine possession de ses moyens », avant que ses quatre années de Seconde Guerre mondiale n'entament sa longue glissade.

« Là-bas, dans les îles des mers du Sud ils avaient tellement faim qu'ils se grillaient des serpents. Je crois que c'était en pays philippin. »

Le regard lointain de Clarence avait quelque chose d'amusant.

Mes pensées ont dérivé vers mon prochain voyage au Mexique et une chose qu'un Fred ivre mort m'avait dite des années plus tôt, à Grand Marais, quand j'ai reconnu que Vera m'avait montré ses fesses nues.

« Les filles flirtent, dit-il. Dans notre jeunesse, on avait des rencards, on s'embrassait avec la langue pendant des heures, on se pelotait tant qu'on pouvait. C'est une tradition chez les jeunes gens. Alors ton papa entre en scène dans le rôle d'un anti-Dante qui verrouille tout et détruit la poésie de la vie. J'avais dix-huit ans quand j'ai enfin fait l'amour pour la première fois. Avec une secrétaire de Boston âgée d'environ trente-cinq ans et j'ai eu un choc qui m'a remis sur les rails. C'est triste à dire, mais il y a cent choses qui peuvent mal se passer dans le sexe. Et si tu évites la sexualité, tu te sens laissé-pour-compte, c'est pas le genre de truc à faire. Bah, qui sait ?

— Pourrait-elle habiter la Péninsule Nord ? s'enquit Clarence.

— Non. » J'ai mis quelques secondes à comprendre qu'il parlait de Vernice.

« Eh bien, je ne crois pas que tu pourrais vivre ailleurs qu'ici. Repenser à la manière dont tu as laissé partir Polly serait inutile. »

# 31

Quand on monte dans un avion juste avant l'aube, il est aisé de laisser le Grand Doute vous envahir, sous la forme de cette question tenaillante : « Mais que suis-je en train de faire ? » L'ancien étudiant en théologie a néanmoins à sa disposition *Le Nuage de l'Insu*, cette œuvre dévotionnelle anglaise du quatorzième siècle. Comme je l'ai dit, je n'ai pas beaucoup voyagé. J'étais le premier passager à la porte d'embarquement, j'avais une bonne heure d'avance et, en remontant le temps, je me rappelais le Montana et le Wyoming, Chicago plusieurs fois, New York une seule fois, et puis l'Ohio. Techniquement, j'étais un péquenaud, un bouseux. Pour un cours de littérature américaine à l'Université du Michigan, j'avais lu *Innocents à l'étranger* de Mark Twain, et le souvenir de ce livre m'a fait réfléchir.

Par un hasard malencontreux, une ancienne partenaire de bridge de ma mère s'est assise près de moi dans l'avion et elle a vivement ôté de la manche de mon veston sport tout neuf une étiquette de prix, puis une épingle derrière le col de ma chemise neuve. J'ai feint de ne rien remarquer et, lorsqu'elle s'est mise à pépier à toute vitesse, j'ai tourné le visage vers le minuscule hublot ovale comme si l'aube accaparait toute mon attention. Des questions oiseuses submergeaient mon esprit. Que pourrais-je bien faire si je tirais un trait sur mon projet ? Avais-je une plus haute opinion de moi-même que je ne le méritais ? Quand mon prêcheur baptiste, il y avait si longtemps, suçotait ses pastilles au citron après avoir entendu une plainte relative à mon père, pourquoi a-t-il dit :

« Les péchés du père se répercuteront sur les fils jusqu'à la septième génération. »

L'avion a tremblé lorsque ses moteurs ont vrombi. La femme babillait toujours. Son fils, un vétéran de la guerre du Vietnam, touchait une pension d'invalidité. Quant à moi, j'avais été réformé à cause de mon problème de cheville. Son fils était le plus sinistre crétin de tout le lycée. Tout le monde savait qu'il se faisait tailler des pipes par une jeune handicapée. Un jour, lors d'une fête dans une piscine, Donald l'avait maintenu sous l'eau jusqu'à ce qu'il s'excuse d'être encore vivant.

« Vous autres, les garçons, vous avez vraiment des problèmes », ajouta ma voisine.

J'ai baissé les yeux vers la lueur du soleil qui se levait sur la rivière Ford gelée et j'ai reconnu le village perdu de Sagola, ce paysage blanc où les bois ressemblaient au chaume d'un menton mal rasé, et les quelques lignes sombres des routes.

Une fois qu'on est dans un avion, il est bien sûr absurde de se demander si l'on a raison d'y être, mais je me sentais parfaitement déplacé, au point que mes organes ne me semblaient pas occuper leur emplacement habituel. Coughlin parlait de « déracinement », mais ce terme paraissait bien pauvre, comparé à cette sensation très physique. Peut-être que le déracinement suppose à tort l'existence d'un lieu où l'on devrait être, en dehors de mon sanctuaire des souches ou de la cavité située sous la plus grosse souche dans le goulet.

« Il y a quelque chose qui pue, se plaignit la joueuse de bridge.

— C'est mon sandwich aux chutes de charcuterie italienne.

— Le divorce de vos parents m'a bouleversée. Ils formaient un si beau couple. »

En mal de confidences, elle essayait de m'appâter.

« Parfois on gagne, parfois on perd, répondis-je d'un ton irrité, insolent.

— Tant de nos prestigieuses familles sombrent dans un complet désarroi. »

J'ai feint un bâillement, me suis tassé sur mon siège. Je me suis dit qu'en un clin d'œil l'enfer devenait synonyme des autres. Ou de nous-mêmes, rectifiai-je intérieurement. J'ai essayé de me rappeler notre querelle dans un café, à cause de Marshall McLuhan, du temps de l'école de théologie. Mon professeur préféré optait pour l'approche de l'anachorète. Comment pouvait-on aider quiconque tant qu'on n'avait pas œuvré à son propre salut dans la peur et le tremblement ? McLuhan prétendait que nous avions créé nos systèmes nerveux en dehors de nous-mêmes. Mon professeur soutenait qu'on était perdu si l'on s'engageait sur le long sentier sinueux de la civilisation qui aboutissait à cet enfer spécifique, mais quelle alternative y avait-il donc ? Si je me cachais dans les bois, c'était parce que les bois me convenaient. La Péninsule Nord était un véritable havre pour les ermites grincheux qui jugeaient inacceptable ou insupportable la culture populaire. Lors de mes pérégrinations j'en avais rencontré un qui avait coupé et rangé trois cents cordes de bois. Il avait quinze années de réserves de bois de chauffe pour sa cabane, un peu comme la sittelle qui engrange plus de douze fois sa quantité de nourriture requise pour l'année.

« J'aime bien couper du bois », m'expliqua-t-il un jour.

Sombrant dans les bras de Morphée, j'ai rêvé à quelques amis ojibwas de Donald, là-bas à Sugar Island. Un soir où nous étions passés les voir, ils s'entraînaient à danser dans un garage en vue d'un prochain pow-wow. Ils avaient un vieux phonographe sur lequel ils jouaient leurs chants accompagnés de tambours. L'agilité et le sens du rythme de ces hommes massifs m'avaient stupéfié, mais dans mon rêve ils dansaient si vite qu'ils en devenaient presque invisibles et, lorsque Donald et moi avons pivoté pour partir, nous sommes entrés dans un siècle passé, nous n'avons pas retrouvé mon pick-up, il n'y avait pas de route, si bien que nous sommes rentrés à pied sur un sentier. Beaucoup trop d'oiseaux volaient à travers les airs.

Lorsque je me suis réveillé, nous approchions de Chicago. Quelques années auparavant, Clarence m'avait montré une pièce de monnaie frappée à l'occasion de la Foire mondiale de Chicago en 1893, une pièce que son grand-père chippewa avait rapportée après y avoir dansé. J'ai ensuite repensé à Peter White organisant des danses indiennes dans l'église épiscopalienne et je me suis dit que, les Indiens faisant partie intégrante de la terre, ils avaient été éliminés en même temps que les arbres.

À l'Université du Michigan et à la faculté de théologie, j'avais constaté avec stupéfaction que personne ne semblait rien savoir sur les Indiens d'Amérique, en dehors de mon professeur, Cleland. Loin des yeux, loin du cœur, loin de la mémoire. L'histoire est le récit des faits et méfaits des hommes en costume, disait volontiers un ami gauchiste. Quand l'avion a atterri, j'ai pensé qu'il existait une étiologie spécifique de cette maladie, mais que ladite maladie devenait vite une réalité économique acceptée.

On pouvait régénérer les arbres, mais certes pas les forêts. On pouvait exterminer les Indiens ou les parquer dans des réserves misérables, mais ils étaient assez forts et têtus pour perpétuer les tribus. Naturellement, ils étaient méprisés par tous à cause de leur pauvreté, mais ni plus ni moins que Jésus, ses disciples et ses partisans.

Quand j'ai quitté l'avion, je marchais dans le hall de l'aéroport derrière une jolie femme en jupe légère. Toujours, une pensée religieuse s'accompagnait de préoccupations terre-à-terre. Si j'avais eu l'oreille aussi fine que Carla, j'aurais pu entendre ses fesses frotter l'une contre l'autre tandis qu'elle marchait devant moi. Je l'ai dépassée pour m'assurer que son âge m'autorisait à la désirer. Oui. Elle avait un nez aquilin et quelques cheveux gris. J'ai ralenti mon pas en me disant que j'étais en mission. J'ouvrais une nouvelle page de mon journal, je devais prendre le temps de préparer ce que j'allais dire tant à Vera qu'à Vernice.

# 32

Chicago, le 2 mars (extrait de mon journal de voyage)

Salle d'attente de la compagnie d'aviation mexicaine. Un élégant homme d'affaires mexicain boit un cuba libre et me dit que je dois pêcher à Zhuatanejo où il y a beaucoup de marlin, d'espadon du Pacifique, de poisson-coq, etc.

« C'est bon marché pour vous autres, les riches Américains », ajoute-t-il.

Une fois encore, c'est la faute de mon agence de voyages si je me retrouve dans ce salon rupin, où mon estomac et mon cerveau ont la tremblote.

« Vera, je suis désolé de ce qu'a fait mon père. »

« Vera, je m'excuse pour ce que mon père t'a fait. »

« Vera, as-tu besoin d'argent ? »

« Vera, alors comme ça c'est mon demi-frère. »

« Vera, mon père devrait mourir pour ce qu'il t'a fait. »

« Vera, je t'aime toujours. »

« Vera, je ne sais vraiment pas quoi te dire. »

Cinq passagers seulement en première classe. Comme d'habitude je suis gêné, mais tout le monde s'en fout. Je lis *Black Elk parle*, le livre que m'a envoyé Donald, son préféré. Je suis de retour dans *Le Nuage de l'Insu*. Et puis *La Vie sauvage en Amérique*, de Peter Matthiessen. Aussi sombre que les arbres absents. L'hôtesse de l'air rayonne, elle porte un parfum de fleurs.

L'aéroport de Mexico : perdu, en pleine confusion après avoir dormi. Au douanier, je déclare que je suis venu voir des amis à Veracruz. Une famille de Mennonites américains qui travaillent dans une ferme mexicaine me guide jusqu'à ma connexion pour Veracruz. À mesure que j'approche du but, les crampes me tordent le ventre.

Dans l'avion de Veracruz il n'y a que trois passagers à l'avant. Une grosse femme latino couverte de bijoux clinquants et, de l'autre côté de la travée, un Mexicain qui est un double de mon père, aux vêtements discrets, passe-partout, mais élégants ; il boit un café en lisant *U.S. News & World Report*. En dehors de quelques porteurs à l'aéroport de Mexico, je n'ai vu personne, y compris dans le vol Chicago-Mexico, qui ressemble de près ou de loin aux Mexicains, surtout des journaliers comme ceux que j'ai croisés dans l'Ohio ou près d'East Lansing, même si j'ai vu un certain nombre de Mexicains prospères à Chicago. J'ai bu deux petits verres d'une tequila délicieuse. J'ai feuilleté mon manuel d'expressions espagnoles jusqu'à ce que certaines pages soient imbibées de ma sueur. J'ai recopié à plusieurs endroits différents les trois adresses que Cynthia m'a données pour trouver Vera, qui habite parfois avec des parents près de Jalapa, ou à Alvarado, même si elle vit le plus souvent à Veracruz. J'ai aussi des numéros de téléphone, mais je ne veux surtout pas l'avertir de mon arrivée, de peur qu'elle ne prenne la poudre d'escampette. L'hôtesse de l'air m'a saisi la main pour me montrer le mont Orizaba par un hublot situé à l'arrière de l'avion. Il est vraiment impressionnant avec son sommet couvert de neige et ses flancs qui descendent jusqu'à une jungle très verte, le sommet éclairé par les dernières lueurs du crépuscule, la jungle déjà plongée dans l'obscurité. L'hôtesse de l'air écrit le nom aztèque de cette montagne sur un papier : « Citlaltepetl. » Je suis ravi de traduire ses mètres en pieds. Cette montagne fait près de dix neuf mille pieds, soit six mille cinq cents mètres, elle est beaucoup plus vaste que celles du Montana et du Wyoming, en partie parce qu'elle s'élève plus près du niveau de la mer. L'hôtesse montre devant nous l'azur sombre des Caraïbes, puis les lumières de la ville de Veracruz. Elle m'apprend qu'en dessous de nous, la jungle grouille de jaguars, de serpents et d'aigles voleurs de bébés. L'homme d'affaires sourit alors et lève les yeux au ciel.

« Ne croyez pas un mot de ces conneries de paysan », dit-il.

L'hôtesse s'éloigne aussitôt, offusquée.

Quand j'entre dans le terminal, j'entends l'annonce d'un embarquement immédiat à destination de La Havane et je désire monter dans cet avion. Un homme basané, petit, râblé, musclé, m'aborde alors. Il se présente dans un anglais typique du Texas, mais il est de toute évidence mexicain. Je suis bien sûr méfiant, mais il me donne le nom de mon agent de voyages à Marquette. Je suis toujours sur mes gardes, je me demande si cet agent de voyages n'a pas dit à Jesse que je comptais venir ici, même si je lui ai expressément défendu de l'en informer. Quand je demande à l'homme s'il connaît Jesse, il secoue la tête négativement, mais sans grande conviction. Il se présente sous le nom de Bob ou « Roberto » si je préfère. Il dit qu'il est là pour me faire visiter la ville et ses environs. Je décide de me laisser faire. Je prends bonne note d'appeler mon agent de voyages dès le lendemain matin, mais je pense soudain que toutes les factures qui arrivent à la banque pour Cynthia et moi passent entre les mains de Jesse. Je renonce donc à mon idée.

Il fait chaud et humide, la voiture de Bob est climatisée. La musique douce diffusée par la radio me ramollit aussi, je me rappelle les soirées d'été et la musique qui sortait des fenêtres de l'appartement de Jesse, au-dessus du garage. Bob m'apprend qu'il a jadis été cow-boy près de Corpus Christi, au Texas, qu'un jour un cheval s'est cabré et lui a écrasé les hanches, si bien qu'il est devenu cuistot. Il quitte la route principale menant à la ville et, lorsque nous atteignons une route qui longe le rivage, il me montre l'endroit où Don Gregorio de Villa-Lobos a fait débarquer les premières vaches sur le continent, en 1521. Je vois seulement de l'eau sombre. À l'hôtel, je montre à Bob les trois adresses de Vera, il ne réagit pas, puis il feint la colère et m'affirme qu'il est capable de localiser n'importe qui dans la province de Veracruz. Nous nous retrouverons en début de matinée.

Par la fenêtre, vers le sud-est, les lumières de la ville que je crois discerner sont en fait celles d'un énorme navire dont la cale s'emplit d'un flot régulier de semi-remorques. Debout sur le balcon à côté d'une table et de chaises, je suis incapable de réfléchir, je me dis seulement que je n'ai jamais été dans un lieu aussi « exotique », dépourvu du moindre signe familier hormis ce navire qui serait trop énorme pour franchir les écluses de Soo. J'appelle Jesse. Il demeure évasif, mais reconnaît bientôt que Roberto est un ami. Jesse affirme que, sans lui, je serais « perdu ». Je renonce, lui demande des nouvelles de Vera, et il me dit qu'il ne sait pas où elle est : sa fille est furieuse contre lui, car il ne veut pas la laisser épouser un homme qui lui déplaît. Quand je lui lis les trois adresses de Cynthia, il me rétorque que ce sont en effet trois possibilités.

« Bonne chance », conclut-il.

Vera doit avoir trente et un ans. J'ai une boule dans la gorge. Il y a un vase contenant des fleurs inconnues à côté d'un plat contenant des fruits que je n'ai jamais vus. J'ai le mal du pays et mes conneries sentimentales m'exaspèrent. C'est mon père qui m'a amené ici. La sirène d'un navire mugit au loin. Je retourne sur le balcon et découvre un gigantesque bateau escorté par des remorqueurs, à deux kilomètres de là. C'est ici que Cortés l'envahisseur espagnol a débarqué pour conquérir le Mexique. Le bétail et Cortés.

Au dîner, j'examine les tentacules d'une pieuvre. Le serveur me demande si quelque chose ne va pas. Je lui dis que je n'ai jamais vu de pieuvre. Il ne réussit pas à me croire. Je mange un poisson délicieux qui en Floride porte le nom de brochet de mer. Il est grillé avec de l'ail et du jus de citron vert. Ici, il s'appelle *roballo*.

De retour dans ma chambre, quelqu'un a apporté une bouteille de rhum cubain, des citrons verts et un seau rempli de glace et de trois bières. La carte dit « Jesus », le vrai nom de Jesse. Tout le mobilier est ancien, mais beau. J'ai envie de faire une promenade, mais je tombe de sommeil. Comme ma chemise est moite de sueur, je prends une douche et bois un verre. Dans un monde idéal j'appellerais Vera et elle viendrait coucher avec moi. Je parle de mon monde idéal, pas du sien.

Veracruz, le 3 mars.

Je me lève à trois heures du matin pour échapper à mes rêves. J'appelle la réception et un jeune garçon d'étage qui ressemble beaucoup à un Chippewa m'apporte du café et des fruits. Je m'installe sur le balcon et observe le chargement d'un deuxième navire. J'essaie désespérément d'être honnête, au moins pour des raisons de clarté et d'équilibre. Je désire la sérénité d'un somme contre une souche, une main posée sur Carla. Mon problème est le suivant : suis-je ici pour revoir mon premier amour ou pour m'excuser à cause de l'inconduite de mon père ?

Une heure plus tard, les premières lueurs de l'aube à l'est. La réponse à tout est tout. Elle est assise à califourchon sur mon torse, nous prenons le soleil sur une plage toute proche de Presque Isle. Ses doigts de pieds couverts de sable se pressent contre mes oreilles. Cynthia jette un coup d'œil dans notre direction, éclate de rire, lève les yeux au ciel. Alors jaillissent les cris, Mère et Cynthia sont dans le couloir, mon père sort d'un pas vacillant, sa queue ensanglantée oscille devant ses cuisses. Je me souviens maintenant qu'il est tombé sur un genou, le regard non pas sauvage, mais éteint. Il est étrange de se rappeler une chose nouvelle.

Une fois le jour levé, je quitte mon hôtel *Emporio* en m'assurant bien de son emplacement sur la carte. Il est seulement six heures du matin, la ville n'est pas encore réveillée. Je marche vers le sud sur une plage de sable noir pendant une demi-heure, puis je rebrousse chemin pour regarder le navire qu'on charge, et je m'assois sur un banc du *maleçón*. Je suis soudain frappé par l'énormité de ce que j'ignore. Parfois je pense connaître beaucoup de choses, mais maintenant sur ce banc cette conviction disparaît. Il est possible de se détendre et de se crisper en même temps. Des fragments d'informations déconnectées s'écoulent hors de moi pour rejoindre l'eau douteuse du port. Si les premières têtes de bétail du continent ont été déchargées ici même, elles ont engendré plusieurs centaines de milliers de cow-boys et presque toute la culture de l'Ouest américain. Pendant longtemps il y a eu davantage de bétail que de gens. Le mogol alpha, l'ur-prédateur, mon arrière-grand-père et ses cohortes entraînent derrière eux cent mille bûcherons et mineurs qui ont désormais un gagne-pain. Notre jeune avocat a dit qu'on enseignait la géographie humaine à l'Université de Chicago. Où se trouvent les gens, pourquoi ils sont là, comment ils y sont arrivés. Coughlin affirme que notre corps est notre authentique foyer. Je suis ici à Veracruz dans ma maison de quatre-vingt-dix kilos. J'ai des yeux et une mémoire, et je cherche Vera. Je ne sais pas très bien comment mes parents sont devenus ce qu'ils sont, mais dans mon propre cas je sais à peu près à quoi m'en tenir. Je comprends assez bien Cynthia et Polly, un peu moins Vernice et ma défunte Laurie. Clarence accumule d'innombrables piles de revues de jardinage et de catalogues de graines. Il peut réciter la liste de centaines de fleurs et d'arbustes ornementaux.

« C'est mon boulot », dit-il avec simplicité.

Mère et lui passaient parfois des heures à décider ce qu'il fallait planter ensuite. Chaque fois que j'ai cru comprendre enfin Jesse, je me suis trompé. Pourquoi n'est-il pas parti quand sa fille s'est fait violer ? Je commence à croire que le labyrinthe dans lequel je vis est conçu pour qu'on ne s'en échappe jamais. C'est la vie. Les dockers, ces travailleurs que je regarde, gagnent leur pain quotidien, comme on dit. Mon corps est absurdement détendu. Je ne suis même pas l'un des plus modestes dieux lares inventés par les Grecs. Je suis incapable de voir au loin.

Roberto vient me chercher à dix heures. Cet homme vif et assuré, qui s'exprime comme un Texan laconique, préfère que je l'appelle « Bob ». Il roule ses cigarettes en un clin d'œil, crache de minces et précis jets de salive. Je ne lui dis pas que j'ai parlé avec Jesse au téléphone. Nous roulons vers le sud le long de la côte, en direction d'Alvarado où Vera réside peut-être chez une tante. Bob me dit qu'elle est fâchée contre son père, car elle désire épouser un instituteur, alors que Jesse veut la marier à un cultivateur de café. Je suis toujours détendu, le paysage me ravit. Alors je me souviens que Jesse et mon père ont jadis acheté une plantation de café et que Jesse est un jour revenu à Marquette avec un sac en tissu plein de grains de café, que ma mère a moulu pour le petit déjeuner. Ce matin à Veracruz, le café dégageait la même odeur épaisse, lourde, mais pas acide. Jesse m'a confié qu'enfant il travaillait sur une plantation de café pour vingt *cents* par jour. Sur notre gauche, se dressent de grosses dunes sauvages qui forment une barrière face à la mer des Caraïbes sujette à d'absurdes et monstrueuses tempêtes automnales, qui rappellent celles du lac Supérieur actuellement recouvert d'une épaisse couche de glace. Bob dit qu'un automne son frère est mort dans un bateau de pêche.

Alvarado est un village de pêche d'une beauté peu croyable, situé sur un bras de mer profond, peut-être mille âmes vivant dans les maisons couleur rose pastel, bleu pâle, voire orange passé, les bateaux de pêche amarrés le long d'une petite route qui fait le tour du village. C'est ici que je viendrais me terrer si jamais quelqu'un me recherchait. Nous traversons à pied une cathédrale miniature, ressortons par la porte de derrière, descendons une rue pavée de galets. Bob frappe à une porte, une femme d'âge mûr ouvre. Par-dessus l'épaule de Bob elle darde sur moi un regard pénétrant, saturé de haine. Non, Vera n'est pas venue ici depuis presque un mois. Soudain méfiant, je demande à Bob pourquoi il n'a pas téléphoné. Elle n'a pas le téléphone, me répond-il. Nous faisons halte dans un minuscule restaurant où je mange un bol de pieuvre hachée assaisonnée de citron vert. Un homme traverse à la rame l'estuaire d'abord étroit à l'embouchure, mais qui va en s'élargissant à perte de vue vers l'intérieur des terres. Nous partageons ensuite un brochet de mer grillé qui, selon le serveur, a été pêché le matin même, « par là-bas ». J'ai envie de ramer et, quand l'homme attache son amarre, Bob conclut un marché avec lui. Quelques pêcheurs sont amusés parce que je ne veux pas d'un bateau à moteur.

Me voici donc parti vers l'ouest, ramant si fort que je suis bientôt couvert de sueur. Je pleure pendant une minute, puis je me dis « au diable ce passé qui n'est pas vraiment passé » et je me sens submergé par la beauté des lieux. J'aurais juré que cette femme à la porte était la sœur de Jesse. Derrière elle j'ai entraperçu un jardinet rempli de fleurs. Elle était correctement habillée. Alors que je retournais vers le quai, la marée s'est mise à m'entraîner vers l'embouchure de l'estuaire, qui au loin s'ourlait d'un mascaret dû au vent d'est. Je vois bien que je ne vais pas y arriver, que je vais être emporté sous le pont de la grand-route et vers la mer des Caraïbes. Cette perspective ne me déplaît pas, mais un homme arrive alors dans un bateau à moteur pour me prendre en remorque.

Sur la route qui nous ramène à Veracruz nous faisons halte à un petit étal où j'achète un exemplaire de trente et un fruits différents, le seul que je connaisse étant une banane. Dans ma chambre je les dispose sur une table et je regarde ces fruits tout en buvant un grand verre de rhum. Bob est parti cuisiner dans un restaurant de Boca Rio, un quartier touristique que nous avons traversé en partant vers le sud. Les riches Mexicains le fréquentent, mais pas les Américains qui préfèrent la côte pacifique. Demain, nous partirons vers le nord et Jalapa à la recherche de Vera. Je suis calme, car je compte rester ici jusqu'à ce que je la trouve, ou que je meure à force d'essayer. Je suis bientôt ivre à cause de ce rhum, dont la bouteille indique qu'il a cinquante ans d'âge et qu'il vient de La Havane, à Cuba.

Je me réveille dans l'obscurité du début de soirée et je suis une piste musicale qui me mène au *zócalo* du centre-ville, passant devant un infirme qui me rappelle le père de Polly. Il joue du marimba et, sous le coup d'une impulsion subite, je mets l'équivalent de cinq dollars dans sa sébile. Peut-être a-t-il travaillé dans une mine. Sur la place de la ville, une centaine de couples âgés dansent aux accents d'un orchestre dont tous les musiciens portent l'uniforme. J'ai lu quelque chose sur ces « *danzon* » dans une brochure de l'hôtel ; Jesse et Vera nous en avaient d'ailleurs donné un avant-goût voilà si longtemps. Il y a de nombreux spectateurs, dont les enfants adultes des danseurs, ainsi que leurs petits-enfants. Certaines parmi ces femmes agitent un éventail. C'est magnifique, jusqu'à ce que je pense que mes vieux parents ne danseront jamais. Je fais demi-tour vers l'hôtel et à une ou deux rues de l'*Emporio* une jeune prostituée me demande si j'ai besoin de compagnie. Je lui dis que non ; pourtant, une fois devant l'entrée de l'hôtel, je retourne sur mes pas, mais elle est partie.

Jalapa, le 4 mars.

Nous sommes arrivés ici par ce que je crois être un itinéraire détourné, qui nous a pris des heures de plus que la route normale que j'ai repérée sur la carte. Une fois encore, je m'en fiche. Ces mystères sont manifestement mis en scène à distance par Jesse, et puis j'ai toute la vie devant moi. Par ailleurs, le mystère n'est pas bien grand, car Jesse veut sans doute seulement que je découvre et comprenne son pays. Il est auprès de notre famille depuis plus de trente-cinq ans. Lorsque nous contournons une carriole tirée par un âne, pleine de bois de chauffe et dirigée par deux jeunes garçons, je demande à Bob si Jesse a grandi ainsi, et il acquiesce d'un signe de tête. Avant de descendre de la chaîne montagneuse, nous faisons halte pour que je puisse voir Orizaba, distante de cent cinquante kilomètres. Très loin en contrebas, un grand oiseau plane au-dessus de la route. C'est un aigle qui se nourrit des singes locaux et je me rappelle soudain le parfum de cette adorable hôtesse de l'air.

« Où sont les jaguars ? demandé-je en pensant aux jaguars et aux serpents dont l'hôtesse avait aussi parlé.

— Là-haut », dit Roberto en tendant le doigt vers le nord-ouest quand nous nous arrêtons sur un pont qui enjambe une grosse rivière au cours tumultueux.

Je m'appuie contre la rambarde et pense qu'il doit exister quelque chose comme une belle angoisse. Mon cerveau est anéanti par la splendeur du paysage, comme si toute autre considération était engloutie par le tonnerre des eaux. C'est une vallée mythique, une immense paroi rocheuse à pic se dresse devant moi au nord-est. Je regrette que Vernice ne soit pas ici. Pour me taquiner elle m'a dit que toute l'histoire humaine se résumait à un vaste carnage et que je finirais par renoncer à mon obsession de la cupidité, au profit de ses propres préoccupations esthétiques ou d'une chose approchante ; sinon, je me tirerais une balle dans la tête. Je n'ai pas alors évoqué mes pulsions suicidaires.

« La sincérité, ça ne vaut pas un clou », ajouta-t-elle mystérieusement, même si aujourd'hui je me doute de ce qu'elle voulait dire.

Nous redescendons pour traverser des plantations de café ombragées ; il fait si humide que les herbes et les plantes poussent vers le ciel le long des câbles électriques et téléphoniques. Nous sommes à une trentaine de kilomètres de Jalapa et Bob continue de me soutenir mordicus qu'il s'agit de la seule route possible, si bien que je finis par le traiter de sale con.

Il éclate de rire et reconnaît enfin que Jesse tenait à ce que je passe par cette route pour me montrer qu'il venait d'un endroit magnifique. Quel est mon avis ? J'avoue que je suis d'accord avec Jesse. Quand je dis que c'est un paysage mythologique, il acquiesce. Puis nous descendons pour entrer dans Jalapa, une ville construite à flanc de colline, et Bob s'arrête devant le portail d'une propriété imposante. Un vieillard lui dit alors que Vera était là trois jours avant pour rendre visite à son ami. Même le gardien sait que Vera est furieuse contre Jesse à cause d'une histoire de prétendants. Bob m'apprend ensuite que Jesse possède une petite plantation de café à une quinzaine de kilomètres au sud, près de Coatepec, que j'ai repéré sur la carte.

Nous nous garons devant un bel immeuble d'appartements dans une banlieue de Jalapa. Je reste appuyé contre la voiture et, quand Bob revient un quart d'heure plus tard, il me dit que Vera était là hier soir. Il ajoute qu'il a un petit travail à faire pour Jesse, il en a pour deux heures et nous devrions peut-être rentrer « à la maison » demain matin. Nous trouvons donc un modeste hôtel, puis il me dépose devant un musée archéologique que, selon lui, je dois absolument visiter. Je suis fatigué, je meurs de chaud, et puis j'ai la fâcheuse impression qu'on me mène par le bout du nez. Je m'assois sur un banc dans le jardin qui entoure le musée et me calme aussitôt, en reconnaissant que cette journée est cent fois plus agréable que mes randonnées aléatoires en raquettes. Toute cette beauté m'a emmené vers un lieu pour moi inhabituel de mon cerveau. Une jeune fille séduisante passe devant moi et me sourit. Je me rappelle soudain une journée torride sur la plage, quand j'avais la cheville dans ce maudit plâtre et qu'allongé sur le côté je lisais *Manhattan Transfer* de Dos Passos, un livre qui selon l'un de mes professeurs me plairait forcément. Vera sort de l'eau, entre ses jambes j'aperçois Picnic Rocks sur le lac Supérieur. Elle s'assoit près de moi et s'essore les cheveux. Sans raison aucune, elle se met à sauter sur place. Puis elle s'arrête, me pose sur le ventre un pied froid et sablonneux, avant de le glisser dans mon maillot de bain avec un air interrogateur. La plante de son pied est sur mon pénis quand j'ôte son pied de là. Elle se laisse tomber à côté de moi et me mordille l'oreille.

Je ne suis pas prêt pour ce musée, mais je ne sais pas vraiment à quoi je suis prêt. Le professeur Weisinger nous parlait souvent de l'« altérité », et me voilà en plein dedans. Je franchis la porte du bâtiment en remâchant mes déficiences absurdes. Un soir de début mars dans la Péninsule Nord j'ai sans doute griffonné « onze corbeaux, quatre roitelets, trois mésanges à tête noire » dans mon calepin, alors que ce matin entre Veracruz et Jalapa des centaines d'espèces d'oiseaux étaient visibles, sans parler d'une étonnante diversité d'arbres couverts de milliers de fleurs. Mon calvinisme est seulement possible sous un climat pourri. L'esprit unidirectionnel est banni par ce climat-ci. Le professeur Grabo lisait à voix haute des extraits ampoulés de *Pécheurs entre les mains d'un Dieu de colère*, du très puritain Jonathan Edwards. Ici, ses paroissiens auraient marmonné :

« Quel chieur et quel crétin ! »

Mon cerveau fond. Il y a tant de statues et de figurines féminines, aux visages de jaguars. Je n'ai aucune idée de ce que ça veut dire, mais sans l'ombre d'un doute elles me rappellent Cynthia. Le musée n'est pas très grand, mais j'y déambule pendant deux heures tandis que mon être se liquéfie absurdement. Je reviens sans cesse vers une tête olmec de vingt tonnes qui a été trouvée dans un marais proche de l'immense estuaire que j'ai vu non loin d'Alvarado. On ignore comment les autochtones l'ont transportée là-bas à partir des montagnes, il y a quatre mille ans. Il existe plusieurs de ces têtes olmec, aucune d'entre elles ne présente la qualité rassurante du Bouddha serein de Fred. J'imagine qu'elles ne sauraient dire qu'une seule chose :

« Tu nais, tu aimes, tu souffres, tu meurs. »

Mais sans doute est-ce déjà trop. Leur réponse n'est rien, elles vous rendent idiot d'avoir posé la moindre question.

Dehors, devant le musée, Bob dort dans sa voiture. À l'hôtel, j'appelle Cynthia à partir de la réception, car il n'y a pas de téléphone dans la chambre. Elle se montre dure et me dit que demain à cinq heures de l'après-midi Vera me retrouvera devant l'hôtel *Emporio* et que je devrai ensuite quitter Veracruz, car Vera est en larmes depuis mon arrivée au Mexique.

Je garde ces informations pour moi et descends un grand verre de rhum dans ma chambre. Près de l'hôtel, il y a un canyon en pleine ville et Bob m'a montré les femmes qui faisaient leur lessive à la main dans la rivière au fond de ce canyon. Je me réveille dans l'obscurité, Bob frappe à ma porte, nous buvons un verre de rhum et allons dîner, après quoi nous retrouvons sa petite amie dans un night-club à ciel ouvert, aux murs tapissés de vigne vierge et d'arbustes en fleurs. Plusieurs centaines de jeunes gens dansent sur la musique, à la fois assourdissante, sensuelle et mélodieuse, d'un orchestre cubain de quinze musiciens. Une grosse femme en robe moulante de satin vert chante – c'est Bob qui traduit :

« Ce monde est plein de requins, il faut que tu apprennes à y nager. »

Bob me dit que la plupart de ces jeunes sont étudiants en médecine à l'université locale. Leurs gestes sont tout sauf géométriques. Tous leurs mouvements sont fluides, comme si leur corps était une eau vive. Bob a sans doute une cinquantaine d'années, sa petite amie est une infirmière d'environ vingt-cinq ans, qui me rappelle douloureusement Vera. Il fait très chaud, je bois trop de rhum, je compte trente-sept belles femmes comme si je comptais des souches. Je refuse de partir avant quatre heures du matin, ce qui enchante Bob, lequel disparaît une heure avec sa bien-aimée. Ils reviennent luisant de sueur. Je reste assis là, telle une tête olmec, jusqu'à pisser presque dans mon pantalon. J'ai observé une fille qui a dansé presque deux heures sans la moindre interruption. Quand l'orchestre fait une pause, elle continue de danser sans musique. La foule l'applaudit et la pousse à continuer. De retour à l'hôtel, au moment de m'endormir j'entends toujours cette musique dans des rêves vivaces du nord glacé.

Jalapa – Veracruz, le 5 mars.

Me suis réveillé en tremblant, un vent froid soufflant du nord entre par les fenêtres. Surpris de ne pas avoir été malade et très heureux d'entendre toujours dans ma tête la musique de la nuit dernière. Nous sommes partis en milieu de matinée, Bob devait faire quelques courses, dans la rue les gens portaient des manteaux et des chandails, bien qu'il fasse 17 ou 18° Celsius. Je ne dirai pas que je me sentais bien, seulement que l'abattement global auquel je m'attendais ne se manifestait toujours pas. Je savais depuis longtemps que mon père conservait un certain degré d'alcool dans son organisme et qu'il s'était définitivement mis à l'abri de ces inconforts passagers ressentis par les amateurs. À moins que cette impression nauséeuse n'ait confortablement accompagné la détresse de son âme.

J'ai décidé de tester Bob en lui annonçant que j'avais réussi par moi-même à me débrouiller pour voir Vera, mais je ne lui ai dit ni quand ni où. Le manque de sommeil lui jouait des tours et, pour le taquiner, je lui ai reproché de mélanger le travail et l'amour. Il a reconnu que Jesse était un « patron » exigeant, qu'il lui faudrait peut-être renoncer à l'amour pour garder son boulot, qui consistait à surveiller toutes les petites affaires de Jesse, plus la plantation de café. Bob employait toujours des circonlocutions vagues pour éviter de définir avec précision les intérêts de Jesse. Je ne peux pas dire que le sujet me passionnait, mais j'ai tenté de sonder Bob un peu plus avant, comme si je faisais simplement la conversation pour meubler le temps de notre trajet en voiture. Bob était un neveu de Jesse par alliance. Le père de Jesse, en mourant, avait laissé de nombreux enfants, et Jesse avait alors seize ans. Ils étaient pauvres, mais pas miséreux ; Jesse avait tenté d'endosser le rôle du chef de famille, mais il savait que pour lui la seule solution consistait à monter vers le nord et les États-Unis. Il avait obtenu la nationalité américaine durant la Seconde Guerre mondiale et s'était lié d'amitié avec un homme bon et riche, c'est-à-dire mon père. Il profitait de ses deux mois de congé annuel pour « superviser » plusieurs « petites affaires » gérées par des membres de sa famille étendue.

J'ai laissé le vent froid du nord emporter ce sujet, un vent qui bousculait avec vigueur le paysage verdoyant et qui poussait de grosses balles de brindilles dans les rues des petits villages que nous traversions. Je n'ai pas nié en mon for intérieur l'éventuelle bonté de mon père, car j'avais entendu parler de sa générosité à Noël envers les habitants de Marquette, ainsi que d'autres anecdotes. Je n'avais pas eu beaucoup d'amis hommes et il m'était donc difficile d'imaginer quel genre de proximité pouvait s'instaurer durant quatre années de Seconde Guerre mondiale dans le Pacifique. Dans ce paysage reculé, j'ai réussi à acquérir une vision plus claire de ma famille ; ainsi, malgré la fragilité inhérente à la gueule de bois, je n'ai ressenti aucune des répercussion physiques ordinaires, ni boule dans la gorge, ni sifflement dans les oreilles dû à une soudaine hypertension.

Comme en passant, j'ai demandé à Bob pourquoi Jesse s'opposait si catégoriquement à ce que Vera épouse un instituteur. Après tout, elle était en âge de choisir librement son mari. Bob s'est renfrogné. Les huit dimanches par an où Jesse était chez lui, tous les membres de sa famille étendue se retrouvaient pour un grand pique-nique à la plantation de café. À l'insu de Jesse, ses parents surnommaient ces jours « les dimanches maudits ». On épluchait les livres de comptes de la teinturerie, du café, de la boucherie, de la *taqueria*, du garage, etc. On définissait de méticuleuses perspectives d'avenir. Les jours ouvrables, Jesse inspectait à l'improviste toutes les affaires qu'il possédait. Il fallait rectifier sur-le-champ ou éliminer tout ce qui ne profitait pas directement à la famille. Et l'amant instituteur de Vera ne faisait pas partie de ce vaste projet, tandis que l'homme plus âgé qui possédait la plantation de café mitoyenne s'imposait comme mari potentiel. Lequel ne devait être ni trop riche, ni trop pauvre, car on ne pouvait pas faire confiance aux riches. Tout le monde bien sûr profitait de cette manne, mais ils étaient soulagés de voir Jesse repartir vers le nord et son emploi lucratif. Selon tous les habitants de Veracruz, Jesse était dingue d'argent, ce qui expliquait pourquoi sa femme était partie vivre à Mexico avec un autre homme. Jesse avait alors emmené sa fille dans le nord, où par malheur elle était tombée enceinte. Vera était aussi belle et instable que sa mère, et son fils n'avait pas été « très bien » mentalement depuis son accident de vélo. En fait, il avait rossé si sévèrement un camarade d'école, que ce gamin avait passé une semaine à l'hôpital.

Je n'étais pas sûr de désirer apprendre toutes ces informations, mais c'était désormais chose faite et le contraste avec la famille de Clarence m'a aussitôt sauté aux yeux. En définitive Jesse n'était pas un petit saint pour sa propre famille et je me suis étonné des complications qu'on découvrait dès qu'on soulevait le couvercle de n'importe quelle famille. Alors que nous approchions de Veracruz, j'ai demandé à Bob d'effectuer un léger détour pour que je puisse voir en plein jour l'endroit où les premières têtes de bétail avaient débarqué sur ce continent. Bien sûr, quelqu'un devait le faire tôt ou tard, mais les conséquences de l'événement étaient à la fois gigantesques et intrigantes.

Coughlin m'avait dit qu'il n'y avait presque plus d'arbres en Chine à cause de l'exploitation du bois, alors que d'immenses forêts recouvraient jadis ce pays. Je me retrouvais dans cette position inconfortable où je n'avais jamais dû subvenir entièrement à mes propres besoins, sauf quand j'avais choisi de le faire par pure obstination. Beaucoup d'autres gens partageaient ce point de vue, qui n'en était pas plus acceptable pour autant. Chaque époque a connu ses conquistadors économiques qui mettaient tout le monde mal à l'aise, même à la modeste échelle de Jesse. On s'interroge alors sur le sens du mot « gagne-pain ».

Je suis resté assis à la fenêtre durant plusieurs heures pour regarder les navires en attendant mon rendez-vous avec Vera. Le vent du nord creusait les vagues dans le port, je les entendais exploser contre les quais et je voyais les petits bateaux osciller sans cesse à leur mouillage. Les grands navires, eux, affrontaient les éléments sans broncher, du moins dans l'abri du port.

Je campais dans un inconfortable néant de pensée qui englobait Vera et son père, lequel l'avait emmenée dans le nord du Michigan pour goûter à une vie meilleure. La mère s'était enfuie. Son amitié avec Cynthia. Mon amour pour elle, la bride par moi imposée à ma passion. Et puis mon père la viole. Elle a un fils. Son propre père troque sa fureur contre espèces sonnantes et trébuchantes, purement et simplement, mais là encore, que sais-je de cette situation où l'on subvient aux besoins matériels de plusieurs dizaines de personnes ? Les vagues que je regardais n'étaient pas celles du lac Supérieur, j'ai soudain ressenti un insupportable accès de mal du pays, paradoxalement suivi par le désir de ne pas rentrer chez moi pour reprendre une existence normale. Je la connaissais par cœur. J'en avais épuisé toutes les surprises. Tant de choses que je croyais avoir découvertes dans les profondeurs avaient disparu parmi les hauts-fonds de ce voyage. J'avais rétréci trop tôt le champ de mes perceptions. Je ne comprenais pas le rôle joué par ma famille dans ce processus, car je n'avais pas une vision assez claire de ce processus. Je me suis alors rappelé une chose lue : Einstein déclara un jour qu'il n'éprouvait aucune admiration pour ces chercheurs qui passaient leur existence à percer des petits trous dans une mince pièce de bois.

Quand, vingt ans plus tôt à Marquette, je m'étais juré lors d'un rituel adolescent ridiculement intense de ne pas consacrer ma vie à penser à moi-même comme tous les autres semblaient le faire, j'avais trouvé la religion. Elle s'évapora ou se transfigura en une forme peu convaincante. Je faisais l'idiot parce que j'étais idiot. Encore et encore. J'étais devenu une simple parodie de mes meilleurs intentions. Comment être à la fois l'esclave et le maître ? C'est d'une facilité déroutante. La lecture de bon nombre des livres conseillés par Vernice m'avait ramené à la banalité. J'aimais bien William Carlos Williams, car je pouvais le comprendre, et Rainer Maria Rilke, car je ne pouvais pas le comprendre. J'imagine qu'il vaut mieux accepter les errances de l'esprit plutôt que d'essayer tous les jours de visser hermétiquement le couvercle. Par exemple, en ce moment même sur le *malecón* un prêtre à la chevelure malmenée par le vent gesticule et sermonne un groupe de gamins inattentifs âgés d'une dizaine d'années. Je suis convaincu que le catholicisme convient mieux à cette culture et à cet habitat baroques. L'étape suivante, bien sûr, pour quelqu'un habitué à disparaître dans son propre trou du cul, consiste à se demander quelle religion, s'il en existe une, convient le mieux à mon propre habitat.

Je me souviens alors d'une émission de radio de mon enfance qui avait pour vedette le ventriloque Edgar Bergen, avec soit Charlie McCarthy soit Mortimer Snerd assis sur ses genoux, ou tous les deux. Je souris à l'idée que je suis ces trois entités.

Encore dix minutes. Je porte ma montre-bracelet, j'ai sorti de ma valise ma montre de gousset et il y a enfin la pendule de la chambre posée sur la table devant moi ; toutes indiquent la même heure, à trois minutes près. Je ressens des picotements sur tout le corps ainsi que dans mon esprit. Je descends en avance dans l'espoir de retrouver un peu d'aplomb avant l'arrivée de Vera, mais elle est déjà là sur le trottoir d'en face, devant l'entrée de l'hôtel. Très joliment vêtue d'une robe vert pâle, elle est appuyée contre une belle voiture neuve, un homme mince en élégant costume bleu se tient debout près d'elle. Le fils qui arbore la mâchoire de mon père est à moitié descendu de voiture par la portière arrière ouverte et il fulmine. Dès qu'elle me voit, elle traverse la rue ; le vent fouette sa robe. Je quitte le trottoir pour aller à sa rencontre. Elle est toujours d'une beauté insoutenable, mais son visage est fermé, son regard furtif, inquiet.

« Tu ne peux pas rester ici. C'est impossible. Je sais que ton cœur est bon, mais c'est impossible. »

Je lui prends la main, elle la retire aussitôt.

« Je suis désolé pour ce qui est arrivé », commençai-je, mais un nœud glacé me brise la voix.

« Oui, mais tu n'as rien fait de mal. Je désirais que tu sois mon petit ami, mais j'étais trop jeune. C'est impossible. Embrasse Cynthia pour moi. Au revoir. »

Elle a fait demi-tour avant de retraverser la rue.

Mexico, le 6 mars.

J'ai bien sûr pleuré, au point d'avoir les paupières toutes gonflées et de ne plus vouloir quitter ma chambre. J'ai commandé un poisson à manger, encore un brochet de mer, mais n'y ai pas touché. J'ai absurdement envisagé de l'emporter avec moi, cette mystérieuse créature qui menait toute son existence sous l'eau.

J'ai donné quelques coups de fil, puis quitté l'hôtel sans réfléchir. J'ai passé la nuit au dernier étage d'un hôtel de Mexico où les gens jouaient au tennis sur des courts au-dessus de ma tête. Je me suis endormi sur un banc dans les jardins de l'hôtel, à côté d'un buisson couvert de fleurs bleues qui dégageaient une forte odeur marine. Un garde m'a réveillé vers minuit et j'ai savouré un excellent bol de soupe dans un café où de jeunes couples mexicains bien habillés buvaient du vin français et riaient beaucoup. Une fille à la beauté affolante ressemblait tellement à Vera qu'elle aurait pu être sa jeune sœur. Je pensais naturellement à cette fatalité de l'existence qui contraint des gens qui s'aiment à se séparer à jamais. Cette idée a acquis une autonomie entièrement indépendante de mon père. C'était le côté fortuit de l'amour qui ne domine pas le restant de l'existence. Repensant à Polly, je me suis dit que l'amour se conquiert lui-même.

Je n'ai pas quitté ma chambre avant de partir pour l'aéroport, constatant amusé que ce voyage me coûtait davantage d'argent que mes habituelles dépenses annuelles, riant ensuite au souvenir de ma visite idiote à l'agence de voyages, aussi désagréable qu'un rendez-vous avec un avocat, un banquier ou un médecin. Dans l'avion, un vol Air France, j'ai concocté trois lettres différentes à Vera, avant de comprendre enfin qu'il était complètement exclu de lui écrire. Je n'avais aucun moyen de retourner dans sa vie. La seule relation stable que j'entretenais avec la gent féminine, c'était avec Carla, qui semblait adorer Clarence autant que moi. Ma mère jouait seulement le rôle d'un agréable fantôme à Evanston ; et j'avais beau être l'aîné, je serais toujours « le petit frère » de Cynthia. Polly était mariée avec deux enfants et une deuxième chance paraissait très improbable.

Une fois arrivé à l'aéroport de Mexico et après toutes les formalités, l'idée m'est venue que ma tentative imminente pour reprendre solidement contact avec Vernice était au mieux comique. Après cette occasion ratée, il me restait une seule chance. Je pouvais néanmoins prendre un avion pour Los Angeles et devenir une vedette de cinéma, ou un vol à destination de Montréal pour devenir un voyageur et trappeur français. Je ne me sentais pas le moins du monde rejeté par Vera, simplement je n'appartenais pas à son univers, même en tant que souvenir.

Une hôtesse de l'air portant un ravissant ensemble bleu pâle me servait à volonté un délicieux vin rouge, où j'ai reconnu l'un de ces grands crus appréciés par mon père. Il ne pouvait quand même pas avoir tort tout le temps. Il avait passé un an à Paris à l'âge de cinq ans. C'était une histoire stupide. Mon grand-père avait envoyé deux autochtones de Marquette dans le Dakota du Nord pour abattre plusieurs centaines de faisans en vue d'un énorme banquet qu'il comptait donner bientôt. Lorsqu'ils revinrent à la fin d'un après-midi d'octobre, il décida de poser en tenue de chasse et devant les faisans, comme si lui-même les avait abattus. Pareille vanité scandalisa ma grand-mère, qui partit aussitôt pour Paris avec mon père et Richard, alors nouveau-né, ainsi que la mère de Mme Plunkett qui travaillait pour elle.

Cette histoire me plaisait, car elle évoquait la liberté et l'insouciance des adultes, et puis elle confirmait mes convictions précoces sur leur versatilité. Peu à peu, chaque fois que dans l'album de famille je tombais sur cette photographie de mon grand-père se pavanant devant la pelouse couverte de faisans, je m'avouais que cet homme ressemblait vraiment au connard absolu qu'il avait été. J'ai ensuite été ravi d'apprendre qu'il avait perdu plus des trois-quarts de la fortune familiale durant la Dépression. Mon père disait qu'il ne pouvait pas perdre toutes ses terres, tout bonnement parce que personne ne voulait les acheter. Ma famille a eu « de la chance » quand la Seconde Guerre mondiale a éclaté et que le cours du minerai de fer s'est envolé.

Paris, le 7 mars.

Temps froid et pluvieux. Une atmosphère parfaite pour l'indécrottable romantique et la dernière étape de son grand périple pas si romantique que ça. Nous avons atterri peu après l'aube et j'ai aussitôt senti pourquoi certaines personnes adorent cet endroit : à cause d'une mélancolie à la douceur ineffable. Mon chauffeur de taxi avait passé un an près d'Atlanta, en Georgie, grâce à un programme d'échanges universitaires, moyennant quoi il parlait un anglais du Sud des États-Unis.

« Qu'est-ce vous venez donc faire ici ? »

Avant que je n'aie eu le temps de répondre, il m'a annoncé ses tarifs pour m'emmener faire une virée sexuelle le soir même dans un quartier de Paris nommé Pigalle. Je lui ai répondu du tac au tac que le lendemain je devais assister à un enterrement à Aix-en-Provence. J'ai soudain compris que j'étais encore tout imprégné d'un rêve que j'avais fait juste avant l'atterrissage. Je m'étais endormi après avoir bu un vin rouge portant le nom de Beaune. Dans ce rêve, j'avais le souvenir confus d'un séminaire à la faculté de théologie, où un professeur venu d'Angleterre avait évoqué les aspects historiques de la notion de pardon. Certains d'entre nous pensaient que l'accent oxfordien de cet enseignant le faisait paraître plus intelligent qu'il n'était vraiment. Bref, il a évoqué une idée datant des premiers temps de la chrétienté : quand on ne peut pas pardonner à quelqu'un, on devient son esclave mental. Ce point de vue m'avait irrité et obsédé. Après ce séminaire j'avais fait une longue promenade. C'était en février, il y avait eu une grosse tempête de neige dans la région de Chicago et les habitants d'Evanston pelletaient leur allée pour faire sortir leur voiture. Dans mon rêve, partout où j'allais, je pataugeais toujours dans une neige profonde et sans jamais quitter la même rue, tout en fulminant contre ce professeur. À cette époque, je m'imaginais toujours en train de tuer mon père tout comme Lee Harvey Oswald avait abattu le président Kennedy.

Le contenu latent de ce rêve tombait sous le sens, mais

lorsque je suis arrivé à mon hôtel, j'ai appelé Coughlin à Chicago et la chance a voulu qu'il ne soit pas occupé. Nous avons parlé de mon voyage au Mexique et de notre désir commun d'aller pêcher la truite en ce début de printemps. Quand j'ai évoqué l'idée du pardon, il m'a rétorqué que, pour que cette idée soit opérante, il fallait qu'elle se transforme en expérience authentique, ajoutant qu'à mon retour au pays je devrais peut-être rendre visite à mon père à Duluth ou ailleurs. Le pardon ne consistait pas à effacer l'ardoise du coupable, mais à se décharger soi-même de la tyrannie du coupable en l'appréhendant dans une perspective entièrement humaine. Je lui ai répondu que tout ça me paraissait un peu abstrait, mais il m'a alors opposé cette notion que, si je considérais toutes les pires choses que j'avais jamais pensées, je comprendrais peut-être que mon père les avait mises en pratique. J'ai marqué une pause, en me rappelant qu'après avoir vu les fesses nues de Vera dans le couloir de l'étage, je m'étais senti submergé de lubricité pendant plusieurs jours. Coughlin m'a alors dit que son propre père lui avait confié avoir pardonné aux hommes qui lui écrasèrent les mains, surtout pour éviter de retourner à Belfast afin de les tuer. S'il les avait abattus, il aurait passé le restant de sa vie en prison à les maudire, loin de sa famille, loin des plaisirs de la pêche à la truite.

Comme à l'hôtel ma chambre ne serait pas prête avant midi, j'ai sorti de mon sac un imperméable pas très propre et j'ai pris une carte à la réception, où le préposé a marqué d'une croix l'emplacement de l'hôtel avant de m'observer avec attention, et de noter l'adresse et le numéro de téléphone de l'*Hôtel de Suède* sur un bout de papier destiné à mon portefeuille, de peur que je ne me perde. Je suis ensuite parti pour une balade de quatre heures sous la pluie dans les quartiers de la Rive gauche, de mon point de départ situé près des Invalides en remontant la Seine jusqu'au Jardin des Plantes avant de revenir par le Jardin du Luxembourg.

Au début je suis resté relativement aveugle à mon environnement, car à la fin de notre récente conversation Coughlin m'avait conseillé d'avancer lentement et avec prudence sur cette question du pardon, parce qu'il n'existait aucun filet de sécurité disponible. Il comparait ce processus au fait de porter un lourd sac à dos pendant vingt ans avant de s'en débarrasser soudainement. Procéder de la sorte reviendrait à abandonner une grande part de l'énergie mobilisée, même de manière déplacée, durant presque toute mon existence. Par exemple, allais-je renoncer à ce projet qui, depuis si longtemps, donnait un centre à ma vie ?

Bon Dieu, pensai-je en marchant d'un bon pas le long de la Seine. Non, je ne vais pas renoncer à ce projet parce que depuis presque un an j'écume l'arrière-pays à pieds ou en raquettes sans que ma vision ne sombre dans l'égocentrisme. Ce qui « est » vainc ce qui « était ». Je ne croyais pas viscéralement au cliché rebattu selon lequel « savoir c'est pouvoir », mais je semblais acquérir peu à peu une vision topographique du labyrinthe. Il devenait plus important pour moi de comprendre tout le labyrinthe plutôt que d'essayer de me limiter à l'exploration de la seule partie relative à ma famille. En janvier, près de Sagola, je m'étais retrouvé perdu dans une tempête de neige pendant une demi-heure modestement effrayante, juste avant la tombée de la nuit, quand j'ai brusquement chancelé sur une butte de neige et glissé jusqu'à la route du comté où mon pick-up était garé, un peu plus au nord. Il neigeait si dru que j'ai bien failli me cogner contre mon véhicule avant de le voir.

Cette longue balade détrempée à Paris a mis au jour

une autre strate de ma confusion. Certains hommes riches et puissants possédaient de toute évidence un sens esthétique très affirmé. C'était beaucoup moins patent dans les zones urbaines d'Amérique qu'à Paris, où souvent l'on n'en croyait pas ses yeux et l'on avait la chair de poule comme si l'on se trouvait confronté à un splendide tableau. Historiquement, la géopiété américaine avait ceci de troublant qu'elle autorisait les gens à se montrer fiers de la laideur destructrice de leurs œuvres. Cette ahurissante capacité qu'avaient eu certains de couper tous les grands pins blancs de l'État du Michigan devenait ensuite une source de fierté.

Quelque part dans le lacis des rues situées entre le Jardin des Plantes et le Jardin du Luxembourg, un peu d'air frais entra dans mes pérégrinations mentales. Vernice avait tenté d'ôter de mes yeux la taie qui m'aveuglait à mon propre sentiment de la beauté, sans vraiment comprendre, tout comme moi d'ailleurs, que mon obsession du paysage était davantage esthétique que scientifique. Cette idée était pour moi si nouvelle que j'ai d'abord essayé de la chasser de mon esprit. Au cours de ma longue période obsessionnelle, j'avais rejeté maintes incarnations de la beauté. Ma dépression, due aux méfaits de mon père et, par voie de conséquence, à ceux de mes ancêtres, m'avait empêché de vivre pleinement ma vie, aussi sûrement que la cupidité les avait aveuglés.

Il était maintenant près de midi, mon pantalon était trempé, mes chaussures couinaient. Le vent avait tourné au sud, du moins selon ma carte, et en passant devant un restaurant appelé *La Closerie des Lilas*, je me suis arrêté tout à trac pour me demander : « Comment peut-on se tromper à ce point ? »

Ma réaction était un peu exagérée, mais ce restaurant m'a rappelé l'admiration de mon père pour Hemingway et son livre intitulé *Paris est une fête*, que j'avais lu. Je n'ai jamais beaucoup aimé Hemingway, mais en cet instant le problème était ailleurs. À la fac, les hommes jeunes que je connaissais et qui appréciaient Hemingway portaient volontiers des chemises en flanelle et affectaient une jovialité que je ne ressentais jamais vraiment. Je l'ignorais alors, mais j'ai reconnu plus tard que j'étais moi aussi hanté par des questions dont la réponse se trouvait à mon avis dans la virilité. Et puis, quand on vient de la Péninsule Nord, on ne peut pas se raconter toutes sortes d'histoires abracadabrantes sur « les profondes forêts », car on y est né, on y a grandi, et si l'on fait un peu attention, elles n'ont rien de menaçant. Mon père pensait voir un Hemingway différent de celui que j'imaginais. Quand j'ai lu ses premières œuvres, cet écrivain m'a semblé aussi fragile que moi. Ce qui me tarabustait maintenant comme un virus, c'était que l'effet de la guerre sur mon père n'était ni simple ni purement littéraire. Lorsqu'on ajoutait le passé de malfaisance de ma famille, la guerre avait écrasé mon père pour en faire un monstre. Mon grand-père avait été officier durant la Première Guerre mondiale, mais il n'a jamais quitté Washington. Il a fait la guerre contre l'Allemagne aussi sûrement qu'il a guerroyé contre son propre pays. La musique militaire du 4 juillet que je redoutais tant, nous aidait à oublier les morts et les mutilés. De mon côté, je guerroyais depuis si longtemps contre la nature humaine que j'avais oublié de vivre ma vie.

Je marchais sur le boulevard Montparnasse en me dandinant d'un pied sur l'autre, car mon pantalon mouillé m'irritait l'entrejambe. La pluie s'étant métamorphosée en simple bruine, j'ai retiré mon imperméable et ramené en arrière mes cheveux trempés. Il y avait maintenant beaucoup de gens dans la rue, de splendides élégantes et des vendeuses à l'air mutin. On regardait beaucoup le chien mouillé, cet imbécile d'Américain, c'est-à-dire moi. Je suis entré dans un bistrot où j'ai dévoré tout un poulet grillé, certes relativement petit, et bu une bouteille de vin rouge, avant de quitter les lieux dès que je me suis senti somnoler en me demandant comment mener ma vie.

J'ai dormi pendant une demi-douzaine d'heures, pour me réveiller au crépuscule. Il y avait des oiseaux dans le grand jardin situé derrière mon hôtel, mais je ne les ai pas reconnus. Une fois la nuit tombée, j'ai appelé la réceptionniste pour lui demander du café et le nom de l'oiseau que j'entendais ululer dans le jardin.

« C'est une *chouette** », m'apprit-elle.

Un nom très approprié.

Assis là, je me suis demandé si dans la vie la cupidité l'emportait toujours sur le sentiment esthétique, mais je me suis rapidement habillé, car j'avais bien assez gambergé pour une seule journée. J'étais tenté de joindre Vernice au téléphone pour organiser un rendez-vous, mais j'y ai bientôt renoncé, car je commençais à apprécier le côté improvisé de mon voyage. Si elle était partie pour quelques jours, je pourrais rester là-bas à l'attendre ou bien me lancer à sa poursuite. Et si jamais je rencontrais son amant, je me présenterais comme le cousin de Vernice, originaire de l'Indiana. De Fort Wayne pour être exact.

Le 8 mars.

Je suis dans le train rapide qui descend dans le midi jusqu'à Marseille, où je prendrai un train régional à destination d'Aix-en-Provence. Je suis bien sûr nerveux à l'idée de revoir Vernice, mais ce n'est rien comparé à mon angoisse avant de retrouver Vera. Quand j'avais douze ans, j'imaginais volontiers que les femmes me tomberaient dans les bras dès qu'elles me verraient. D'abord ç'a été Ingrid Bergman, puis Deborah Kerr, puis Ava Gardner, puis Grace Kelly qui buvait sans doute du thé glacé et portait des culottes en coton blanc comme une fille nommée Nancy en classe de cinquième, qui relevait volontiers sa robe afin de vous montrer sa petite culotte pour un dollar, ce qui à l'époque me semblait bien cher.

Hier soir, après une longue promenade j'ai mangé quelques harengs au café *Sélect* et j'ai entamé la conversation avec mes voisins de table, deux étudiants de troisième cycle à la Sorbonne. La jeune femme était une Juive séduisante, originaire de Thessalonique, en Grèce. J'étais stupéfait, car je n'avais jamais entendu le mot *Thessalonique* en dehors des épîtres pauliniennes. Je n'ai pas réussi à lui parler, car son compagnon, un homme de mon âge, m'a posé mille questions sur les Indiens d'Amérique. Je lui ai expliqué que je connaissais surtout les Chippewas, qu'il a très justement appelés les Anishinabe. Il étudiait les religions autochtones et il m'a demandé s'il pourrait rencontrer et parler à un chaman, au cas où il se rendrait dans la Péninsule Nord. Je lui ai répondu qu'à ma connaissance c'était très improbable. Par exemple, j'avais fréquenté Harold, le cousin de Clarence, pendant vingt ans avant d'apprendre qu'il était chaman. J'ai expliqué que, sur le chapitre de la religion, c'était une société très fermée. J'ai ajouté que mon beau-frère Donald avait souhaité parler avec un chaman, lequel n'avait rien voulu savoir avant que Donald passe trois jours et trois nuits sans boire, sans manger et sans abri. Donald avait tenu bon pendant deux jours seulement, mais il avait la ferme intention de réessayer. J'ai ajouté « sans vin », ce qui les a fait rire.

La fille originaire de Thessalonique et qui étudiait le soufisme a conseillé à son compagnon d'essayer, histoire de le taquiner. Elle me rappelait Vernice et, tandis qu'ils se disputaient en français, j'ai réfléchi à la nature accidentelle des rencontres amoureuses. Laurie était l'amie de Cynthia. Vera est arrivée du Mexique. Polly se trouvait à un stand de hamburgers à Iron Mountain quand je travaillais sur mon chantier. Vernice s'est approchée alors que je parlais à Fred devant la bibliothèque Newberry. Le hasard régnait en maître. Cette jeune Juive était si séduisante et spirituelle que je me serais volontiers enfui avec elle. Pour couronner le tout, une femme d'âge mûr, extrêmement élégante et installée dans l'angle opposé du café ressemblait de manière saisissante à ma mère.

Mes deux voisins de table m'ont proposé de les accompagner dans un club de jazz américain. Je leur ai répondu que je ne pouvais pas, car je partais le lendemain matin de bonne heure pour Aix-en-Provence afin d'y chercher quelqu'un. Ils m'ont conseillé de rester simplement assis dans un café appelé *Les Deux Garçons* et je trouverais à coup sûr ma proie. Bizarrement j'ai changé d'avis et je suis allé avec eux dans ce club, où l'orchestre de jazz venait de Detroit. La jeune femme s'est installée entre nous et, quand l'homme est allé aux toilettes, elle en a profité pour poser la main sur ma cuisse et me donner son numéro de téléphone. La sueur a aussitôt jailli sur mon front. Une fois encore, j'ai compris combien j'étais inexpérimenté pour mon âge, même si j'ignorais tout des statistiques. On rencontre très peu de femmes au fond des bois, et puis mes quelques amours ont toujours basculé vers l'obsession. Je suis parti au bout d'une heure et, sur le chemin de mon hôtel, j'ai décidé que le principal problème des grandes villes c'est que la nuit les étoiles y demeurent invisibles.

Après un merveilleux voyage en train, je suis descendu dans un hôtel luxueux et me voilà maintenant assis au café *Les Deux Garçons*. J'ai soudain l'idée de revenir en France une autre fois avec une petite valise et de passer deux ou trois semaines à voyager en train.

Il est deux heures de l'après-midi et je me prépare à une longue attente, sans trop savoir ce que je vais faire. Comment réagirais-je si jamais Vernice se jetait dans mes bras en criant :

« Je désire porter ton enfant ! »

Bien que ce soit très improbable, tout est possible sauf la paix dans le monde. J'ai entamé une sorte de roulade accélérée vers le bas d'une longue colline. Par exemple, ce matin j'ai décidé de rendre visite à ma mère pour savoir si elle a pardonné à mon père, puis de rendre visite à mon père pour voir s'il accepte de me parler de son passé. J'attribue cette idée élémentaire au mouvement du train : le temps passe.

Mais Vernice. J'étais un jour assis sur le pont de notre voilier inutilisé, tandis que mon père et quelques amis se trouvaient sur le ponton. J'essayais de ne pas entendre leur conversation qui portait sur une ravissante jeune femme qui venait de passer près d'eux pour rejoindre un gros bateau à moteur amarré un peu plus loin. C'était la fille de ce qu'ils appelaient « une grande famille », mais on l'avait surprise entre les bras d'un Noir dans un night-club de Chicago. Mon père et ses amis plutôt excités sont tombés d'accord pour dire que cette femme « carburait au super », ce qui m'a laissé perplexe, car cette expression renvoyait pour moi à l'essence. Un peu plus tard dans la journée, mon copain Glenn m'a expliqué que ça voulait dire « une sacrée salope qui a le feu au cul ».

Que ferais-je si jamais j'arrachais Vernice à son poète ? J'avais lu le recueil de ce dernier, intitulé *Études* (je modifie légèrement le titre afin de protéger l'identité de l'auteur). C'était l'une de ces âmes incroyablement torturées, mais qui plus est il savait monnayer ses souffrances. Dans un long poème, il s'étendait copieusement sur le fait que Lila, sa fille jeune qui vivait en Californie, lui manquait affreusement. C'était un beau poème, mais on se demandait forcément pourquoi il n'allait pas lui rendre visite. « Le destin m'a emporté loin de toi », écrivait-il.

De toute évidence, Vernice « carburait au super », tandis que moi je roulais au diesel – telle était du moins mon impression. Dans ses journaux, Sprague montrait quelques réticences sur ce qu'il appelait « le privilège de l'oisiveté ». Après le décès de sa jeune épouse, il avait consacré sa vie au « service d'autrui » en devenant professeur. Il faisait don de ses chèques, mais au bout de quelques années le manque de curiosité des lycéens l'a tellement écœuré qu'il a plaqué ce boulot pour se consacrer exclusivement à l'art des Pueblos du sud-ouest, une passion aussi éloignée que possible de sa famille, ainsi que je l'ai remarqué. Pour ma part, je n'avais jamais été oisif, ce qui ne veut pas dire que mes préoccupations étaient justifiées. L'idée du privilège est une autre affaire. J'ai entendu dire que certains promoteurs immobiliers parlent de leurs clients rentiers comme de « sperme chanceux ».

Suis resté assis au *Deux Garçons* de deux heures à sept heures du soir. Et mon obstination est devenue comique. Beaucoup de clients sont partis après leur déjeuner tardif et la plupart des tables en terrasse sont resté inoccupées à cause du vent glacé qui venait de se lever. Vaguement gêné à l'idée de rester aussi longtemps à ma place après avoir savouré un délicieux poulet au citron en guise de déjeuner, je n'ai pas cessé de commander un flux régulier de broutilles. Du vin, des fruits, un café, du fromage, un thé, encore du vin, un gâteau au chocolat. Enfin, mon serveur, un homme âgé et très avenant, m'a dit que j'avais tout à fait le droit de rester assis à ma table sans consommer quoi que ce soit. Je pensais au père de Polly qui s'était fait écraser les jambes dans une machine mal entretenue, soi-disant pour faire des économies. Réduites à l'état de bretzels sanguinolents.

Ayant lu très peu de romans d'espionnage, je ne savais pas comment m'y prendre pour repérer Vernice. Attendre la tombée de la nuit et voir ensuite s'il y a de la lumière à leur fenêtre ? Continuer de lui téléphoner jusqu'à ce qu'elle réponde ? Raccrocher si c'est lui qui répond, ou bien me présenter comme un cousin ? J'étais désespérément inepte.

Une jeune fille aux bras chargés de manuels scolaires s'est alors assise près de moi pour prendre un café en fumant comme un pompier. J'ai alors commandé un paquet de cigarettes, le premier depuis longtemps. Sa minijupe dévoilait ses cuisses nues et j'ai eu une érection. Étais-je venu d'aussi loin dans le seul but de baiser Vernice ? Certes je l'aimais, mais l'un n'empêche pas l'autre. Étais-je un vampire qui ne parvenait à vivre qu'en compagnie des femmes ? Sans doute. La compagnie des hommes exacerbait seulement mes obsessions sentimentales.

Je suis resté longtemps dans la rue obscure et devant leur appartement, le 2A. Les lumières étaient allumées. Vers huit heures elles se sont éteintes. Vernice est sortie avec son poète grand et mince. Ils sont montés dans une voiture minuscule, puis ils sont partis. J'avais pour ainsi dire saisi le taureau par les cornes et donc acheté un bloc de papier à lettres.

« Chère Vernice, ai-je écrit, retrouve-moi à l'hôtel *Pigonnet* à dix heures du matin : il faut que nous parlions de tante Louise. Ton cousin de Grand Marais, D.B. »

Stupide, bien sûr. Quand je me suis approché de l'entrée sombre pour trouver sa boîte à lettres, une vieille dame m'a foudroyé du regard. Qu'aurait fait Cary Grant ? Je l'ai saluée en m'inclinant profondément, je lui ai donné l'enveloppe ainsi que l'équivalent de dix dollars en francs, et je lui ai demandé de la transmettre discrètement à Vernice, le tout dans un français très approximatif. Dès qu'elle a compris, elle a souri.

Je suis rentré à l'hôtel à pied, l'estomac tout barbouillé après cet après-midi éprouvant. Je me suis assis devant la fenêtre ouverte comme je l'avais fait à Veracruz dans l'espoir de voir les étoiles, mais les lumières environnantes les obscurcissaient un peu. Assis là, j'ai souhaité que Vera épouse son instituteur, que Riva et Polly trouvent le bonheur, quel que soit le sens de ce mot. Je me sentais accablé de solitude, je me demandais pourquoi, en dehors de Polly, j'avais toujours jeté mon dévolu sur des femmes aussi incompatibles avec moi. Quand j'ai pensé à Laurie, j'ai aussitôt eu les larmes aux yeux. Ces larmes ont séché, puis elles sont revenues dès que j'ai pensé à Polly. Ces pleurs étaient pour moi nouveaux, il m'a semblé découvrir presque malgré moi des régions inexplorées de mon cerveau.

Je suis descendu à la réception et j'ai demandé si l'on pouvait me trouver un taxi qui me conduirait à la campagne pour voir les étoiles.

« Mais bien sûr ».

Cette idée a paru parfaitement logique à la femme de la réception. Âgée d'une cinquantaine d'années, très mince, elle arborait un sourire timide. J'ai soudain ressenti le désir de sauter au-dessus du comptoir, après quoi elle se pâmerait sûrement entre mes bras. S'ensuivrait alors l'une de ces scènes torrides dignes de *Sexus*, le roman de Henry Miller que j'avais lu à la fac.

Le chauffeur de taxi m'a emmené dans une vallée sur une route étroite qui grimpait vers les montagnes. Il s'est arrêté quelques instants pour me montrer une petite maison obscure, en me disant :

« L'atelier de Cézanne. »

Je me suis alors rappelé pourquoi le nom d'Aix-en-Provence m'était si familier. Dans ma jeunesse je parcourais souvent les livres d'art de ma mère, à la recherche de femmes nues, mais je lisais néanmoins les textes relatifs aux vies à la fois excitantes et tragiques de certains artistes. Cézanne avait réussi à vivre longtemps en restant à Aix-en-Provence.

Quant aux étoiles, elles étaient si proches quand je suis descendu du taxi, que la Voie Lactée dessinait une brume blanchâtre dans le ciel noir. J'étais enchanté dans ce cirque de montagnes granitiques aux dalles grises vertigineuses. J'ai marché sur la route dans l'air frais de la nuit, très ému, m'attendant presque à découvrir des aurores boréales. Je ne pensais à rien, sinon à la munificence de l'univers.

Un peu plus loin sur la route se trouvait un restaurant chic et, au moment de faire demi-tour pour rejoindre la ville, j'ai suggéré à mon chauffeur d'y boire un verre pour fêter les étoiles. S'étant mis au diapason de mon enthousiasme, il a aussitôt accepté. Il a arrêté le compteur du taxi et nous avons traversé le parking à moitié plein pour rejoindre le bar du restaurant, où j'ai choisi un Côte Rôtie dans le menu des vins, un autre cru très admiré de mon père. Nous avions bu la moitié de la bouteille quand je me suis retourné vers un groupe de huit convives qui entraient dans le bar pour prendre un café et un cognac, parmi eux Vernice et son poète qui s'adressait à leurs amis d'une voix de basse timide et hachée. Vernice m'a aussitôt repéré au bar. Elle s'est approchée d'un pas peu assuré.

Elle était très pâle, beaucoup plus mince que dans mon souvenir.

« Bon sang, mais que fais-tu ici ? me dit-elle en un murmure.

— Est-ce que nous nous connaissons ? » J'essayais de blaguer, mais j'ai fait chou blanc. Comme elle semblait sur le point de s'évanouir, j'ai ajouté : « J'ai confié un mot à une vieille dame dans ton immeuble. »

Elle a hoché la tête avant de s'éloigner. J'ai adressé un signe de la main à son amant, qui m'observait avec une légère curiosité.

Me suis réveillé à l'aube après le plus doux des sommeils ponctué d'un rêve fort peu spirituel. Je partageais un poulet rôti avec Carla installée dans une chaise haute de bébé. Puis j'ai parcouru à pied les deux petits kilomètres qui me séparaient du centre-ville et je me suis assis sur les marches derrière la cathédrale pour regarder un groupe nombreux de gens de la campagne qui, sur une place, installaient leurs étals en vue du marché. Un écriteau disait que le baptistère de cette cathédrale avait été fondé en 357, alors que les Romains occupaient toute la côte de la Méditerranée. Les portes à l'arrière de la cathédrale étaient ouvertes, quelqu'un à l'orgue jouait du Bach. Les notes denses et vibrantes bourdonnaient dans le granite sous mes fesses. Mon esprit palpitait avec la musique et, en fermant les yeux, j'ai cru voir cette musique. Je suis descendu sur la place du marché et j'ai observé l'homme qui s'occupait d'une grande rôtisserie verticale, où des rangées de poulets et de canards tournaient sur leurs broches et lâchaient leur graisse sur un bon mètre de légumes et de saucisses. J'ai pensé que les habitants de Marquette sauraient quoi faire de ce genre d'engin.

De retour dans ma chambre, je me suis installé devant une fenêtre ouverte en regrettant de ne pas avoir à portée de la main un guide des oiseaux français. J'avais encore deux heures à tuer avant la visite de Vernice, à condition qu'elle décide de venir me voir. Tant l'optimisme que le pessimisme me semblaient déplacés, même si je doutais fort que, décidant d'accepter ma proposition de rendez-vous, elle me tomberait dans les bras.

Je désirais mettre de l'ordre dans ma maison, mais d'en laisser ouvertes toutes les portes et les fenêtres. Si j'avais eu une Bible dotée d'un index thématique, j'aurais regardé toutes les occurrences du mot *pardon*. Je verrai d'abord ma mère, puis mon père. J'avais déjà remarqué que Cynthia et ma mère, ainsi que les rares autres femmes que je connaissais bien, ne pensaient apparemment pas en termes géométriques ni selon des notions linéaires de jonctions, de haltes, de positions fixes, de nombres précis de jours ou de mois. En tant qu'homme, j'avais un talent incontestable pour perpétuer un ordre complètement coupé de la réalité. Pourtant, si je jetais aux orties mes montres de gousset ou de poignet, je n'en continuerais pas moins à toujours connaître l'heure. Je paraissais seulement perdre mes talents douteux relatifs au temps quand je pêchais la truite ou durant l'une de mes transes heureusement assez rares.

À dix heures moins le quart, mon esprit est entré en ébullition, mais sans connaître la terreur qui avait précédé ma rencontre avec Vera. La vie déborde de possibilités surprenantes. J'étais prêt à épouser Vernice sur-le-champ, mais cette hypothèse était aussi improbable que mon ascension du mont Everest en tenue d'Adam. Vernice était aussi farouchement indépendante que Cynthia. Au cours d'une période d'ivrognerie aiguë à la fac, pour un cours de religion j'avais lu le livre d'Idries Shah sur le soufisme et malgré ma prétendue intelligence j'avais eu l'impression de plonger la tête dans une congère jusqu'au cou. Plus tard, à la faculté de théologie, j'ai refait une tentative avec le sentiment de mieux comprendre cette pensée obscure, mais Vernice était peut-être une soufie. Les huit jours que nous avions passés au chalet s'étaient résumés à une succession de surprises inquiétantes et je commençais maintenant à la considérer comme mon improbable sauveur. Elle m'avait donné une violente bourrade dans le noir. En désirais-je une autre, avais-je besoin d'une autre ? Naturellement, j'aurais donné n'importe quoi – comme on dit sans savoir ce qu'on dit – pour retrouver cette extase physique, mais hier soir dans ce bar j'ai bien compris que ça n'arriverait pas.

Et ça n'est pas arrivé. Nos retrouvailles n'ont pas été ternies par le désir, sinon de mon côté. La réceptionniste m'a appelé et voilà Vernice à ma porte, mince et fragile en pantalon et cardigan défraîchi, le teint gris comme si elle avait mêlé des cendres à son maquillage. Elle ne semblait avoir conservé aucune trace du sud de l'Indiana. Anticipant ma question inquiète, elle m'a expliqué qu'elle avait eu deux grippes depuis le mois d'octobre, qui avaient eu pour conséquence un retour en force de l'asthme de son enfance. Sans cigarettes elle se sentait abattue. Elle avait du mal à écrire. Son amant la préférait mince, mais elle pressentait que leur liaison touchait à sa fin. Dans deux semaines il rentrerait aux États-Unis pour voir ses trois enfants nés de trois lits différents et donner une conférence « très importante » à la Bibliothèque du Congrès. Ils étaient toujours amoureux l'un de l'autre « à un certain niveau », mais il avait décidé que deux poètes ne devaient pas vivre ensemble. Ils en avaient tous deux été conscients dès le début de leur liaison, tout en espérant faire exception à la règle.

Lorsque j'ai eu la naïveté de lui demander pourquoi, elle m'a répondu que c'était parce que les poètes vivaient dans un état de compétition permanente et qu'ils se tapaient sur les nerfs quand l'un travaillait bien alors que l'autre avait du mal à écrire. Il sentait son étoile décliner légèrement tandis que celle de Vernice était en pleine ascension, même si elle-même ne s'en était pas vraiment aperçue. Et puis il y avait à la fois un nombre considérable de poètes et un public extrêmement restreint. Tous deux étaient très pauvres, car il consacrait le plus clair de ses revenus à l'entretien de ses enfants, sans parler de la pension alimentaire qu'il versait à sa dernière épouse. Elle était fatiguée en permanence, car elle donnait des cours particuliers d'anglais à des élèves français, à raison de six heures par jour. Elle avait remporté deux prix de cinq cents dollars chacun grâce à son premier livre. À côté de ses poèmes elle essayait d'écrire un roman érotique « à la manière » du *Bois de la nuit* de Djuna Barnes, afin de gagner un peu d'argent. Elle a alors ajouté que même le grand Apollinaire avait écrit des textes pornographiques pour faire bouillir la marmite. Elle ne retournerait pas en Amérique avant l'automne, pour une tournée de sept lectures et un travail à mi-temps à Columbia, dans le Missouri. Après le départ de son amant, elle comptait s'installer près d'Arles et vivre avec une amie quasi lesbienne originaire de Chicago, qui possédait un appartement là-bas, à condition de pouvoir mettre assez d'argent de côté pour payer sa part de loyer et sa nourriture. Elle a ajouté qu'elle ne se plaignait pas, qu'elle se contentait de « décrire » sa situation. Et puis elle adorait vivre en France. Soudain, elle s'est tue, elle m'a dévisagé comme si j'étais un inconnu, avant de sourire et de me demander :

« Et toi, comment vas-tu ? »

Assise près de la fenêtre, elle a semblé prendre conscience de son environnement pour la première fois. Elle s'est levée pour regarder le petit écriteau fixé sur la porte, où figurait le prix de ma chambre.

« Alors ? » dit-elle comme pour m'inciter à prendre la parole.

Je lui ai dit que j'étais allé rendre visite à Vera au Mexique et venu ici dans l'idée que nous pourrions peut-être recommencer à nous voir. Mon souhait lui a plu, elle l'a trouvé très romantique. Je lui ai alors confié d'une voix hoquetante qu'elle m'avait beaucoup aidé en élargissant énormément mon univers. J'ai poursuivi en marchant sur des œufs, car je ne voulais surtout pas la froisser : j'avais eu la chance de récupérer le prix de vente de mon chalet et je désirais l'aider financièrement. Je n'avais aucune idée de la somme dont elle avait besoin, mais je comptais rentrer dès le lendemain afin de régler certaines choses avec mes parents, et puis j'avais deux mille dollars en chèques de voyage. Ce n'était pas grand-chose, mais je pourrais lui envoyer une aide mensuelle jusqu'à ce qu'elle soit complètement guérie et, peut-être, qu'elle ait vendu son roman.

Elle regardait maintenant le mur situé à trente centimètres de son visage. « Pourquoi veux-tu devenir mon mécène ? »

J'ai répété qu'elle avait élargi le cadre de ma vie, que j'étais son débiteur, ajoutant que je me fichais de cet argent comme d'une guigne et que j'étais désolé de la voir ainsi dans le besoin.

« Tu es vraiment sérieux, n'est-ce pas ? J'ai oublié que l'ironie t'était entièrement étrangère. » Elle a jeté un coup d'œil dans la salle de bains. « Je n'ai pas pris de douche depuis six mois. Nous avons seulement un baquet. Je peux ? »

Je suis resté assis, gêné de constater qu'une somme relativement modeste pouvait avoir autant d'importance aux yeux d'un être aussi admirable. Je n'ai pas pris la peine de passer en revue les extravagances de ma famille. J'avais rarement eu l'occasion de vraiment rendre service à autrui. J'ai ouvert la bouteille de vin dans son seau à glace, un atout que j'avais gardé en réserve dans un placard pour mon entreprise de séduction. J'avais le visage en feu, mes doigts tremblaient. J'ai bêtement pensé à Mickey et Sylvia chantant *Love Is Strange*, mais mon esprit entendait Cynthia et Laurie brailler cette chanson. Avais-je eu l'intention de rester en France au cas où Vernice aurait consenti à vivre avec moi ? Je tirais des plans sur d'invraisemblables comètes. Je ruminais comme une vache tandis que Laurie et Cynthia sautaient, dansaient et chantaient. Et maintenant je tremblais à cause d'un amour impossible.

Vernice est sortie tout habillée de la salle de bains, elle a remarqué la bouteille de vin et éclaté de rire.

« Où sont les roses ? » L'espace d'un instant je me suis senti vexé et, lorsqu'elle a déposé un chaste baiser sur ma joue, mon état a encore empiré. « Il faudra que tu attendes octobre. Un seul à la fois, c'est déjà presque trop. »

Elle a bu un petit verre de vin, puis nous avons rejoint sa banque à pied, car il n'y avait pas d'argent liquide à la réception.

« Pourquoi ne fréquentes-tu pas un bar de jeunes à Marquette pour y draguer une étudiante ? » me taquina-t-elle.

Je lui ai rétorqué que j'avais des goûts trop ciblés, qui n'incluaient pas les étudiantes. Après la banque nous sommes restés quelques minutes les mains dans les mains, puis nous avons échangé un baiser en guise d'au revoir. La rue était froide et venteuse ; les bourrasques semblaient entraîner Vernice loin de moi.

De retour dans la chambre j'ai réuni mes affaires en quelques minutes afin de prendre un taxi pour Marseille et sauter dans un train à destination de Paris. Je me sentais vaguement nauséeux, mais au dernier moment j'ai téléphoné à la jeune femme de Thessalonique qui vivait à Paris. Son nom était une variante de Mary que j'ai mal entendue, peut-être Miriam. Mon moral est remonté en flèche quand elle m'a dit qu'elle avait compté sur mon appel. Elle passerait à l'hôtel dans la soirée, après son travail.

Dans le train qui quittait Marseille, je me suis dit que je devais absolument voir ma mère et que je descendrais à Tucson en voiture avec Carla. Ma mère se considérait comme une chrétienne et je lui demanderais donc si elle avait pardonné à mon père. De toute évidence elle avait enduré davantage de péchés que moi, mais cette estimation relevait de l'abstraction pure et il n'existait aucune échelle sur laquelle mesurer l'étendue des souffrances. Depuis un moment déjà, je ressentais le besoin de m'insurger contre une culture qui souhaite aboutir à des conclusions au plus vite, avant de se ruer sur le problème suivant. « Nous devons aller de l'avant », voilà un impératif qui nous a été inculqué de force. Mon expérience était néanmoins radicalement différente, car à presque trente-cinq ans je n'étais pas beaucoup plus qu'un enfant quand je me rendais compte que quelque chose allait vraiment de travers. Tout mon projet avait relevé du simple bafouillage et j'apprenais lentement à parler.

En attendant Miriam, j'ai observé le jardin nocturne et écouté la chouette. La fille de la réception m'a appris que le jardin était parfois visité par une chouette beaucoup plus impressionnante, appelée « grand duc », qui venait là pour dévorer quelques-uns des innombrables pigeons : l'ange de la mort du pigeon.

Je me suis laissé absorber par la lueur diffuse du ciel de Paris, revenant de ma vie passée comme si je quittais une fois encore ma chambre d'hôpital avant la date prévue pour l'opération de ma cheville. Après avoir accompli ma mission parentale, j'aurai besoin d'une longue période de néant avant de décider si mon projet, diminué de ma fureur noire contre mon père, méritait d'être poursuivi et achevé.

Quand Miriam est arrivée après dix heures du soir, je m'étais laissé emporter si loin qu'à son entrée dans la chambre je n'étais pas vraiment revenu d'un tertre situé dans un marais familier, près de Seney. Un après-midi torride du mois d'août, Carla et moi avions lutté tant et plus pour y arriver. Les castors avaient dressé un barrage sur une rivière et, pendant que nous étions assis sur ce tertre, une famille de loutres jouait sur la berge opposée. Carla, qui malgré tous ses efforts n'avait jamais réussi à attraper la moindre loutre, feignait maintenant l'indifférence face à elles. Nous étions à une vingtaine de kilomètres de toute présence humaine et j'ai pensé que personne ne s'était jamais assis sur ce tertre.

Miriam apportait un petit panier de pique-nique et je me suis dit que mon dernier poulet français pourrait attendre. Peut-être allais-je élever des poulets français bien dodus dans la Péninsule Nord. Je lui ai dit que je désirais l'emmener dîner dans un bon restaurant, mais elle m'a rappelé que j'avais déjà payé l'entrée dans le club de jazz, puis les boissons. J'avais beau la trouver exotique, elle me parlait d'une voix lente et directe. En fait, elle a débouché la bouteille de vin et sorti les plats au ralenti. Elle s'est présentée comme une femme libérée originaire du Moyen-Orient, qui savait que son petit ami habituel avait une épouse à Lyon, sans jamais vouloir le reconnaître. J'étais en même temps affamé et excité. Il y avait du pain, plusieurs types d'olives et de fromages, des piments et une sorte de poisson mariné à la grecque. Elle a essayé de se montrer agréable, mais elle n'a dit que du mal des États-Unis, car à la Sorbonne les étudiants américains lui parlaient très vite de leur propre pays sans paraître le moins du monde curieux du sien, sinon pour savoir si la vie y était bon marché. Elle avait un minuscule poste de radio dans son sac, qu'elle a réglé sur ce qui ressemblait à de la musique arabe. Elle a allumé un joint et me l'a tendu. J'ai pris une longue bouffée avant de l'aider à nettoyer la table, puis elle est restée dans la salle de bains pendant ce qui m'a paru une éternité, une distorsion temporelle sans doute due à la marijuana. La conviction ridicule que je n'aurai plus jamais l'occasion de faire l'amour me paralysait. J'ai envisagé de m'allonger sur le lit, mais cette décision paraîtrait sans doute présomptueuse. Elle est sortie de la salle de bains entièrement habillée, elle a éteint toutes les lumières sauf celle de la salle de bains qui filtrait par l'entrebâillement de la porte, elle a légèrement augmenté le volume de la radio, elle a dit quelque chose à la nuit de l'autre côté de la fenêtre, sans doute dans sa propre langue, puis elle m'a emmené vers le lit. Je lui ai demandé ce qu'elle venait de dire.

« J'ai dit à mon affreuse mère que j'allais faire l'amour à un Américain », répondit-elle en riant.

Deux heures plus tard je me suis demandé pourquoi je quittais Paris, mais c'est ce que j'ai fait.

# 33

À Chicago, alors que j'attendais mon avion pour Marquette, j'ai appelé ma mère à Tucson. Elle m'a demandé de patienter une semaine, car elle serait alors de retour à Chicago pour voir son médecin. Elle ne m'a pas dit de quoi elle souffrait, mais en réaction à sa propre mère hypocondriaque elle ne parlait jamais de ses maladies, hormis de sa précédente « douleur fantôme ». Dans l'avion qui filait vers le nord et Marquette, j'ai cédé à l'impatience et décidé de rendre d'abord visite à mon père à Duluth. Malgré toutes les exhortations à la patience subies durant l'enfance, d'habitude au seul bénéfice du maître, je me suis senti contraint de me jeter à l'eau, même si je risquais fort de m'en mordre ensuite les doigts.

Mme Plunkett était prête à m'accueillir avec un grand plat de lasagnes. Clarence, qui ne se sentait pas très bien, était rentré chez lui à midi – du jamais vu. Je me suis présenté devant la porte de l'appartement de Jesse et, pour une fois, il m'a proposé d'entrer. Il a refusé mon invitation à dîner, mais il a aussitôt ouvert la bonne bouteille de cognac que j'avais achetée pour lui à Orly. Il était fatigué, furieux, presque désespéré, et il baissait cette garde que je lui connaissais depuis l'enfance. Après mon départ, Vera avait filé à Oaxaca avec son instituteur, et son fils avait décidé de rester sur la plantation de café, chez son oncle et sa tante. Jesse a reconnu qu'il n'avait plus un sou, car mon père ne l'avait pas payé depuis presque un an. Ses affaires marchaient bien, il souhaitait aider Vera et son mari à s'installer à Oaxaca, malgré la colère qu'il éprouvait à cause d'elle. Il est resté muet de surprise quand j'ai proposé de lui prêter ou de lui donner de l'argent pour Vera. En servant un autre cognac, il m'a demandé des nouvelles de sa fille.

« Vera est toujours aussi belle. Je l'aurais épousée sur-le-champ, bien que son fils soit mon frère. » J'avais du mal à rester léger sur un sujet que nous n'avions jamais abordé, mais j'ai pourtant continué dans la même veine. « Je n'ai pas compris pourquoi tu n'es pas parti. » Le drame remontait à quinze années, mais la nuit funeste était presque palpable dans la pièce.

« Prendre soin de ma famille était plus important que ma colère. » Et il n'a rien ajouté.

« J'ai eu envie de le tuer. J'y ai pensé pendant des années. J'étais amoureux d'elle. »

Jesse a acquiescé d'un hochement de tête, comme si mon désir d'assassiner mon père était la chose la plus logique du monde. L'idée de « ce qui aurait pu arriver » nous a plongés dans un long silence. J'ai refusé un troisième cognac, que n'importe quel crétin aurait accepté avec soulagement, vu les sujets abordés.

« S'il te plaît, téléphone-lui et dis-lui que je serai là-bas dans l'après-midi. Dis-lui aussi qu'il faudra qu'il se montre sincère avec moi, s'il ne veut pas que je le traîne devant les tribunaux pour lui prendre ses terres. »

J'avais les larmes aux yeux, mais je ne savais pas si elles étaient dues à la colère ou au fait que j'agissais enfin. J'ai compris que de nombreux fils prenaient tout bonnement la tangente, mais moi j'aurais eu le cœur trop lourd pour pouvoir aller bien loin.

En me goinfrant de lasagnes avec Carla assise à mes pieds, j'ai ouvert une lettre de Mick à Grand Marais qui me disait que, selon lui, le chalet des chasseurs serait bientôt en vente. Car ces derniers s'étaient querellés et ils se séparaient. Il croyait aussi que je pourrais avoir le chalet et dix arpents de terrain le long de la rivière pour quinze mille dollars en liquide. À la grande désapprobation de Mme Plunkett, j'ai appelé Mick pendant le dîner pour lui annoncer que je voulais absolument acheter le tout et que nous devions rester en contact.

Comme Carla bavait par terre à côté de ma chaise, je lui ai préparé une soucoupe de lasagnes. Elle a toujours eu un faible pour la cuisine italienne et j'ai pensé que l'ail lui flattait agréablement le palais. Dans ses journaux, Sprague écrivait que son chien adorait les tourtes à la viande cornouaillaises appelées feuilletés. Le seul autre élément intéressant du courrier était un livre envoyé par Fred de Hawaii, intitulé *Les Évangiles gnostiques*, par Elaine Pagels, centré sur les manuscrits en papyrus de Nag Hammadi, récemment trouvés en Égypte. « Ceci est toi, disait le mot de Fred. À lire lentement. » S'il devenait encore plus mystérieux dans son zendo, il finirait par ne plus rien dire du tout, mais presque tous nos discours ne demeurent-ils pas silencieusement enfouis en nous-mêmes ?

Accablé d'une fatigue soudaine, j'ai compris qu'il était quatre heures du matin en France et je suis donc allé me coucher avec mon bouquin d'Elaine Pagels. J'imagine que peu de gens auraient l'idée de se plonger dans *Les Évangiles gnostiques* avant de s'endormir, mais le billet de Fred m'intriguait, même si j'avais les yeux tout brûlants et irrités, et si je gardais une trace du parfum capiteux de Miriam sur la peau. Il était bien sûr très enfantin de ma part de m'obstiner à envisager la sexualité comme une sorte de négation perverse de la religion, un schisme que les Baptistes et la plupart des autres Églises semblaient pourtant encourager. Je me suis retrouvé en larmes à la fin de la brève introduction, la preuve la plus cruelle de ma propre fragilité, que ma récente décision n'avait certes pas effacée :

Jésus a dit : « Si tu mets au monde ce qui est en toi, ce que tu mets au monde te sauvera. Si tu ne mets pas au monde ce qui est en toi, ce que tu ne mets pas au monde te détruira. »

Cette citation, extraite de l'Évangile selon Philippe que les premiers chefs chrétiens avaient décidé de laisser en dehors des Évangiles, a bien failli me mettre en lévitation. J'ai ensuite lu un passage de Théodote qui disait qu'un Gnostique était un humain qui avait compris « qui nous sommes et ce que nous sommes devenus ; où nous sommes… si nous nous hâtons ; d'où nous venons ; ce qu'est la naissance, et ce qu'est la renaissance. »

Une autre citation d'un Gnostique nommé Momoïmus indiquait que l'on doit trouver Dieu dans le « soi » :

Abandonne la quête de Dieu, de la création et d'autres sujets similaires. Recherche-Le en te transportant au point de départ. Apprends qui est celui en toi qui s'approprie tout et dit : « Mon Dieu, mon esprit, ma pensée, mon corps, mon âme. » Apprends les sources du chagrin, de la joie, de l'amour, de la haine… Si tu étudies avec soin toutes ces choses, tu Le trouveras *en toi-même.*

J'ai arpenté ma chambre comme un triste hère en caleçon, tandis que la neige fondue dégoulinait contre la fenêtre. C'était là une forme de christianisme où l'Église n'avait pas le droit de devenir un parent lointain et dictatorial. J'avais toujours la colonne vertébrale incurvée en forme de point d'interrogation, mais on me suggérait que le remède était à portée de la main, et non pas une affaire de communication intergalactique. Mon agitation a irrité Carla et je l'ai caressée pour lui souhaiter une bonne nuit, avec cette étrange conviction que la Terre est un lieu beaucoup plus fascinant que je ne m'en étais jamais douté. Pour le moment je ne voulais reprocher à personne mon obstination forcenée à foncer droit dans le mur. J'ai réussi à trouver le sommeil à force de penser à la pêche à la truite et à mes souches préférées, mais tout près de moi papillonnait cette agréable pensée selon laquelle le derrière d'une femme est aussi la gloire de Dieu.

## 34

Avant de partir pour Duluth, j'ai petit-déjeuné avec Clarence et Jesse à notre gargote préférée. Ils y sont arrivés avant moi et j'ai tout de suite vu que Jesse avait répété à Clarence que je partais voir mon père à Duluth. Tous deux avaient environ soixante-cinq ans et ils m'ont soudain fait l'effet d'hommes usés par la vie. Le médecin avait annoncé à Clarence que son cœur faiblissait et qu'il ne pouvait plus travailler seize heures par jour. Ce qui l'inquiétait davantage, c'était que son esprit « se ramollissait », au point qu'il avait passé deux fois commande d'arbustes à planter en avril. Ma mère n'avait pas mis les pieds à la maison depuis vingt ans, mais ils discutaient toujours au téléphone les aménagements paysagers du jardin. Jesse paraissait frêle, mais j'étais sûr qu'il allait retrouver des forces maintenant que le problème du mariage de Vera était réglé. Je savais que tous deux étaient très curieux d'apprendre mes intentions, ce que je comptais dire ou demander à mon père, mais j'ai seulement réussi à leur annoncer que j'espérais régler certaines affaires privées. En sortant, j'ai glissé un chèque à Jesse pour aider Vera et son mari à s'installer à Oaxaca. Au dernier moment, Clarence s'est demandé si j'avais le temps d'aller faire un tour en voiture à Presque Isle et, malgré mon impatience, j'ai accepté.

Nous nous sommes garés avant de parcourir à pied les sept cents derniers mètres, sur une neige croûtée qui a d'abord supporté notre poids, avant de se briser. Nous avons enfin atteint la tombe de son arrière-arrière-grand-père, le chef Kaw-bow-gam, qui aurait vécu entre 1798 et 1901. Clarence a prononcé quelques mots dans sa langue maternelle, puis il s'est tourné vers moi afin de me dire que c'était pour moi une mauvaise médecine que d'être trop dur envers mon père.

« Il est trop vieux pour que tu lui bottes le cul. Tu aurais pu le faire il y a très longtemps, avant de quitter la ville, mais aujourd'hui c'est trop tard. »

Et voilà. Je l'ai ramené à la maison, où il avait l'intention de passer l'après-midi avec Carla et ses catalogues de fleurs et d'arbustes.

J'étais à mi-chemin de Duluth lorsque je me suis souvenu d'un vers que Vernice aimait, le vers d'un poète que je n'avais pas lu : « Les jours s'amassent contre ce que nous croyons être. » Tout était remis en question et mon sentiment présent m'a rappelé le matin où Carla avait trouvé un loup mort dans un dense fourré au sud de Republic. Son poil s'est alors dressé sur tout son corps et elle a battu en retraite en grondant. À son museau, j'ai constaté que ce loup était très vieux. Sur le moment je me suis demandé pourquoi un animal mort possédait à mes yeux une telle aura, mais les loups sont certes si rares qu'ils prennent aussitôt une dimension mythologique et la présence de ce loup mort dans le fourré m'a fait penser que le monde naturel est bien davantage, et non moins, que ce que nous croyons.

En entrant à Superior, dans le Wisconsin, je me suis

rappelé les traits d'esprit farfelus de Fred après un séjour au Club, ses piques dirigées contre mon crétin de grand-père. Après un certain nombre de verres, Fred devenait un expert économique imbattable, surtout pour les aspects historiques de cette science. Mon arrière-grand-père était le fondateur, le grand dévorateur de terres, et mon grand-père le consolidateur des holdings des industries forestière et minière, mais aussi celui qui se prenait pour un spécialiste hors pair. Au moment de sa mort, pourtant, à la fin de la Dépression, il avait réussi à amputer des trois quarts la fortune de la famille, surtout parce qu'il avait eu l'orgueil de croire que ses compétences dans les domaines de l'exploitation du bois et du minerai s'appliquaient telles quelles à d'autres champs d'activités industrielles.

Selon moi, le problème ne tenait pas à mon grand-père, mais à l'idée que Fred se faisait des « hommes vraiment riches » : le penchant résolument théologique de l'esprit de mon oncle accordait une dimension sacramentelle à toutes ses descriptions. Il avait certes choisi une autre voie, mais dès qu'il avait un coup dans le nez il ressassait sa déchéance dans la famille de ma mère, ajoutant que son intérêt précoce pour la littérature avait clairement montré aux autres membres de sa famille qu'il n'était pas taillé dans la même étoffe qu'eux. Fred tenait mordicus à ce qu'on le prît pour un pauvre, même si je savais que le contraire était vrai. J'ai mis longtemps à comprendre que la rente, payée par l'Église après sa dépression, relevait de la pure fiction. Ce qui m'a frappé, au volant de mon pick-up, c'étaient ses efforts pour trouver un mode de vie confortable, mais sans l'impitoyable anesthésiant de l'alcool. Il avait hérité de son père assez d'assurance pour décrocher des bourses avec une facilité déconcertante, ainsi que Riva me l'avait fait remarquer, mais il se retrouvait néanmoins dans un monde qui lui semblait très inconfortable. Sa dernière tentative dans un monastère zen me poussait à lui souhaiter bonne chance.

Bien sûr, ces pensées généreuses se sont bientôt réduites à un désir de libération accrue pour moi-même. En m'approchant de Duluth, je me suis senti assez fort pour comprendre que je ne pourrais jamais construire ma vie en réagissant à ce père auquel je rendais visite, que le fait de mettre au monde ce qui était peut-être en moi ne revenait nullement à rebondir sur autrui.

En m'engageant dans l'allée de Seward, j'ai vu mon père sortir en chancelant du bois situé derrière la maison du cocher, vêtu d'un jogging aux couleurs éclatantes. D'un air parfaitement niais, il a agité la main vers moi. Je désirais bien sûr que la réalité m'offre une compacité qu'elle ne proposait presque jamais à personne. Il faisait une vingtaine de degrés et mon père aurait dû être assis en manteau chaud sur une chaise longue, contemplant le lac Supérieur avec une expression à la fois ouverte et mélancolique. Je l'ai suivi à l'intérieur et il s'est aussitôt servi un verre en ce milieu d'après-midi. Il semblait *bancal*, le seul mot qui m'est alors venu à l'esprit.

Sa valise en cuir tout éraflée était posée près de la porte et il m'a dit qu'il avait repoussé d'un jour son voyage annuel de pêche à Key West, afin de me voir. Je savais que sa valise coûtait davantage que mon propre voyage extravagant et, après avoir observé avec attention toute la grande pièce, j'y ai constaté tous les signes extérieurs traditionnels d'un riche gentleman, la plupart anciens, ce qui m'a semblé particulièrement ridicule compte tenu de sa fortune déclinante. Mais je me suis moi-même mis en garde contre toute sympathie à son égard, car personne ne savait au juste quelles terres il possédait encore. Le défi qui m'incombait consistait à briser sa posture hautaine et dominatrice, son attitude laconique et sa ferme conviction selon laquelle, sa vie avait beau partir en eau de boudin, il en tenait fermement les rênes et n'était pas prêt à lâcher le moindre pouce de terrain.

« Tu n'aurais pas dû venir jusqu'ici. Si tu condescendais à rendre visite à notre banquier et à nos avocats, tu saurais que pour chaque foncier vendu, Cynthia et toi touchez votre part. Certains de mes investissements ont tourné court et j'ai commis l'erreur de piocher dans des fonds qui ne m'appartenaient pas entièrement.

— Je ne suis pas venu ici pour parler de l'argent que tu as volé. Je désire savoir pourquoi tu as essayé de tripoter Cynthia quand elle était petite. »

J'avais espéré vider mon sac comme dans un roman russe, mais cette question maladroite a été la première qui m'est alors venue à l'esprit.

« C'est une fille à la cruauté insupportable. Elle ne veut pas que je voie mes petits-enfants. »

Autrement dit, un déni complet. Il faisait beaucoup trop chaud dans cette pièce et j'étais déjà en manches de chemise. J'ai remarqué que son corps jadis athlétique était maintenant très maigre, mais qu'il avait une légère brioche. L'atrophie des muscles faciaux accentuait encore la taille de sa mâchoire.

« Comment es-tu devenu un pervers sexuel ? »

Il a réfléchi quelques instants à cette question, mais sans manifester la moindre émotion. « J'ai toujours eu des goûts un peu bizarres. Mais à quoi bon évoquer cela ? Je suis toujours convaincu que tu viens pour l'argent.

— Certainement pas. J'essaie de te pardonner.

— Pourquoi donc ? Oui, franchement, pourquoi donc ?

— Quand tu as violé Vera, j'ai voulu te tuer.

— Ça n'a rien de nouveau. Moi-même, je voulais tuer

mon père. C'était un connard mesquin et bien-pensant. Le pire des salauds pour Richard et moi. Après avoir été élevé par lui, la Seconde Guerre mondiale m'a fait l'effet d'une bénédiction. Il frisait la cinquantaine quand il nous a engendrés. Nous n'avions aucune importance à ses yeux. Il s'occupait fébrilement à perdre de l'argent. Nous allions tous à Chicago dans son wagon privé et il ne quittait jamais son bureau, il ne regardait jamais par la fenêtre.

— Et ta mère ?

— C'était une spécialiste des loisirs. Elle est morte quand j'avais douze ans, soi-disant d'une crise cardiaque, mais je soupçonne un suicide. Les comprimés et la gnôle.

— Qu'est-ce qui te maintient en vie ? » Je ne savais pas comment poursuivre mes questions.

« J'adore chaque journée que je vis. Tu comprendras quand tu auras mon âge. » Il a prononcé ces mots sans aucune ironie.

« Pourquoi as-tu violé Vera ?

— Je me souviens que j'avais bu.

— C'est toujours en toi, même quand tu ne bois pas. Je veux dire, il y en a eu beaucoup d'autres.

— Oui, je me suis interrogé là-dessus. Tout a peut-être commencé aux Philippines pendant la guerre. Les filles très jeunes avaient moins de chance d'avoir la syphilis. Apparemment, nous avons tous des désirs inavoués.

— Ce qui compte, c'est ce que tu fais.

— D'accord, mais où tout cela nous mène-t-il ? Contrairement à toi et à ton oncle Fred, la plupart des gens n'ont pas de vrai sentiment religieux. Je te souhaite d'être heureux. En fait, je suis fier que tu ne sembles pas suivre mon mauvais exemple. »

J'avais la gorge serrée. Cette discussion ne menait nulle part. Il s'est détourné pour ne pas constater mon inconfort évident. Il n'allait pas dire « Pardonne-moi d'avoir violé ton amie », de même qu'il ne pourrait jamais demander pardon à Vera. J'étais l'étranger en sa demeure. Les mots que je voulais lui arracher n'existaient pas dans son univers.

Je me suis levé pour partir. Je ne pouvais ni parler ni déglutir. J'ai alors regretté de ne pas avoir emmené Carla avec moi ; j'aurais pu faire une promenade avec elle pour me remettre, une longue promenade, qui aurait peut-être duré un an. J'ai été stupéfié que nous parlions tous deux anglais.

« S'agit-il de ta vieille connivence avec Jésus ? Oui, je crois maintenant que tu es venu jusqu'ici pour essayer de me pardonner. Tu t'épuises à force de ruminer tout ça. Jesse m'a dit que tu es allé jusqu'au Mexique. Tu ne peux pas pardonner ce que j'ai fait. N'essaie même pas. Tu pourrais me pardonner d'être un mauvais père. Mais je n'aurais pas pu faire autrement. »

Nous sommes sortis et avons regardé la banquise du lac Supérieur, brisée au loin par l'eau bleue. Sur la véranda, j'ai remarqué la présence d'un grand bol d'aliments pour chien que, dit alors mon père, il mettait là pour les chiens errants qui traînaient dans les bois tout proches. Il s'est appuyé contre la rambarde. Ses jambes ressemblaient à des allumettes. L'âge.

« Les gens de Chicago disent que ta mère est enfin heureuse sans moi. »

Je n'ai rien trouvé à répondre. Me submergeait la sensation enfantine de nager pour la première fois sous l'eau, dans un lac peut-être sans fond.

# 35

La chance m'a fourni une diversion. En route vers Chicago pour voir ma mère, je me suis arrêté à Kalamazoo afin de signer l'achat du chalet au bord de la rivière. Devinant mon intérêt, les vendeurs avaient augmenté leur prix à vingt mille dollars. En arrivant à mon rendez-vous avec les deux principaux propriétaires, j'ai découvert avec étonnement un nom autochtone sur l'acte original et j'ai bientôt appris la nature des querelles absurdes qui avaient éclaté parmi le groupe des chasseurs de chevreuils. Les plus jeunes désiraient veiller tard pour jouer aux cartes ou bien ils rentraient de la taverne au milieu de la nuit en faisant un boucan de tous les diables. L'un d'eux avait vomi sur un poêle à bois, empuantissant l'air durant toute une froide nuit de novembre. Les plus jeunes cuisinaient mal, ils achetaient leur bois parce qu'ils étaient incapables de le couper eux-mêmes, et ils n'accomplissaient pas leur part des tâches. Les deux hommes plus âgés, qui travaillaient dans une usine de meubles, renonçaient donc, la mort dans l'âme, à un chalet qu'ils possédaient depuis trente ans.

J'avais amené Carla avec moi et j'ai récompensé son heure d'attente dans le pick-up avec un cheeseburger. Je m'étais remis vite et aisément de la confrontation avec mon père, la semaine passée, aidé par une conversation téléphonique d'une heure avec Cynthia, qui jugeait ma tentative à la fois courageuse et naïve. De Jalapa, je lui avais envoyé plusieurs cartes postales de femmes jaguars, qui l'avaient agacée, car elle se considérait elle-même comme une femme douce et pleine de compassion. Quand je lui ai rappelé ses combats passés, elle a riposté en me disant qu'elle s'était « seulement défendue », une qualité que son frère avait oublié de développer en lui. Elle m'a ensuite appris que notre mère souffrait sans doute d'une dégénérescence des reins, mais qu'elle vivrait encore longtemps.

« Pourquoi n'est-ce pas le lot de père ? demandai-je alors.

— Tu sais très bien que ça ne marche jamais comme ça. »

L'heure de pointe à Chicago m'a revigoré, car la densité de la circulation m'a empêché de penser à autre chose. Carla tenait absolument à nous protéger des centaines de semi-remorques par des aboiements et des grondements qui m'ont rendu fou jusqu'à ce que je mette à plein volume l'excellent rythm and blues d'une station de radio locale. J'aime bien la ville de Chicago, même si les embouteillages dépassaient alors mon entendement. Quand nous sommes descendus du pick-up devant la maison de ma mère à Evanston, Carla a mis au tapis un chien qui lui reniflait les fesses. J'ai agité mon sac de voyage vers elle, avant de l'attraper par le collier. Elle avait cloué l'impudent au sol en lui enfonçant les crocs dans la gorge. Je me suis excusé auprès du propriétaire, un sémillant jeune homme, qui m'a alors dit :

« Zeke n'arrive pas à comprendre que certaines femelles ne s'intéressent pas du tout à lui. »

Je me suis assis dans la cuisine avec un verre de vin. Ma mère faisait rôtir un poulet sans le moindre talent et elle a versé dans le plat une conserve de soupe aux champignons en guise de « sauce » avant que j'aie pu la retenir. Elle était bronzée à cause de son voyage dans le sud-ouest, mais derrière ce bronzage son teint était blême.

« Comment va-t-il ?

— Il se croit en pleine forme, mais il a une mine terrible, tu sais, il est tout maigre et décharné, avec un nez bulbeux. Du coup, sa mâchoire paraît encore plus grosse.

— Cynthia m'a dit que tu désirais le pardonner. »

Elle buvait un verre d'eau en évitant mon regard. J'ai compris que je devais arrondir les angles.

« Et toi, l'as-tu fait ? m'enquis-je.

— Voilà bien une chose qui ne m'a jamais effleurée. Je me considère comme chrétienne, mais il ne m'a jamais demandé une chose pareille. Le plus souvent tout ça me paraît bien lointain, mais je n'ai pas oublié tout le temps qu'a duré cette épreuve. Depuis lors, je n'ai jamais réussi à reboire une seule goutte de gin. »

Maintenant, à mon grand soulagement elle souriait.

« Bon, j'ai essayé, repris-je. Mais il s'est montré aussi étanche qu'un bon imperméable. Il m'a demandé de lui pardonner ses manquements en tant que mauvais père, mais il n'a jamais évoqué le moindre de ses actes. J'ai pourtant du mal à faire la différence. Il m'a dit qu'il n'aurait pas pu en être autrement.

— Ses amis, tu sais, ses camarades de promotion étaient tous comme ça quand je me joignais à eux à Chicago ou à New York, ou même au Club. Tous semblaient croire que le moindre de leurs faits et gestes était inévitable. Ils se prenaient pour des potentats ; mais quand je parlais à leurs épouses en privé, c'était plutôt l'image de coqs qui venait à l'esprit.

— J'imagine que c'est la conséquence de l'argent, hasardai-je.

— C'est tout ce qui accompagne l'argent, plus que l'argent lui-même. Aucun de ses amis n'a jamais rien accompli de particulièrement remarquable, mais ça ne les empêchait pas de se sentir supérieurs. Ils péroraient sur l'état déplorable du monde et vaquaient à leurs sinistres occupations. Peut-être ne fais-je pas exception à cette règle. »

Elle s'est interrompue, au bord des larmes, puis a pris le temps de retrouver son calme.

« Je ne pense pas à toi ainsi, dis-je.

— J'ai été préparée à un certain type d'existence et je n'ai jamais eu la possibilité d'en sortir, comme toi ou Cynthia. À l'automne dernier, quand j'ai rendu visite à Donald et Cynthia, je n'ai pas décelé chez elle la moindre trace de ses parents. Il n'y a tout simplement plus rien de moi ni de son père dans son existence. Comme tu sais, je suis une indécrottable madame Je-sais-tout, mais quand j'ai essayé d'aider les enfants d'une clinique de cancérologie, je n'ai pas tenu plus d'une semaine. Je ne suis pas assez costaude pour ça. Je me sens absurde et déplacée, sauf en compagnie des gens parmi lesquels j'ai grandi. Mes seuls amis extérieurs à mon milieu sont Polly et ses enfants qui m'appellent “Mamy”. Au fait, elle ne te manque jamais ?

— Bien sûr que si. »

Je constatais avec un plaisir surprenant qu'elle considérait mon père comme une momie appartenant à une époque révolue. L'anémie caractéristique de la prétendue haute bourgeoisie était proprement stupéfiante. Tous les chemins pavés depuis des siècles semblaient barrés d'un panneau de sens interdit. Elle m'avait déjà confié qu'au début de leur mariage Chicago leur avait tenu lieu de quartier général, Marquette et le Club étant réservés à l'agréable période qui s'étendait entre mai et la mi-octobre, après quoi ils ont décidé que Marquette était un meilleur endroit où élever leurs enfants.

« Votre séparation m'a rendue tellement triste. » Elle n'allait pas lâcher aussi vite le sujet de Polly. « Je ne comprends toujours pas pourquoi vous ne vouliez pas avoir d'enfants. »

Je me suis levé pour remuer son poulet gélatineux dans la poêle. Comment échapper à cette situation désagréable qui à mes yeux ressemblait étonnamment à la bouillie brune en train de mijoter ?

« Je crois que, pour le docteur Coughlin, tu désires davantage de la vie qu'elle ne peut t'offrir. Jesse m'a dit que tu étais allé au Mexique. C'est un bon exemple de ce que je viens de dire. »

Elle marquait un point. Mes lectures m'avaient appris que les parents deviennent parfois des enfants querelleurs et qu'on avait tort de les considérer comme autre chose que des versions plus âgées de notre propre bain de boue intime. Je devais me contenter d'une réussite : comme Cynthia, j'échappais à leur mode de vie qui, malgré la place confortable qu'il occupait dans notre culture, semblait parfaitement délirant. Pour faire diversion, j'ai donné à manger à Carla. Puis j'ai regardé autour de moi et l'idée m'a soudain frappé que ce mode de vie ressemblait à une luxueuse cuisine où l'on ne pouvait rien cuisiner parce qu'on avait tout sous la main sauf les ingrédients idoines. Je me suis rappelé la maladresse avec laquelle Fred préparait des sandwiches à la mortadelle pour ses petits miséreux, mais au moins il essayait.

« Tu m'évites, reprit-elle.

— J'ai passé tout mon temps à éviter la vie. Trop occupé à réfléchir. Trop occupé à écarter de mon chemin les pièces usagées. »

Ce n'était peut-être pas très clair, mais je ne pouvais pas faire mieux. Humainement, j'étais incapable de la presser de questions, comme je l'avais fait avec mon père. Une partie de moi-même souhaitait sans doute être un projecteur, mais je devais me contenter d'une lampe torche miniature. Mon objectif n'était certes pas de me sentir plus léger en coulant les autres. Par exemple, je n'avais aucune raison de lui demander pourquoi elle n'avait pas pris les jambes à son cou avec ses deux enfants sous le bras, avant que notre existence n'ait décliné au point que Vera s'était fait violer. J'avais atteint ce point où l'examen des plaies était désormais un exercice stérile.

Amusé, j'ai baissé les yeux vers l'infâme ragoût de poulet que je continuais de remuer machinalement. J'étais de toute évidence confronté à une situation où le plomb ne se transformerait jamais en or. Carla, assise près de la chaise de ma mère, me regardait comme si le délicieux fumet qui montait de la cuisinière lui était insupportable. Mère la caressait d'une main distraite. On aurait dit une nature morte. J'aimais ma mère et j'ai eu le sentiment d'ôter mon étole imaginaire de juge pour la jeter à la poubelle. Je me suis approché d'elle pour l'embrasser. Cédant à une impulsion absurde, je lui ai demandé si elle ne voyait pas d'inconvénient à ce que je téléphone pour nous faire livrer une pizza. Depuis ma sortie de la faculté de théologie, je n'avais pas savouré une bonne pizza de Chicago. Ma mère a été ravie de cette idée.

# 36

Je me suis laissé emporter vers un effondrement serein. Après le dîner, Mère est allée se coucher et Coughlin est arrivé pour organiser avec moi notre expédition de pêche à la truite, un peu plus tard dans l'été. Auparavant, il m'avait dit pour me taquiner que je dévorais trop le monde sans en recracher la moindre parcelle ; ainsi, quand à son arrivée il m'a demandé comment j'allais, je lui ai répondu que j'étais très occupé à recracher mes innombrables parcelles de monde superflues.

J'avais compté partir dès le lendemain matin, mais mon sentiment d'urgence s'était envolé et j'ai passé toute la matinée en compagnie de ma mère et d'une voisine, à creuser des trous dans la terre pour planter des arbustes. À un moment ma mère a failli m'appeler Clarence, s'arrêtant de justesse après la fin de la première syllabe, « Clare ».

L'après-midi, je suis allé à la bibliothèque Newberry et j'ai longuement regardé les cartes ethnologiques du nord du Middle West, mais sans parvenir à me concentrer, car j'étais toujours submergé par le plaisir consistant à creuser des trous et à marcher dans les pas de Clarence. En sortant de la bibliothèque, je suis resté un moment à l'endroit où j'avais rencontré Vernice. Le vent glacé qui soufflait du lac

Michigan s'engouffrait dans les rues et je n'ai pas réussi à recréer l'image de sa robe d'été.

Je suis parti à l'aube le lendemain matin et Mère s'est levée pour me préparer des œufs au plat aussi durs qu'une balle de tennis et me dire au revoir dans sa vieille robe de chambre bleue qu'elle portait jadis en début de matinée quand elle arpentait le jardin avec Clarence pour discuter de ce qu'il fallait y planter, et où.

J'ai fait un détour de plusieurs centaines de kilomètres afin de voir le Mississippi près de La Crosse, dans le Wisconsin, ralenti par les fréquents arrêts réclamés par Carla – mais il était certes préférable qu'elle ait mangé le poulet de ma mère, plutôt que moi. J'ai songé à faire une halte à Madison afin de me renseigner sur un cursus lié à cette nouvelle discipline universitaire qu'est la géographie humaine, mais je me suis rappelé juste à temps que je devais prendre un peu de recul et absorber davantage d'oxygène. Alors que nous évoquions notre prochaine expédition de pêche en regardant des cartes, Coughlin avait mentionné mon désarroi naturel chaque fois que j'essayais de comprendre la localisation des gens aux États-Unis. Tout était beaucoup plus simple en Europe, dans le sud de la France par exemple, où de nombreuses régions avaient un passé qui remontait presque aux origines de l'Occident.

J'ai trouvé un bon coin sur une pâture à flanc de colline, au nord de La Crosse, et je me suis installé sur un gros rocher qui surplombait le Mississippi chargé de glace, pendant que Carla cavalait en tous sens. Il faisait assez chaud, une dizaine de degrés Celsius, pour rester confortablement assis sur mon rocher, et je me suis rappelé un professeur d'histoire merveilleusement cynique qui insistait sur le fait que, lors de notre arrivée en Amérique, nous découvrions sans cesse des choses, par exemple les sources du Mississippi, que les Autochtones connaissaient déjà depuis belle lurette ; et puis, notre attitude envers ces Autochtones n'était pas sans ressembler à celle d'un Hitler envers les Juifs. Par ailleurs, l'histoire de ma propre famille n'était pas, elle aussi, sans ressembler à celle des États-Unis. Nous faisions partie des premiers conquérants d'une région et, une fois accomplie notre éradication massive des principales richesses de cette région, nous avons ensuite métamorphosé cette destruction en mythe.

Alors le fleuve m'a arraché à toutes ces ruminations que j'avais accumulées autour de moi, comme un enfant se serre dans sa couverture préférée. Presque trop parfait, j'ai avisé un groupe de corbeaux en partance vers le sud sur un gros morceau de glace à la dérive, l'un des volatiles perché à un bout sautait et croassait vigoureusement vers ses congénères. Je n'ai pu m'empêcher de sourire en repensant que mon père n'avait rien nié, mais qu'il considérait ses méfaits comme tellement futiles qu'ils ne méritaient même pas qu'on en parlât. C'était là un coussin bien moelleux pour le protéger de la réalité. J'avais lu quelque part que même les corbeaux partagent des préoccupations d'ordre éthique ; mais il suffisait de balayer rapidement l'histoire humaine pour constater que la socio-pathologie était aussi répandue que le rhume commun.

Je suis resté assis là durant presque deux heures, Carla serrée contre moi après avoir été effrayée par un chat féroce dans un fourré voisin.

J'ai ressenti une chose très étrange lorsque l'obsession essentielle de mon existence a commencé de m'abandonner. Chaque fibre de ma musculature s'est peu à peu détendue, j'ai cru que mon cerveau se liquéfiait, qu'il risquait même de fuir. La férocité de ma haine envers mon père m'a alors frappé de plein fouet et, maintenant qu'elle commençait à diminuer, j'ai deviné toute la force avec laquelle nous souhaitons aimer nos parents au-delà de l'enfance.

Cette découverte m'a rendu incompréhensible le grand fleuve qui coulait sous mes yeux et j'ai alors désiré plus que tout renoncer à tenter de comprendre le monde, du moins pour l'instant.

J'ai gratté le crâne de Carla derrière les oreilles. Elle était énervée par le chat sauvage qui venait d'émerger du fourré et qui, à une cinquantaine de mètres de distance, la fixait d'un regard mauvais. Carla m'a fait comiquement penser aux talents d'intimidation exercés par Cynthia, alors que moi je traversais l'existence les yeux rivés au sol. Parfois, au cours de ma longue descente myope et solitaire aux enfers, la vie elle-même m'avait fait trébucher. Mon passé me paraissait désormais si simple que j'ai compris rétrospectivement qu'obnubilé par mon unique obsession, je ne voyais absolument pas où je mettais les pieds.

Les muscles de Carla se contractaient, sa poitrine grondait. Soudain elle a bondi vers le chat qui a aussitôt grimpé dans un arbre mince, à la lisière du fourré. Sur le chemin du pick-up, Carla, débordant de fierté, se pavanait absurdement et semblait même plus grosse que d'habitude. Quant à moi, je conservais la même corpulence, mais je n'étais plus tout à fait le même homme.

Le dîner dans la salle à manger de l'hôtel s'est révélé plutôt déprimant, mais j'ai fait la connaissance d'une serveuse rousse qui voulait être écrivain. Elle avait un teint pâle, la grâce d'une danseuse, une voix aiguë et cristalline, la parole vivace d'une Vernice précoce ou plus jeune. Quand elle m'a proposé de la retrouver après la fin de son service, je me suis réjoui de ma chance, mais elle a aussitôt ajouté qu'elle téléphonerait à son père pour qu'il ne vienne pas la chercher, à condition que je la raccompagne chez elle.

« Tu n'as pas ton permis ? » lui demandai-je.

Elle a reconnu qu'elle n'avait pas l'âge de conduire, ce qui voulait dire qu'elle avait moins de seize ans. Le cuir chevelu tout frissonnant, je lui ai déclaré que je ne pouvais pas la retrouver plus tard. J'ai emmené Carla se promener et, à notre retour, sur la pelouse du motel j'ai regardé par la fenêtre de la salle à manger. La jeune fille finissait son travail, elle semblait un peu déprimée. J'ai mis Carla dans ma chambre, puis je suis passé par la porte arrière du bar qui jouxtait la salle à manger et j'ai pris un double whisky. La nuit était fraîche, mais j'avais le crâne couvert de sueur et j'ai eu du mal à avaler mon whisky. Elle est apparue dans l'encadrement de la porte entre la salle à manger et le bar, puis elle m'a adressé un signe de la main. J'ai pivoté sur mon tabouret pour lui tourner le dos.

# 37

Alors je me suis mis à couler, non pas comme un fleuve, mais du moins à la manière d'un modeste affluent qui serait sorti d'une forêt en multipliant courbes et méandres. Ensuite, j'ai mis quelques jours à reconnaître là un état d'effondrement serein.

À Marquette, j'ai trouvé une lettre morose et incohérente de Vernice, qui avouait avoir prêté à son poète la moitié de l'argent que je lui avais donné. Son amoureux attendait un chèque des États-Unis, mais quand ce chèque était arrivé, ils s'étaient quittés sans qu'il lui rembourse le prêt. Elle avait emménagé près d'Arles avec « la femme légèrement saphique » qui désirait subvenir aux besoins de Vernice jusqu'à l'achèvement du fameux roman érotique. Elle ne désirait rien d'autre de moi ; simplement, lorsque je retournerais à Grand Marais, je devais saluer notre souche de sa part. Elle se servait de notre liaison dans son roman, mais bien sûr en modifiant les noms afin de protéger l'innocent. Peut-être nous verrions-nous en octobre.

Je n'ai pu m'empêcher de me demander si sa mélancolie serait permanente. Sa profession s'identifiait à son « être » et ce chemin me semblait bien fragile. Mon ancien désir consistant à éviter de penser à moi-même s'était réduit à rien, mais je comprenais désormais qu'il ne s'agissait pas tant d'un arrêt brutal que d'une lente dissolution. Mon père m'avait tenu lieu d'ancre perverse, j'avais enfin coupé l'amarre.

Quelques heures après avoir atteint Marquette, je me suis absorbé dans le plaisir de creuser des trous. Clarence souffrait d'un hygroma à l'épaule et un chasse-neige avait détruit presque toute notre haie en bordure de l'allée, moyennant quoi il fallait la replanter. Les neveux de Clarence devaient s'occuper de creuser les trous, mais ils étaient retenus sur un autre chantier paysager. J'ai découvert avec surprise des restes de glace hivernale à un pied de profondeur et j'ai dû me servir d'une pioche. C'était un tiède après-midi de la fin avril, j'ai bientôt été trempé de sueur et j'ai dû mettre les gants de travail de Clarence pour éviter d'avoir des ampoules. Assis sur des chaises longues, Clarence et Jesse buvaient de la bière en me regardant d'un œil critique. Au bout de quelques heures, les neveux de Clarence sont arrivés et ils m'ont aidé à finir ce travail, puis Susie est arrivée, de toute évidence intéressée par Sam, l'un des neveux, qui venait de quitter Detroit pour s'installer à Marquette. Nous avons pique-niqué dans le jardin de derrière, en savourant les lasagnes de Mme Plunkett et en buvant son tord-boyaux rouge.

J'ai alors décidé de faire un petit investissement pour aider les neveux dans leur entreprise paysagère, qui manquait cruellement de capitaux. Les parts seraient divisées en trois, je leur achèterai un pick-up d'occasion, des pelles, des râteaux, une débroussailleuse et deux tondeuses à gazon. Clarence serait bombardé conseiller pour les arbres, les arbustes et les fleurs à planter. Deux jours plus tard, alors que je préparais mes affaires pour rejoindre Grand Marais, j'ai constaté que Susie avait peint sur les portières de mon pick-up « Services Paysagers David Burkett ». Je ne dirais pas que j'ai été emballé, mais cette attention m'a touché. Je comptais alterner les semaines au chalet et les semaines de travail manuel intensif. Ce programme de vie me permettrait de garder les deux pieds sur terre, plutôt que de planer au-dessus d'elle. Et puis j'aimais bien l'idée de tondre les pelouses des amis de mes parents.

Ce matin-là, alors que je sortais de la ville, je me suis arrêté aux abords d'un chantier et j'ai fini par aider Sam et son frère Teddy à aligner un groupe de gros rochers le long d'une allée, afin d'empêcher les conducteurs de chasse-neige, toujours pressés par le temps, de massacrer les jardins. J'avais la tête un peu ailleurs, car je pensais à l'ouverture de la pêche à la truite et, à cause de mon inattention, l'extrémité d'un de mes doigts s'est trouvée écrasée entre deux blocs de roc. Je me suis mis à sauter sur place en hurlant à pleins poumons, puis Teddy a percé un petit trou dans mon ongle avec la pointe d'un canif pour libérer le sang qui s'y accumulait, lequel s'est mis à jaillir par ce trou. À cause des terminaisons nerveuses de la dernière phalange, la douleur était plus intense que si je m'étais cassé la cheville. Cette douleur palpitait violemment au rythme de mes battements de cœur.

Teddy et Sam profitaient de cette pause obligée pour boire un café dans leur Thermos cabossée en me considérant avec pitié. J'ai fait suffisamment abstraction de ma souffrance absurde pour constater combien ces deux hommes semblaient marqués, bien qu'ils aient eu à peu près mon âge. Ce n'était pas seulement le vieillissement accéléré que j'avais constaté la veille chez Clarence et Jesse, mais la dureté de l'existence dans les parages les plus bas de l'échelle économique. Teddy avait remporté les Gants d'Or en tant que boxeur poids léger, puis il avait eu une longue expérience de bagarres de rue dont témoi gnaient ses oreilles décollées et ses arcades sourcilières toutes bourrelées de tissu cicatriciel. Sam était moins démoli physiquement, mais il avait le visage creusé d'un ouvrier des hauts-fourneaux de Detroit et des usines automobiles. Il avait perdu une bonne partie de son audition et il s'approchait de vous pour entendre vos paroles.

Quant à moi, l'idéologue nanti, le fanatique de l'Histoire, j'avais le visage relativement lisse, car je m'étais bien remis de mes incessantes marches hivernales, et puis j'avais moi-même choisi de vivre à la dure.

Pendant le trajet jusqu'à Grand Marais, l'idée m'est venue qu'on n'est pas porté à la compassion quand on est entièrement absorbé par soi. Ce qui m'obsédait, c'étaient les crimes contre nature perpétrés par ma famille, mais beaucoup moins les victimes humaines des entreprises forestières et minières. Les survivants devaient sans doute transformer leur travail en un mythe pour rendre le passé supportable. L'idéal implicite de mon arrière-grand-père et de mon grand-père était de faire travailler les gens pour rien, comme dans la pratique de l'esclavage dans le Sud. Les riches savent invariablement comment les pauvres doivent vivre. Soyez ponctuels au travail, et humbles s'il vous plaît.

Après avoir quitté la route principale pour m'engager sur le chemin du chalet, j'ai dû déblayer les restes croûteux de deux congères, même si deux jours seulement me séparaient du mois de mai. Les bois étaient toujours gris, mais les arbres commençaient à bourgeonner et les herbes mortes qui les séparaient arboraient une couleur vert pâle mêlée à la dominante beige. Mon doigt palpitait toujours, mais je ressentais une excitation presque énervante, que j'ai comparée à l'agitation frénétique de Carla près de moi sur la banquette. C'était de toute évidence son lieu préféré. Ce matin-là, très tôt, j'avais failli appeler Coughlin pour lui parler de cette sensation, car en me réveillant pendant la nuit j'avais eu l'impression d'être en lévitation. En marchant le long de la rivière devant le chalet, j'ai pleuré librement. On ne saurait douter des larmes.

# 38

Le temps m'a emporté sur un mode inédit. Il s'agissait d'une forme agréable de folie, comme si le vide laissé par mon père en tant que préoccupation majeure de mon existence se trouvait soudain comblé par une démence jusque-là refoulée. La fonte des neiges de printemps rendait la rivière trop tumultueuse pour qu'on pût y pêcher, si bien que je me suis promené avec Carla quand je ne ramais pas dans la baie ou sur le lac Au Sable, mais l'air froid qui montait de l'eau m'obligeait à me vêtir chaudement. J'ai attrapé quelques poissons à chair blanche sur un ponton, parmi un groupe de vieux chnoques qui partageaient leurs bouteilles de schnaps en mélangeant cet alcool au jus de la chique qu'ils coinçaient sous leur lèvre inférieure. J'ai écrit à Vernice, à Fred, à Coughlin et à Cynthia. J'ai failli écrire à Elaine Pagels, la papesse de l'histoire de l'Église, mais la timidité m'en a empêché. J'ai réfléchi à l'insistance des gnostiques sur l'importance primordiale de l'expérience immédiate. Ils ressemblaient singulièrement aux maîtres zen de Fred.

Un jour, j'ai sauté sur place comme un gamin, jusqu'à être épuisé et trempé de sueur. J'ai même essayé de ramper, mais mon comportement inhabituel a alors inquiété Carla, de la même manière que les simagrées d'un de leurs parents dérangent un enfant. J'ai fait l'amour avec une femme d'âge mûr que j'avais rencontrée plusieurs fois à l'épicerie. Elle m'avait demandé de venir jeter un coup d'œil à ses roses, dont un grand nombre d'entre elles étaient mortes durant l'hiver. Nous avons fait l'amour par terre dans son salon, près d'une pendule de grand-père. J'ai retourné cette dernière vers le mur, car son tic-tac métronomique commençait à m'exaspérer. J'avais les genoux tout éraflés à cause de la moquette. Le chat de cette femme crachait tout près de moi. Le deuxième jour nous avons fait l'amour avec moins d'énergie et, le troisième, j'ai été très content d'apprendre que son mari revenait de Minneapolis. Je crois qu'elle aussi en a été soulagée. Elle a prétendu qu'il s'agissait de son premier adultère en trente-cinq ans de mariage. Sans raison j'ai alors pensé « Ce sera mon âge l'an prochain », mais je n'ai pas pipé mot.

Un jour que je ramais, j'ai été emporté par une transe d'une espèce nouvelle, tandis que je suivais un huard vers l'extrémité ouest du lac Au Sable. L'air était assez chaud et le vent tenait les insectes à distance ; j'ai donc enlevé mes chaussures et mes chaussettes afin de sentir l'eau filer sous la mince coque du bateau. En quittant la rampe de mise à l'eau, je m'étais demandé non sans distraction si le salut individuel pouvait exister sans le salut collectif. Cette question m'était venue à l'esprit au moment du réveil, à l'aube, en pensant aux journaux de Sprague qui dataient de son voyage en France, peu de temps après la Première Guerre mondiale. En visitant Verdun, où huit cent mille hommes étaient morts en dix jours, il disait que le lieu de cette bataille constituait le plus gros point d'interrogation de toute l'histoire de l'humanité, finissant par écrire : « On ne saurait fournir aucune réponse adéquate. »

J'ai donc commencé de ramer le cœur léger, car l'existence tout entière semblait clairement dépasser ma compréhension. À chaque coup de rame je pensais à quelque chose, disons à la manière dont toutes les religions semblent imiter le pouvoir politique temporel et s'y sacrifier, permettant ainsi à la cupidité de se draper dans un manteau à demi sacré ; ensuite, après chaque coup de rame, venait une longue glissade où je me laissais entièrement submerger par la « choséité » même de la vie environnante, incapable de la moindre pensée et encore moins de compréhension : lac, eau, ciel, oiseau, mes pieds, ma respiration. J'avais vécu une expérience similaire en allant pêcher dans l'Ouest avec Coughlin, ou dans le Nebraska quand j'avais vu de près mon premier bison. Ce jour-là nous avions passé le plus clair de la matinée à parler de mon projet, avant de nous arrêter à Fort Niobrara, près de Valentine, et j'étais encore distrait quand je suis descendu du pick-up pour me retrouver nez à mufle avec un bison parqué derrière une solide clôture. Un ranger nous a appris que ce bison était l'un des plus gros qui fût. J'ai aussitôt eu la chair de poule, le restant du monde y compris moi-même a disparu quand j'ai perçu l'immensité de cet animal, son odeur et le grondement de son souffle, ses tristes yeux rosâtres. Je suis revenu à la « réalité » quand il a lâché un grognement creux semblable à un roulement de tonnerre ; j'ai alors bondi en l'air, effectuant un saut que Coughlin a ensuite qualifié d'« athlétique ».

Et à dater de ce moment précis, mon cerveau s'est mis à confondre l'image du bison, celle de l'exploitation forestière et les immenses souches dont nous venions de parler avant de nous arrêter à Fort Niobrara. Jeune garçon vivant en Irlande, Coughlin avait lu d'innombrables livres sur les cow-boys et les Indiens, ainsi que des récits de vulgarisation sur l'Ouest américain, et il savait qu'on avait alors massacré environ soixante-quinze millions de bisons, avant d'en laisser vivre deux ou trois cents afin d'assurer la perpétuation de l'espèce. Métaphoriquement, il semblait donc logique que mon cerveau ait établi un rapport évident entre ces bisons massacrés et les énormes souches de pin blanc que j'avais découvertes.

Le huard avait refait un demi-cercle vers l'est à partir de l'embouchure de Rhodey Creek et, en quelques puissants coups de rame, j'allais atteindre la plage de Laurie. Cette fois, mon esprit a dérivé vers toutes ces plumes d'oiseaux qu'enfant je collectionnais, puis vers la vulve de Laurie. Peut-être que personne n'est préparé à la chaleur qui règne à l'intérieur. Glenn et moi avions une douzaine d'années quand, un printemps, nous sommes tombés par hasard sur un couple qui faisait l'amour dans un bois du parc de la faculté. Nous avons reconnu la fille, car nous la croisions souvent sur la Troisième rue quand, en vélo, nous longions des groupes d'étudiantes qui toutes nous semblaient mystérieuses et séduisantes, contrairement à nos camarades de classe criailleuses. Dans les bois avec Glenn qui m'entraînait courageusement, le spectacle parfaitement visible des organes imbriqués et les grognements émis par la fille nous ont atterrés. Quand l'homme s'est mis à souffler comme un bœuf, les jambes de la fille sont retombées. Dans sa nudité elle semblait beaucoup plus présente et massive qu'habillée. J'ai alors repensé à une professeur de quatrième, d'habitude assez laide et mal fagotée, qui, après que je l'avais vue en maillot de bain sur la plage, a acquis à mes yeux une réalité entièrement nouvelle. Lorsqu'elle m'a appelé pour me demander comment se passait mon été, j'ai à peine réussi à lui répondre. De toute évidence elle s'amusait beaucoup de l'effet qu'elle avait sur moi, mais rien dans ma vie n'avait égalé la présence de Vera dansant sur la plage, ou dans le couloir de l'étage la vision de ses fesses nues. Le désir non réalisé, semblable à une maladie physique, était sans commune mesure avec ce que j'avais ressenti au contact de Laurie, Polly, Riva ou Vernice. Tout en récitant mes prières abjectes destinées à repousser la lubricité, j'avais la conviction que, le jour où je ferais l'amour avec Vera, je mourrai sur-le-champ.

Quand j'ai atteint la rampe de mise à l'eau, j'ai éclaté de rire en découvrant que je venais de ramer durant quatre heures. Vaincue par l'ennui, Carla avait passé tout ce temps à dormir sur la banquette arrière, en gardant un œil ouvert pour ne rien rater. Une fois sur la rive, elle a filé dans les bois pendant une bonne demi-heure, manifestement écœurée par ce morne après-midi. En début de soirée, je l'ai dédommagée en la ramenant jusqu'à ma grand-mère des souches. Au moment de ramper sous la souche, elle a grondé en avisant un petit tas d'excréments d'ours. J'ai ressenti le désir de prier, mais il eût été trop agressif d'y céder en ce lieu saint.

# 39

J'ai alterné une semaine de travail et une semaine au chalet jusqu'à début août, quand je suis parti pêcher avec Coughlin dans le Montana. Au chalet, je pêchais tous les soirs et je poursuivais ma pratique, passablement autistique, de la rame durant quelques heures chaque jour. Quand je travaillais avec Sam et Teddy à Marquette, je pêchais le soir dans les bons coins du cours moyen de l'Escanaba, près de Gwinn, ou sur la Chocolay. Un jour, à Marquette, une pluie battante nous a contraints à renoncer à nos travaux paysagers et j'ai passé cette journée à parcourir mes notes relatives à mon projet, des notes bizarrement entreposées dans le bureau de mon père. Rien à foutre, ai-je alors pensé. Il m'a alors semblé évident que presque tout ce que j'avais écrit jusque-là, hormis les récits des anciens mineurs et bûcherons, était guindé, mal fichu, faussement universitaire et alimenté par la colère. Contrairement à ces récits, la plupart de mes notes m'ont atterré. Quand j'essayais d'être informatif, j'avais semblait-il deux choix : écrire d'un point de vue éloigné, ou bien rédiger un essai personnel en adoptant la tactique suggérée par Vernice, mais en prenant comme motif central la disparition de mon père. Après tout, sa principale contribution à l'histoire de la famille avait consisté à dépenser sans compter.

Un après-midi où nous travaillions dans le jardin de ce que Teddy appelait des « richards », j'ai participé à une scène embarrassante. Une vieille femme à la voix de fausset est sortie de la maison pour nous adresser une litanie de reproches, puis elle s'est soudain figée sur place en me dévisageant, comme saisie de vertige.

« David ? » fit-elle. J'ai alors reconnu l'une des très anciennes partenaires de bridge de ma mère. « Tu vas bien ? »

Elle m'a regardé, puis elle a regardé Sam et Teddy d'un air effaré. Je commençais à m'habituer à ces réactions ahuries en ville, mais cette femme était la première à dire quelque chose. De toute évidence, je n'étais pas censé travailler pour vivre.

Je me demandais pourquoi personne ne répondait à mes lettres quand j'ai eu l'idée de vérifier ma boîte de Grand Marais : je venais de répéter l'erreur déjà commise avec Vernice. Il y avait trois lettres, de Cynthia, Fred et ma mère, plus un mot récent de Vernice qui m'annonçait qu'elle reviendrait peut-être bientôt aux États-Unis si je voulais bien lui prêter mille dollars pour son billet d'avion. Elle avait terminé son roman « érotique » et elle se demandait maintenant si elle devait le publier sous son vrai nom, mais de toute manière sa notoriété d'écrivain était si réduite que c'était sans importance. Elle était ravie à l'idée que sa mère lise ce livre. Elle avait quitté la maison de sa « mécène outrageusement affectueuse » et elle faisait la cuisine pour un couple âgé, originaire de Chicago, qui possédait une maison près de Saint-Rémy et qui recevait beaucoup.

Cynthia écrivait que Donald avait enfin réussi à passer

trois jours et trois nuits sans manger ni boire ni dormir, et qu'il était revenu couvert de piqûres de moustiques et de taons, pour préparer son plat préféré de travers de porc au barbecue, avant de tomber malade et de s'aliter. Elle avait appris de Vera à Oaxaca que son mariage battait de l'aile, qu'elle mourait d'envie de revenir à Veracruz, en partie parce que les touristes grouillaient à Oaxaca. Cynthia ajoutait que nous allions bientôt toucher un autre chèque, car de nouveau « papa » avait dû vendre des terres afin de résoudre un problème juridique relatif à une jeune Noire rencontrée sur un élevage de cailles dans le sud de la Georgie, plusieurs années auparavant. (Ces nouveaux démêlés expliquaient la lettre du jeune avocat, que j'avais refusé d'ouvrir.) Papa s'en serait tiré sans problème si les parents de la jeune fille n'avaient pas été des militants pour les droits civiques.

Fred disait qu'il essayait toujours de sauver « ses fesses de crétin » au Zendo, mais qu'il avait perdu le sentiment d'excitation des tout premiers mois. Son travail dans le jardin potager lui plaisait et, sans raison particulière, il étudiait les oiseaux et la flore de Hawaii. Il était triste parce que Riva ne répondait jamais à ses lettres. Avais-je eu de ses nouvelles ? La mention de Riva m'a soudain accablé de solitude. Je me suis demandé si je n'allais pas devenir comme Sprague qui, après le décès de sa jeune épouse, n'avait jamais retrouvé de compagne.

Le ton de la lettre de ma mère était à la fois humble et vaguement odieux. Elle joignait un chèque et disait qu'elle avait appris avec désespoir que je tondais des pelouses en haillons de vagabond. Toute mon éducation ne m'avait-elle pas préparé à quelque chose de mieux ? Ma mère venait d'ordonner à son comptable de m'envoyer dorénavant un chèque mensuel. Elle avait le sentiment de m'avoir abandonné. Avais-je donc renoncé à écrire mon histoire de la Péninsule Nord ? Elle avait fini par appeler Clarence et apprendre l'existence de cette entreprise paysagère qui, à ses yeux, était synonyme d'entretien de pelouses. Elle me priait instamment de lui rendre visite pour que nous puissions parler à loisir de mon avenir. Elle souffrait d'une sorte de maladie rénale qui, bien que normalement bénigne, accentuait les soucis qu'elle se faisait à mon sujet, car Cynthia allait bien. Elle écrivait noir sur blanc que mon travail manuel risquait de rejaillir défavorablement sur notre nom. Puis elle concluait en déclarant qu'elle m'aimait beaucoup et qu'elle allait prier afin que j'aie un avenir plus noble.

La veille de mon départ pour le Montana, j'ai invité Clarence et Jesse à dîner, et Mme Plunkett nous a préparé du veau au parmesan. En plus de son hygroma, Clarence marchait de plus en plus lentement. J'ai remarqué qu'il faisait très attention à l'endroit où il posait ses pieds. Quant à Jesse, son élocution était de plus en plus difficile. Lorsque je l'ai interrogé sur la récente vente de terrains, il m'a répondu que l'avocat s'en occupait. Je lui ai aussi demandé des nouvelles de Vera et il m'a dit avec un plaisir évident que son mariage traversait une mauvaise passe.

Ce soir-là, après avoir mangé et bu plus que de raison compte tenu de mon départ prévu pour l'aube, j'ai fait un cauchemar basé sur un fait réel, qui m'a prouvé que, si j'avais en quelque sorte neutralisé mon père, je ne m'en étais nullement débarrassé. Nous étions au Club, sur une barge qui sillonnait un lac – quatre pères et quatre fils – réunis pour pêcher, nous baigner et pique-niquer. J'avais huit ans à cette époque. C'était une grosse barge massive, équipée d'une échelle, qui descendait jusqu'à l'eau, et de barils de pétrole en guise de flotteurs. Nous autres les gamins pêchions et nagions tandis que les hommes buvaient. Nous faisions bande à part jusqu'à l'heure du pique-nique. Mon père, allongé sur une natte en bordure de la barge, racontait des histoires ; soudain, il a poussé un grognement et a basculé de la barge vers le lac. Tout le monde a paniqué. Deux des hommes qui savaient nager on sauté à l'eau pour lui porter secours. Comme j'étais moi aussi bon nageur, j'ai plongé ; mais quand j'ai refait surface pour respirer, on m'a crié de remonter sur la barge. Mon père, manifestement en train de se noyer, risquait de se cramponner à moi et de m'attirer vers le fond. Au bout de cinq minutes, les deux hommes sont remontés sur la barge et l'un d'eux a fondu en larmes et dit que c'était peine perdue. C'est alors que mon père nous a appelés d'une voix de basse pour nous annoncer qu'il séjournait au pays des morts. Il s'était caché dans un espace entre deux barils, où il pouvait respirer. Les hommes ont été furieux et je n'arrivais pas à m'arrêter de pleurer.

Dans mon cauchemar, mon père ne remontait jamais sur la barge. Je plongeais jusqu'au fond du lac, où il agrippait un tronc d'arbre coulé, qu'il refusait de lâcher. Des bulles d'air sortaient de sa bouche, puis plus rien. Incapable de le sauver, je cédais à l'hystérie. J'étais trop jeune et trop faible. Je me suis réveillé en sueur, fouettant les draps avec mes jambes. Très inquiète, Carla a sauté du lit. Il était quatre heures du matin. J'ai essayé de dormir en gardant les lumières allumées, mais rien à faire. J'ai lu quelques poèmes tardifs de Yeats, mais le cynisme élégant de l'écrivain m'a encore éloigné du sommeil. Je n'arrêtais pas de penser que, partout dans le monde, vivaient des fils et des filles qui auraient aimé que leurs parents soient différents, ou bien qui regrettaient vainement ce qu'avaient été leurs parents. Certains d'entre nous, sans doute les plus critiques, souffraient d'une paralysie due à cette situation, et nos cerveaux se focalisaient trop sur ce ressentiment pour fonctionner normalement. Moi, au moins, j'avais créé ma propre histoire, aussi confuse fût-elle. Mais la violence de ma réaction physique à ce cauchemar où mon père jouait un rôle central, m'a stupéfié. Cette réaction n'avait rien à voir avec la colère ou la curiosité, mais elle signifiait sans doute l'acceptation muette de la condition humaine, le cerveau tissant ses récits face auxquels nous sommes impuissants.

C A R T E   P O S T A L E

CHRISTIAN BOURGOIS ÉDITEUR

116, rue du Bac

75007 Paris

http://www.christianbourgois-editeur.fr

*Si vous désirez recevoir notre catalogue, nous vous demandons de bien vouloir remplir ce questionnaire et de nous le retourner.*

Nom .......................................... Prénom ..............................

Adresse ..........................................................................................

..........................................................................................................

Profession .................................................... Age ....................

Titre de l'ouvrage dans lequel était insérée cette carte

..........................................................................................................

Nom et adresse de votre libraire .......................................

..........................................................................................................

..........................................................................................................

Avez-vous une suggestion à nous faire ? ........................

..........................................................................................................

..........................................................................................................

..........................................................................................................

..........................................................................................................

A ............................... le ............................... 20.........

# 40

Nous avons suivi un itinéraire tortueux vers l'ouest afin de satisfaire la curiosité de Coughlin qui tenait à voir certains lieux autrefois évoqués par les lectures de son enfance irlandaise. Parmi eux, le ranch de Teddy Roosevelt dans le Dakota du Nord, puis nous sommes descendus vers le sud jusqu'à Belle Fourche où nous avons obliqué en direction du nord-ouest sur la 212 pour traverser la Réserve Cheyenne du Nord et arriver en début de soirée sur le champ de bataille de Custer, près de l'Agence Crow. Surpris par la connaissance qu'avait Coughlin de l'histoire des Autochtones, j'ai essayé d'imaginer un gamin irlandais de Sligo qui créait sa propre carte personnelle de l'histoire. Coughlin a dit que les termes de courage ou de témérité dépendaient de l'issue de la bataille, et qu'après son désastre Custer occupait cette position, certes pas unique dans l'histoire militaire, de celui qui avait obéi à son ego boursouflé plutôt qu'à une stratégie raisonnable.

J'ai alors rétorqué à mon compagnon de voyage qu'on se croit normal parce qu'on est celui qu'on est et qu'on s'est habitué à ses propres bizarreries. On espère toujours être récompensé de ce qu'on est, qu'on le mérite ou pas. Même l'endroit où l'on vit acquiert la chaleur ouatée d'un nid personnel. Coughlin considérait volontiers la Péninsule Nord comme « une mini-Sibérie », soulignant le fait que la forêt qui commence dans le nord du Michigan se poursuit sur toute la Péninsule Nord, puis dans le Wisconsin et le Minnesota, se transformant seulement en prairie à plus de mille cinq cents kilomètres de là, tout près de Grand Forks, dans le Dakota du Nord. Il soupçonnait que bon nombre de gens étaient partis vers l'Ouest à cause de la claustrophobie. J'ai ajouté que, pour rester dans le même ordre d'idées, les arbres couvrant cinquante-trois millions d'arpents avaient été abattus.

« Tu as l'air bien esseulé en disant cela », me rétorqua-t-il.

Gêné d'avoir produit cette impression de lamentation, je lui ai demandé comment je pouvais espérer m'en débarrasser. Il m'a alors suggéré de terminer mon projet tambour battant, puis de m'interroger sur ce que je comptais faire du restant de mon existence. Il devinait que je n'étais pas vraiment un « célibataire endurci » et qu'une femme entrerait peut-être dans ma vie, une femme que je ne pourrais pas si aisément en chasser, une fois débarrassé de mes obsessions. Je lui avais bien sûr parlé de mon mariage avec Polly, et à ma grande surprise il avait manifesté beaucoup de sympathie à son égard.

Nous avons réceptionné notre bateau de rivière à Livingston, dans le Montana, et passé une journée avec un guide nommé Danny, qui a tenté de nous apprendre à manœuvrer ce bateau afin de ne pas mettre notre vie en péril sur la Yellowstone. Il nous a suggéré de nous en tenir aux portions de la rivière proches de Big Timber, où les courants étaient moins traîtres. Sauf sur les parcours d'eau morte, relativement dépourvus de poissons, il fallait ramer à l'envers afin d'éviter les turbulences et les rochers à fleur d'eau. Ce n'était pas très facile, mais comment apprendre en un jour toutes les subtilités d'un métier à part entière ? Danny était un ancien bûcheron à l'esprit caustique, devenu guide après une blessure à l'épaule due à la chute d'un arbre en forêt. Plus tard, dans la soirée, Coughlin l'a décrit comme « un homme autonome », une spécialité américaine qu'on rencontrait rarement en Europe. Dans le bateau, Coughlin avait suggéré que nous cessions de parler de l'industrie forestière pour nous concentrer sur la pêche et apprendre à ramer. Je venais d'entendre avec dégoût qu'une région déboisée des monts Absaroka, indiquée par Danny, mettrait trois siècles à retrouver son apparence initiale, à cause du manque d'humidité, ce qui n'était certes pas le cas dans le Michigan.

Nous avons pêché pendant cinq longues journées et essuyé un violent orage durant lequel nous avons échoué le bateau pour nous allonger à plat ventre dans une pâture en évitant les peupliers situés le long de la berge, lesquels risquaient d'attirer la foudre. Je me suis recouvert d'un poncho et j'ai trouvé étrangement agréable de rester allongé là, dans une mare tiède et herbeuse. Juste après la tempête un groupe de veaux Angus est venu nous examiner de près et j'ai même réussi à gratter le museau d'une femelle particulièrement audacieuse. Les jeunes veaux mâles restaient à l'écart en poussant de petits grognements, comme si notre présence les menaçait.

Le soir du cinquième jour, Coughlin a reçu et passé plusieurs coups de téléphone liés à la maladie de sa plus jeune sœur qui vivait à Londres. Selon toute probabilité, elle souffrait d'un cancer du pancréas et j'ai conduit Coughlin à l'aéroport de Bozeman à l'aube après avoir passé presque toute la nuit à parler avec lui. Les journées exclusivement consacrées à la pêche ont pour étrange conséquence d'effacer votre esprit et de vous faire retourner à la réalité ordinaire à pas prudents, sinon à reculons. Le cancer du pancréas est presque toujours mortel. La sœur de Coughlin vivait seule après deux mariages ratés. Peintre, elle avait refusé d'avoir des enfants. C'était une assez bonne peintre, mais toutefois pas assez bonne, me dit Coughlin, ajoutant que ses talents la rangeaient dans la catégorie du « presque » et faisaient d'elle un exemple éclatant de l'absence « déplorable et mystérieuse » de démocratie au royaume des arts.

« Beaucoup d'appelés et peu d'élus », conclut-il en se servant un verre ambré de scotch à deux heures du matin.

J'avais arrêté de boire plus tôt dans la soirée, redoutant de voir mon esprit retourner en tournoyant vers certain lieu familier où je ne voulais plus aller. La sœur de Coughlin s'était installée en marge, comme Vernice ou moi-même. Je lui avais déjà demandé comment il pouvait supporter de s'immerger dans les problèmes de tant de gens, et il m'avait alors répondu :

« Mais c'est le travail de ma vie ! »

Maintenant, il était bien sûr désolé de voir ses vacances interrompues prématurément, mais il s'agissait là d'un bien mince désagrément en comparaison de la maladie de sa sœur. Je ne pouvais pas imaginer que Cynthia eût ainsi besoin de moi, mais le cas échéant je l'aurais rejointe au plus vite.

Coughlin était loin d'être ivre, mais il s'était considérablement détendu. Il me rappelait mon très brillant professeur d'université, Weisinger, qui parfois évoquait en détail son intimité devant ses étudiants, si bien qu'à la fin du cours nous étions parfaitement éberlués. Les digressions nocturnes de Coughlin étaient l'équivalent verbal du morceau de Bach que j'avais entendu au point du jour, à Aix-en-Provence. Il est passé de la solitude, au temps, à la mort, à la nature de nos religions privées. J'ai sorti un calepin pour prendre quelques notes, mais il m'a alors demandé de le ranger. Au lieu de me contenter de modestes tentatives dans la bonne direction, il voulait me voir frayer mon propre chemin avec détermination. Si je l'écoutais trop attentivement, je risquais de devenir un simple suiveur. Quand je lui ai rétorqué en riant qu'il parlait comme un gnostique, il m'a approuvé d'un signe de tête.

Peu après l'aube je l'ai déposé à l'aéroport de Bozeman, puis j'ai roulé jusqu'à Big Timber, car j'avais décidé de partir seul sur la rivière pour me changer les idées. Chacun de nous deux avait ramé pendant que l'autre pêchait, et je voulais maintenant échouer le bateau sur des îles ou des pointes de sable afin de pêcher dans certains rapides que nous avions trop vite dépassés. C'était une matinée très chaude et sur la rampe de mise à l'eau j'ai regardé une fille aider son ami à faire descendre d'une remorque un radeau gonflable. Je me suis senti gêné quand il a admiré mon bateau et dit qu'il économisait pour s'en payer un. La fille portait un corsage sans manche et un short bleu vert. La perfection de ses jambes et de ses fesses était presque douloureuse, tandis qu'ils mettaient à l'eau leur radeau. En fait, elle avait le corps le plus adorable que j'aie jamais vu. Mon cœur s'est mis à battre la chamade et j'ai ressenti une contraction stupide des testicules lorsqu'ils se sont éloignés. Cette fille avait émoussé ma concentration et la proue de mon bateau a heurté un rocher moins de cinq minutes après mon départ.

J'ai ramé dur jusqu'aux premiers rapides où je comptais pêcher. La sueur ruisselait sur mon corps et je me suis soudain aperçu que j'avais oublié d'emporter de l'eau ou de la nourriture, alors que je devais rejoindre dans cinq heures l'endroit de la rivière où les services de navette emmèneraient mon pick-up et la remorque. Après avoir déposé Coughlin à l'aéroport, je n'avais eu qu'une seule envie : rentrer chez moi pour mettre à la poubelle les neuf dixièmes de mon projet, faire pour ainsi dire table rase, avant de tout reprendre dès l'arrivée de l'automne et du mauvais temps.

Il était hors de question de boire l'eau de la rivière, car le bétail qui paissait à proximité répandait la giardiase dans cette eau. La glacière renfermait un unique et pitoyable sachet de chips, qui auraient seulement accentué ma soif. J'ai pêché en laissant mon esprit battre la campagne et j'ai regardé un gros orage strié d'éclairs vers le sud. Tout en me baignant dans un trou d'eau, j'ai vu un aigle doré pourchasser une grue des sables. Les deux volatiles sont passés au-dessus d'une colline avant que je ne puisse voir lequel l'a emporté. L'eau vive plaçait notre caractère mortel dans la meilleure lumière possible. Comment pourrait-il en être autrement ? J'ai franchi une courbe de la rivière dans la partie où le courant était le plus fort, et avisé le radeau en caoutchouc vide sur une plage située de l'autre côté. Le couple était sans doute occupé à faire l'amour dans un bosquet de peupliers. Si je m'étais trouvé de ce côté-là de la rivière, j'aurais pu leur emprunter un verre d'eau et revoir cette fille. Seulement, je me trouvais à l'opposé, dans un courant rapide, si bien que je ne la reverrai sans doute jamais.

J'ai enfin aperçu mon pick-up au loin, mais le manque d'expérience m'a fait rater l'aire de débarquement d'une bonne centaine de mètres. J'ai échoué le bateau, puis je l'ai laborieusement hissé vers l'amont avec la corde de l'ancre, la bouche aussi sèche que du goudron bouillant. Un jeune homme m'a aidé à parcourir les trente derniers mètres, après m'avoir vu glisser sur les pierres, perdre pied et tomber à plat ventre. Il m'a ensuite tendu une gourde d'eau fraîche, qu'il venait de prendre dans sa vieille Subaru déglinguée. Le plus comique, c'est qu'il s'est présenté comme étant en dernière année de botanique à Yale, avant de se déclarer très curieux du sigle de paysagiste sur la portière de mon pick-up. Il m'a également donné une barre chocolatée et je lui ai alors dit que son accent ne me rappelait nullement celui de mon père. Il m'a répondu qu'il était étudiant boursier, originaire de l'Ohio, et que l'accent auquel je faisais allusion était celui d'une minorité. Il s'intéressait aux herbes et il m'a montré lesquelles n'étaient pas indigènes dans quelques mètres carrés de pâture tout proches de l'aire. Au moment de nous séparer, je lui ai dit qu'il venait de m'aider à me débarrasser d'un énième préjugé tenace.

« Tous les jours, répondit-il, je m'étonne des erreurs incroyables que je commets. »

# 41

Vers la fin août, j'étais à Marquette pour une seule journée quand Vernice a téléphoné de la maison de ses parents, dans l'Indiana. Elle avait quelques jours de libre : acceptais-je de lui payer un billet d'avion pour qu'elle vienne me rendre visite ? Bien sûr. Elle avait quitté la France plus tôt que prévu afin de vendre son roman « érotique » à un éditeur new-yorkais, mais en août elle avait bien du mal à décrocher le moindre rendez-vous. Jusque-là, elle avait reçu deux refus, le seul encouragement tenant dans ces quelques mots : « Élégant mais pas vraiment érotique, trop littéraire. » Elle avait donc été contrainte d'accepter un poste d'enseignement temporaire dans un institut universitaire d'Indianapolis et les cours commençaient fin septembre. Une petite ampoule s'est alors allumée dans mon cerveau : il serait sans doute plus sensé, lui dis-je, d'accepter mon aide durant environ un an, son seul devoir consistant dès lors à travailler avec moi sur le manuscrit de mon projet. Cette idée a paru la ravir et elle m'a dit que nous allions en reparler.

Je suis sorti aider Sam et Teddy à tondre des pelouses et à tailler des haies pendant deux ou trois heures. J'ai été obligé de parler dix minutes au propriétaire de la maison, un vieil assureur bégueule et retraité qui, pour me taquiner, m'a lancé qu'il y avait belle lurette qu'on n'avait pas vu un membre de ma famille « accomplir une honnête journée de travail ». Je me suis retenu de lui rétorquer que l'industrie des assurances ne m'avait jamais rempli d'admiration.

Ce soir-là Cynthia m'a appelé de Rochester, dans le Minnesota, où elle avait accompagné Mère pendant que les médecins lui faisaient passer une semaine de tests à cause de ses problèmes rénaux. J'ai senti que Cynthia venait de pleurer et j'ai retenu mon souffle dans l'attente des mauvaises nouvelles, au point d'en avoir la tête qui tournait. Selon toute probabilité, Mère n'allait pas vivre plus d'un an encore. D'après ce que j'avais déjà entendu, ce diagnostic me semblait irréel, mais Cynthia m'a alors expliqué que notre mère était « de l'ancienne école », quand une femme pouvait évoquer son état de santé avec une autre femme, mais en aucun cas avec un homme. Et un fils ne faisait guère exception à la règle.

La soirée était tiède, mais je me suis senti tout engourdi et frigorifié en raccrochant. La haine m'a alors submergé à l'idée que mon père survivrait sans doute à ma mère. En même temps, Carla aboyait furieusement dans ma direction car, tout en parlant à Cynthia, j'avais distraitement fait tourner la mappemonde installée près de mon bureau. Pour de mystérieuses raisons canines, Carla détestait ce globe tournoyant qui lui flanquait une trouille bleue, et les aboiements de ma chienne mêlés à cette nouvelle terrifiante semblaient appropriés plutôt qu'irritants.

J'ai quitté la maison, le ventre glacé, pour promener Carla jusqu'à Presque Isle dans l'obscurité. La nuit était étoilée, décorée d'un croissant de lune nouvelle, et nous avons marché une bonne heure avant que je ne m'arrête et fonde en larmes. Pour une raison inédite et curieuse que je n'ai pas réussi à déterminer, je ne considérais pas ma situation comme unique, face à l'injustice des choix de la mort. Et puis elle ne menait nulle part, cette fureur enfantine provoquée par la disparition probable de Mère avant celle de mon père ; j'ai néanmoins ressenti durant un dixième de seconde le désir de sauter dans mon pick-up pour rejoindre Duluth et étrangler mon géniteur, mais je me suis alors rappelé que, d'après Jesse, il faisait du bateau près des Apostle Islands dans l'ouest du lac Supérieur.

Sur le chemin du retour de Presque Isle, j'étais trempé de sueur et j'ai fait une halte sur la plage afin de piquer une tête avec Carla. Les vagabondages de l'esprit humain m'ont une fois encore frappé, car à un certain moment dans l'obscurité douce et liquide je pensais à la disparition annoncée de ma mère et, l'instant suivant, je revoyais des images fugitives de Vera dans son maillot de bain minuscule, exactement sur cette même plage. Vera et son parfum de lilas sur le cou. Vera et ses jambes mouillées couvertes de sable. Vera assise sur mon torse. Le pied de Vera sur mon maillot de bain. Et puis ma mère ivre sur la pelouse. Ma mère agitant le grille-pain pour le faire marcher. Ma mère accroupie devant les parterres de fleurs avec Clarence. Ma mère nue dans la salle de bains. Ma mère cachée derrière son masque lunaire, son haleine empestant l'odeur douceâtre du gin. J'ai failli nager trop loin dans l'eau froide, mais Carla a soudain fait demi-tour et je l'ai suivie.

Une note joyeuse. Coughlin m'a téléphoné de Londres, très tôt le lendemain matin. Il jubilait. Sa sœur se remettait d'une infection pancréatique rarissime, qui n'avait rien à voir avec le cancer.

J'ai travaillé d'arrache-pied et avec plaisir aux côtés de Sam et de Teddy, jusqu'en fin d'après-midi quand j'ai pris une douche avant de me rendre à l'aéroport pour aller chercher Vernice. Encore un peu frêle, elle semblait néanmoins en meilleure santé qu'à Aix-en-Provence. Comme c'était le jour de congé de Mme Plunkett, nous nous sommes arrêtés pour faire des courses, tel un couple marié. Lorsque Vernice s'est douchée avant de me préparer un poulet rôti pour dîner, elle a permis à Carla de la rejoindre dans la baignoire, cette même Carla qui d'habitude détestait se laver. Nous avons bu une quantité raisonnable de bon vin en parlant à bâtons rompus de sa carrière. Je faisais très attention à ce que je disais, car j'étais convaincu que mes remarques seraient soit affreusement déplacées, soit mal informées. De toute évidence, Vernice était très fatiguée ; j'ai néanmoins été déçu, sinon vraiment surpris, quand elle m'a demandé si elle pouvait dormir seule.

« Tu ne devrais même pas me le demander, dis-je.

— Mais j'ai l'impression d'être une courtisane qui écrit et qui doit coûte que coûte plaire à son mécène… »

Sa repartie m'a vexé et elle s'est installée sur mes genoux jusqu'à ce que le rouge quitte mon visage. D'un baiser, je lui ai dit bonsoir à la porte de la chambre de Cynthia et j'ai subi mon ultime humiliation lorsque Carla a décidé de passer la nuit avec Vernice.

Seul et incapable de dormir, je me suis rappelé qu'à l'*Hôtel de Suède* à Paris, Miriam m'avait appris que, lorsque les Français se sentaient vaseux, il disaient parfois qu'ils avaient « le cafard ». À la lisière du sommeil, un cafard arborait le visage de ma mère comme si j'étais resté un enfant incapable de faire la différence entre les espèces vivantes. Certains chiens du voisinage, lorsque je leur parlais, semblaient m'écouter avec attention, mais avec moins de concentration que lorsqu'ils écoutaient Cynthia qui emportait toujours des biscuits avec ses clefs dans son petit porte-monnaie rouge, ainsi qu'un appareil photos Brownie qu'elle suspendait à son cou.

Vernice m'a rejoint à l'aube. J'ai entendu la porte s'ouvrir et elle a marché jusqu'à moi avec une lassitude ralentie. Nous avons fait l'amour, d'abord sans grande énergie, selon ce rythme mesuré que j'attribuais aux vrais adultes, mais vers la fin j'ai retrouvé un peu plus d'allant. J'ai ensuite pensé que nous semblions méconnaissables en comparaison de notre première rencontre, et quand j'en ai parlé au petit déjeuner, elle a éclaté de rire.

« Les gens réussissent parfois à vivre agréablement avec leurs problèmes à la con et, quand ils les résolvent, ces problèmes leur manquent. Par chance, ils s'en souviennent et ne retournent pas en arrière. » Elle a prononcé ces paroles en dévorant un cantaloup entier.

« Pour une fois, j'ai l'impression d'être en excellente forme, dis-je.

— Je m'en aperçois. Mes problèmes à moi sont seulement d'ordre professionnel. Pourquoi donc ai-je choisi une vocation aussi exigeante ? Je regrette parfois de ne pas être restée cuisinière ; mais quand j'ai commencé d'écrire des poèmes, le processus m'a paru affreusement similaire. Par contre, chez toi je discerne toujours une bonne dose de mélancolie. »

Je lui ai appris la mauvaise nouvelle concernant ma mère et, tandis que nous préparions nos affaires pour Grand Marais, elle m'a dit que, lorsqu'elle était gamine et que son oncle préféré a trouvé la mort dans une course de stock-cars, elle n'a pas réussi à y croire, bien qu'étant sur les lieux de l'accident avec ses parents. Cette course, réservée aux seuls amateurs, se déroulait sur le champ de foire du comté et les règles de sécurité habituelles ne s'appliquaient pas. La voiture de son oncle a défoncé une clôture en bois, avant de faire plusieurs tonneaux et de prendre feu devant la tribune principale. Enveloppé par les flammes, son oncle avait tourné la tête vers la foule horrifiée. Vernice n'arrivait pas à imaginer qu'il était mort pour de bon et, quand elle est allée dans le garage du défunt, elle a humé ses vêtements de travail suspendus à la porte. Elle a ensuite volé la cantine en fer-blanc de son oncle qu'elle a gardée sur sa table, à côté de ses stylos, de ses pierres porte-bonheur et de ses billes. Lorsque sa mère lui avait dit que son oncle était parti « vers un lieu meilleur », elle avait rétorqué :

« Non, c'est pas vrai. »

La mort venait de lui voler son homme préféré.

# 42

Une vague de chaleur guère exceptionnelle touchait Grand Marais en cette fin d'été et une légère brise venant de l'intérieur des terres portait la chaleur vers le nord. Le lac Supérieur était d'un calme plat, seules des risées ourlaient ses eaux, si bien que lorsque nous avons ramé vers la sortie du port, Vernice s'est penchée au-dessus du plat-bord et elle a dit :

« Je vois de gros poissons tout au fond. »

Vernice m'avait demandé d'emporter mon énorme manuscrit et, dès le lendemain de notre arrivée je suis parti pêcher la truite avec Mick pour qu'elle puisse se mettre au travail. Mon accord passé avec elle me rendait très nerveux, et ma nervosité n'était pas infondée, car à mon retour vers l'heure du dîner elle m'a dit qu'elle pouvait seulement sauver treize pages sur l'ensemble du manuscrit, et ces treize pages étaient couvertes de remarques au stylo rouge. Mon écriture, ajouta-t-elle, était presque toujours bourbeuse et bégayante comme celle d'un mauvais universitaire, après quoi elle a cité René Char : « La lucidité est la plaie la plus proche du soleil. »

« Merde alors, explosai-je, qu'est-ce que ça veut dire ? »

Je vidais quelques truites dans l'évier, j'étais sale, vexé, et je mourais de chaleur.

« Trouve toi-même. Si tu n'y arrives pas, tu écriras toujours comme un cochon. Tu te noies dans la masse incroyable de tes informations. Recommence. Donne-moi cent pages intitulées “Ce que ma famille a fait”, ou quelque chose de similaire. Renonce à jouer les pédants du dix-neuvième siècle. Tu commences il y a douze mille ans à l'ère glaciaire, et puis tu avances avec toute la lenteur d'un putain de crapaud handicapé. Débarrasse-toi de l'ère glaciaire en une page, s'il te plaît. Tu cites la prose magnifique d'Agassiz. Tâche de comprendre pourquoi cette prose est belle, contrairement à la tienne. Si ces treize pages sont réussies, c'est simplement parce que tu as oublié ta petite personne ainsi que tes centaines de rationalisations après-coup, pour laisser ton matériau émerger directement, sans la moindre distorsion. »

Depuis le début de cette tirade, j'avais le pouce posé sur la nageoire dorsale d'une truite et je voyais maintenant une légère pluie de sang jaillir de ma dernière phalange. J'avais bien sûr tendu le bâton pour me faire battre et me voilà rondement corrigé par une institutrice revêche. Après toutes ces années de labeur, je me retrouvais avec treize pages qui tenaient à peu près la route.

Parce qu'il faisait trop chaud dans le chalet pour manger à l'heure normale, nous avons fait un somme dans des lits séparés, avant de nous réveiller au crépuscule. Les critiques de Vernice ne m'exaspéraient plus. C'était elle la pro, et moi l'amateur arrogant et ignare.

Nous avons pris un bain dans la rivière fraîche en riant sans raison, tandis que Carla se laissait dériver vers l'aval en nous regardant d'un air interloqué, peu habituée à entendre son propre maître éclater de rire. Vernice s'est ensuite installée sur la berge herbeuse tandis que, debout dans la rivière, j'admirais sa nudité ; puis j'ai écrasé un moustique sur son cul, y laissant une petite tache de sang. Je suis sorti de l'eau pour m'asseoir sur des planches de pin que j'avais installées là et qui conservaient la chaleur du soleil. J'ai posé mon visage sur son épaule, qui sentait encore un peu l'odeur de Carla, laquelle avait dormi avec Vernice. J'ai deviné son crâne sous ses cheveux mouillés et dans la lumière déclinante j'ai vu son sourire légèrement canin. Le vrombissement des moustiques. Elle est un peu sèche quand ma queue entre en elle, mais si chaude après l'eau froide de la rivière. Les oiseaux diurnes disparaissent peu à peu du ciel, j'entends la première chouette au-dessus de la rivière.

# 43

Quatre merveilleuses journées et la voilà partie. Difficile d'appeler ça de l'amour, car elle ne permettait ni ces paroles ni ces pensées. Assurée de mon aide financière, elle démissionnait de son emploi à Indianapolis avant même de l'avoir entamé et elle prenait un studio à Chicago. Je l'adorais et elle acceptait une seule visite mensuelle, mais jamais plus. Quand je l'ai accompagnée à l'aéroport de Marquette, la séparation imminente alourdissait mon cœur et mon cerveau. Une grande part de la solitude à venir serait moins d'ordre sexuel que due à l'absence de sa grâce et de sa vivacité. Un matin où nous prenions le café au bord de la rivière, je lui ai décrit l'aspect qu'aurait eu cette rivière si son lit n'avait pas été excavé par le passage de milliers de troncs d'arbres gigantesques à l'époque de l'industrie forestière. Elle m'a répondu que je portais en moi la malédiction de ce savoir d'un Éden pré-adamique, ajoutant que cette rivière lui semblait splendide, tout comme la forêt environnante. J'ai rétorqué que ce cours d'eau avait acquis sa nature explicite pendant les douze mille ans après l'ère glaciaire, et qu'il était honteux de détruire cette nature en quelques années d'exploitation forcenée ; puis, pour faire bonne mesure, j'ai ajouté qu'elle voyait peut-être ce qui n'allait pas dans la prose et la poésie, mais que moi je voyais ce qui clochait dans le monde naturel.

« Je n'exclus pas les gens comme tu le fais », riposta-t-elle, avant de dire : « Et puis je suis ravie d'avoir ce regard innocent qui me permet d'être bouleversée par la beauté d'un paysage.

— D'accord, mais si nous n'identifions pas le mal que nous avons fait, nous sommes condamnés à le refaire.

— Je ne veux pas que le mal qui a été fait dévore toute ton existence. Sinon, tu risques seulement d'être un esprit critique réagissant aux seuls méfaits d'autrui. Et ta vie sera complètement déséquilibrée.

— Ce n'est pas aussi ton cas ? lui demandai-je en riant.

— Je ne suis pas supposée avoir le moindre équilibre, dit-elle. Mes perceptions écrivent ma vie. »

Après le départ de Vernice, j'ai passé le plus clair de mon temps à travailler sur mes treize pages pour essayer de les étoffer en tenant compte des conseils de mon mentor. Maintenant que j'étais débarrassé de mon obsession paternelle, presque toute la colère et l'angoisse présentes dans le processus même de l'écriture ont disparu. C'était comme si je me trouvais affranchi d'une grande part de mon « moi », et donc capable de voir plus clairement tous les autres protagonistes, mon arrière-grand-père, mon grand-père ou encore Sprague, au venin parfois stupéfiant, sans oublier mon père, que tous considéraient avec dégoût comme un simple dilapidateur de la fortune familiale. Sprague comparait la Bourse à « un poker méprisable » et son effondrement l'a ravi.

Mon travail se développait selon une espèce de liberté neutre qui devenait parfois aussi agréable que les tâches paysagères qu'une semaine sur deux je continuais d'accomplir avec Sam et Teddy. J'apprenais à écrire et, lorsque j'étais à Marquette, je passais des heures avec Clarence en découvrant les subtilités de l'art paysager. Sur les trente premières pages que j'ai envoyées à Vernice, elle en a jugé sept « passables », ce qui m'a encouragé. J'ai été très excité en découvrant qu'elle avait écrit « fort bien tourné, mais hors sujet » en marge d'une phrase que j'avais particulièrement travaillée.

Coughlin est venu deux fois chasser les oiseaux, une fois à la mi-septembre, puis de nouveau trois semaines plus tard quand le feuillage s'était clairsemé et que les grouses devenaient un peu plus simples à repérer. Carla s'est passionnée pour la localisation des grouses et des bécasses grâce à son flair, mais elle refusait de lâcher les oiseaux qu'elle allait chercher et considérait dès lors comme siens. Un jour, Coughlin a abattu une grouse au moment où l'oiseau traversait la rivière ; Carla a nagé jusqu'à la berge opposée, puis elle s'est assise pour dévorer l'oiseau en nous regardant, alors que nous comptions vraiment sur cette grouse pour notre dîner. Durant notre dernier jour de chasse, Carla m'a semblé particulièrement fatiguée. Ainsi, après avoir déposé Coughlin à l'aéroport de Marquette, j'ai emmené ma chienne chez un vétérinaire nommé Randy Ryan, qui a diagnostiqué chez elle un problème cardiaque. J'ai été très gêné quand mes larmes se sont mises à couler à flots. Elle devrait désormais se limiter à de brèves promenades.

Coughlin a beaucoup apprécié le chalet, car par les froides matinées où nous faisions du feu pour nous réchauffer, il lui rappelait les matins d'hiver à Sligo. La guérison de sa sœur lui mettait du baume au cœur. Il m'a averti de me préparer au départ de ma mère en la voyant le plus souvent possible. J'étais plutôt content d'aller à Chicago, car ainsi je pourrais aussi voir Vernice, mais la perspective de rendre visite à ma mère à Tucson m'irritait.

Coughlin m'a alors rappelé qu'on n'avait qu'une seule mère en cette vie et qu'au fil du temps les péchés d'omission pèsent de plus en plus lourd sur la conscience. Par exemple, il jugeait inadmissible que James Joyce eût refusé de prier avec sa mère. Quelle importance cette crispation pouvait-elle bien avoir ? Les vieilles dames méritent qu'on s'occupent d'elles, même si je devais mentir et oublier le comportement discutable de ma mère durant des années. Et puis, quel genre de père aurais-je été si jamais j'avais eu un enfant avec Polly ? Cette question m'a soudain glacé. N'importe quel enfant mérite un meilleur père que le fou furieux que j'avais été à l'époque.

Par une journée mélancolique du début novembre, j'ai fermé le chalet pour l'hiver avant de patauger dans la neige fraîche tombée quelques jours plus tôt. Notre entreprise paysagère venait de fermer, Teddy et Sam gagnaient désormais leur vie en déblayant les routes grâce à l'équipement de chasse-neige qu'ils avaient fixé sur leurs pick-up. Notre première saison s'était révélée très profitable, mais j'ai réduit ma part de bénéfices pour cette raison évidente que je n'avais pas travaillé à plein temps. Sam et Teddy ont refusé ma décision, alléguant qu'« un marché est un marché » et que j'avais financé tout l'équipement. Qui m'expliquera pourquoi les pauvres sont moins cupides que les riches ?

Mon travail me rendait ennuyeux. Il m'a fallu apprendre que mes proches ne partageaient pas ma fascination pour les remaniements de mon manuscrit. Mme Plunkett bâillait, allumait la télévision, ou battait les cartes d'une main impatiente. Lors de notre dîner au restaurant *Northwood's* pour fêter la fin de la saison, Sam et Susie ont tenté de rester attentifs à mes divagations, mais Myrna, la serveuse qui était aussi la petite amie de Teddy et qui portait des bottes montantes couvertes de poil blanc, m'a carrément interrompu :

« Je pige que dalle à ce que tu racontes. »

Au dîner de Thanksgiving avec Clarence et Jesse, Clarence s'est mis en colère comme dans mon enfance, quand à vélo je roulais sur ses plates-bandes :

« Comment les gens auraient-ils pu vivre sans travailler ? se fâcha-t-il. Tout le monde devait couper des arbres ou bosser à la mine. Les gens mouraient jeunes parce qu'ils mangeaient mal ou qu'ils ne pouvaient pas se payer le médecin. Les Finnois et les Cornouaillais travaillaient dans les mines et ainsi ils trouvaient de l'argent pour se marier et avoir des gosses, ce qui est un désir parfaitement naturel. Sans les arbres et le minerai, les gens auraient dépéri. Une fois que ces mineurs italiens balèzes ont fini de construire les écluses de Soo, ils ont eu besoin de bosser. Ils ne pouvaient pas rentrer chez eux les mains vides. On peut pas avoir un monde sans personne pour y vivre.

— Mais que penses-tu de tes parents chippewas qui se sont fait virer de chez eux ? » Je voulais me battre pied à pied, mais sans répéter le discours manichéen que j'avais tenu à Vernice.

Clarence m'a considéré d'un air pensif, sa fourchette immobile au-dessus de sa tarte à la citrouille, durant plusieurs minutes inconfortables.

« Espèce de pauvre con, aurait-il pu me répondre, tu n'as jamais eu besoin de gagner le moindre dollar. »

Au lieu de quoi :

« Mon fils Donald me dit que partout dans le monde, quand les Blancs se sont emparé d'un nouveau pays, ils ont tout simplement massacré les habitants de ce pays ou ils les ont chassés. Dieu seul sait pourquoi l'histoire doit être aussi cruelle.

— Quand Cortés est arrivé à Mexico après avoir quitté Veracruz, il y a incendié toutes les volières. C'est comme si les Japonais et les Allemands avaient gagné la guerre et qu'ils avaient incendié tous nos zoos et nos animaux. Voilà le genre de choses qui nous a poussés à nous battre. » Jesse a été très content de son intervention.

Une semaine plus tard, Clarence était mort, écrasé par un voilier qui avait glissé de ses cales dans le hangar à bateaux. J'ai déjà évoqué son enterrement, mais sans préciser que, lorsque Mère, Cynthia, Donald et leurs enfants sont arrivés à Marquette, personne n'a voulu loger à la maison avec moi. Ils sont tous descendus à l'Holiday Inn, sans doute convaincu que ce motel était moins déprimant. Mme Plunkett a été bouleversée quand ils ont même refusé de venir partager un repas à la maison. Bien sûr, je comprenais très bien leur refus. Cynthia se faisait du souci pour Vera, qui envisageait de quitter son mari, ainsi que pour Jesse, qui lui semblait en mauvaise santé. Elle l'a emmené chez un médecin de Marquette pour la première fois de sa vie, lequel a découvert qu'il souffrait d'une grave hypertension. Mais Jesse s'inquiétait de ce que les cachets risquaient de nuire à sa vie amoureuse, une remarque que Cynthia a trouvé très drôle.

« Tu préfères mourir ? lui demanda-t-elle.

— Je ne suis pas malade », répondit-il.

Un matin de bonne heure, alors qu'il neigeait, j'avais vu une institutrice deux fois moins âgée que lui quitter l'appartement de Jesse, situé au-dessus du garage. Elle avait alors placé un index en travers de ses lèvres pour que le secret ne s'ébruite pas et j'avais trouvé merveilleux que Jesse ait eu environ soixante-cinq ans.

# 44

Une semaine avant Noël j'ai fait mes valises en vue de notre long voyage. Carla, qui s'inquiétait beaucoup de l'absence de Clarence, se rendait chaque matin à l'atelier du garage comme si son ami devait y réapparaître. Constatant que ce n'était pas le cas, elle était terrifiée à l'idée qu'on pût l'abandonner. Les chiens adorent les personnes affectueuses, à la voix douce, telles que Clarence.

Quant à moi, je craignais de ne pas pouvoir écrire à Evanston dans la maison de ma mère, mais une heure après mon arrivée j'étais déjà au travail. En chemin, dans le Wisconsin traversé sous la neige et parmi de violentes bourrasques, je m'arrêtais parfois pour prendre des notes détaillées relatives à une seule page de mon manuscrit. Et puis j'ai aussi compté les pancartes « fromage », comme Cynthia et moi le faisions quand nous étions enfants et que nous descendions vers le sud et la région de Chicago avec nos parents. J'ai enfin renoncé après en avoir compté soixante et onze.

Le teint cireux, Mère semblait fatiguée, mais joyeuse à la perspective d'accueillir Donald, Cynthia et ses deux petits-enfants. Le premier janvier je devais la conduire à Tucson et y passer un mois en sa compagnie, après quoi Cynthia arriverait avec ses enfants. Je redoutais que ce long trajet en voiture jusqu'en Arizona ne soit trop pénible pour elle, mais elle avait désormais peur de prendre l'avion, un mode de transport qu'elle n'avait jamais aimé, seulement supporté.

Elle était au courant de l'existence de Vernice et elle espérait, me dit-elle, que j'amènerais un jour « ma chérie » à la maison, une décision que je n'imaginais même pas. Après le dîner, je suis allé retrouver Vernice à Old Town, à Chicago, emmenant Carla avec moi sur l'insistance de Vernice. J'appréhendais sa réaction à la lecture de mon unique page, une description du mode de vie particulier de Sprague, qui contenait deux passages saisissants de son journal sur son besoin de « mordre la main qui le nourrissait », une situation qui désormais ne me donnait plus de sueurs froides.

Le studio de Vernice était tout petit et il m'a rappelé le logement à peine salubre de Polly à East Lansing, près de l'Université du Michigan. Il n'y avait pas de gardien dans l'immeuble et je m'inquiétais pour la sécurité de ma « chérie ». Allongée sur le canapé elle embrassait et taquinait Carla, mais elle a deviné ma désapprobation sans même que j'aie ouvert la bouche. Elle m'a alors traité de « riche connard » et, une fois n'est pas coutume, je me suis défendu avec succès. Si je me souciais tellement de l'argent, pourquoi donc tondais-je des pelouses et plantais-je des arbustes en habitant dans un chalet de chasseurs de chevreuils ? Je n'avais certes pas gagné l'argent qui me permettait de lui verser une « allocation » mensuelle, alors pourquoi ne voulait-elle pas habiter un appartement plus spacieux ? J'envisageais de m'inscrire à un doctorat de géographie humaine pour devenir instituteur. Était-ce là le comportement d'un riche connard ?

Mon indignation a eu l'heur de lui plaire et nous avons fait l'amour avec toute la passion qui avait accompagné son premier séjour au chalet. Ensuite, quand je lui ai redemandé si elle comptait s'installer dans un appartement plus grand, elle m'a répondu :

« O-toi-tons. »

Une abréviation qu'enfants nous utilisions souvent et qui signifiait bien sûr : « Occupe-toi de tes oignons. » En me faisant cette réponse elle a soudain paru rajeunir et je n'ai pas insisté.

Nous sommes allés dans un bar d'Old Town, où j'ai pris un whisky pour me calmer et Vernice un énorme hamburger. Elle ne pouvait pas manger en écrivant, m'a-t-elle alors expliqué, car la digestion lui volait toute son imagination. J'ai fait la connaissance de deux de ses amies féministes assez stridentes, qui m'ont fait penser à Cynthia. Elles se sont montrées plutôt aimables à mon égard et j'ai soudain pensé à tous ces groupes et à ces organisations qu'ont les hommes pour se rappeler ce qu'ils souhaitent être : les Lions, les Élans, les Orignaux, les Panthères, mais jamais au grand jamais les Opossums.

Mère m'attendait quand je suis rentré après minuit. Elle s'était inquiétée de ma virée nocturne à Chicago, mais la vraie raison de sa veillée c'était qu'elle avait décidé de me dire qu'elle allait bientôt mourir. Comme elle s'embrouillait un peu dans son préambule, je lui ai appris que Cynthia m'avait déjà mis au courant de son état. Nous étions assis à la table de la cuisine et je lui tenais les mains entre les miennes. Une pendule électrique bourdonnait. Elle avait les mains sèches et j'ai eu une intuition saisissante de ce qu'était l'approche de la mort chez un être humain. J'avais la gorge serrée, j'étais au bord des larmes, mais ma mère a rendu l'atmosphère moins pesante en me montrant la carte de vœux de Fred, expédiée de son Zendo hawaiien. C'était une photo de Fred appuyé sur sa houe dans un très grand jardin potager. Il était entouré par deux femmes séduisantes au crâne rasé. Fred semblait bronzé et mince, mais toujours affublé de son nez bulbeux. Fidèle à son habitude, Mère l'appelait « mon petit frère », bien qu'il frisât maintenant la soixantaine. Dans une lettre récente il m'avait confié qu'il lui restait encore un an de régime sec avant de pouvoir revoir Riva. D'ailleurs, elle venait de lui envoyer une mystérieuse carte postale de Jackson, dans le Mississippi.

Quand j'ai embrassé ma mère pour lui souhaiter bonne nuit, elle m'a dit qu'elle trouvait bien étrange de fêter son dernier Noël. Elle regardait la neige tomber derrière la fenêtre, au-dessus de l'évier de la cuisine. Je n'ai rien su répondre, mais j'ai été sauvé lorsqu'elle a dissimulé le cachet de Carla dans un morceau de fromage. Comme il était déroutant de voir ces deux femmes dont les corps les condamnaient à un départ précoce. J'ai voulu me permettre de fêter la naissance de Jésus sans m'attarder outre mesure sur l'utilisation du christianisme comme une massue destinée à façonner le monde dans la violence. Je ne parvenais pas à définir avec exactitude ce qui restait de ma religion, hormis le fait que j'avais acquis une certaine compassion en regardant en dehors de moi plutôt qu'en moi. Je ne savais absolument pas si je croyais encore à la résurrection. En ma qualité d'humain parmi plusieurs milliards de mes congénères, j'avais laissé le monde acquérir une dimension beaucoup plus vaste et le poudroiement des étoiles scintillantes, tellement spectaculaire à Grand Marais bien qu'ici réduit au seul souvenir par la lumière ambiante de Chicago, m'a une fois encore rassuré : mes efforts pour m'éloigner de préoccupations strictement personnelles allaient dans le bon sens.

# 45

En route vers l'Ouest et l'Arizona avec Mère et Carla qui somnolaient près de moi sur la banquette, j'ai pensé les réveiller pour voir le Mississippi quand nous l'avons traversé à Davenport, dans l'Iowa, mais je n'en ai rien fait car je luttais encore pour retrouver un semblant d'équilibre après les épreuves de la veille. Par un temps froid mais ensoleillé, j'avais fait une promenade matinale avec Cynthia vers le lac Michigan. Tout a commencé très innocemment tandis que nous parlions de religion et de politique. Elle enviait un peu Donald, car la religion de son mari s'enracinait puissamment dans le lieu où il vivait et où son peuple avait peut-être vécu depuis plus de mille ans. Il y avait quelques éléments chrétiens dans ce brouet indien, qui ne le dérangeaient pas le moins du monde. Récemment, lorsqu'il s'était davantage impliqué dans la politique tribale, elle l'avait averti qu'il devrait prendre garde pour éviter de tomber dans le piège des politiciens qui répétaient des choses pas tout à fait vraies un nombre incalculable de fois, au point d'y croire vraiment. Chez les Indiens comme chez les Blancs, la culture exigeait de ses dirigeants qu'ils martèlent des affirmations qui, de notoriété commune, n'étaient pas vraies.

Nous sommes restés immobiles pour regarder le ciel

gris au-dessus du lac métallique et venteux, en entendant les avions invisibles, cachés par les nuages, effectuer leur approche avant d'atterrir à l'aéroport d'O'Hare. Le plus dur a commencé quand Cynthia m'a confié que Père lui intentait un procès qui lui permettrait, s'il le gagnait, de voir ses petits-enfants. Elle s'est soudain mise en colère en déclarant que tous mes bons sentiments et mes désirs de pardon relevaient de la pure connerie. Comprendre ne signifie pas pardonner, une démarche qu'elle considérait comme une abstraction molle. Quand Laurie et elle avaient douze ans, elle a un jour surpris papa en train de « batifoler » avec Laurie dans le bosquet de lilas, près du garage, et elle s'est mise à hurler. Et quelques jours plus tard, elle le frappait avec un piquet de jardin. Selon Cynthia, les filles savent reconnaître dès leur plus jeune âge quand un homme les désire, et elles flirtent souvent, mais elles savent aussi prendre leurs distances quand la demande masculine leur paraît tout à fait inappropriée. En tout cas, Cynthia avait été plongée dans la peur et la confusion. Elle avait parlé à notre mère des tentatives de papa sur Laurie, mais Mère a fait la sourde oreille. En classe de quatrième, Cynthia avait découvert avec plaisir que papa avait une liaison avec une serveuse, mais ça n'a pas duré. Elle souhaitait plus que tout qu'il fût normal. En fait, elle avait déjà envisagé de lui trancher la gorge lors d'une de ses siestes avinées sur le canapé.

Un soir à Rochester dans le Minnesota, lorsqu'elles étaient à la clinique Mayo et que Mère se savait désormais condamnée, elle a confié à Cynthia que papa avait peut-être poussé dans le vide son frère Richard, lequel faisait mine de lui décocher des coups de poing. Mais elle avait revécu en détail tellement de versions de ce drame qu'aujourd'hui, plus de quarante ans après, elle ne faisait confiance à aucune. Elle se sentait en partie coupable, car elle avait couché avec les deux frères et, maintenant que Richard avait disparu, elle avait eu le sentiment de devoir épouser l'autre. Selon Cynthia, Mère avait fondu en sanglots à la fin de ces confidences.

Nous restions là dans le vent froid, tandis qu'un pauvre rayon de soleil traversait les nuages pour éclairer au loin un minuscule pan d'eaux agitées. Elle m'a alors demandé si le fils de Vera m'avait semblé anomal quand je l'avais vu ; j'ai répondu qu'il était trop éloigné pour que je me fasse une idée, mais qu'il m'avait paru arrogant, ce qui n'a rien d'étonnant chez un jeune garçon. Cynthia m'a alors appris que Vera venait de quitter son mari pour retourner à la campagne, au sud de Jalapa, plutôt qu'à Veracruz, car son fils avait été sujet à des crises de violence aiguë, mais il était beaucoup plus calme à la campagne. Son surnom était Mañoso, ce qui veut dire *cruel*, il n'avait pas d'amis, il passait tout son temps à faire de la gymnastique et à travailler pour devenir encore plus fort.

« Pourquoi te rends-tu la vie aussi dure ? » m'a alors demandé Cynthia, ajoutant que je semblais passer tout mon temps à affronter l'impossible, que ce soit avec mon projet ou avec les femmes. Elle m'a avoué que, quelques jours plus tôt, sous prétexte d'aller faire des courses sur Michigan Avenue, elle avait retrouvé Vernice dans un café et ces deux jeunes femmes avaient discuté de mon comportement. En finissant par se demander pourquoi je ne trouvais pas une femme avec qui me marier...

« Tu es allé jusqu'où avec Vera ? m'a demandé Cynthia à brûle-pourpoint.

— Nulle part, dis-je. Je te l'ai déjà dit.

— Je me demandais seulement si tu ne bâtissais pas toute ta vie comme une pénitence accomplie à cause de toi et de papa. »

Je me suis senti irrité malgré moi, j'avais les dents qui

claquaient dans le vent glacé. J'ai enfin eu l'idée de tourner le dos au vent, une chose que Cynthia avait faite depuis longtemps.

« Je trouve qu'on s'en est assez bien tirés, compte tenu des circonstances. Pour Donald, tu es un "mugwa", un ours, et tu n'es pas près de changer de cap. Tu es ce que tu es et tu n'y peux rien. Vernice m'a bien plu, mais le moment venu tu vas te faire jeter comme une vieille serpillière. »

Elle m'a saisi le bras et est repartie d'un bon pas vers la maison quand je lui ai dit que Vernice me rejetait depuis longtemps et que Carla et moi étions seulement ses joujoux occasionnels. Alors Cynthia m'a lâché le bras pour traverser le petit parc en courant et sauter au-dessus d'un banc. Une fois danseuse, toujours danseuse.

Quand nous avons atteint la maison de Mère, la journée est restée tout aussi éprouvante, mais un peu plus agréable. Cynthia m'avait attendu à quelques rues de là pour me suggérer d'incendier la maison de Marquette ou bien de la vendre. Elle était certaine de pouvoir me décrocher un boulot de prof à Soo ou peut-être à l'établissement communautaire de Brimley. Car les Indiens avaient un faible pour les créatures lentes, tout droit sorties du dix-neuvième siècle, comme moi.

Il y avait une petite voiture, plus vieille que les autres, garée devant la maison ; c'était celle de Polly, venue dire au revoir à ma mère avec ses deux enfants. Frappé de stupeur, je n'ai su que dire. Ma réaction était sans doute normale, car je n'avais pas revu mon ancienne épouse depuis plus de dix ans, mais je n'avais pas l'impression d'être un ancien mari. Je suis resté debout dans la salle à manger, comme paralysé, le visage congestionné. Puis je me suis accroupi pour caresser Carla qui entrait, une guirlande de rubans de Noël accrochée autour du cou par la fille de Cynthia. Mère, Polly et ma sœur, assises autour de la table, s'amusaient sans vergogne de mon embarras. Je ne dirais pas que c'était cruel de leur part, mais je remarquais depuis des années que les femmes apprécient toujours une certaine nervosité masculine que les hommes comme moi tentent aussitôt de dissiper, l'exemple le plus banal de ce penchant étant le plaisir que trouvent apparemment les gamines au lycée à voir les garçons se bagarrer à cause d'elles.

« Salut, Polly », dis-je.

Toutes trois ont éclaté de rire.

Elle semblait plus marquée et mince, mais j'ai bientôt appris qu'elle entraînait les filles à jouer au basket après les cours, ce qui lui faisait prendre de l'exercice. Malgré leur différence d'âge, je voyais bien qu'au fil des ans Polly et Mère étaient devenues amies et qu'à une sorte de niveau imaginaire les enfants de Polly étaient aussi devenus les petits-enfants de ma mère. Je me sentais trop gêné pour lui parler et, tout le temps où elle est restée, ma gêne n'a pas décru. Quand j'ai simplement pris des nouvelles de son père, elle m'a répondu :

« C'est terrible. »

Coughlin est arrivé avec une marmite de ragoût irlandais et une miche de pain qu'il venait de cuire pour le déjeuner. Contrairement à moi, les autres ont trouvé ces mets formidablement bons. J'ai remarqué que Polly et lui flirtaient un peu, avec beaucoup de légèreté. J'ai également remarqué que le fils de Cynthia et Donald, âgé de douze ans, suivait la fille de Polly, à peu près du même âge, à travers toute la maison. Bientôt découragé par la froideur de la fille, il a allumé la télévision, mais elle a aussitôt trouvé un moyen pour qu'il se lève et se lance de nouveau à sa poursuite. Lorsque Polly s'est laissée tomber sur le canapé et que j'ai entrevu ses cuisses, j'ai senti un brusque frisson sous le sternum. On dirait bien que personne n'est exempté avant la tombe.

Coughlin et moi avons rejoint la cuisine pour étaler des prospectus de pêche ainsi que des cartes du Costa Rica et du Mexique en vue d'un voyage au printemps prochain. Il m'a murmuré que Polly était « charmante » et je me suis soudain retrouvé, par un froid matin d'hiver, dans la chambre de motel d'Iron Mountain où elle refusait que je la pénètre, mais nos corps nus s'étaient alors enlacés sur le lit pour faire ce qu'elle appelait avec audace « l'autre truc ».

Quand Polly est venue nous dire au revoir dans la cuisine, Coughlin a quitté sa chaise pour s'incliner très bas devant elle. Cédant à une impulsion subite, je lui ai fait un baise-main en regrettant vivement que ses phalanges ne soient pas son cul.

« Ouah, fit-elle, il paraît que tu as fait un séjour en France… »

À Des Moines, les prévisions météo plutôt lugubres m'ont dissuadé de traverser le Nebraska comme j'en avais eu l'intention. J'ai bifurqué vers le sud sur la Route 25 en direction de l'Oklahoma. Dans son sommeil, Mère a geint plusieurs minutes comme un chiot et Carla s'est alors réveillée pour la considérer d'un air soucieux. Mère avait emporté ce même oreiller qu'elle prenait toujours avec elle en voyage depuis mon enfance. Cynthia m'a confié que c'était l'oreiller de notre mère depuis sa propre enfance. Père s'irritait de la voir serrer cet oreiller usé sous le bras en entrant dans un hôtel chic de New York.

Ma conversation de la veille avec Cynthia me donnait des aigreurs d'estomac, surtout cette prédiction : Vernice me jetterait comme une vieille serpillière. Je l'avais vue deux fois à Chicago et notre seconde soirée avait été pour le moins indécise. Quand j'étais entré dans son appartement claustrophobe, elle avait presque hurlé qu'elle venait de vivre « une journée de sept pages » qui allaient étoffer son roman érotique. Puis elle s'est mise à marcher en rond avant de s'écrouler près de Carla. Elle n'avait pas eu le temps de travailler sur mon propre manuscrit et j'ai remarqué une cuillère qui sortait d'une boîte vide de haricots en sauce. J'avais espéré l'emmener dîner quelque part, mais elle se sentait trop fatiguée. En moins d'une demi-heure elle a vidé la bouteille d'excellent Meursault que j'avais apportée. Allongée à plat ventre sur le lit une place, elle m'a dit de ne pas me gêner et de lui faire l'amour dans cette position, car elle se sentait incapable de bouger. Quand j'ai eu terminé, elle dormait à poings fermés, mais elle souriait. J'ai eu envie de lui laisser un mot, mais en panne d'inspiration, je me suis contenté de ceci : « Très chère Vernice, je suis heureux que tu aies eu une bonne journée d'écriture. Blablabla. À toi, David. »

Le temps a soudain accéléré quand nous avons atteint Tucson. Après quelques commentaires de ma part, Mère a été gênée par le faste de la maison que lui prêtait sa cousine Maude, une villa campée sur une colline, au nord de la ville. J'aurais mieux fait de me taire. Elle avait envisagé d'acheter cette maison, mais elle voulait garder son argent pour Cynthia et moi. Quand je lui ai rétorqué que nous aurions pu la revendre après sa disparition, elle m'a répondu :

« Je n'y avais pas pensé. »

Les femmes de sa génération et de son milieu, me suis-je alors dit, apprenaient surtout à décorer agréablement l'existence de leur mari. Elle avait une idée de l'argent complètement fausse et je savais que sa famille ne permettrait jamais qu'une fraction quelconque de sa fortune ne tombe entre les mains de mon père, à cause de ses investissements foireux. Telle une gamine, elle qualifiait ses propres revenus d'« argent de poche ».

Je me suis installé dans une dépendance destinée aux invités et située à côté d'une piscine, au fond du jardin. Vit-on quand on écrit ? me demandai-je. Les jours ont filé à une vitesse ahurissante et je me suis inventé des tâches. À son grand ravissement, j'ai déchargé la bonne espagnole de toutes les courses d'alimentation. Le jardinier, qui était marié avec cette domestique, venait d'un village frontalier nommé Patagonia et il m'a dit que j'aimerais sans doute me promener dans les environs. J'essayais de parler espagnol avec lui et il m'aidait à apprendre l'argot. Je me levais avant l'aube et je partais de bonne heure en pick-up vers le sud afin d'éviter les embouteillages, emmenant Carla une seule fois par semaine pour ménager son cœur. Je marchais environ une heure avec un manuel de botanique susceptible de m'initier à cette flore parfaitement inconnue, puis je revenais, je faisais les courses afin d'éviter la cuisine rudimentaire de ma mère et je passais le restant de la journée à écrire. À l'exception de mes grandes promenades, je menais une existence monochrome. Je suis tombé trois fois au cours des trois premières semaines, car un habitant du Middle West n'a pas l'habitude de surveiller sans cesse où il met ses pieds. Partout où je me baladais sur l'Empire Ranch, d'immenses terres appartenant au Département de la Conservation des Sols, le paysage était chaotique et je me suis bien écorché le cul en faisant le grand écart dans un arroyo. Je suis resté éclopé pendant quelques jours, le temps que guérissent mes blessures dues aux buissons d'épineux et aux épines de cactus. J'ai essayé de gravir une modeste chaîne montagneuse, située au sud et nommée les Mustangs, mais en redescendant le vertige m'a flanqué une trouille bleue. J'étais bel et bien un habitant du plat pays. Un jour, j'ai rencontré un biologiste qui détruisait un nid de rats et il m'a dit qu'on met des années à apprendre un paysage nouveau.

Maintes années plus tard, j'ai les larmes aux yeux dès que je repense à certaine matinée de début février. Le jour venait de se lever et je faisais une brève promenade avec Carla dans un canyon reculé. Il avait plu la veille, de petites flaques d'eau occupaient encore les dépressions rocheuses. Carla a aboyé très loin dans le canyon. À cause de son état de santé, elle avait la sagesse de trottiner au lieu de courir. Quand je l'ai retrouvée, elle grondait car elle venait de localiser des traces fraîches de couguar. Je l'ai aussitôt entraînée dans la direction opposée, vers le pick-up, et alors que nous y étions presque, un très gros lièvre dégingandé a jailli d'un buisson d'épineux. Carla l'a aussitôt pris en chasse à toute vitesse et, j'ai eu beau crier, elle a continué sa course sur environ deux cents mètres avant de s'effondrer et de bouler. J'ai couru vers son corps immobile en devinant qu'elle était sans doute morte. C'était le cas. Je me suis assis près d'elle et j'ai fondu en larmes. Je suis resté plusieurs heures ainsi, une main posée sur son corps qui refroidissait. Pourquoi son regard était-il soudain sans vie ? Je ne pensais à rien, sinon à ma chienne bien-aimée et à notre vie commune, surtout au chalet quand elle débordait d'énergie. Je l'ai portée jusqu'à la voiture et j'ai trouvé une clinique vétérinaire de Tucson qui a pu s'occuper d'une crémation pour que j'enterre les cendres de Carla près du chalet.

# 46

La mort de Carla a été un point d'arrêt après lequel tout a basculé. Ce soir-là j'ai essayé de lire *Le Quartet d'Alexandrie* de Lawrence Durrell, un livre envoyé par Vernice qui espérait que sa lecture ôterait à ma prose sa « raideur géométrique ». J'ai adoré ces quatre romans, mais j'ai été surpris en apprenant, grâce à la lettre de Vernice, que le dernier, *Mountolive*, avait été écrit en dix jours. Quand je me suis étonné de cet exploit, elle m'a rétorqué que je n'écrirais jamais mieux qu'un bon amateur si je ne sacrifiais pas ma vie entière à cette activité. Cette hypothèse m'a semblé peu probable, mais ce soir-là, en lisant la prose splendide de Durrell, ma vision se brouillait sans cesse et je croyais voir Carla bondir à travers les pages, Carla couchée sous notre souche sacrée, Carla nageant dans le lac Supérieur, Carla dérivant sur le dos au fil de la rivière telle une touriste admirant le paysage, Carla allant se terrer sous le lit quand le monde l'agaçait, Carla suivant Clarence en train de travailler dans le jardin, comme pour l'aider, Carla et sa prière muette qui consistait à me regarder fixement manger, en espérant avoir droit à une bouchée de nourriture plus intéressante que sa pâtée habituelle. Comment aurais-je pu rester sourd à ses prières ? Elle qui raffolait des raviolis assaisonnés d'une goutte de marinara, raffolait des peaux de poisson grillées, raffolait d'une noix de beurre avec de l'ail frit et une pincée de bon parmesan dans sa gamelle.

J'ai envoyé des faire-part de décès à Coughlin, Jesse, Mme Plunkett et à Mick à Grand Marais, tous ces humains qu'elle aimait et qui l'avaient aimée. Coughlin m'a répondu que ma douleur était bien compréhensible car, en dehors de Polly, ma chienne avait été la seule créature de toute ma vie qui eût réuni au moins quelques caractéristiques d'une bonne épouse ou d'une compagne acceptable. Je me suis alors rappelé avec une colère intraitable qu'au septième siècle de notre ère l'Église chrétienne avait décrété que les animaux ne pouvaient pas aller au paradis, car ils étaient incapables de contribuer financièrement à la richesse de cette méprisable institution.

Bref, il m'a fallu renoncer temporairement à Lawrence Durrell pour me plonger dans Elaine Pagels, que j'avais surnommée sainte Pagels, mon saint patron qui rendait toute sa vigueur au Christ, lequel était mort dans mon cœur, engoncé au point d'étouffer dans les rets d'une doctrine abominable.

Février a laissé la place à mars et Mère s'est mise à décliner, au point que le rythme de ses dialyses est passé de deux à trois fois par semaine. Je lisais énormément dans la salle d'attente. Cynthia est venue passer une semaine et elle a pris les choses en main en achetant une très onéreuse machine à dialyse (environ cinquante mille dollars) et en trouvant un jeune médecin, plutôt qu'une infirmière, qui venait à la maison trois fois par semaine. Quand j'ai émis un léger doute sur la justesse de cette décision, Cynthia m'a répondu que Mère avait les moyens de ces soins à domicile, ajoutant qu'elle détestait se rendre dans une clinique. Son sens de la bienséance lui avait interdit d'émettre la moindre doléance auprès de moi. Un soir, au dîner, Cynthia a déclaré que je semblais très heureux d'aider quelqu'un d'autre que moi. J'avais préparé un rôti de porc royal, une vieille recette très prisée de ma mère. Plus tard, quand elle a été couchée, j'ai dit à Cynthia que j'envisageais de m'inscrire à un troisième cycle pour enseigner la géographie humaine, car je savais pertinemment que je n'avais pas l'intention de devenir écrivain. J'étais déjà un homme plutôt solitaire et l'écriture renforcerait bien sûr cette tendance. Si je décrochais le diplôme de Madison, me répondit-elle, ou de l'Université de Chicago, elle était certaine qu'une communauté tribale m'embaucherait. J'ai observé ma sœur à la lumière de la lampe qui laissait ses yeux dans l'ombre. Nous regardions un spectacle de variétés sur une chaîne mexicaine.

« Je t'aime », lui ai-je dit.

Alors elle m'a dévisagé avec une brusque inquiétude, avant d'éclater de rire.

« Moi aussi, je t'aime, fit-elle, même si nous l'avouons pour la première fois. »

Je suis rentré chez moi en avion le lendemain matin et j'ai passé quelques jours à trier les papiers de famille avec un comptable qui s'occupait des dépenses relatives à la maison. J'ai fait appel aux services de l'épouse de mon ami, le jeune avocat, pour procéder à un état de nos biens. Il nous restait beaucoup de terres, à Cynthia et à moi, et quelques immeubles de bureaux en centre-ville. Poussé par une curiosité déplorable, j'ai regardé les dépenses effectuées par mon père avec ses cartes de crédit, pour constater avec horreur tout l'argent dépensé dans les restaurants, au magasin de spiritueux *Big Daddy's* à Key West, et aussi afin d'expédier des caisses de vins et autres caprices gastronomiques à partir de Palm Beach.

Mme Plunkett perdait un peu la tête, mais elle a fini par me donner la lettre de Riva et celle de Vera en provenance du Mexique. J'ai lu celle de Riva dans la cuisine, mais j'ai gardé la lettre de Vera pour ma chambre, à l'étage. Riva se disait très heureuse de son emploi de fonctionnaire du gouvernement à Jackson, dans le Mississippi. Elle adorait cette ville, contrairement à Washington. Elle avait repris récemment sa correspondance avec Fred et trouvait que les « Orientaux » lui avaient fait du bien. Elle avait une agréable liaison avec un propriétaire de librairie, moyennant quoi elle lisait gratuitement, la seule illusion entretenue par son compagnon étant qu'il croyait, contre toute évidence, préparer de savoureux barbecues.

J'avoue que j'avais la main qui tremblait en ouvrant la lettre de Vera. Au fond d'un tiroir fermé à clef, je conservais une photo d'elle en bikini bleu, une photo que je ne m'étais pas autorisé à regarder depuis des années. Saisi d'une audace soudaine, j'ai jeté un coup d'œil à cette photo avant de lire la lettre, puis je me suis bêtement demandé comment cette image pouvait bien conserver son pouvoir vingt ans après. La lettre de Vera ne contenait pas la moindre trace de romantisme, bien plutôt elle me priait d'intercéder auprès de son père pour qu'il lui permît de vivre à Jalapa et non sur la plantation de café où il avait l'intention de prendre sa retraite. Elle écrivait que c'était désormais les « temps modernes » et qu'il était injuste qu'elle dût être sa prisonnière économique. Elle préférerait se tuer plutôt que de devenir une épouse de fermier, après quoi elle me demandait de lui prêter deux mille dollars pour lui permettre de trouver un appartement à Jalapa, et peut-être un autre mari. Son fils, qui avait été si malheureux en ville, aimait la plantation et y resterait. Elle concluait en disant qu'un jour je souhaiterais peut-être lui rendre visite à Jalapa.

Bien sûr, cette dernière proposition m'a fait monter le sang au visage et battre le cœur plus vite, même si tout au fond de mon cerveau quelques circuits neuronaux m'affirmaient qu'il s'agissait là d'un projet désastreux. Comment pouvait-on faire l'amour avec une femme qui avait mis au monde l'enfant de votre propre père ? J'ai décidé de lui envoyer la modeste somme qu'elle demandait ; mais, me suis-je promis, je n'irai certainement pas à Jalapa.

Comme Mme Plunkett ne se sentait pas très bien, j'ai failli préparer pour Jesse notre dernier dîner en commun, mais il préférait se rendre dans la gargote où il avait pris tant de repas. Nous avons bu deux ou trois verres dans le bureau, avant de descendre avec précaution la colline aux trottoirs verglacés. Jesse aimait bien l'idée de rentrer au pays et d'être au chaud pour le restant de ses jours. Selon un accord tacite, nous avons décidé de ne pas aborder de sujet trop pesant et le nom de mon père n'a jamais été cité. Nous avons mangé la très fruste tourte à la viande spéciale, nappée d'une sauce d'origine indéterminée, en vidant presque à nous deux une petite bouteille de Tabasco. Nous avons parlé de Clarence, puis de Carla, puis de Cynthia, qu'il admirait énormément même si j'ai remarqué qu'il aimait chez ma sœur cette nature rétive qu'il trouvait inacceptable chez sa propre fille. Après dîner, nous avons bu plusieurs rhums dans son appartement au-dessus du garage, en écoutant de la musique de Veracruz. La vision de ses bagages m'a rendu mélancolique. Il y avait seulement deux valises, de beaux objets en cuir, jadis offerts par mes parents pour Noël. Nous avons vidé le dernier tiers d'une bouteille de rhum, mais il n'aurait rimé à rien de continuer sur notre lancée. Je comptais l'accompagner à l'aéroport pour le premier vol du matin et Jesse arriverait à Veracruz en fin de soirée. Quand j'ai ouvert la porte pour partir, il a exécuté une petite gigue et dit :

« Je me suis bien occupé de ma famille. »

Cette nuit-là j'ai fait un rêve révélateur qui a commencé sous la forme d'un cauchemar. Je travaillais au fond d'une mine de fer, tout près d'Ishpeming, quand une cloche a sonné pour mettre un terme à notre journée de boulot. Je rentrais ensuite chez moi en voiture sur une route qui traversait une forêt et était bordée de tas de bois, puis une femme d'âge mûr que je ne reconnaissais pas me servait à dîner (tourte à la viande). Je me suis alors réveillé à cinq heures du matin, une demi-heure avant que mon réveil ne se déclenche. J'ai alors pensé que j'aurais dû rédiger mon récit d'une centaine de pages du point de vue des mineurs et des bûcherons, mais c'était hors de question, car je n'avais jamais travaillé comme mineur ni comme bûcheron. Dans l'hébétude du demi-sommeil j'ai soudain compris que c'était tout à fait possible, qu'il ne me serait guère difficile de consacrer une année à chacune de ces professions. Quand je suis descendu dans la cuisine pour mettre en route la cafetière, cette idée me semblait moins claire mais toujours envisageable.

Avant que je ne quitte l'Arizona, Vernice s'interrogeait dans une lettre pour savoir si je ne ferais pas mieux d'écrire mes cent pages à la première personne, plutôt qu'à la troisième, pour signifier que mon récit était maintenant raconté par un « vieux marin » pas si vieux que ça. La perspective de ce nouveau chantier littéraire ne m'a pas vraiment effrayé, car qu'avais-je d'autre à faire, en dehors des soins apportés à ma mère et de mes balades dans le désert et les montagnes ? L'écriture remplirait ma vie jusqu'à ce que je trouve mieux à faire. Vernice avait beaucoup aimé ma dernière idée : quand elle sentirait que mon essai était terminé, je me contenterais de le publier dans plusieurs journaux de la Péninsule Nord, laissant ensuite de vrais écrivains s'atteler à la tâche du livre.

# 47

Le temps filait, comme il a tendance à le faire quand le travail et les obligations occupent l'existence. Je comprenais bien qu'aider ma mère avait davantage de sens que mes travaux d'écriture, surtout ce dernier remaniement qui consistait à tout réécrire à la première personne. Je ne prisais guère le mot « je » et je remarquais dans les journaux de Sprague la rapidité avec laquelle il réussissait à se mettre de côté pour aborder des questions plus vastes. « Je » était l'axe ou le pivot qui transférait ses énergies au monde avec la plus grande célérité possible.

Je venais d'acheter une belle réplique d'un pot Hohokam dans la boutique du musée du Désert, pour y recueillir les cendres de Carla. Elle avait été une chienne du grand nord, mais elle était morte en territoire Hohokam, où l'on trouvait souvent par terre de petits tessons de poterie rouge. J'avais examiné les cendres de ma chienne en y cherchant les minuscules fragments d'os que le feu du crématorium n'aurait pas dévorés. Mais il ne restait rien de Carla, en dehors des souvenirs tout aussi fragiles de ceux qui l'avaient connue. Mes lettres mélancoliques adressées à Coughlin m'avaient attiré cette seule réponse : « Tu ferais bien de trouver un autre chien. »

Un samedi de la fin avril, par un chaud début de matinée, alors que j'avais presque fini de préparer nos affaires en vue de notre voyage de retour, j'étais assis dans le jardin avec Mère et j'essayais d'identifier les oiseaux chanteurs migrateurs qui se pavanaient devant nous, quand notre domestique Inez nous a avertis d'un appel téléphonique. C'était la mère de Polly qui annonçait que le mari de cette dernière venait de se tuer dans un accident de moto. Je n'ai d'abord pas voulu avertir ma mère de ce drame, mais je l'ai bien sûr fait. Je savais qu'elle jugeait cet époux « un peu vulgaire », mais elle a aussitôt pleuré à cause de Polly et de ses enfants.

J'ai envisagé toutes les options, y compris la location d'un avion médicalisé, mais ma mère a refusé en déclarant qu'elle n'était pas invalide. Elle s'est envolée pour Chicago dès le lendemain matin, Coughlin devait venir la chercher à O'Hare. J'ai rangé toutes nos affaires jusqu'au soir en m'étonnant de la penderie bourrée des robes luxueuses et très élégantes de ma mère. Selon le code de son milieu social, elle devait être parfaite à tout moment. Elle a mis une bonne heure à se préparer pour m'accompagner à l'épicerie. Un jour qu'elle m'avait sèchement déclaré, « Une dame ne mange pas d'ail », je lui ai demandé qui elle comptait embrasser et elle m'a confié en riant que, l'année précédant ma naissance, Clarence et elle avaient échangé un baiser, mais qu'ils n'étaient jamais allés plus loin. Cette nouvelle m'a paru si improbable que je n'ai pas pu m'empêcher de lui demander pourquoi ; elle m'a alors répondu que Clarence était le seul « homme viril » qu'elle ait jamais connu et qu'à cette époque il lui rappelait sa vedette de cinéma préférée, Robert Ryan.

J'ai chargé le pick-up au milieu de la nuit et je suis parti vers Chicago. J'ai pensé faire le trajet d'une seule traite, ce qui m'aurait seulement permis d'assister à un enterrement auquel je ne voulais pas assister. Je suis donc arrivé devant la maison de ma mère en fin de soirée, le jour de la cérémonie. Polly était là avec ses enfants et ses parents, ces derniers devant passer quelques jours chez ma mère, car son père trouvait les hôtels très incommodes et l'appartement de Polly était vraiment trop petit pour eux. Son père se déplaçait en crabe derrière son déambulateur, mais à mon grand soulagement il m'a accueilli avec beaucoup de chaleur. Nous avons bu un verre dans la cuisine et il a parlé de ma mère comme d'un « ange ». Il espérait que Polly quitterait son « trou » à Chicago pour rentrer « à la maison ». C'était la ville natale de son mari et elle n'avait plus désormais la moindre raison d'y rester.

Le lendemain matin, j'ai fait une promenade avec Polly en suivant le même chemin jusqu'au lac Michigan qu'un peu plus tôt avec Cynthia, mais c'était maintenant une chaude journée printanière et le lac semblait beaucoup plus attrayant. Je n'ai pas eu besoin d'aborder son éventuelle installation dans le nord avec ses enfants. En effet, elle m'a bientôt dit que depuis plusieurs années elle était lasse d'habiter à Chicago, car il fallait gagner des mille et des cents pour y vivre décemment, ce qui n'était pas le cas d'une institutrice. Leur assurance n'incluait pas les accidents de moto de son mari, car par le passé il en avait déjà eu trois. Je me suis alors surpris à dire qu'il aurait mieux fait de se tuer en voiture, puis la stupidité de cette remarque m'a fait rougir de honte. Elle m'a dévisagé avec gravité, avant de secouer la tête et de sourire.

Nous nous sommes assis sur un banc du parc et elle m'a confié qu'elle ne voulait pas enseigner dans la région d'Iron Mountain, car elle vivrait alors trop près de ses parents et puis l'amertume de son père risquait de nuire à ses enfants s'ils le voyaient souvent. Escanaba lui conviendrait mieux, ou bien Marquette, car ses enfants pourraient alors fréquenter une université locale. Quand je me suis déclaré prêt à lui acheter une maison, elle m'a aussitôt repris en déclarant qu'elle accepterait volontiers un prêt. Elle l'ignorait alors, mais je savais qu'elle était incluse dans le testament de ma mère et qu'elle toucherait bientôt une somme nettement supérieure au prix d'une maison. Polly était une vraie belle-fille et ma mère n'allait pas l'abandonner sous prétexte que son fils l'avait fait.

Nous n'avons pas échangé un seul mot durant une bonne demi-heure où elle s'est contentée de me tenir la main assez mollement ; puis elle m'a dit qu'elle ne voulait surtout pas que je croie que nous pourrions jamais être de nouveau mariés. Entre moi et son époux décédé, elle en avait plus qu'assez du mariage. Je n'ai émis aucune objection, même si à mon avis les événements de ces quatre derniers jours avaient été très perturbants.

« Il avait quatre motos de luxe, dit-elle. Aujourd'hui il en reste trois. Nous étions toujours en train de rembourser une moto ou une autre. Je crois qu'il avait aussi une petite amie à Kenosha, mais ce n'est vraiment pas le moment d'en parler. Je l'ai sans doute aimé pendant un certain temps et c'était un bon père, ou du moins un père juste. En tout cas, dans la catégorie "mari" il te battait à plates coutures.

— C'était il y a longtemps, protestai-je faiblement.

— Bien sûr qu'aujourd'hui tu es différent, mais peu importe. La plupart des femmes cherchent un homme capable de les entretenir, mais ce n'est vraiment pas mon cas. Naturellement, j'ai besoin d'un peu d'affection de temps à autre et, si ma mémoire est bonne, tu n'es pas trop mauvais pour ça. »

# 48

Rétrospectivement, ç'a été les mois de mai et de juin les plus étranges de toute mon existence. J'ai revu avec plaisir le paysage lentement verdoyant de la Péninsule Nord. Cynthia, qui avait pris un congé de son poste d'enseignante, s'occupait maintenant de Mère à ma place. Au téléphone, elle se rebiffait à l'idée de passer le mois de mai dans la région de Chicago. J'ai ouvert le chalet, Sam et Teddy ont fait redémarrer notre entreprise paysagère pour la saison. Polly a démissionné de son travail pour s'installer à Marquette à la mi-mai. Je lui ai prêté de quoi acheter un petit bungalow situé à trois rues de ma maison. Elle m'a demandé de rester à l'écart pendant quelques semaines, afin de ne pas troubler davantage ses enfants. Elle était désormais tellement en rogne contre le monde en général qu'elle a donné les trois motos restantes aux amis de son défunt mari.

Vera m'a écrit que Jesse avait intercepté et aussitôt renvoyé mes deux mille dollars destinés à financer l'évasion de Vera à Jalapa, une ville qui de toute évidence n'était pas assez éloignée. Cet échec m'a humilié, mais j'ai compris que pour l'instant toute autre intervention de ma part risquait d'être désastreuse. Vera disait qu'après tout elle épouserait peut-être ce fermier, car il était très gentil avec son fils (mon demi-frère !) et il réussissait à le contrôler. Elle priait pour que nous puissions nous revoir un jour ; de toute façon, elle ne comptait pas épouser ce fermier avant la fin de l'été, histoire de montrer à son père qu'il ne pouvait pas la mener complètement par le bout du nez – toutes informations qui m'ont donné le vertige et la chair de poule. Mais, pensais-je souvent, à quoi bon sauter dans une rivière où j'ai déjà failli me noyer ?

Le premier juin, j'ai en quelque sorte récolté ce que j'avais semé en publiant mon essai de cent pages, *Faits et méfaits de ma famille*, dans une douzaine de journaux de la Péninsule Nord, dont dix que j'ai dû payer pour qu'ils l'incluent. Vernice avait quasiment rendu son tablier, qualifiant ma dernière mouture de « comme ci, comme ça ». Tout simplement, je ne l'intéressais plus. Vers la mi-mai, elle m'avait écrit qu'elle quittait Chicago pour s'installer à Boston afin de se rapprocher des milieux éditoriaux et de s'occuper de son amant le poète qui venait d'être hospitalisé à cause d'une grave dépression dans une clinique privée de Cambridge.

La publication de mon essai n'a eu aucune conséquence spectaculaire. J'ignore ce à quoi je m'attendais. Pour donner un exemple de mon style ampoulé, voici le paragraphe de conclusion :

> Rien n'est plus ignoré de la race humaine que les événements de sa propre histoire. Tout se passe comme si nos ancêtres rédigeaient le récit véridique dans une encre qui s'effaçait de leur vivant, pour que leurs descendants ne portent pas le fardeau de leur comportement déplorable. Nos barons du bois dans la Péninsule Nord ont presque entièrement rasé cette région, laissant debout moins d'un dix millième des arbres d'origine. On doit dès lors se demander si la cupidité peut être

quantifiée, car quels chiffres mathématiques pourraient rendre compte des vies brisées de tant de gens ? On n'a pas fini de décrire les méfaits de l'homme, le plus agressif de tous les prédateurs, à côté de qui la cellule cancéreuse est relativement bénigne. Ces considérations demeurent abstraites pour la plupart d'entre nous, car ce type de savoir se perd dans les limbes du passé ; et, lorsque ce n'est pas le cas, le contenu émotionnel lié à ces informations est saccagé par des chercheurs qui arrondissent volontiers les angles les plus cruels afin d'assurer leur propre subsistance.

Au cours de ma propre étude, j'ai seulement eu besoin de déterrer l'histoire de ma famille pour la proposer aux citoyens de la Péninsule Nord, qu'ils aient ou pas la curiosité de la lire. Une fois ce travail accompli, je ne dirai pas que je suis en paix, mais seulement que j'entretiens un fragile espoir : j'aimerais que ces sombres chapitres puissent servir de correctif à l'avenir.

Une fois encore, j'ai pensé que comme d'habitude la vie n'allait pas ressembler à l'idée que je m'en faisais. J'ai reçu en tout et pour tout dix-neuf lettres ; la plupart, consacrées à des souvenirs émus du « bon vieux temps », étaient complètement déplacées. Quelques-unes débordaient de fiel, ainsi : « Magnifique de voir un riche connard cracher dans la soupe. »

On m'a demandé de parler devant trois associations écologiques et un groupe de bibliothécaires d'Escanaba, toutes propositions que j'ai déclinées. Polly m'a dit que mon expérience présente ressemblait sans doute à la dépression post-partum dont souffrent certaines femmes après leur accouchement. Quand je lui ai répondu que ma grossesse avait duré près de vingt ans, elle a seulement haussé les épaules. Un soir de la semaine précédant le décès de ma mère, nous avons enfin fait l'amour, mais j'ai duré moins d'une minute. Heureusement, le lendemain matin quand elle a déposé chez moi le chien que je venais d'acheter pour son fils, nous avons réessayé sur le canapé et ç'a été merveilleux. Ses années passées à Chicago l'avaient un peu endurcie et après nos vigoureux ébats elle a tapoté mes cheveux trempés de sueur et déclaré que j'étais « un bon petit soldat » – sans doute un vestige de son mariage avec un vétéran de la guerre du Vietnam.

Quelques jours plus tard, je suis retourné à Chicago pour dire au revoir à Mère qui semblait décliner rapidement, mais comme son état s'est bientôt stabilisé, je suis rentré à Marquette. Cynthia était venue avec ses enfants et ma principale fonction consistait à les occuper en les emmenant au zoo et au musée de la marine. Cynthia m'a reproché de leur offrir des cadeaux trop luxueux, mais n'ayant eu aucune expérience des enfants j'ignorais ce qui leur convenait.

C'est au mois de mai et à mon chalet que j'ai compris sans l'ombre d'un doute que mon existence telle que je l'avais vécue jusque-là touchait à sa fin. Un jour, j'ai suivi le même sentier que d'habitude pour rejoindre mon énorme souche et je me suis étonné de cette persistance, car il existait maintes autres manières d'y arriver. Même Carla était habituée à certains itinéraires. Pourquoi donc me comportais-je comme un train incapable de tourner brusquement à gauche ou à droite ?

Alors que je finissais de retaper mon manuscrit sur ma vieille Olivetti, j'ai remarqué que je ne bondissais pas de ma chaise comme autrefois. La vitesse à laquelle je vieillissais m'a soudain découragé. À mon âge, presque tous les athlètes professionnels ont déjà pris leur retraite. Un matin, j'ai trébuché sur un petit tas de bûches que j'avais coupées et j'ai senti une douleur soudaine poignarder ma mauvaise cheville. J'ai eu peur, mais le soir même cette douleur avait disparu et j'ai fêté l'événement avec un steak médiocre et une bonne bouteille de vin rouge. J'étais certes assez vieux pour voir ma mère se préparer à une mort naturelle.

J'ai eu quelques bonnes surprises tandis que je finissais de dactylographier mon essai. Par exemple, j'ai de nouveau constaté mon amour de l'eau vive. Je regardais souvent la rivière pendant des heures d'affilée et je me suis remis à ramer dans le port ou sur le lac Au Sable. J'avais, semblait-il, perdu toute profondeur de perception sur les hauts-fonds de mon travail acharné, mais une fois mon projet achevé, mes perceptions malingres se sont de nouveau étoffées. Presque toute ma vie ancienne s'était nourrie du ressentiment contre mon père et mon existence a seulement retrouvé un peu de couleurs quand j'ai réussi à sortir de moi-même. Au chalet, à certains moments, le monde devenait si gigantesque que j'en avais le tournis. J'ai alors compris qu'il ne me valait rien de bon, ce « je » romantique qui trouvait apparemment ses origines dans l'Europe du dix-neuvième siècle, du moins selon mes souvenirs de l'université. Mon ancien désir de me mettre en marge du restant de l'humanité me rappelait maintenant la manière dont Carla léchait sa patte blessée pendant des heures d'affilée.

Un jour je me suis perdu au sud des Kingston Plains et je me suis assis contre l'une des dizaines de milliers de souches ; très énervé, je refusais de croire aux indications de ma boussole. J'ai pensé avec regret que j'avais fait l'amour à Riva pendant que Fred augmentait consciencieusement son taux d'alcoolémie, puis je me suis vite lassé de ce regret. Pareilles circonstances avaient requis l'amour et j'étais le mammifère capable de relever ce défi.

La femme que j'aimais était un être entièrement différent, un univers privé qui n'était pas moi, une évidence bien difficile à apprendre. Quand je repensais aux femmes que j'avais aimées – Vera, Polly, Vernice –, je comprenais que mon tempérament un peu spécial m'interdisait d'occuper une position centrale dans leur vie. Je n'avais jamais cru être amoureux de Laurie, mais alors pourquoi n'existait-il pas de mot pour signifier ce que nous avions ressenti l'un pour l'autre ?

Assis là contre cette souche, par une journée couverte où le soleil invisible ne pouvait rectifier les erreurs de ma boussole, j'ai pensé que le monde naturel n'avait pas pour but d'être apaisant, ce qui relevait de la simple abstraction. Les gens appartiennent aussi à la nature : tenter de les séparer de ce que nous considérons ordinairement comme étant la nature, relève de la schizophrénie. Quand on laisse sa conception du monde se dilater énormément, les questions se dilatent en même temps.

J'ai quitté le chalet pour rentrer à Marquette avant le Jour des Morts, et j'ai trouvé une lettre d'un des amis de mon père à Duluth. Deux semaines plus tôt, durant un dîner dans un restaurant local, une serveuse avait giflé mon père, lequel lui avait « flanqué un coup de poing sur le nez ». Mon père a ensuite lancé une bouteille de vin dans la vitrine du restaurant. Plusieurs employés l'ont maîtrisé en attendant l'arrivée de la police. Mon père s'est dit blessé à l'épaule et son ami l'a aussitôt fait hospitaliser pendant une semaine afin de retarder les poursuites légales. Un juge de bonne composition a déclaré que, si mon père acceptait de passer six semaines dans une clinique de désintoxication du Minnesota, les plaintes seraient sans doute retirées. Le delirium tremens qu'il avait manifesté à l'hôpital « suggérait » l'alcoolisme. L'ami dévoué espérait que la famille pourrait envoyer un chèque afin de couvrir les frais hospitaliers, car il avait récemment subi quelques revers financiers. Et puis la famille était-elle prête à se porter garante pour l'intégralité du séjour de mon père à la clinique ? Quel dommage que tout cela ait commencé par un « innocent coup de poing » dans un restaurant…

En apprenant toutes ces mauvaises nouvelles, j'ai éclaté de rire et décidé de laisser tomber mon géniteur pour verser une somme équivalente à la Société de Bienfaisance de Marquette.

# 49

Nous sommes de retour au 17 juin 1985. Mère est morte de bonne heure ce matin ; ce qu'elle désirait depuis des mois s'est enfin accompli. Maintenant c'est le soir. Polly est là, elle pleure, son assiette est intacte devant elle. Mme Plunkett s'active dans la cuisine en reniflant à cause de Mère, qu'elle décrit comme « une grande dame de l'ancien temps ». Je me sens relativement calme, car je m'attendais à cet événement depuis un bon moment. Polly s'essuie les yeux avant de me dire :

« Je sais bien qu'elle n'a pas été une très bonne mère pour toi, mais elle a été merveilleuse avec moi et mes enfants. »

À Tucson, Mère s'était décrite comme ayant trouvé sur le tard « sa vocation de mère ».

Le lendemain matin, Polly et ses enfants montent dans le même avion que moi à destination de Chicago. À la maison, Cynthia parle avec trois femmes de la région, des amies de ma mère depuis son enfance. Elles sont calmes et en même temps un peu voyantes avec leurs vêtements luxueux et leurs bijoux étincelants. Et puis elles sont très fières d'avoir refusé d'abandonner Evanston pour Lake

Forest comme tous les autres. Pourtant, ce « tous les autres » ne doit pas inclure beaucoup d'individus.

Coughlin arrive, puis Fred peu de temps après, directement de son Zendo hawaiien. Je dois dire qu'il a fière allure avec son crâne rasé, son nez toujours aussi bulbeux, sa chemise hawaiienne et sa veste en lin élimé. Nous marchons tous trois durant plusieurs heures avant le dîner. Coughlin est parti en avance au Mexique pour pêcher dans la Zihuatanejo, quand j'ai dû annuler mon voyage à cause de la maladie de Mère. Il a passé un moment merveilleux à attraper des poissons-coqs et des brochets de mer, mais la truite lui manquait.

Fred, son calme et sa forme physique m'ont un peu déboussolé, moi qui avais passé tant de temps à l'écouter déblatérer. Coughlin a évoqué la manière dont le décès d'un être aimé nous arrive comme un coup de tonnerre, mais nous percevons réellement cette disparition par intermittences, quand nous souffrons pour de bon de l'absence, et ce processus dure parfois pendant des années. J'avais déjà remarqué ce phénomène à propos de Carla ; en effet, je m'étais résigné à sa disparition depuis des mois, jusqu'au jour où j'ai enterré le pot contenant ses cendres dans sa cachette préférée, sous la grosse souche, et je me suis alors effondré. Coughlin m'a aussitôt repris, pour me dire qu'on ne peut pas qualifier d'effondrement une prise de conscience soudaine. Alors que nous marchions sur la plage, Fred a rougi en regardant une jeune femme pliée en deux, vêtue d'un simple bikini. Il faisait très chaud ce jour-là et il y en avait beaucoup sur la plage, des jeunes femmes en bikini. Coughlin a interrogé Fred sur les attitudes du zen par rapport à la sexualité, et Fred a répondu qu'à sa connaissance il n'y en avait pas, ce qui m'a littéralement stupéfié. Cette nuit-là, Polly s'est allongée près de moi, mais nous n'avons pas fait l'amour.

Le lendemain après-midi, alors que nous prenions nos dispositions pour une messe de souvenir dans l'intimité plutôt qu'un enterrement en bonne et due forme, Cynthia a blêmi en répondant au téléphone et elle m'a aussitôt tendu le combiné. C'était Père. Il était au *Drake,* il avait besoin de me parler avant le service religieux du lendemain matin à Lake Forest. Bien entendu, je lui ai demandé pourquoi et il m'a assuré qu'il allait bien au bout des trois premières semaines de son séjour d'un mois et demi à Hazalden, la clinique de désintoxication alcoolique. Je lui ai dit que j'allais réfléchir et le rappeler. J'ai attiré Cynthia sur la véranda de derrière où elle m'a déclaré que pour rien au monde elle n'accepterait de lui parler, mais que c'était sans doute une bonne idée pour moi, car je n'avais jamais réussi à tirer un trait sur lui comme elle l'avait fait. Elle ne m'avait pas dit qu'il avait écrit à Mère la semaine précédant son décès pour lui demander pardon à cause de sa vie gâchée. Mère a alors dicté une réponse à Cynthia, où elle disait :

« Je te pardonne et j'espère que ma lettre t'aidera à trouver un peu de paix. Au revoir. »

J'ai pris un taxi jusqu'au *Drake* et la bonne forme de mon père m'a étonné. Certes, il avait les yeux qui coulaient et j'ai soupçonné qu'il prenait des tranquillisants, mais contrairement à mon attente il ne tremblait nullement. Sa requête était simple, même si elle m'a d'abord levé le cœur : acceptais-je de l'accompagner à Veracruz pour qu'il puisse demander pardon à Jesse ainsi qu'à Vera, si jamais elle s'y trouvait ? Demander pardon faisait partie d'un programme en douze étapes qu'il suivait à la lettre. Selon toute vraisemblance, il ne pouvait pas s'attendre à ce qu'on le pardonne, mais il devait en faire la demande.

Il avait frappé Jesse quand il était allé à Key West pour régler certaines affaires, et ce souvenir lui était insupportable. Nous passerions seulement deux nuits au Mexique, après quoi je pourrais rentrer à Marquette et lui-même retournerait à Hazelden pour ses trois dernières semaines de cure. En pénitence, il comptait donner à Jesse sa moitié des parts de la plantation de café dont ils étaient copropriétaires. Ce « cadeau » montrait bien l'idée faussée que se faisait mon père d'une quelconque « réparation ». Nous avons continué de parler pendant le dîner dans le salon Cape Cod de l'hôtel ; nous buvions tous les deux du thé glacé. L'appétit avec lequel il a dévoré sa langouste m'a surpris, car d'habitude, après tous les martini gin qu'il descendait avant le dîner, il n'avait ensuite plus faim. Au moment de nous quitter dans le hall de l'hôtel, je lui ai dit d'une voix blanche que oui, je l'accompagnerai à Veracruz. Et j'ai presque souri en voyant son regard s'attarder sur une séduisante jeune fille qui attendait un ascenseur. Les rémissions radicales ne sont pas de ce monde.

Le lendemain matin, la messe de souvenir s'est déroulée sans accroc, malgré un moment de gêne quand mon père est entré dans l'église épiscopalienne avec deux vieux amis de Yale. Cynthia et moi, debout près de la porte, avions accueilli les participants. Donald et leurs deux enfants étaient assis sur le côté. Bien qu'informée de cette visite, Cynthia s'est raidie avant de faire bonne contenance. Mon père s'est montré affable, presque onctueux, même s'il a feint de ne pas voir Donald. Cynthia a fait signe à ses enfants d'approcher pour les présenter à leur grand-père. Ils ont échangé une poignée de main, puis mon père est entré dans l'église après m'avoir brièvement serré contre lui. Pendant tout le service j'ai gardé les yeux baissés vers mes mains et je ne conserve aucun souvenir de ces instants. Je me suis ensuite demandé combien, parmi la centaine des amis de mes parents à Lake Forest, dans la région de Chicago ou au Club, avaient connu une existence aussi difficile que celle des membres de ma famille. Pas beaucoup, sans doute, mais qui sait ?

Après un long après-midi passé en compagnie de Cynthia, Donald et leurs enfants, Coughlin dont la seule présence semblait calmer tout le monde, et plusieurs amies de ma mère, j'ai connu une nuit agitée où je me demandais sans cesse pourquoi diable j'avais accepté d'aller à Veracruz. Peut-être désirais-je seulement connaître le dénouement de la très longue histoire de Jesse et de mon père ? Peut-être cédais-je à une compassion déplacée ? Je n'avais qu'un seul père, dont le fils était sans doute un peu fou. Mais je devais aller jusqu'au bout, voilà tout.

## 50

21 juin, solstice d'été. Nous voilà partis pour Mexico, en première classe bien sûr, c'est mon père qui a acheté les billets. Peu après le décollage il s'est mis à somnoler et je l'ai regardé en ressentant la même perte de repères que lors de mon premier voyage au Mexique. Il est certes plus facile de se montrer agréable et mon père m'avait joué le grand jeu de la sympathie. Merde alors, si jamais l'avion s'écrasait parce que les pilotes étaient ivres morts, devrais-je leur pardonner pendant que nous tomberions comme une pierre. Mais ce n'était pas vraiment une bonne attitude et je me suis ensuite demandé comment mon père supportait la vie et son voyage en avion sans boire une goutte d'alcool. Il prenait sans doute de puissants tranquillisants.

Quand l'hôtesse nous a servi notre déjeuner médiocre (accompagné de thé glacé), il l'a dévoré avec la vigueur d'un affamé avant de terminer ce que j'avais laissé sur mon plateau. Plusieurs autres passagers de première classe picolaient visiblement, mais il n'a pas semblé les remarquer. Nous avons parlé à bâtons rompus de mon essai publié, qu'un ami lui avait envoyé à Duluth. Il n'a émis aucune critique, en dehors de quelques erreurs factuelles relatives à son propre père, pas plus qu'il ne s'est montré indigné par mes conclusions glaçantes. Décidément, ai-je pensé, ces tranquillisants étaient très efficaces, quand il a ajouté :

« Gagner de l'argent n'est jamais très joli. »

Puis il s'est montré moins indulgent que moi envers Peter White, les Mather et les Longyear.

« Ils étaient meilleurs que nous pour les relations publiques, alors que notre famille n'en avait strictement rien à foutre. »

Il a conclu en me disant que, si jamais je continuais de m'intéresser aux comportements prédateurs, je ferais bien de jeter un coup d'œil dans les secteurs de la banque, du pétrole, de l'acier, des ranches, voire au Pentagone et au Congrès pendant que j'y étais.

À Mexico, notre premier vol pour Veracruz était annulé et nous avons attendu dans un luxueux salon de Mexicana Airlines pendant deux ou trois heures. Quand il est parti à la recherche d'un hamburger, le genre de nourriture que je ne l'avais jamais vu manger, j'en ai profité pour boire deux verres en douce. Et lorsqu'il est revenu avec une tache de ketchup à la commissure des lèvres, il m'a adressé un sourire de conspirateur après avoir reniflé l'odeur du rhum sur mon haleine.

Il s'est rendormi dans l'avion de Veracruz et il a manqué la splendeur de l'Orizaba recouvert de neige. Avant de sombrer dans le sommeil, il a flirté discrètement avec l'hôtesse de l'air qui l'a complimenté sur son costume tropical taillé sur mesure, que je trouvais particulièrement laid.

À Veracruz, la chaleur du crépuscule fait l'effet d'un choc moite qui nous a coupé le souffle. Roberto nous attendait. Il s'est montré chaleureux avec moi, mais distant et poli envers mon père. Il nous a déposés à l'*Emporio* en disant qu'il passerait nous prendre à huit heures le lendemain matin. J'ai annoncé à mon père que je n'avais pas faim, je lui ai dit bonsoir et j'ai rejoint ma chambre, où j'ai commandé une collation et une bouteille de rhum. C'était la même chambre merveilleuse que lors de mon premier séjour et je me suis assis sur le balcon dans l'obscurité pour boire du rhum en regardant un énorme navire appareiller, tout en regrettant de ne pas être à son bord.

Au matin, mon père était beaucoup plus joyeux que moi. J'ai demandé à Roberto de prendre le plus long itinéraire pour rejoindre la plantation de Jesse, afin que mon père pût admirer la beauté du paysage montagneux. Roberto m'a répété qu'il préférait « Bob » et il s'est obstiné à ignorer complètement la présence de mon père, lequel a adoré ce trajet en voiture qui lui rappelait certaines régions montagneuses des Philippines. Nous devions passer la nuit chez Jesse, après quoi Bob nous ramènerait à l'aéroport dans la matinée par la route directe.

Aujourd'hui, j'aimerais pouvoir dire que j'avais alors un mauvais pressentiment, mais en vérité je ne ressentais rien de tel. Jesse nous a embrassés sur le chemin qui aboutissait à sa ferme impeccable, au bas d'une colline couverte de caféiers qui poussaient à l'ombre d'arbres plus élevés. Il nous a fait remarquer que le café était meilleur, car beaucoup moins amer, lorsqu'il poussait à l'ombre. J'ai regardé au loin un jeune homme au volant d'un tracteur, près d'une cabane. Il se trouvait à une bonne cinquantaine de mètres de nous, mais à sa mâchoire j'ai compris qu'il s'agissait de mon demi-frère. Jesse a suivi mon regard, mais fait comme si le fils de Vera n'était tout bonnement pas là, et mon père l'a imité. Jesse a déclaré que Vera se trouvait à Jalapa avec le fermier auquel elle était fiancée, mais qu'elle arriverait le lendemain matin, à temps pour me dire au revoir.

Au déjeuner, nous avons mangé d'excellents poissons grillés servis par une quadragénaire séduisante, sans doute l'amie de Jesse. Le maître de maison a bu une bière en mangeant tandis qu'on nous servait du thé glacé, à mon père et à moi. Il nous a alors confié qu'il avait eu une discussion agréable avec Cynthia à Chicago, ce qui expliquait notre thé glacé. Je me suis alors demandé s'il buvait une bière pour nous faire bisquer. Mon père et Jesse se sont mis à évoquer « le bon vieux temps » (sans aucune ironie), la Seconde Guerre mondiale et les Philippines. Voyant que cette conversation m'ennuyait, Bob m'a proposé de me faire visiter la plantation.

Dehors, Bob m'a très formellement présenté à mon demi-frère qui travaillait toujours sur un vieux tracteur Ford. Je ne dirai pas qu'il m'a manifesté beaucoup de chaleur, mais il s'est montré poli en utilisant les expressions espagnoles les plus convenues. Il devait maintenant avoir dix-neuf ans et il était aussi grand que moi, mais il était très musclé et il portait une machette dans un fourreau. Quand nous sommes montés dans une Jeep découverte pour rouler vers le sommet de la colline, Bob m'a dit :

« Il sait que tu n'es pas mauvais, mais que son père est très mauvais. »

J'ai acquiescé sans répondre, car il n'y avait rien à dire, mais quand nous sommes arrivés en haut de la colline pour admirer la vue, j'ai essayé d'expliquer à Bob les raisons de notre voyage. Autant donner à un couguar une conférence sur la bonté. Quand j'en ai eu fini avec le pardon que mon père voulait demander à Jesse et à Vera, Bob a lâché :

« Conneries ! »

Je suis resté figé sur place, rouge d'embarras. Dans le

silence qui a suivi, j'ai tenté d'imaginer que j'étais le père de la fille de Polly, âgée de douze ans, qu'un homme la violait et faussait radicalement le destin de cette gamine. Aurais-je pu ensuite lui pardonner ? Mon sang n'a fait qu'un tour : « non » s'est aussitôt imposé à mon esprit. J'ai essayé de détendre l'atmosphère en annonçant que mon père voulait donner à Jesse sa propre moitié de la plantation, mais Bob m'a rétorqué que mon père n'avait pas payé Jesse depuis trois ans et que les dettes de mon père envers Jesse dépassaient de beaucoup la valeur des parts qu'il possédait dans la plantation. C'est seulement à cet instant que j'ai reconnu la complète absurdité de notre voyage. L'ultime élément rationnel justifiant notre entreprise tenait au fait que mon père devait demander pardon pour suivre son programme en douze étapes, que ce pardon fût accepté ou pas.

Debout sur cette colline près de Bob, face à l'immensité fabuleuse de la campagne verte et ondoyante qui se détachait au pied des montagnes, j'ai senti mon regard s'embrumer et j'ai perçu toute l'étrangeté de ma propre présence dans ce royaume de verdure. Bob m'a posé la main sur l'épaule comme pour me signifier que rien de tout cela n'était de ma faute. Nous avons redescendu la colline en Jeep jusqu'à la ferme de Jesse, entrant dans la cuisine où une femme âgée troussait un cochon de lait pour le rôtir en vue du dîner. Ce cochon de lait m'a fasciné et, quand Bob m'a montré ma chambre, j'ai prononcé une petite prière plaintive au pied d'une statue primitive de la Vierge Marie. L'enfant Jésus pointait le nez sous la robe de sa mère. Même Jésus était arrivé sur Terre comme un enfant naturel, ai-je pensé avant de m'endormir.

Un cauchemar m'a réveillé. Quand j'ai traversé la cuisine, la vieille femme qui faisait maintenant rôtir le cochon de lait m'a donné une tasse de café. J'ai entendu des cris, mon ventre s'est crispé, mais je ne voulais pas entrer dans le salon où Bob et mon demi-frère Mañoso se tenaient à l'écart tandis que mon père et Jesse, assis à la table, buvaient du rhum et se querellaient. J'ai d'abord entretenu le faible espoir que le mélange du rhum et des tranquillisants ferait bientôt perdre conscience à mon père, mais son esprit évoluait apparemment dans la direction opposée, celle de la folie pure et simple. Il avaient vidé presque toute la bouteille de rhum et ils se disputaient à cause de l'argent ; mon père, à la voix rauque et pâteuse, affirmait que le consul américain de Mexico était l'un de ses anciens condisciples à Yale et qu'il ferait appel à ses puissants amis mexicains pour obliger Jesse à lui payer l'argent qu'il lui devait. J'ai adressé un regard impuissant à Bob et Mañoso qui de toute évidence ne comprenaient pas ce qui se passait. Bob m'a fait signe de déguerpir dès que j'ai tenté de m'interposer dans la querelle. Jesse hurlait à moitié en espagnol que, lorsque mon père avait violé Vera, il avait déjà perdu sa moitié de la plantation. Mon père s'est alors dressé sur des jambes vacillantes et il a brusquement plongé de l'autre côté de la table pour serrer de toutes ses forces le cou de Jesse entre ses mains. Les yeux de Jesse sont sortis de leurs orbites, sa chaise est tombée. Les deux hommes ont roulé à terre, tandis que le visage de Jesse changeait de couleur au-dessus des mains crispées de mon père. Bob s'est précipité et je l'ai suivi pour hisser mon père sur ses pieds, et parce qu'il avait toujours les mains serrées autour du cou de Jesse, nous avons relevé les deux hommes ensemble. Bob frappait sans arrêt mon père au visage. Je n'ai pas vu tomber la lame de la machette de Mañoso, mais elle m'a coupé le bout du pouce avant de trancher l'une des mains de mon père à hauteur du poignet. Quand la lame a décrit un second arc de cercle, l'autre main de mon père a volé. Je suis tombé en arrière, ma tête a heurté le bord de la table et j'ai vu le sang jaillir à profusion des poignets de mon père qui se roulait par terre. Je suis sans doute resté évanoui durant quelques minutes, car lorsque j'ai repris conscience Mañoso avait disparu et Bob terminait d'enrouler du ruban adhésif industriel autour des poignets de mon père. Assis dans un fauteuil, Jesse ronflait. Bob a pansé mon pouce qui saignait et, quand j'ai essayé de parler, il m'a collé une bande de ruban adhésif sur la bouche, avant de me ligoter les mains et les pieds. Je suis resté assis là jusqu'à la nuit en compagnie de mon père toujours inconscient sur le sol, pendant que Bob nettoyait le sang avec une serpillière. Jesse s'est approché de moi, des larmes plein les yeux, puis il est parti. À la tombée de la nuit, mon père et moi avons été chargés sur la plate-forme d'un pick-up par Mañoso, qui a porté chacun de nous sans le moindre effort apparent. On nous a recouverts d'une bâche et j'ai été certain de mourir bientôt en entendant la tête de mon père rebondir sur la tôle à chaque cahot de la route. Le pick-up s'est enfin arrêté dans un bosquet de mangroves, puis on nous a chargés dans une barque. Bob m'a libéré bras et jambes, puis il a arraché le ruban adhésif sur mes lèvres pendant que Mañoso entrait dans l'eau pour nous emmener vers l'embouchure de la rivière d'eau salée où j'entendais le clapotis des vaguelettes. Enfin, il a donné une bonne poussée au bateau, il a braqué une dernière fois sa lampe torche sur nous, puis l'obscurité nous a soudain engloutis.

*Père gémissait. J'ai déduit de la position du soleil matinal et des débris en mouvement à la surface de l'eau que nous dérivions lentement vers le sud, emportés par un courant inconnu. Père s'est tassé sur le siège arrière de la barque en bois et je me suis penché en avant pour le retenir par la chemise et l'empêcher de tomber par-dessus bord. Il avait les deux mains coupées à hauteur du poignet et on lui avait bandé les moignons très serré avec du ruban adhésif industriel. Ses avant-bras, d'habitude maigres et flétris, étaient maintenant gonflés et marbrés de couleurs affreuses. Lorsqu'ils nous avaient poussés dans l'estuaire, à marée descendante et avant l'aube, ils ne m'avaient donné qu'une seule rame. J'en ai clairement pris conscience au point du jour et j'en ai aussitôt perçu tout l'humour : j'étais équipé pour ramer de la main gauche en décrivant des cercles. Car le pouce de ma main droite manquait et la douleur s'atténuait quand je la levais au-dessus de ma tête. Dans la lueur du petit jour j'ai vu une tortue verte ou une caouane et j'ai pris mon pouce, que quelqu'un m'avait fourré dans la poche, pour le lancer vers la bête, mais la tortue soudain inquiète a plongé en se fourvoyant sur mes bonnes intentions. En milieu de matinée le rivage est apparu à l'horizon et j'ai aperçu la côte au sud de Veracruz. Le courant nous emportait vers Alvarado. Après son dernier évanouissement, mon père a repris conscience. Il avait le visage trop tuméfié pour pouvoir parler clairement et maintenant, plutôt que de gémir, il bêlait. Du regard il a exprimé sa demande sans ambiguïté et je l'ai doucement poussé par-dessus bord. Il a mis beaucoup de temps avant de se noyer pour de bon. J'observais les écailles de poisson puantes et les fragments de viscères séchés au fond du bateau, puis je levais les yeux et il était toujours là à flotter dans le courant. Et puis, enfin, je me suis réjoui de le voir couler. Quelle étrange façon de dire au revoir à son père.*

# Épilogue

Manifestement, je m'en suis tiré. La marée m'a rapproché du rivage, près de l'immense zone inondée où se trouvait Alvarado. Un gamin qui pêchait près du pont m'a repéré, puis son père m'a remorqué avec son bateau à moteur. J'ai pris le car pour Veracruz, où j'ai acheté quelques vêtements anonymes avant de me rendre à l'aéroport. De Mexico j'ai appelé la plantation pour annoncer à Jesse qu'en ce qui me concernait mon père avait disparu pendant notre séjour à l'*Emporio*.

« Que s'est-il passé ? demanda-t-il.

— Mon père s'est noyé en mer », dis-je.

Au moment de raccrocher je me suis demandé s'il y aurait d'autres complications, mais je n'en prévoyais aucune. Je le voyais très bien sortir de l'*Emporio* pour se balader dans la rue en cherchant une putain particulièrement jeune. Son comportement imprévisible avait préparé le monde à tout.

Fin juin, juste avant le week-end du 4 juillet, Cynthia a quitté Soo pour venir à Marquette et nous sommes montés au Club afin d'enfouir les cendres de ma mère sur la plage proche de Huron Point, ainsi qu'elle l'avait demandé. J'avais raconté presque toute l'histoire à Cynthia au téléphone, mais elle ne semblait pas désireuse d'entendre le moindre détail supplémentaire.

« Je ne voulais pas qu'il survive à notre mère. Il a seulement tenu cinq jours », dit-elle.

Il y avait un nouveau portier au Club et nous sommes restés un bref instant paralysés quand il nous a objecté que notre père n'avait pas renouvelé sa carte de membre ; Cynthia lui a alors fourni le nom de jeune fille de ma mère avant d'expliquer notre mission. Les parents de ma mère étaient toujours des membres très actifs du Club et nous avons pu entrer.

Un bon kilomètre séparait le parking sur le chemin de bûcherons et Huron Point. Je n'avais pas pris ma crème anti-moustiques. Cynthia était plus chanceuse, car elle courait toujours comme le vent alors que je devais me contenter d'un petit trot. J'aurais préféré un ciel dégagé et le soleil, mais ils n'étaient pas au rendez-vous. Un vent froid soufflait du nord, les crêtes blanches des déferlantes recouvraient le lac Supérieur. Nous nous sommes agenouillés pour creuser un trou avec les mains. Nous avons ensuite ouvert l'urne et versé les cendres ainsi que les menus fragments d'os qu'elles contenaient. L'eau du lac a très vite filtré à travers le sable jusque dans le trou ; nous sommes restés figés sur place pour regarder, à croire que nous étions encore des enfants. Bien sûr, comme pour tout un chacun, il restait encore un peu d'enfance dans nos âmes sinon dans nos corps.

## Remerciements

J'aimerais remercier Amy Gibbs ainsi que le professeur Richard Eathorne, de l'Université du Nord-Michigan pour leur aide et leurs conseils.

Je tiens aussi à remercier Joseph Bednarik pour ses efforts clairvoyants accomplis en faveur de ce roman.

DANS LA COLLECTION
« FICTIVES »

Paul BOWLES
*In Absentia*

Toni CADE BAMBARA
*Gorille, mon amour*
*Les Mangeurs de sel*
*Les Goélands n'en sont pas morts*
*Ce cadavre n'est pas mon enfant*

Fred CHAPPELL
*De la neige dans le triangle*
*Lumières*

Guy DAVENPORT
*La Bicyclette de Léonard*
*Tatline !*

Annie DILLARD
*Pèlerinage à Tinker Creek*
*Une enfance américaine*
*Apprendre à parler à une pierre*
*Les Vivants*
*En vivant, en écrivant*
*Au présent*

Diamela ELTIT
*Quart-Monde*

Jim HARRISON
*Aventures d'un gourmand vagabond*
*En marge (mémoires)*
*Entre chien et loup*
*Faux soleil*
*Julip*
*La Femme aux lucioles*
*La Route du Retour*
*Lettres à Essenine*
*Lointains et Ghâzals*
*En route vers l'Ouest*

Denis JOHNSON
*Des anges*
*Des étoiles à midi*

*Jesus' Son*
*Déjà mort*
*Le Nom du monde*
*Un pendu ressuscité*
*Pistes*

Jack KEROUAC
*Visions de Cody*

Eric McCORMACK
*L'Inspection des caveaux*
*Motel Paradise*
*Mysterium*
*Première sonnerie de trompette contre le monstrueux régiment des femmes*

Thomas McGUANE
*À la cadence de l'herbe*
*L'Ange de personne*
*L'Homme qui avait perdu son nom*
*Outsider*
*Panama*
*Le Club de chasse*
*La Source chaude*
*Rien que du ciel bleu*

Robert McLIAM WILSON
*Eureka Street*
*Ripley Bogle*
*La Douleur de Manfred*

Gilbert SORRENTINO
*Red le Démon*

William T. VOLLMANN
*Des putes pour Gloria*
*Treize récits et treize épitaphes*
*Récits arc-en-ciel*

Edmund WILSON
*Mémoires du comté d'Hécate*

Rudolph WURLITZER
*Lent Fondu au noir*
*Nog*
*Plans*
*Tremblement de terre*

La photocomposition de cet ouvrage
a été réalisée par
GRAPHIC HAINAUT
59163 Condé-sur-l'Escaut

*Imprimé en France*
Impression : S. N. Firmin-Didot au Mesnil-sur-l'Estrée
Dépôt légal : septembre 2004
N° d'édition : 1672 - N° d'impression : 69035